国家社科基金后期资助项目“代际正义理论研究”
（项目号：20FZZA002）的最终成果

代际正义

Intergenerational Justice

高景柱　著

南開大學出版社
天　津

图书在版编目(CIP)数据

代际正义 / 高景柱著. —天津：南开大学出版社，2023.7

ISBN 978-7-310-06442-7

Ⅰ. ①代… Ⅱ. ①高… Ⅲ. ①正义—研究 Ⅳ. ①D081

中国国家版本馆 CIP 数据核字(2023)第 100471 号

代际正义
DAIJI ZHENGYI

南开大学出版社出版发行
出版人:陈 敬
地址:天津市南开区卫津路 94 号 邮政编码:300071
营销部电话:(022)23508339 营销部传真:(022)23508542
https://nkup.nankai.edu.cn

天津创先河普业印刷有限公司印刷 全国各地新华书店经销
2023 年 7 月第 1 版 2023 年 7 月第 1 次印刷
238×165 毫米 16 开本 23 印张 2 插页 373 千字
定价:98.00 元

如遇图书印装质量问题,请与本社营销部联系调换,电话:(022)23508339

国家社科基金后期资助项目出版说明

后期资助项目是国家社科基金设立的一类重要项目，旨在鼓励广大社科研究者潜心治学，支持基础研究多出优秀成果。它是经过严格评审，从接近完成的科研成果中遴选立项的。为扩大后期资助项目的影响，更好地推动学术发展，促进成果转化，全国哲学社会科学工作办公室按照“统一设计、统一标识、统一版式、形成系列”的总体要求，组织出版国家社科基金后期资助项目成果。

全国哲学社会科学工作办公室

目　录

导言　正义的历时之维

正义既是人类社会自古以来孜孜以求的重要价值之一，又是道德哲学和政治哲学中最古老的议题之一。作为一种道德理论和政治理论，正义必须有着明确的适用范围，即人们通常所谓的“谁之正义”。戴维·海德（David Heyd）在探讨一般的道德理论和政治理论时曾言，“康德认为道德原则适用于所有理性的人。边沁认为它们适用于所有的众生。柏拉图和亚里士多德把政治道德的范围限制在城邦的自由公民身上。基督教神学关注以上帝的形象所创造的人类的灵魂。每种道德理论和政治理论都是根据其基本规范原则来确定其主体的适用范围：康德关注的是理性，边沁关注的是快乐的最大化，柏拉图和亚里士多德关注的是美德的培养，基督教关注的是灵魂的救赎”[①]。那么，如何确定“正义”的适用范围呢？大卫·休谟曾经强调正义适用于调控个人之间的合作关系，认为虽然自然赋予了人类无穷的欲望和需要，但是自然并没有给予人类满足这些欲望和需要的丰富手段，为了生存下去，“人只有依赖社会，才能弥补他的缺陷，才可以和其他动物势均力敌，甚至对其他动物取得优势。社会使个人的这些弱点都得到了补偿”[②]。在休谟那里，人类没有生活在诗人所谓的“黄金时代”中，人类脱离自然状态而进入社会状态以后，为了能够生存下去，就需要通过正义原则调节人们之间的关系。由于在19世纪以前，人类的科技发展水平极为有限，人类当时的种种行为对未来世代（future generations）的影响微乎其微，再加上休谟等人观点的影响力，当时的正义理论基本上只关注同一世代人们之间的关系，基本上没有涉及未来世代的处境问题。

实际上，正义既有共时性维度，又有历时性维度，与这两个维度密切相关的是，正义可以被分为两部分，即“共时性正义（synchronic justice）和历时性正义（diachronic justice）。共时性正义是当代人之间的正义，或者

① David Heyd, “A Value or an Obligation? Rawls on Justice to Future Generations”, in Axel Gosseries and Lukas H. Meyer (ed.), *Intergenerational Justice*, Oxford University Press, 2009, p. 167.

②〔英〕休谟：《人性论》（下册），关文运译，商务印书馆，1980年版，第525～526页。

是那些完全参与社会的政治关系的当代人之间的正义。历时性正义需要处理当代人与未来公民之间的关系”[①]。也就是说，正义拥有两副面孔，它除了有关注同一世代中成员之间关系的一面，还有关注当今世代与过去世代、未来世代之间关系的另一面。前一种正义理论被称为“代内正义理论”（intragenerational justice），后一种正义理论被称为“代际正义理论”（intergenerational justice）。人们以往对正义理论的研究是从共时性维度出发，事实上，倘若一种正义理论仅仅立足于共时性维度而漠视了历时性维度，它就是残缺不全的。从历时性维度来说，正义能够适用于代际关系吗？世代与世代之间是否也要讲正义原则呢？对这些问题的回答就关涉代际正义理论，代际正义理论正是本书关注的主题。

第一节　问题脉络

人类自诞生以来，历经了诸多世代，各个世代之间存在某些或亲或疏的联系，在渔猎文明和农业文明占据主导地位的时代，这种联系不是那么密切。然而，在工业革命和工业文明出现以后，随着科学技术的不断进步，这种联系变得日益密切，某一世代可以对其后世代的方方面面产生难以估量的影响。譬如，当今世代对核废料的处理政策就可能影响未来世代的生存环境，甚至未来世代数量的多寡及能否存在，在很大程度上都受到当今世代的影响。虽然时至今日人类社会已经取得了前所未有的进步，创造了丰富的产品，但是人类的生存环境也逐渐恶化，比如森林锐减、水土流失和空气污染等。人类的诸多不良行为使得地球变成了一个风险丛生的星球，这不仅影响当今世代的生存和发展，而且亦会影响未来世代的生存和发展。随着地球资源的日益贫瘠、全球生态环境的恶化、核威胁的加剧以及人类命运共同体意识、生态意识的增强等，未来世代的处境问题愈发引起人们的关注。这就促使人们不得不思考如下问题：当今世代有义务为未来世代创造或者保持一个优良的生存环境吗？当今世代的某些行为侵犯了未来世代的“利益”和“权利”吗？未来世代有权利要求过去的世代为他们留下一个宜居的环境吗？在思考代际问题和代际关系时，正义理论是一种重要的分析视角，“在过去的几十年中，关于非重叠的世代之间的正义的系统概

---

① Janna Thompson, *Intergenerational Justice: Rights and Responsibilities in an Intergenerational Polity*, Routledge, 2009, p. 2.

念和理论已经首次得到了发展，这是在同时代的人之间的正义理论被阐明2600年之后。这种拖延可以用当时和现在人类行动范围的不同影响加以解释”[①]。未来世代的处境问题也就慢慢进入了正义理论的视野之内，毕竟，将一个满目疮痍的环境留给未来世代这一行为是非正义的。

在晚近的40多年中，代际正义理论逐渐成为人们关注的热点理论之一，正如约尔格·特雷梅尔（Joerg Tremmel）在其主编的《代际正义手册》的“导论”中言说的那样，在1980年，曾有人统计过，在70万篇博士论文中，仅有1篇在其题目中有“后代人”和“未来世代”等字眼。自那以后，情况有所好转，在20世纪80年代的美国等地，有不少杂志和论文在关注代际正义，只是代际正义仍然不如社会正义和性别正义那么引人注目。然而，它们之间的差距目前正在逐渐缩小，譬如，在德国，4份高质量的报纸在2001年只有19次提到了代际正义，而在2003年则提到了129次。[②]尤其进入21世纪以来，很多著作、论文和学术会议都在关注代际正义理论，学界还出现了一种专门研究代际正义理论的期刊，即《代际正义评论》。

代际正义理论之所以在当代道德哲学和政治哲学中逐渐进入人们的研究视野，除了上述原因，还与20世纪最著名的政治哲学家约翰·罗尔斯（John Rawls）的影响密不可分。1971年，罗尔斯的《正义论》的出版不但扭转了自19世纪中期以来在科学主义及价值中立原则的冲击下政治哲学的式微态势，使得政治哲学成为当代哲学中的“显学”，而且罗尔斯在其中所建构的正义理论也成为人们研究正义理论的“坐标”，使得众多学者对正义理论产生了浓厚的兴趣。在当代道德哲学和政治哲学中，罗尔斯不仅是正义理论和平等理论研究的主要推动者，也是代际正义理论研究的主要推动者。在20世纪70年代以前，往往只有一些经济学家和社会学家关注代际储存等代际问题。《正义论》出版以后，这种格局明显改观，罗尔斯将对代际问题的讨论扩展到了哲学领域，正如海德所言，“罗尔斯是第一位系统地探讨代际正义问题的哲学家”[③]。罗尔斯在《正义论》的第44节和第45节中集中探讨了代际正义问题，对代际正义的论述还散见于《正义论》的各处，在其《政治自由主义》和《作为公平的正义：正义新论》（以下简称《正义新论》）等后期著作中也时有提及。虽然就《正义论》的庞大篇幅相较而言，这两节所占的比重并不大，但是罗尔斯在其中对代际正义理论比

① Joerg Chet Tremmel, *A Theory of Intergenerational Justice*, Earthscan, 2009, p.1.

② 参见 Joerg Tremmel (ed.), *Handbook of Intergenerational Justice*, Edward Elgar, 2006, p.1.

③ David Heyd, “A Value or an Obligation? Rawls on Justice to Future Generations”, in Axel Gosseries and Lukas H. Meyer (ed.), *Intergenerational Justice*, Oxford University Press, 2009, p. 169.

以前的学者进行了更为深入和系统的探讨。罗尔斯的代际正义理论产生了深远的影响，罗尔斯在《正义论》中关于代际正义理论所阐发的观点，属于代际正义文献中被引用最多的观点之一。在罗尔斯那里，代际关系与代内关系是不同的，那种适用于处理代内关系的差别原则并不适宜于处理代际关系。罗尔斯在处理代际正义问题时，延续了其处理某一世代之内的正义问题的契约主义方法，构建了以“正义的储存原则”(just savings principle)为内核的代际正义理论。在罗尔斯的整个正义理论体系中，代际正义理论处于一种极其重要的位置，这可以从其将“正义的储存原则”置于第二个正义原则之中，并以正义的储存原则限制差别原则体现出来，“社会和经济的不平等应这样安排，使它们：①在与正义的储存原则一致的情况下，适合于最少受惠者的最大利益；并且，②依系于在机会公平平等的条件下职务和地位向所有人开放”[①]。它反映了未来世代的处境问题对“作为公平的正义理论”的重要性。罗尔斯在《正义论》中建构的代际正义理论引起了不少异议，为了回应其中的一些批评，罗尔斯后来在1993年出版的《政治自由主义》、1999年出版的《正义论》(修订版)和2001年出版的《正义新论》等著作中，进一步修订和完善了自己的代际正义理论。虽然罗尔斯关于代际正义理论的论述以前被关注得相对较少，但是目前情况已经发生了改观，其代际正义理论获得了很多人的关注，我们也将在第三章中详细论述罗尔斯的代际正义理论。

第二节　分析架构

随着科技的发展，人类手中握有的力量正在日益增长(如核武器的巨大威力是过去的世代无法想象的)，这些力量的不当使用足以使得生态系统失衡，倘若此种情况真的出现了，不仅当今世代受到影响，未来世代也会受到影响，如何公平地对待未来世代也就成为一个人们不得不深思的问题，公平地对待未来世代正是代际正义理论需要达到的目的之一。代际正义理论是正义理论的重要组成部分，一方面，它不是可有可无的；另一方面，它也不从属于代内正义理论，值得认真对待。本书试图为代际正义理论提供一种政治哲学的解释，共分为七章，现简介如下。

---

①〔美〕约翰·罗尔斯：《正义论》，何怀宏、何包钢、廖申白译，中国社会科学出版社，1988年版，第302页。

第一章澄清了代际正义理论的基本理念，这也是全书其他章节的重要基础。代际正义理论属于正义理论的一部分，第一节将首先分析正义的主体、正义的客体和正义的原则等内容。正义的主体关注谁与谁之间的正义，大体上包括个体与个体之间的正义以及群体与群体之间的正义。正义的客体主要关注福利（welfare）、资源（resources）和机会等观点。正义的原则侧重于功利主义原则、差别原则、自由至上主义原则和应得原则等内容。为什么人们在分析代际问题时需要引入正义理论的分析视角，这是人们在研究代际正义理论的过程中需要解决的一个前提性问题。代际关系所具有的代际之间权力的非平等性和非对称性等特性，是人们在分析代际关系时需要以正义理论为分析视角的最重要的原因之一，另外，它还与人类的脆弱性、环境伦理的兴起以及当今世代与未来世代之间存在利益冲突等因素有密切的关系。代际正义的出现是有条件的，第三节试图在批判性地考察休谟和罗尔斯所谓“正义的环境”的基础上，指出代际正义的出现需要满足的条件，具体来说，包括资源的中等程度的匮乏、有限的仁慈之心、合理多元论的事实和未来世代的道德平等地位。第四节关注代际正义的内涵以及代际正义与代内正义之间的关联性。

第二章分析了后果主义（consequentialism）的代际正义理论的基本内涵及困境，著名的后果主义者蒂姆·莫尔根（Tim Mulgan）是后果主义的代际正义理论的主要代表人物。在阐述后果主义的基本内涵的基础上，我们一方面分析“功利主义”这一最著名的后果主义理论对代际正义的阐释，另一方面分析“规则后果主义”这一较具吸引力的后果主义对代际正义的解释。实际上，功利主义在阐释代际正义理论的过程中，无论是以“总体效用”为侧重点的总体功利主义，抑或以“平均效用”为侧重点的平均功利主义，都会带来一些苛刻的后果，并有可能背离其内在的平等主义立场。与功利主义对代际正义理论的阐释相较而言，莫尔根通过规则后果主义对代际正义理论的阐释具有较高的灵活性，能够避免功利主义的代际正义理论的某些缺陷，但是莫尔根的代际正义理论仍存在不少问题。譬如，莫尔根在批判罗尔斯的代际正义理论的过程中有时误解了罗尔斯的理论；虽然“理想规范”在莫尔根的代际正义理论中处于重要的位置，但是莫尔根没有清晰地界定理想规范的内涵；莫尔根的代际正义理论可能会不合理地忽视当今世代的利益，同时，莫尔根对其代际正义理论的七项原则之间可能存在的张力采取的化解之道难以令人信服。

第三章探讨了契约主义的代际正义理论的主要内涵及局限，罗尔斯、戴维·高蒂耶（David Gauthier）和布莱恩·巴里（Brian Barry）等人是契约主义的代际正义理论的重要代表人物。我们首先分析契约主义的两种类型，即霍布斯式的契约论和康德式的契约论，这两种契约论可以被分别称为“互利契约论”和“公正契约论”，在当代政治哲学中，前者以高蒂耶等人为代表，后者以罗尔斯和巴里等人为代表。罗尔斯是契约主义的代际正义理论最为知名的代表人物，他不主张将其差别原则直接用于处理代际问题，而是建构了一种以“正义的储存原则”为核心的代际正义理论。不少论者认为罗尔斯的代际正义理论与其差别原则之间存在一种张力。罗尔斯在其后期著作中修正了自己的观点，始终坚守“当下时间进入解释”（the present time of entry interpretation），但放弃了其起初坚持的“家族模式的动机假设”。高蒂耶依照互利契约论所构建的代际正义理论主要关注“世代之链”，巴里根据公正契约论以及在批判地继承罗尔斯的代际正义理论的基础上，构建了以机会平等为主要内容的代际正义理论。高蒂耶的代际正义论漠视代际权力的不平等以及立约者之间的不平等所带来的难题，赋予了情感过重的角色。罗尔斯和巴里的代际正义理论能够部分克服高蒂耶的代际正义论存在的一些困境，不少批评者误解了罗尔斯的代际正义理论，罗尔斯的代际正义理论在某种程度上能够获得一种融贯的解释，然而，罗尔斯和巴里的代际正义理论仍然存在一些有待解决的问题。

第四章分析和拓展了共同体主义（communitarianism）①的代际正义理论，艾维纳·德夏里特（Avner de-Shalit）和理查德·希克斯（Richard Hiskes）等共同体主义者构建了一种以“跨代共同体”（transgenerational community）为核心的代际正义理论，这是本书较为赞同的代际正义理论，在第五章至第七章的相关分析中，我也将会延续这种共同体主义的分析思路。共同体主义的代际正义理论的主要内容、引起的纷争、内在的限度及发展趋向是什么，将是第四章关注的主要问题。德夏里特通过共同体主义构建了一种以“跨代共同体”为内核的代际正义理论，这也使得德夏里特成为共同体主义的代际正义理论最主要的代表人物，希克斯等人在批判和继承德夏里特的观点的基础之上，依照共同体主义的方法，构建了自己的代际正义理论。共同体主义的代际正义理论是一种富有争议性的理论，面临着不少批判，第三节将涉及其面临的“外部批判”和“内部批判”，前者是由非共同体主义的代际正义论者提出的，后者主要涉及共同体主义的代

①“community”一词的译法较多，通常被译为“社群”“社区”或“共同体”，这也使得“communitarianism”通常被译为“社群主义”“社区主义”或“共同体主义”。在提及“community”和“communitarianism”时，本书采取的译法分别是“共同体”和“共同体主义”。为了行文的统一性，我们在下文中引用相关文献时会做相应的调整，不再一一注明。

际正义理论的内部之争。共同体主义的代际正义理论面临的主要批判在于，当今世代和未来世代之间道德互动的缺乏致使他们之间不可能存在正义、没有正确地解释当今世代对未来世代的义务的基础是什么等。事实上，共同体主义的代际正义理论能够容纳上述诘难。虽然与后果主义的代际正义理论和契约主义的代际正义理论相较而言，共同体主义的代际正义理论较具吸引力，但是这并不意味着共同体主义的代际正义理论是完美无缺的，它仍然有拓展的空间，它应当在克服自身"排他性"缺陷的基础上扩大共同体的边界，推动世界伦理的建设。

第五章试图回应代际正义理论面临的一种重要挑战，即"未来世代并不拥有权利"，依照权利的利益概念和共同体主义理论，我们为未来世代权利论进行了辩护。当然，将未来世代视为权利的主体，这可能挑战了人们对权利的传统看法。通常认为，一旦未来世代目前存在或实际存在，他们将拥有权利，人们争议的焦点在于他们是否现在拥有权利。未来世代权利论面临很多批判，例如，未来世代的利益是否足以证成未来世代拥有权利这一立场、未来世代当下的不存在、由"非同一性问题"（the Non-Identity Problem）带来的挑战、当今世代对未来世代没有义务、在实践上缺乏可行性等。实际上，未来世代权利论的批评者的一些质疑在某些方面是不成立的，不能从根本上否认将权利赋予未来世代这一做法。未来世代所处的时间位置，不会影响未来世代拥有权利，未来世代所拥有的权利绝不因他们生活在未来而不存在或不重要，对未来世代的权利的承认和尊重是对当今世代的权利的承认和尊重的一种重要体现。鉴于作为个体的未来人在当下尚未存在，未来世代所拥有的权利不可能是一种个体权利，而是一种群体权利，这种群体权利源于在跨代共同体中，未来世代作为一个整体拥有的利益，当今世代的一些行为可能损害尚未存在的未来世代的利益。未来世代拥有的权利限制了当今世代追求的一些目标，对当今世代产生了具有约束力的义务。

第六章回应了代际正义理论面临的另一种重要挑战，即源自德里克·帕菲特（Derek Parfit）等人所说的"非同一性问题"带来的挑战，本章试图提出一种关于非同一性问题的义务论解决方式。非同一性问题主要关注那些决定未来人的存在的某种行为在道德上是否被允许，认为那些存在依赖于看似有害行为的人并不能认为其受到了这种行为的伤害，这与人们的道德直觉相悖。当今世代的行为可以影响未来世代的同一性、数量及能否存在，这促使人们思考那些决定未来人存在的某种行为在道德上是否被允许、那些其存在依赖于看似有害行为的人能否认为其受到了这种行为的伤害或错误对待等一系列难题。帕菲特为解决非同一性问题提出了一种影响深远的后果主义解决思路，杰弗里·雷曼（Jeffrey Reiman）和拉胡尔·库玛尔（Rahul Kumar）等人分别依照罗尔斯和托马斯·斯坎伦（Thomas Scanlon）的契约主义方法阐述了如何通过契约主义来解决非同一性问题。本章将在分析为何后果主义和契约主义不能解决非同一性问题的基础上，试图为非同一性问题提出一种义务论的分析思路，该思路强调在一个跨代共同体中，未来世代可以拥有权利，同时，当今世代对未来世代负有某些义务。鉴于非同一性问题是一个非常复杂的问题，义务论也只是一种可能的解决方式。

第七章将分析代际正义理论中的代际义务问题。通常认为，当今世代对未来世代负有义务，然而，人们普遍将这视为一个自明之理，代际义务的道德依据相对不发达。考虑到代际义务问题的抽象性和复杂性，我们将以“气候变化的应对”为例进行探讨。气候变化是人类社会面临的最严峻的挑战之一，由人为因素带来的气候变化会引发代际正义（以及全球正义）等正义问题。在一个跨代共同体中，当今世代对未来世代负有义务的重要原因之一是未来世代拥有利益和权利，当今世代的某些行为恰恰侵犯了未来世代的利益和权利，我们试图为一种基于利益和共同体主义的代际义务进行辩护。大体而言，当今世代对未来世代负有的义务包括“追溯性的代际义务”和“前瞻性的代际义务”，这两种代际义务要求当今世代在气候变化的应对问题上采取“适应”气候变化和“减缓”气候变化的措施。代际义务的践行离不开正义制度和民主机制，针对适应和减缓气候变化的成本的公平分配方式是什么这一问题，我们将提出一种将“温和的污染者付费原则”和“支付能力原则”结合在一起的、应对气候变化的义务的复合解决方案，从而更好地体现《联合国气候变化框架公约》强调的“共同但有区别的责任和各自的能力”这一原则。倘若应对气候变化的代际义务以及其他代际义务能够得到有效的实施，未来世代就有可能获得公平的对待。

第一章　正义、代际关系与代际正义

作为当代政治哲学和道德哲学的重要理论之一，代际正义理论正愈发引起人们的兴趣。我们在研究代际正义理论时，首先需要注意的一个前置性问题是，从总体上而言，代际正义理论属于正义理论的范畴，在对代际正义理论展开探讨之前，我们有必要厘清正义的内涵。因此，本章首先分析正义的含义，关注正义的主体、正义的客体和正义的原则等内容，然后将在第二节分析世代的内涵和代际关系的特点，试图探讨为什么在分析代际问题时需要引入正义理论的视角，为什么需要建构一种代际正义理论，代际关系的独特性给正义理论带来了在代内正义理论中不会出现的某些难题。正义不会凭空出现，它的出现是需要条件的，代际正义的出现也同样如此，我们将在第三节分析代际正义的“环境”，试图在批判性地考察休谟和罗尔斯所说的“正义的环境”的基础上指出代际正义的出现所需的条件。最后将在上述分析的基础上，指出代际正义的问题域，界说本书关注的代际正义理论的具体内涵，并指出代际正义与代内正义之间的关联性。

第一节　正义：概念及其范围

古往今来，正义是一个颇具争议性的概念，人们对正义的讨论从未间断，一方面，人们对“正义”的内涵有着不同的理解，在当代政治哲学和道德哲学中，人们所谈论的正义往往是指“分配正义”；另一方面，人们对正义的主体（谁与谁之间的正义）、正义的客体（正义的分配对象是什么）和正义的原则（正义何以可能）有着各种各样的看法。

一、正义与应得

什么是正义？我们可以从罗尔斯对正义的概念（concept）和正义的观念（conception）做出的区分开始论述。罗尔斯认为，虽然每个人都有自己的正义观念，懂得需要用一系列特殊的原则来划分基本权利和义务，解决源于社会合作的利益和负担的分配问题，但是那些持有不同的正义观念的人还是会一致同意："在某些制度中，当对基本权利和义务的分配没有在个人之间作出任何任意的区分时，当规范使各种对社会生活利益的冲突要求之间有一恰当的平衡时，这些制度就是正义的。"①当我们思考怎样在分配基本权利和义务时不作出任意的区分以及怎样恰当地平衡好处和坏处时，我们还需要进一步追问正义的最基本的含义是什么。实际上，虽然人们对正义的内涵有不同的理解，但是其基本含义都是一样的，即给予每个人其所应得，正如阿拉斯戴尔·麦金太尔（Alasdair MacIntyre）所言："正义是给每个人——包括给予者本人——应得的本分。"②在西方政治思想史上，不少思想家将应得视为正义的最基本的内涵，譬如，柏拉图认为，"正义就是给每个人以适如其分的报答"③。在柏拉图那里，正义存在于灵魂的不同组成部分之间或社会有机体的各个部分之间的和谐秩序之中，每个公民应当做与其本性相适应的事情，否则就是不正义的。在查士丁尼《民法大全》中，古罗马法学家乌尔庇安曾给正义下了一个著名的定义："正义乃是使每个人获得其所应得的东西的永恒不变的意志。"④亚里士多德也曾教导我们，正义是政治共同体的最高道德，是统摄其他道德的最高道德。亚里士多德将正义分为"矫正正义"和"分配正义"，他也是这两个概念的首创者。亚里士多德强调正义的真实意义主要在于平等，分配正义在于成比例，"人们都同意，分配的正义要基于某种配得，尽管他们所要（摆在第一位）的并不是同一种东西。民主制依据的是自由身份，寡头制依据的是财富，有时也依据高贵的出身，贵族制则依据德性"⑤。可见，在亚里士多德看来，正义在于给予人们应得的东西，在于按照某种标准将东西分配给人们，相等的东西给予相等的人，不相等的东西给予不相等的人。

当然，应得也是一个极具争议的概念，应得的核心思想是每个人应当得到其应得的份额，然而，我们应当如何确定应得的基础呢？也就是说，应当参照什么来判断人们应得某种东西，还是不应得某种东西？如果我们

---

①〔美〕约翰·罗尔斯：《正义论》，中国社会科学出版社，1988 年版，第 5 页。

②〔美〕阿拉斯戴尔·麦金太尔：《谁之正义？何种合理性？》，万俊人等译，当代中国出版社，1996 年版，第 56 页。

③〔古希腊〕柏拉图：《理想国》，郭斌和、张竹明译，商务印书馆，1986 年版，第 7 页。

④〔美〕E. 博登海默：《法理学：法律哲学与法律方法》，邓正来译，中国政法大学出版社，2004 年版，第 277 页。

⑤〔古希腊〕亚里士多德：《尼各马可伦理学》，廖申白译，商务印书馆，2003 年版，第 135 页。

不能明晰应得的基础，那么我们将不能确定应当依照何种标准来确定人们应得与否。关于应得的基础，主要有以下三种观点：第一，应得的基础在于道德。这是一种“道德应得观”（moral desert）。依照道德应得观，为了决定谁应得什么，必须决定哪些道德值得赞赏和奖励，如果一个人的行为体现了某种良好的道德品质，那么这个人应该得到赞赏或奖励。良好的道德品质当然应当受到人们的称赞，然而，如果严格按照道德应得观来判断某种行为是否应当得到赞赏，那么有时会得到一些不合理的结果。比如张三和李四看到有两个小孩失足掉进了水里，张三毫不犹豫地跳进水里，将一个小孩救了上来，他做此事不是为了获得任何回报。假如李四也跳进水里去救另外一个小孩，但是他做此事的动机是为了获得孩子父母的奖赏或获得他人的称赞。显而易见，张三救孩子这一行为背后的动机要比李四的动机高尚，但是难道我们能说李四的行为不值得称赞吗？如果严格依照道德应得观来判断，即李四救人行为背后的功利性太强，并没有体现一种无私奉献的道德品质，因此不应该获得称赞。显然，这种观点有违道德直觉，因为无论李四救人行为背后的动机是什么，他的行为都应该获得赞赏；第二，应得的基础在于努力，这是人们通常所说的“努力应得观”。例如，A有在一天内生产6件衣服的能力，B在一天内只能生产3件衣服。但是由于A做事懒散，没有完全发挥自己的能力，他在一天内仅仅生产了3件衣服。B做事勤奋，但由于能力有限，一天内也只生产了3件衣服。依照努力应得观，虽然A和B的产量是一样的，但是由于B较为努力，他就应得更多的奖赏。显然，以努力的多少来判断人们是否应得更多的奖赏，这是不甚合理的：一方面，人们难以测度努力的多少及其程度；另一方面，当有人非常努力，但是其取得的成就甚少时，人们应当如何判断其应得多少呢？比如C在生产衣服的能力上弱于A和B，即使他比B还要勤奋许多，在一天内也仅仅只能生产2件衣服，此时人们也很难说他比A或B应得更多的奖励。因此，人们不能仅仅依靠努力的程度来决定谁应得更多；第三，应得的基础在于贡献，正义要求人们因对社会的贡献或者努力的结果而得到奖励。在人们有关应得基础的讨论中，以贡献作为应得的基础具有较少的争议性，“我们要对社会所创造的财富和可利用的资源进行分配，必须考虑到与业绩相关的超过平等财富分配的要求。直觉上看这是很清楚的，并且也符合道德共识，就是我们应理解并赞成那些在共同财富的创造过程中付出了更多的努力或作出了更大贡献的人，在财富分配中获得更多的一部分”[①]。依照贡献应得观，贡献是人们所得的源泉和依据，人与人之间的分配是否公平，可以将其所得与其贡献进行比较，当一个人的所得与其贡献相符时，分配正义就实现了；反之，就背离了分配正义。

在现代社会，当人们讨论正义时，通常指的是“分配正义”或“社会正义”，虽然分配正义一词在古希腊时就已出现，社会正义迟至19世纪才出现，但是分配正义和社会正义这两个词也经常通用。分配正义是一个含义丰富、在不同的时代有着不同内涵的概念，在塞缪尔·弗莱施哈克尔（Samuel Fleischacker）看来，虽然在现代社会，人们通常将整个社会的资源分配问题视为正义关注的主要问题之一，现代意义上的“分配正义”要求政府保证每个人都能获得一定程度的物质财富，但是这种分配正义概念只有两百年的历史。例如，在古希腊，亚里士多德认为分配正义指的是确保那些应得回报的人按照他们的美德获得其应当获得的利益的原则，易言之，在亚里士多德那里，美德是分配正义的标准，分配正义不关注物质财富的分配问题。只是到了18世纪以后，在亚当·斯密、卢梭、康德、马克思和罗尔斯等人的努力下，分配正义的关注对象才开始转向穷人的生活处境以及如何通过对物质财富的再分配从而改变穷人的处境等问题。[②]在当代政治哲学中，代际正义之“正义”的主要内涵是“分配正义”，而分配正义关注的核心问题是“谁应当获得什么”。本节将以该问题为主线展示正义的内涵。

二、谁之正义？

我们在探讨正义理论时面临的一个重要问题是我们关注的是“谁之正义”，也就是说，谁能够以及应当被纳入正义的范围？这也是本书着力探讨的问题。关于这一问题，通常有两种不同的主张，一种主张是关注个体与个体之间的正义，另一种主张是关注群体与群体之间的正义。人们在关注个体与个体之间的正义问题时，往往将侧重点置于某一民族国家的成员之间的正义关系。很多思想家在探讨正义理论时，通常不自觉地接受了该理念，只有斯多亚学派的哲学家等少数学者曾经质疑过该立场。然而，随着全球化进程的不断深入，现今有不少学者开始进一步延续和拓展斯多亚学派的立场，主张扩展正义的适用对象。譬如，查尔斯·贝兹（Charles Beitz）

① 〔德〕威尔福莱德·亨氏：《被证明的不平等：社会正义的原则》，倪道钧译，中国社会科学出版社，2008年版，第157页。

② 参见〔美〕塞缪尔·弗莱施哈克尔：《分配正义简史》，吴万伟译，译林出版社，2010年版，第2～19页。

和涛慕思·博格（Thomas Pogge）等世界主义者强调，在全球化时代，倘若正义理论的适用范围仅仅限于诸如民族国家这样的共同体之内，其吸引力将会大打折扣。

其一，限于民族国家范围内的人际平等。当代的平等主义者与16世纪以来的许多平等主义者一样，主要是在民族国家的范围内讨论平等和正义问题，将国家视为正义共同体的边界，当代自由平等主义理论的重要代表人物罗尔斯就秉持这种理念。虽然罗尔斯在《正义论》中曾论及“国际正义”，但是当他在探讨正义和平等时主要还是将讨论的范围限于民族国家之内，反对贝兹和博格等人对其构建的正义理论做出的世界主义拓展。譬如，罗尔斯认为其正义原则主要与社会的基本结构有关，之所以如此，“是因为它的影响十分深刻并自始至终。在此直觉的概念是：这种基本结构包含着不同的社会地位，生于不同地位的人们有着不同的生活前景，这些前景部分是由政治体制和经济、社会条件决定的。这样，社会制度就使人们的某些出发点比另一些出发点更为有利。这类不平等是一种特别深刻的不平等”[①]。在罗尔斯那里，社会被设定为一个拥有封闭结构的共同体，其依照契约主义方法构建的正义原则适用于调节该共同体成员之间的关系，其他共同体成员之间的关系不在其调节范围之列。当代自由平等主义理论的另一位代表人物罗纳德·德沃金（Ronald Dworkin）也论及了人际平等，德沃金认为每个公民都拥有受到“平等的关心与尊重的权利”，即每个人在法律上和道德上都是平等的，无论人们的财富状况、社会地位、家庭背景、教育程度和性别等因素有何差异，都不影响人们所拥有的平等的法律地位和道德地位。与罗尔斯一样，德沃金也将平等理论的适用范围限于民族国家，他曾言，平等关心和尊重公民的主体是政府，“平等的关心是政治共同体至上的美德——缺乏这种美德的政府仅仅是一个专制的政府”[②]。当然，德沃金在此言说的政府是民族国家的政府，德沃金心目中的政府很可能是美国政府，不可能是某些世界主义者心仪的世界政府。虽然罗尔斯和德沃金的平等观存在不少差异，但是他们都将平等的适用范围限于民族国家，这是他们的平等理论的基本共识之一。

其二，一些学者开始超越民族国家等共同体的界限，以世界主义为分

---

①〔美〕约翰·罗尔斯：《正义论》，中国社会科学出版社，1988年版，第7页。

② Ronald Dworkin, *Sovereign Virtue: The Theory and Practice of Equality*, Harvard University Press, 2000, p. 1.

析视角，构建了各种全球正义（global justice）理论。[①]例如，在贝兹和博格等世界主义者那里，倘若在全球化不断深入发展的时代，正义理论和平等理论的适用对象仍然像某些共同体主义者不断强调的那样，仅限于民族国家等共同体的成员，其视野未免就太狭隘了。贝兹在 1975 年发表的“正义与国际关系”一文以及在 1979 年出版的《政治理论与国际关系》一书中，深入探讨了富裕国家及其公民是否有一种正义的义务以帮助贫困国家及其民众，并与其分享他们的财富这一问题。为此，贝兹较早地将罗尔斯《正义论》中的契约主义分析工具用于分析全球不平等、全球贫困和全球自然资源的不平等分布等问题，坚持罗尔斯的国内正义理论可以在全球层面上适用，提出了全球差别原则和全球资源再分配原则。[②]在贝兹那里，国际社会的制度与国内制度是相似的，只要人们在国内原初状态中不拒斥罗尔斯的差别原则，在国际原初状态中人们也将不得不接受全球差别原则。博格批判了罗尔斯后期在 1993 年的“万民法”一文中以及在 1999 年出版的《万民法》一书中构建的国际正义理论，认为罗尔斯的国际正义理论与其秉承的国内正义理论之间存在张力。譬如，博格批判了罗尔斯的名为“万民法”的国际正义理论，认为罗尔斯漠视了全球背景的不正义问题，武断地拒斥世界主义而没有将世界上的所有人作为道德关怀的终极对象，其万民法不是一种平等主义的万民法。博格秉持世界主义这一基本立场，试图建构一种全球正义理论来化解这种张力。作为一个世界主义者，博格认为一个人不论其国籍、财富、教育程度和社会地位等因素是什么，都拥有平等的道德地位，都是一个平等者。博格强调一些发达国家曾经在历史上奴役过他国人民，并且在当今世界上发达国家和不发达国家共处于同一个合作体系中，因此发达国家对全球贫困者负有某些援助责任。为了解决目前日益严峻的全球贫困和全球不平等的状况，博格设想通过“全球资源红利方案”（global resources tax）加以调节，该方案认为“虽然一国人民拥有和完全控制其领土上的所有资源，但是该国人民必须对它选择开采的任何资源支付红利”[③]。依博格之见，某些自然资源（如石油和天然气等）丰富的国家开采自然资源并出售以后，无论该资源的出售国还是该资源的购买国，

① 关于全球正义理论的相关研究，可参见拙著：《世界主义的全球正义》，中国社会科学出版社，2020 年版。

② 参见 Charles R. Beitz, “Justice and International Relations,” *Philosophy and Public Affairs,* Vol. 4, No.4, 1975, pp. 360-389. Charles R. Beitz, *Political Theory and International Relations*, Princeton University Press, 1979.

③ Thomas W. Pogge, “An Egalitarian Law of Peoples,” *Philosophy and Public Affairs,* Vol. 23, No. 3, 1994, pp. 200-201.

都必须为此支付一定的红利，这种红利可以被用于解决全球贫困和全球不平等问题。

“谁之正义”这一问题还包括群体与群体之间的正义，比如男性与女性之间的正义、一国人民与他国人民之间的正义、世代与世代之间的正义以及人类与动物之间的正义等。第一，男女之间的正义问题可以被称为“性别正义”（gender justice）问题。罗尔斯的《正义论》出版以后，面临着很多批判，其中一些女性主义者提出了自己的异议，并在此基础之上阐述了性别正义理论。苏珊·奥金（Susan Moller Okin）曾言：“罗尔斯自己忽略了性别，尽管他在理论初期有过把家庭放在基本结构中的论述，但没有考虑在正义制度中家庭是否存身其中、以何种形式存在。……因为他有关性别的假设，他不能把正义原则适用于人类抚育这一领域，一个对成就正义、维持正义至关重要的领域。”[①]在以奥金等人为代表的女性主义者那里，罗尔斯等人的自由主义正义观既没有关注女性的正义诉求，又没有试图矫正女性在父权制长期占据主导地位时所遭受的诸多不公正待遇。为了真正实现性别正义，奥金等女性主义者强调应该超越自由主义传统内部的一种根深蒂固的二分法（公共领域与私人领域之间的二分法），认为这种二分法漠视了家庭等私人领域中长期存在的非正义现象，并使某些学者只将正义理论运用于公共领域。

第二，国际正义（international justice）主要关注国家与国家之间的正义问题。罗尔斯在其《万民法》中秉承康德的“永久和平论”，阐发了国际正义理论，“万民法”是罗尔斯在国际关系领域对正义理论作出的最为系统的阐述。罗尔斯对其国际正义理论采取了契约主义的论证方式，认为在国际原初状态中，人民（peoples）的代表将会接受一些下述人所共知的国际关系准则：“1.各人民是自由且独立的，并且它们的自由独立将得到其他人民的尊重。2.各人民要遵守协议和承诺。3.各人民是平等的，它们必须是那些约束它们的协议的订约方。4.各人民要遵守互不干涉的义务。5.各人民有自卫权，但无基于自卫之外的理由发动战争的权利。6.各人民都要尊重人权。7.各人民在战争中要遵守对战争行为设立的特定限制。8.各人民对那些生活在不利状况下、因此无法拥有一个正义或正派的政治和社会制度的其

---

①〔美〕苏珊·奥金：《正义、社会性别与家庭》，王新宇译，中国政法大学出版社，2017年版，第151～152页。

他人民负有一种援助的责任。”[①]当然，上述八条原则不是他的万民法的全部内容，罗尔斯还曾强调，倘若人们在思考国际正义问题时觉得有必要，还可以适当增添其他原则。总体而言，罗尔斯的国际正义理论主要包括人民观、人权观、宽容观、战争观以及援助义务等内容。

第三，代际正义。从历时性的角度而言，处于不同世代、不同年龄的人们之间也要讲正义，即代际正义。虽然代际正义可以追溯到古希腊时期，譬如柏拉图就曾提及每个家族是由当今世代、未来世代和他们的祖先构成的，但是罗尔斯首先较为系统地探讨了代际正义。对罗尔斯来说，社会是一种世代与世代之间的公平合作体系，每一代人只是其中的一环而已，当今世代必须尊重未来世代。罗尔斯对代际正义采取了契约主义的论证方式，认为代际正义的主要原则是“正义的储存原则”：“差别原则与正义的储蓄原则之间的关系是这样的：正义的储蓄原则适用于世代与世代之间，而差别原则适用于世代之内。”[②]罗尔斯对代际正义的证成主要是通过证成正义的储存原则来实现的。

第四，种际正义（interspecific justice）。罗尔斯认为人类有不虐待动物的义务：“毫无疑问，残酷地对待动物是不公正的，剿灭整个种系可能是一种极大的恶。人类对苦乐情感的能力以及动物能够生存的那些形式的认识能力显然把同情的义务和人性加到了动物的身上。”[③]罗尔斯的观点涉及环境伦理问题，环境伦理的范围非常广泛，代际正义与种际正义都属于其组成部分。种际正义是一种处理人类与其他动物乃至其他物种之间关系的正义原则，彼得·辛格（Peter Singer）的“动物解放论”和汤姆·雷根（Tom Regan）的“动物权利论”就是其中的重要代表。辛格主要以边沁等人的功利主义传统为基础阐述了动物解放论，认为动物与人类一样也能够感受苦乐，因此，动物也就拥有利益，在利益计算的过程中应该得到平等的考量。[④]雷根批判了辛格所信奉的功利主义原则，认为功利主义的吸引力在于其平等主义，但是它没有给不同个体的平等道德权利留下空间。人们必须扩展权利的适用范围，不能将其仅囿于人类，必须将动物看作具有内在价值的

---

①〔美〕约翰·罗尔斯：《万民法》，陈肖生译，吉林出版集团，2013 年版，第 79 页。有关罗尔斯的国际正义理论的相关研究，可参见拙著：《现实的乌托邦：罗尔斯的国际正义理论研究》，中国社会科学出版社，2019 年版。

②〔美〕约翰·罗尔斯：《作为公平的正义：正义新论》，姚大志译，生活·读书·新知三联书店，2002 年版，第 262～263 页。

③〔美〕约翰·罗尔斯：《正义论》，中国社会科学出版社，1988 年版，第 515 页。

④〔澳〕彼得·辛格：《动物解放》，祖述宪译，中信出版集团，2018 年版，第 15 页。

主体。[①]可见，雷根将辛格的动物解放论向前推进了一步，主张应当将权利赋予动物。

三、正义的对象

我们在探讨分配正义理念的过程中，应当分配什么也是一个重要的问题。在当代政治哲学中，不同的分配正义理论的研究方式对此有不同的态度，代表性的观点有福利平等、资源平等和机会平等等观点。在探讨罗尔斯和德沃金等自由平等主义者推崇的资源平等理论之前，我们应该首先探讨当代政治哲学中的一种非常有影响力的分配正义理论，即福利平等，功利主义是其特殊的体现形式。对福利平等的批判、替代或者修正，已经成为包括罗尔斯和德沃金等人在内的很多学者构建自己的分配正义理论时的一个重要起点。福利平等理论认为分配正义理论应当将人的“福利”作为主要的关注对象，主张每个人在整个人生轨迹中拥有的幸福与效用等物品的数量应该是一样的。不同的福利平等之间的分歧主要在于如何理解福利以及如何实现福利水平的平等化，其中的主要原因在于在福利经济学中，福利是一个抽象的、模糊的、含义丰富的概念，可以对其作出诸多不同的解释。例如，我们既可以将其理解为“人的偏好的满足”，又可以将其理解为“人的某些主观的生活感受”（比如快乐和痛苦）等，这样的话，福利平等就会有不同的形式。对于福利平等的内涵，理查德·阿内逊（Richard J. Arneson）曾言：“根据福利平等，直到物品的分配使每个人享有同等的福利，物品在人群中才是平等分配的。”[②]福利平等非常关注人们所拥有的福利水平的高低，其背后的根本理念是道德上唯一重要的东西即福利的生产以及公平的分配，除此之外，没有其他任何重要的东西。

在罗尔斯和德沃金等自由平等主义者看来，福利平等不是一种令人满意的分配正义理论，因为该分配正义理论在分配福利的过程中，没有考虑个人应当承担的责任问题，比如在福利平等那里，即使某人因自身的懒惰而致贫，仍然能够获得某些福利补偿，这显然有违道德直觉。罗尔斯和德沃金在对福利平等以及功利主义批判的基础上，认为分配正义理论的分配对象应当是“资源”，认为资源平等可以避免福利平等的上述缺陷，因为资源平等既主张人们应当对自己的选择所带来的后果承担责任，又主张人们

---

① 汤姆·雷根、卡尔·柯亨：《动物权利论争》，杨通进等译，中国政法大学出版社，2005 年版，第 145 页。

② Richard J. Arneson, “Equality and Equal Opportunity for Welfare,” *Philosophical Studies*, Vol. 56, 1989, p. 82.

不应该对超出其控制范围的环境因素带来的后果承担责任。虽然罗尔斯和德沃金都认为分配正义理论关注的对象应当是资源，他们的平等观可以被统称为资源平等，但是他们的分配正义理论在细节方面还是存在不少差异。罗尔斯为了证成其作为公平的正义理论这一分配正义理论，主要采取了契约主义的论证方式。在罗尔斯所设想的原初状态中，虽然处于无知之幕背后的人们不知道有关自己的诸如性别、民族、种族、年龄、财富状况、社会地位和家庭背景等特殊信息，但是无论人们想过什么样的生活，有些物品总是非常必需的，且有可能越多越好，罗尔斯将这些物品称为“基本善”（primary goods），基本善也就是罗尔斯所谓的“资源”。任何理性的人都想占有更多的基本善，倘若一个人拥有的基本善越多，过一种良善生活的可能性就越大。在罗尔斯那里，基本善有两类：一类是“社会基本善”，包括权利和自由、权力和机会、收入和财富，这些基本善受到社会基本结构（如社会的政治制度、经济制度和法律制度）的深刻影响；另一类是“自然基本善”，包括人的健康、理智和想象力等因素，虽然这些基本善也会在某些方面受到社会基本结构的影响，但是它们没有处于社会基本结构的直接控制下，而是由自然赋予的，受自然因素的影响较大。[①]鉴于罗尔斯在其平等观中赋予基本善的重要位置，我们将罗尔斯的平等观称为“基本善的平等”是较为恰当的。罗尔斯的基本善观念面临着很多批判，很多学者认为基本善的概念是僵化的，其内容是模糊和随意的，不能涵盖人们过一种良善生活需要的所有物品，比如它就忽视了残障者的一些特殊需要。[②]罗尔斯认为他在《正义论》中提出的基本善观念是一种“善的弱理论”，后来在《正义新论》中，他提出了一种“善的强理论”，并扩充了基本善的内容：“（1）基本的权利和自由：思想自由、良心自由和其他自由。对于两种道德能力的全面发展和充分使用，这些权利和自由是必需的本质性制度条件。（2）在拥有各种各样机会的背景条件下的移居自由和职业选择自由，这些机会允许追求各种目标，也允许修正和改变它们。（3）拥有权威和责任的官职和职位之权力和特权。（4）收入和财富，它们被理解为达到众多目标通常所需要的适于各种目的之手段，而无论这些目标是什么。（5）自尊的社会基础，它们被理解为基本制度的组成部分，而对于公民是否能够强烈地感觉

① 〔美〕约翰·罗尔斯：《正义论》，中国社会科学出版社，1988 年版，第 62 页。

② 具体研究可参见 Larry Alexander, Maimon Schwarzschild, “Liberalism, Neutrality, and Equality of Welfare vs. Equality of Resources”, *Philosophy and Public Affairs*, Vol.16, No.1, 1987, p. 89. Norman Daniels, “Equality of What: Welfare, Resources, or Capabilities?” *Philosophy and Phenomenological Research,* Vol. 1, Supplement, 1990, pp. 273-296.

到它们自身的价值，并且是否能够带着自信来推进他们的目标，它们通常是极其重要的。”[①]虽然罗尔斯的平等理论试图弥补福利平等在责任问题上的缺失，但是在德沃金等人看来，罗尔斯的努力仍然值得商榷。

虽然德沃金与罗尔斯同属自由平等主义流派，他们的分配正义观都属于资源平等的阵营，但是德沃金并不认同罗尔斯的分配正义观。德沃金的资源平等理论是建立在对福利平等以及罗尔斯的差别原则批判的基础之上的，在他看来，福利平等和罗尔斯的差别原则的一个共同缺陷在于它们都消解了责任，没有使人承担其应当承担的责任，这也是罗伯特·诺齐克（Robert Nozick）等自由至上主义者对当代平等理论的主要诘难所在。为了能够更好地将责任纳入平等理论之中，德沃金建构了一种不同于罗尔斯的平等理论的分配正义观。德沃金和罗尔斯的分配正义观至少在以下两个方面是不同的：一方面，他们对资源的意涵有着不同的理解。德沃金所说的资源包括“人格资源”（personal resources）和“非人格资源”（impersonal resources），人格资源涵盖了人的生理健康、心理健康、才能和力量等资源，作为人的身体的必不可少的组成部分，这些资源是不能在人与人之间转移的；非人格资源包括那些可以被支配以及被转让的环境的一部分，譬如土地、生产工具、原材料和房屋等资源。[②]资源平等的逻辑起点是公民享有的“平等的关心与尊重的权利”，并把政府对所有公民的平等关心和尊重与政府的合法性联系在一起，易言之，如果政府不能对所有公民表达平等的关心与尊重，歧视某些公民，那么就丧失了合法性，难以获得公民的认同；另一方面，他们的分配正义理论的理论目标是不一样的。德沃金的资源平等的理论目标是“敏于抱负”(ambition-sensitive)和“钝于禀赋”(endowment-insensitive)，[③]即在对资源进行分配时，人们应当对由“抱负”等选择因素所造成的不平等负责，然而，人们不应当对由“禀赋”等不受个人控制的运气因素带来的不平等负责。

以上我们论述了罗尔斯和德沃金等自由平等主义者对正义的“通货”（currency）的理解。在以诺齐克等人为代表的自由至上主义者看来，罗尔斯和德沃金等自由平等主义者对正义的“通货”的理解是难以令人信服的。

---

① 〔美〕约翰·罗尔斯：《作为公平的正义：正义新论》，生活·读书·新知三联书店，2002 年版，第 94～95 页。

② Ronald Dworkin, *Sovereign Virtue: The Theory and Practice of Equality*, Harvard University Press, 2000, pp. 322-323.

③ 参见 Ronald Dworkin, *Sovereign Virtue: The Theory and Practice of Equality*, Harvard University Press, 2000, p. 89. 关于德沃金的平等理论的相关研究，可参见拙著：《在平等与责任之间：罗纳德·德沃金平等理论批判》，人民出版社，2011 年版。

诺齐克认为正义应当尽量确保每个人拥有平等的机会，亦即认同“机会平等”。诺齐克认为机会平等在许多人看来是最低限度的平等主义目标，但是很多人认为机会平等是一种太弱的理想，仅仅追求这种理想是不够的。通常有两种实现机会平等的方式：一种是使机会更好者的状况变得更坏，另一种是使机会更差者的状况变得更好。当然，改善机会更差者的状况需要使用资源，在今天资源几乎都是有主的情况下，为改善机会更差者的状况，就需要剥夺他人的资源。然而，对诺齐克来说，人们持有的资源是不可剥夺的，即使剥夺资源的目的是为其他人提供机会平等时亦是如此。在缺少魔杖的情况下，实现机会平等的唯一手段就是说服每个人自愿献出他们的一部分资源，在此过程中，不能有任何的强制成分。诺齐克曾假设存在如下情况：假如机会较好者不存在，机会较差者不是就可以改善自己的处境吗？倘若机会较好者存在，机会较差者能抱怨机会较好者妨碍了其处境变好吗？诺齐克通过一个思想实验来分析这种情况：假设 M1 和 M2 同时向一女子求婚，由于 M1 英俊的相貌、敏锐的智力和超凡脱俗的气质，该女子选择了 M1 并最终成为 M1 的妻子，拒绝了另一个求婚者 M2。M1 英俊的相貌和敏锐的智力往往是天生的，不是其努力的结果，被拒绝者 M2 能够抱怨这种状况不公平吗？倘若这种状况不公平，M1 是否必须因此出钱给 M2 进行美容手术或进行特殊的智力训练呢？诺齐克的答案是否定的。[①]诺齐克认为，“每个人对诸如机会平等和生命等事物都拥有一种权利，并且可以强行使用这种权利，对于这样的说法，主要的反对理由是：这些‘权利’需要事物、物资和行为作为其基础，而别人可能对它们拥有权利和资格。任何人对这样的东西都不拥有权利，即它的实现需要利用别人已经对之拥有权利和资格的事物和行为。别人对特殊事物（这支铅笔，他们的身体，等等）的权利和资格，以及他们愿意如何实行这些权利和资格，确定了任何特定个人和他能够得到的资源的外部界限”[②]。从表面上看，诺齐克是在批判机会平等。实际上，他不是反对一切机会平等，而是反对实质的机会平等，即结果平等。通常没有人反对形式的机会平等，分歧只是在于是否有必要实行一种实质的机会平等。可见，诺齐克主张形式的机会平等，认为任何进行再分配的实质平等都是对个人权利的侵犯。机会平等主张人们应该拥有平等的人生起点，应该拥有平等的机会去发展自己的才能，并确保每个人有平等的机会去做他们想做的、与自身能力相适应的事情，无

①〔美〕罗伯特·诺奇克：《无政府、国家和乌托邦》，姚大志译，中国社会科学出版社，2008 年版，第 285 页。

②〔美〕罗伯特·诺奇克：《无政府、国家和乌托邦》，中国社会科学出版社，2008 年版，第 286 页。

论什么人为设置的障碍，都阻止不了人们获得与自身才能相称的地位。例如，公司在招聘员工时，职位应该向所有能满足条件——设定的条件不能故意歧视求职者——的申请者开放，而不能区别对待。一旦满足了这些条件，任何不平等的结果都无关紧要，人们都应当为之承担责任。

四、正义何以可能

如何实现分配正义？当今政治哲学界围绕该问题提出了诸多观点，比如功利主义原则、差别原则、自由至上主义原则与应得原则等。

自启蒙运动以降，由于功利主义具有很强的系统性及清晰性，因而成为道德哲学和政治哲学中一种占据支配地位的理论。功利主义将“幸福”作为关注的核心，其构成要素有福利主义、后果主义和总量排序（sum-ranking）。[①]古典功利主义的主要代表人物有休谟、边沁和约翰·密尔等人，亨利·西季威克（Henry Sidgwick）、辛格和理查德·黑尔（Richard M.Hare）等人是当代功利主义的代表人物。功利主义作为一种颇具影响力的道德理论和政治理论，在其长期的演进过程中，出现了不同的功利主义变种，但是其核心理念没有发生改变，都秉承边沁的“最大多数人的最大幸福原则”，并具有以下特点：其一，主要关注人的“效用”，功利主义者之间的主要分歧在于如何理解“效用”以及如何实现效用的最大化；其二，采取一种后果主义的道德评价原则，即道德上正确的行为就是拥有最好后果的行为；其三，主张善优先于正当，关心是否能够实现总体效用的最大化，不关心效用如何分配。功利主义原则似乎体现了道德平等理念，这意味着应当平等考虑每个人的利益，边沁的“每个人只能算作一个人，没有人可以超过一个人”就体现了道德平等。实际上，功利主义的基本原则与似乎隐含在其内部的平等待人理念不相容，功利主义没有真正实现平等待人，反而会带来一些偏执的结果。因为功利主义者为实现总体效用的最大化，牺牲少数人的利益也在所不惜，此时被牺牲的少数人就没有受到平等对待。如果一个人的死可以换来多数人的生——譬如将一个人的全身器官移植给很多需要器官移植的人，那么功利主义者肯定会选择让这个人死去从而实现效用的最大化。很明显，此时这个人没有被作为平等者来对待。功利主义自诞生以来就面临很多批判，可以说，对功利主义的批判是当代平等观的主要特征之一，自 20 世纪 70 年代以来功利主义就丧失了其保持一个多世纪

---

① 参见 Amartya Sen, “Well-Being, Agency and Freedom: The Dewey Lectures 1984,” *The Journal of Philosophy*, Vol. 82, No. 4, 1985, p. 175.

的支配地位。

对功利主义的批判，较具代表性的是罗尔斯的观点。在罗尔斯看来，依照功利主义的逻辑，可能出现为了社会总体效用的增加而牺牲个人利益的情况，即会侵犯个人的权利。[①]罗尔斯建构了一种试图替代功利主义的正义原则，以打破功利主义的支配地位，并称之为“作为公平的正义原则”，差别原则是其重要的组成部分。罗尔斯在批判自然的自由体系、自由的平等和自然的贵族制的基础上，提出了“民主的平等观”，差别原则是其最重要的构成部分。对罗尔斯来说，人们要平等地把每个人作为道德人来看待，应当排除运气对分配的影响。如果人们希望建构一个使人们不受运气影响的社会，那么就会被引导到差别原则，差别原则能缓和运气对分配的影响：“把自然才能的分配看作一种集体资产，并共同分享无论它带来的利益是什么。那些先天处于有利地位的人，无论他们是谁，只有在改善那些处境不利者状况的条件下，他们才能从他们的好运气中获得利益。”[②]可见，差别原则意为只有当先天处于较有利地位的人能够有利于处境最差者的最大利益时，才能拥有更多的资源。差别原则没有致力于消除不平等，它允许不平等的存在，但是对不平等进行了限制，把处境最差者的处境作为评估不平等正当与否的依据。依照罗尔斯的“最大的最小值规则”，人们以处境最差者的处境作为评估不平等的起点，这种起点较为稳妥，其中的原因在于在无知之幕的遮蔽之下，处于原初状态中的人们不知道自身的处境如何，以处境最差者的处境作为评估不平等的起点，可以确保人们即使处于最差的处境，也可以过上一种不失尊严的生活。

正如差别原则是建立在对功利主义批判的基础之上，自由至上主义原则是建立在对分配正义批判的基础之上。在当代政治哲学中，自由至上主义原则“建立在洛克和霍布斯的遗产之上，它与罗尔斯立场的不同之处主要在于它支持一种自由放任的市场经济”[③]，其代表人物有哈耶克和诺齐克。哈耶克对自由至上主义的认同主要体现在其对“社会正义”的拒斥上。长期以来，哈耶克都在不遗余力地批判社会正义，这可以从其《法律、立法与自由》第二卷的标题——“社会正义的幻象”——看出来。在哈耶克看来，社会正义就是一种彻头彻尾且毫无意义的胡言乱语，当下对社会正义的普遍信奉很可能对自由文明社会所具有的大多数其他价值构成最严重的威胁，“就像大多数追求某种无法达到的目标的努力一样，追求‘社会正

① 〔美〕约翰 · 罗尔斯：《正义论》，中国社会科学出版社，1988 年版，第 27 页。

② John Rawls, *A Theory of Justice*, The Belknap Press of Harvard University Press, 1971, pp. 101-102.

③ Thomas Pogge, *John Rawls: His life and Theory of Justice*, Oxford University Press, 2007, p.185.

义’的努力也同样会产生极不可欲的后果；尤其需要指出的是，这种努力还趋于把传统道德价值赖以演化扩展的不可或缺的环境给摧毁掉；而这个不可或缺的环境便是人身自由”[①]。依哈耶克之见，对社会正义的笃信必定会趋于极权主义，自由主义者必须拒斥分配正义，捍卫市场自由。诺齐克在阐发其自由至上主义原则时，既不像功利主义者那样强调人的幸福，又不像罗尔斯那样侧重于正义，而是秉承以洛克和斯密等人为代表的古典自由主义传统，弘扬自我所有权原则。诺齐克反对分配正义，捍卫“守夜人式的国家”。诺齐克认为持有正义由获取的正义原则、转让的正义原则和矫正的正义原则构成：“如果一个人根据获取和转让的正义原则或者根据对不正义的矫正原则（由前两个原则所规定的）对其持有物是拥有资格的，那么他的持有就是正义的。如果每一个人的持有都是正义的，那么总体的持有（分配）就是正义的。”[②]持有正义的一般纲领表明资格理论是一种“程序导向”的理论，即只要分配不违背持有正义的三个原则，它就是正义的。可见，以哈耶克和诺齐克为代表的自由至上主义主张正义就在于尊重人们所达成的自由选择。虽然哈耶克和诺齐克的理论在理论细节和证成方式上存在诸多不同，但是它们在基本倾向和理论特质上是一脉相承的，均捍卫市场自由，基本上都以个人自由和权利为出发点来建构自己的自由至上主义原则。

应得原则也是当代政治哲学中一种重要的正义原则，由于我们在本节开篇已经涉及应得原则，在此不再赘述。虽然贡献应得观争议较少，但是它没有注意贡献的大小往往深受运气的影响。当一个人的贡献主要源于较好的运气时，这个人应该比别人应得更多的东西吗？对该问题的回答，涉及应得与运气之间的关系问题。关于应得与运气之间的关系问题，比较典型的是以罗尔斯、诺齐克和戴维·米勒（David Miller）等人所代表的观点。罗尔斯持有一种反应得理论：“没有一个人应得他在自然禀赋的分配中所占的位置，没有一个人应得他在社会中初始的出发点。”[③]对罗尔斯来说，人们不应得较为有利的社会起点，因为从一种道德的观点来看，优越的自然禀赋和良好的家庭环境都是任意的因素。诺齐克批判了罗尔斯的观点，认为如果任何应得背后的基础本身必须是应得的，那么往后进行追溯，就根

---

① 〔英〕弗里德利希·冯·哈耶克：《法律、立法与自由》（第二、三卷），邓正来等译，中国大百科全书出版社，2000 年版，第 124 页。

② Robert Nozick, *Anarchy, State, and Utopia*, New York: Basic Books, Inc. 1974, p. 153.

③ John Rawls, *A Theory of Justice*, The Belknap Press of Harvard University Press, 1971, p.104.

本没有任何应得可言。[①]对诺齐克来说，正义不能抵消运气因素对分配的影响，无论人们的自然禀赋是不是任意的，人们都有资格拥有它们。米勒折中了罗尔斯和诺齐克的看法，[②]将运气分为“完全的或主要的运气”与“环境性的运气”，认为完全的运气取消了应得，但是环境性的运气并不会取消应得。

第二节 代际关系为何需要正义原则的调节？

就“谁之正义”这一问题来说，与人们对性别正义和国际正义等问题进行的深入讨论相较而言，代际正义问题仍然没有获得足够的重视。在西方政治思想史上，曾经有少数思想家关注过代际关系以及未来世代的境遇问题。譬如，埃德蒙·柏克曾言，国家“乃是一切科学的一种合伙关系，一切艺术的一种合伙关系，一切道德的和一切完美性的一种合伙关系。由于这样一种合伙关系的目的无法在许多代人中间达到，所有国家就变成了不仅仅是活着的人之间的合伙关系，而且也是在活着的人、已经死了的人和将会出世的人们之间的一种合伙关系”[③]。在美国的立宪实践中，托马斯·杰斐逊和詹姆斯·麦迪逊曾经围绕一代人是否有权力约束下一代人这一问题发生过激烈的论争。麦迪逊为“上一代人有权力约束下一代人”这一观点的恰当性进行了辩护。在麦迪逊那里，宪法是政府用以管制社会并为人民谋利益的重要工具，上一代人所制定的宪法毫无疑问对下一代人具有约束力，并不赞成频繁地召开制宪会议以制定宪法，“由于每次求助于人民，就意味着政府具有某些缺点，经常求助于人民，就会在很大程度上使政府失去时间所给予每件事物的尊重，没有那种尊重，也许最英名、最自由的政府也不会具有必要的稳定”[④]。麦迪逊还强调国家为从事自卫战争而进行的借债行为，不仅没有必要事先征得未来世代的同意，而且未来世代也不得不偿还，换言之，倘若下一代人从上一代人所借的债务中获益，下一代人就应该偿还该债务。杰斐逊不同意麦迪逊的上述观点，他曾在致麦迪逊的信中强调：“地球永远属于活着的一代人；他们可以在他们的收益权

---

① Robert Nozick, *Anarchy, State, and Utopia*, New York: Basic Books, Inc. 1974, p. 226.

②〔英〕戴维·米勒：《社会正义原则》，应奇译，江苏人民出版社，2001年版，第158～164页。

③〔英〕柏克：《法国革命论》，何兆武等译，商务印书馆，1998年版，第129页。

④〔美〕汉密尔顿、杰伊、麦迪逊：《联邦党人文集》，程逢如等译，商务印书馆，1980年版，第257～258页。

期限内任意处理地球以及从地球所获得的一切。他们也是他们自己的主人，因而可以随心所欲地支配自己。但是人和财产构成政府对象的总和。他们的前辈的宪法和法律在其自然过程中同制定它们的人一起消亡。"①就公共债务而言，杰斐逊强调正如先辈制定的法律对未来世代缺乏约束力一样，上一代人所欠下的债务对下一代人也同样是没有约束力的，可见，在这两个问题上，杰斐逊与麦迪逊持有针锋相对的观点。

虽然代际关系是自人类产生以来就长存的一种古老关系，但是在很长一段时期内，代际关系并未成为一个引人深思的独立问题，而是一直隐匿于其他社会关系之中。实际上，在 19 世纪以前，像柏克和麦迪逊等人那样关注未来世代处境的思想家较为少见，未来世代的处境基本上没有进入思想家的思考范畴。因为在科学技术取得长足进步以前，人类改造自然和利用自然的能力较为有限，所产生的影响往往限于某个地区或某个较短的时期之内，人类无法影响未来世代的生存处境。即使在柏克等少数关注未来世代处境的思想家那里，他们在思考当今世代对未来世代的义务时也经常从一种普遍的人性出发，认为当今世代对未来世代负有一种慈善的义务，鲜有从正义的角度进行思考的。正如希克斯所言："大多数哲学家都认为无论当今世代与未来世代之间的关系如何，正义似乎都不存在。亚里士多德以来的哲学家一直坚持认为正义是一种在某种意义上始终以相互性（reciprocity）为特征的关系；因此，我们的未来世代与我们自己之间的相互性关系在哪里？与那些尚未出生的人，这种关系怎么可能存在呢？"②自工业革命以来，生态系统逐渐被破坏，生物多样性也慢慢丧失，尤其进入 20 世纪以来，人类的力量（尤其是控制自然和改造自然的能力）获得了巨大的增长，对未来世代的影响往往是不可逆的，"人类对自然的日益快速的开发，不仅影响作为土壤、水、资源和能源等自然资源之源的自然界，而且也带来了生产和消费过程中产生的垃圾、残留物、空气、水污染和温室气体等。资源和倾倒场地的过度使用，将给未来世代带来很大的负担。此外，还将有不可逆转的风险，后代人将不得不接受这些风险，比如那些源于使用核能的放射性废物，或者因燃烧化石燃料释放的二氧化碳而引发的气候风险"③。伴随着生态意识的兴起和环境保护运动的开展，未来世代的

---

①〔美〕托马斯·杰斐逊：《杰斐逊选集》，朱曾汶译，商务印书馆，2011 年版，第 482 页。

② Richard Hiskes, *The Human Right to a Green Future: Environmental Rights and Intergenerational Justice*, Cambridge University Press, 2009, p.3.

③ Dieter Birnbacher, "Responsibility for Future Generations：Scope and Limits", in Joerg Tremmel (ed.), *Handbook of Intergenerational Justice*, Edward Elgar, 2006, pp. 26-27.

处境日渐获得了关注。本节将处理一个重要的议题是人们在探讨代际问题和代际关系时，为什么需要引入正义理论的分析视角，代际关系需要正义原则的调节吗？

一、世代的多重意涵

在关注为何人们在分析代际问题和代际关系时需要引入正义理论的视角之前，我们先对“世代”的概念展开论述。“世代”（generation）一词“从13世纪以来，就出现在英文里。最接近的词源为拉丁文 generatio，可追溯的最早词源为拉丁文 generare，意思是繁衍自己的种族”①，同时，“世代”一词还有着丰富的含义，可以被用于不同的语境中，社会学、经济学和哲学等领域中的学者都曾对世代的内涵提出各种看法。特雷梅尔在《代际正义理论》一书中对“世代”的内涵进行了详细论述，他认为“世代”一词包括“家庭世代”(family generations)、“社会世代”(societal generations)和“时序世代”（chronological generations）三个方面的内涵。②

在特雷梅尔看来，“世代”一词首先是同家庭相关的。“世代”的词源是指家庭关系，而在拉丁语中，“generatio”是指生殖和生育能力。家庭世代是由世代联系在一起的成员构成的，亲属关系不同于群组（cohorts），这也就是为什么“孩子”和“父母”这两个词与“年轻”和“年长”这两个词分属不同的使用语境的原因。毕竟有年轻的和年长的父母，姑姑和叔叔也可能比他们的侄女和侄子还要年轻。即使同一年出生的家庭成员也可能分别属于不同的家庭世代，譬如，一名妇女在36岁时分娩，而她的孪生姐妹在18岁时分娩，其孪生姐妹的女儿也是在18岁时分娩，这样的话，在36岁时分娩的妇女所生的孩子，与其孪生姐妹的女儿所生的孩子就属于不同的家庭世代。“社会世代”的内涵有别于“家庭世代”的内涵，它是指信仰、态度或者问题相同的群体。在许多情况下，该群体成员在一定时期内有着类似的政治、经济或文化经历，如“沉默的一代”“网络一代”或者“9·11 一代”，等等。只有当人们拥有相同的看法时，相近的年龄组才被视为一代人。这种共同的世代身份甚至可以存在于那些拥有不同的出身、宗教或族裔的人之间。这种世代身份往往令人感到奇怪的是，这样的人甚至彼此都不认识，就感到亲近。在“二战”以前，这种意义上的“世代”

① 〔英〕雷蒙·威廉斯：《关键词：文化与社会的词汇》，刘建基译，生活·读书·新知三联书店，2016年第2版，第239页。

② 下一段对“家庭世代”“社会世代”和“时序世代”内涵的介绍，参见 Joerg Chet Tremmel, *A Theory of Intergenerational Justice*, Earthscan, 2009, pp.19-21.

也被称为“历史世代”。这个词在艺术领域（如浪漫主义者）和文学领域（如迷惘的一代）中也起着重要的作用，在这些语境中，“世代”一词表示共同的风格和主题。虽然同一世代的成员之间的年龄差距很少超过10岁，但是在文学和艺术领域中20岁的人和50岁的人也可以被称为同辈。除了家庭世代和社会世代，在英语、德语和其他语言中，世代也有着“时序”（chronological）方面的含义，这种世代被称为“时序世代”。时序世代包括两个方面，一是“现时代”（temporal）的时序世代，二是“跨时代”（intertemporal）的时序世代。就前者而言，世代指一个年龄组，即社会中的年轻人、中年人或老年人。从这个意义上说，几代人总是同时生活，30岁以下的通常被认为是年轻的一代，30岁至60岁则代表中年一代，而60岁及以上的人被称为老年一代。就后者而言，“世代”一词指今天活着的每个人，从这个意义上而言，在一定时期内只有一代人，这也是本书所使用的世代的主要内涵。

尤金妮亚·斯卡比尼（Eugenia Scabini）和埃琳娜·玛尔塔（Elena Marta）曾研究世代的内涵，认为“世代也许被定义为群组（cohort）、与消费方式相关的生活阶段、家谱的传承（genealogical lineage）或者经历过类似历史事件的一群人”①。斯卡比尼等人随后一一介绍了世代的四种定义。根据第一种定义，世代被理解为群组，这是关于世代的人口定义，指的是基于出生年份或者年龄的分析单位。时间周期可以是1年、10年或者一个人出生到随后生下自己的孩子之间的平均间隔，这个间隔通常是25年或30年；第二个定义是关于世代的经济定义，涉及消费方式或消费者的类别，一些人因年龄相同而在消费方面有着相似的偏好，或者与生产系统有着相同的关系。根据这种定义，我们至少可以确定三代人同时存在，即青年人、成年人和老年人；第三个定义是关于世代的家谱定义，它将世代定义为一种特定类型的家庭关系，而不是从那些属于某一年龄组或者经历过同一历史时期的事实来观察；第四个定义是关于世代的历史主义定义，该定义建立在共同的社会历史经验的基础上，强调特殊的历史事件的重要性，从文化和社会的角度来界定世代。根据这种观点，一个人一生中只属于一个世代，比如“1960年代的一代”指的是那些生活在20世纪60年代的青少年。

特雷梅尔所言说的“家庭世代”和“时序世代”强调了一种基本的生物学事实，即世代首先是一个与年龄或时间有关的问题，譬如，年龄往往

① Eugenia Scabini and Elena Marta, “Changing Intergenerational Relationship”, *European Review*, Vol. 14, No.1, 2006, pp. 81-82.

是家庭世代的决定性因素，而时序世代主要与年龄或者时间相关。家庭世代和时序世代共同指向了世代的自然属性，关于世代的自然属性，廖小平曾言，“一提到代，人们首先想到的就是年龄层（或年龄周期、年龄段），即代首先是一个自然（即年龄或生理）范畴，具有自然属性。毫无疑问，这是一个最基本的生物学事实。任何社会中的一代人首先是由一定年龄层的人组成的，人们由于年龄层的不同而自然地形成不同的代，一代人之所以被看作一代人，首先就是因为他们处于同一个年龄层”[①]。当然，我们在分析世代时，仅仅指出世代的自然属性还不够，世代的自然属性只是为人们理解世代提供了一个自然的参考框架。特雷梅尔所说的“社会世代”指向了世代的另一个属性，即社会属性，正如有论者曾言，“‘代’又不只是一个年龄的问题，不只具有自然的属性，也具有社会的属性；是指一定社会中，由一定的年龄层的人构成的具有一定社会特质的人群”[②]。世代所具有的社会属性是显而易见的，比如当人们提及“知青一代”或者“迷惘的一代”等内容时，或者当人们研究“代沟”问题时[③]，均指向了世代的社会属性，“定义一代人的并不仅仅是出生日期，还有类似的经历和挑战，交流和话语，以及累积经验的集体模式和以回顾历史的方式进行的身份构建”[④]。随着社会变迁的加快，人们在提及世代时往往逐渐淡化世代的生物学意义，而强调其社会属性。通过分析我们可以发现，世代具有双重属性，一是自然属性，二是社会属性。我们在此言说的世代具有双重属性这一观点，也同样适用于斯卡比尼和玛尔塔对世代的界定。譬如，斯卡比尼等人关于世代的人口定义和经济学定义大概体现了世代的自然属性，而斯卡比尼等人关于世代的历史主义定义显现了世代的社会属性。可见，虽然特雷梅尔和斯卡比尼等人对世代进行了不同的界定和分类，但是上述分类和界定有着共通之处，均凸显了世代的双重属性，即世代的自然属性和社会属性。

二、代际关系的独特性

顾名思义，代际关系就是世代与世代之间的关系。此处的世代包括“过

---

① 廖小平：《伦理的代际之维：代际伦理研究》，人民出版社，2004 年版，第 25 页。此处所说的“代”即“世代”，以下同。

② 张永杰、程远忠：《第四代人》，东方出版社，1988 年版，第 8 页。

③ 相关的研究可参见〔美〕玛格丽特·米德：《代沟》，曾胡译，光明日报出版社，1988 年版。

④〔德〕阿莱达·阿斯曼：《记忆中的历史：从个人经历到公共演示》，袁斯乔译，南京大学出版社，2017 年版，第 19 页。

去的世代”“当今世代”和“未来世代”。过去的世代由那些逝去的、已经退场的人组成，当今世代由目前活着的、已经在场的人组成，而未来世代由即将降生的、尚未出场的人组成。关于未来世代的内涵，有一些模糊之处，因为未来世代与当今世代既可能存在世代重叠的状况，又可能不存在世代重叠的状况。正如本章第四节将提及的那样，我们在研究代际正义理论时，假定当今世代与未来世代不存在世代重叠，至少在目前存在的当代人死去之前，未来世代是不存在的。换言之，当前世代与未来世代是未谋面的，这是本书在研究代际正义理论时的一个重要预设。虽然代际关系是自人类诞生以来就长存的一种古老关系，但是在人类进入现代社会以前，代际关系一直隐藏在其他社会关系之中。自人类进入现代社会，尤其是进入 20 世纪以来，人类的科技力量取得了长足的进步，社会结构亦发生了翻天覆地的变化，代际关系以及其中的代际冲突才逐渐进入了人们的视野。那么，代际关系是怎样不同于当代人之间的关系（即代内关系）的？代际关系具有什么特性呢？

代际关系是一种与年龄或者时间有关的特殊关系。世代首先是一个与年龄或时间有关的概念，代际关系同样也是一种与年龄或时间有关的关系。如果我们抛开生命的起源这个复杂的问题，那么除了第一代人，每代人既是其过去世代的后代，又会繁衍出未来世代。代际关系是目前在场的人与已经退场的人、尚未出场的人之间的关系。在代际关系中，有两个“不可逆性”，一是时间的不可逆性，二是人类的许多行动之后果的不可逆转性。就第一个不可逆性而言，时间之箭的方向是一直向前的，那种可以使得时间倒流的“月光宝盒”至少目前是不存在的。就我们所处的当今世代来说，我们只能在我们的祖先出场以后出场，同样，未来世代也只能在我们出场之后才能进场，这是一个不可更改的自然事实。时间的不可逆性看似很简单，却给目前的正义理论带来了巨大的挑战；就第二个不可逆性而言，随着人类掌控的力量不断增大，人类许多行动的后果是不可逆的。譬如，自工业革命以来，人类对能源的需求不断增大，石油、煤炭和天然气等很多不可再生资源已经日渐枯竭。同时，人类在不断开发和使用能源的过程中，土壤遭到了污染，生物多样性锐减，很多水源遭到了化学物品和放射性物质的污染。如果当今世代肆意捕杀某些动物（如犀牛、大象、老虎和狮子等），那么这些动物将很快消失，未来世代也许只能在自然博物馆里看到这些动物的标本。在没有重大科技创新、不付出沉重保护代价的情况下，未来世代很难拥有干净的土壤、丰富的物种和清洁的水源。

当今世代与过去的世代之间不存在通常意义上的互利合作关系，当今世代与未来世代之间亦不存在这种关系。依照我们的研究假设，当今世代与过去的世代和未来世代并不处于同一个时间段内，也就是说，当今世代与过去的世代、未来世代是尚未谋面的。当今世代的人与过去的世代、未来世代的人属于非同一世代的人，非同一世代的人之间缺乏直接的关系。与人类刚刚诞生时期的生活状况相比，当今世代的生活状况肯定是古人无法想象的。考察人类社会的发展历史，我们可以发现，人类社会的发展是很多世代共同合作和不断努力的结果。我们需要注意的是，当今世代可以为未来世代作贡献，可以为未来世代进行物质、技术、资金和人力等方面的储存，例如，当今世代可以通过科技的不断进步逐渐改善未来世代的处境，而未来世代不能为当今世代做一些事情，正如过去的世代可以为当今世代储存，当今世代不能为过去的世代做一些事情一样，当今世代对未来世代的关心往往是一种单向的关心。由于当今世代与过去的世代、未来世代没有处于同一个时空之下，它们之间缺乏面对面的"交流"，那么，当今世代与过去的世代、未来世代之间就缺乏通常意义上的互利合作关系。换言之，它们之间缺乏通常所说的"相互性"，这种相互性的缺乏也往往使得很多人认为正义理论不适用于处理当今世代与未来世代之间的关系，认为当今世代至多对未来世代负有慈善的义务，不负有正义的义务。

与代际关系所具有的上述两种特征密切相关的是，代际之间的权力具有非平等性和非对称性，卢卡斯•迈耶（Lukas Meyer）对此曾言："当今世代也许可以对未来世代施加权力……遥远的未来世代无法对现在活着的人施加这种影响，从这个意义上而言，当今世代与遥远的未来世代之间的权力关系是完全不对称的：遥远的未来世代甚至并不拥有对当今活着的人施加这种权力的潜在可能性。相似的情况是，现在活着的人也不能对过去的人施加这种影响。"①由当今世代对未来世代施加的权力所带来的影响是多方面的，第一，我们在上一段提及当今世代可以为未来世代作出贡献和进行储存，实际上，当今世代既可以伤害未来世代，又可以不为未来世代进行任何储存而大量消耗很多不可再生的自然资源。例如，当今世代对核燃料的大量消耗以及对核废料的处理措施是否妥当，可以对未来世代的生活带来很大的影响。倘若当今世代采取一种不负责任的环境政策，未来世代将很难拥有干净的水源、清洁的空气和不受污染的土壤，而未来世代不得不接受这一切，"上一辈所做的一切——比方说，有关毒性废料的生产和贮

① Lukas Meyer,"Intergenerational Justice", *The Stanford Encyclopedia of Philosophy* (Summer 2016 Edition), Edward N. Zalta (ed.), URL = <https://plato.stanford.edu/archives/sum2016/entries/justice-intergenerational/>.

藏，不可更新的自然资源的利用，等等——都是覆水难收（这里的水更像是毒水）。作为已给定之物，上一辈人的行为将不得不被接受。过去无法改变，我们通常认为，死者和被埋葬的人不会受到我们毁誉的影响。他们在与现代人的关系中不会受到伤害，正如现代人也不会受到未来人的伤害"①。可见，无论当今世代做什么，未来世代都不可能惩罚当今世代，正如当今世代不能因过去世代的某些不良行为而对其进行惩罚一样；第二，未来世代的偏好和科技水平在很大程度上受到当今世代的行为的影响。当今世代的种种行为可以影响乃至塑造未来世代的偏好。如果当今世代花费巨额资金探索浩瀚的宇宙，那么未来世代对宇宙的了解将会增多，甚至将来有可能移民到其他星球上。相反，倘若当今世代不花费任何资金探索宇宙，那么未来世代对宇宙的了解程度肯定不如当今世代采取相反的政策时所了解的多；第三，未来世代是否能够存在以及其数量的多寡等等，都将依赖于当今世代的决策和行动。在理论上当今世代可以决定不生育，倘若当今世代决定不生育（如很多人是"丁克"一族），未来世代就不可能存在。如果当今世代采取严格的生育政策（如"一对夫妻只能生育一个孩子"），那么后代人的数量将会逐渐减少。

三、审视代际关系时引入正义理论的必要性

通过上述分析我们可以发现，代际关系在很多方面不同于代内关系。人们在审视代内关系时经常引入正义理论，譬如，人们经常通过分配正义理论处理个人之间的利益纷争问题。那么，一个随之而来的问题是，人们在审视代际关系时需要引入正义理论吗？笔者认为基于以下考量，我们在审视代际关系和处理代际问题时，有必要引入正义理论的分析视角。

首先，代际关系的上述三种特征是我们在处理代际关系和代际问题时引入正义理论的有力理由之一。如上所述，在我们言说的代际关系中，未来世代目前是不在场的，当今世代与未来世代之间缺乏直接的交流以及代际权力是不平等的，"没有人比我们今天活着的人和将会紧随我们的人之间的不平等更大的权力不平等了"②，这需要我们认真对待代际问题和代际关系。虽然未来世代目前不存在，过去的世代已经退场，但是人们通常不会否认当今世代对未来世代负有一定的"义务"，目前人们对英雄和烈士的

---

①〔美〕彼得·S.温茨：《环境正义论》，朱丹琼、宋玉波译，上海人民出版社，2007年版，第317页。

② Henry Shue, "Legacy of Danger: The *Kyoto Protocol* and Future Generations", in K. Horton and H. Patapan (eds), *Globalisation and Equality*. London: Routledge, 2004, p.164.

缅怀，也体现了当今世代对过去的世代的某些义务。当然，对该义务的承认不需要介入我们在第五章将要涉及的未来世代是否拥有权利这一备受争议的问题。然而，人们对该义务依然有着很大的争议，譬如，当今世代对未来世代负有的义务是何种义务？对此通常有两种回答，一是慈善的义务或人道主义的义务，二是正义的义务。这两种义务对当今世代提出的要求是不一样的，第二种义务对当今世代提出的要求显然高于第一种义务对当今世代提出的要求。倘若当今世代对未来世代仅仅负有慈善的义务或人道主义的义务，那么这将贬低未来世代作为当今世代的延续应当具有的道德地位，将会使未来世代的命运在很大程度上取决于当今世代的“善意”。实际上，未来世代所拥有之前景的良好与否仅仅依赖于当今世代的善意，这是不够的，当今世代应该对未来世代负有一种正义的义务。因此，相较于人们在审视代内关系和代内问题时引入正义理论而言，代际关系的特质决定了我们在分析代际关系和代际问题时更应该采取正义理论的分析视角。很多学者意识到了这一点，他们在思考当今世代与未来世代之间的关系时，以正义理论为重要的分析工具，这也使得代际正义理论成为一种日渐引人注目的理论。

其次，与人类的脆弱性以及环境伦理的兴起密切相关。人类社会在发展的过程中，存在着一个吊诡的现象：一方面，科技的发展日新月异，人类的力量在空前增大；另一方面，人类社会变得日渐脆弱，未来世代的命运更加捉摸不定。人类无论在自然灾难（如地震和海啸）面前，还是在社会灾难（如核泄漏和战争）面前，有时都显得十分脆弱，不堪一击。虽然风险没有仅仅局限于现代社会，在古代社会也同样存在风险，但是古代社会的风险往往只限于“一时”或“一地”，其影响是极为有限的，不像现代社会面临的风险那样，往往是人类社会需要共同加以面对的。当风险爆发后，社会风险就演变成了社会危机，比如苏联的切尔诺贝利核电站和日本的福岛核电站的泄漏就是明显的例子。核辐射所产生的负面影响在时间上具有历时性，不但会影响人类的当下生活，而且也会影响人类的未来发展——其影响往往达数万年之久。现代社会中风险的上述特征与现代科技的诸多后果的难以预料性紧密相关，随着科学技术的发展，人类社会面临的不确定性非但没有减少，反而有逐渐增多之势。易言之，人类正变得日益脆弱，倘若某些恐怖分子掌握了核技术或者引爆了一个核弹，那么其带来的灾难性后果难以估量。曾有学者指出人类社会需要解决的 20 个关键问题，其中一类是“我们共同的地球”问题，即全球变暖、生物多样性与生态系统的损失、过度捕捞、滥伐森林、水资源枯竭、海事安全和污染问题。[①]由环境污染招致的后果不但影响当今世代的生存和发展，而且亦会影响未来世代的生存和发展，这也促使人们在思考代际问题和代际关系时以正义理论为重要视角，正如德夏里特所言，“提出代际正义理论的一个强有力的理由是现在所谓的‘环境伦理’。事实上，代际正义问题中最重要的因素是环境问题，代际关系的几乎每个方面都与环境问题有关”[②]。在全球化时代，一国在其边境地区修建核电站、进行核试验、倾倒核废料、砍伐大量的森林或者修建大型水库等活动，不仅会跨越国界，影响邻国居民或者更遥远国家的居民的生活，而且也会影响未来世代的处境。环境污染事件的频发使得环境伦理变得愈发重要，也使得人们开始关注动物的生存处境问题，譬如，正如我们在本章第一节曾提及的那样，有很多学者在关注“动物解放”“动物权利”或者“植物的权利”等问题。当然，有些人肯定认为这是不可思议的，然而，如果我们转变关注的视角，将对环境的保护与未来世代的生存处境联系起来，并在当今世代与未来世代的道德关系的框架内思考环境保护问题，那么这或许能够契合某些人的道德直觉，或者至少不会引起某些人的强烈反感。

最后，由于资源的稀缺性以及人类欲望的不断膨胀等因素，当今世代与未来世代之间在某些方面存在着显而易见的利益冲突。利益冲突是人类社会普遍存在的现象，譬如，个体之间、集体之间以及个体与集体之间经常存在利益冲突。实际上，利益冲突不仅存在于某一个世代之内，在当今世代与未来世代之间也同样存在着利益冲突。这种冲突表现在多个方面，比如，根据人类现在掌握的情况，煤炭、石油、天然气和森林等自然资源是稀缺的，当今世代为了自身的生存和发展，既可能大量开采石油和天然气等资源，又可能大量砍伐森林和大面积地填海造田，如果这些现象得不到有效遏制，那么未来世代就很难获得这些资源，这样的话，当今世代和未来世代的利益就出现了冲突。同时，人类的欲望也在不断膨胀。例如，人类在既想获得电力又不想污染当下环境之动机的驱使下，可能会大力发展核电。大力发展核电无疑会满足当今世代对清洁能源的需求，然而，由此产生的核废料倘若不妥当处置，肯定会侵害未来世代的利益，这样的话，当今世代和未来世代之间就出现了利益冲突。罗尔斯曾言，人们在社会合作的过程中，每个人都喜欢较大的利益份额而非较小的利益份额，“这样就

① 参见 Jean-francois Rischard, *High Noon: 20 Glonal Problems, 20 Years To Solve Them*. New York: Basic Books, 2002, p. 66.

② Avner de-Shalit, *Why Posterity Matters: Environmental Policies and Future Generations*, London and New York: Routledge, 1995, pp. 6-7.

产生了一种利益的冲突，就需要一系列原则来指导在各种不同的决定利益分配的社会安排之间进行选择，达到一种有关恰当的分配份额的契约。这些所需要的原则就是社会正义的原则，它们提供了一种在社会的基本制度中分配权利和义务的办法，确定了社会合作的利益和负担的适当分配”①。虽然在代际关系中，罗尔斯意义上的社会合作并不存在，但是考虑到相较于当今世代的强势地位而言未来世代所处的弱势地位，我们在处理当今世代与未来世代之间的利益冲突时，更需要引入正义理论的分析视角。

四、将一般正义理论用于处理代际关系时面临的难题

对于正义是否适用于代际关系这一疑问，罗尔斯持一种肯定的态度，因为他曾明确指出：“现在我们必须考察代与代之间的正义问题。不用说，这个问题是困难的。它使各种伦理学理论受到了即使不是不可忍受也是很严厉的考验。然而，如果我们不讨论这个重要问题，对作为公平的正义的解释就是不完全的。”②只不过罗尔斯没有明确指出其中的缘由何在，我们在本节第三部分试图对此进行分析。一般正义理论往往是“共时性正义理论”，当我们将共时性正义理论用于处理代际关系和代际问题时，代际关系的独特性就会带来一些独特的规范性问题。我们将指出其中的一些问题，当然，本书将回答其中的某些问题，而对有些问题的回答将因篇幅所限不会涉及，有些问题因笔者能力所限而无法回答。

第一，一般正义理论本身不是为了解决代际关系而被建构的。如上所述，在 19 世纪以前，思想家们在思考正义问题时鲜有将未来世代纳入考虑的范畴之内，这样的话，思想家们建构的各种正义理论——也即我们所说的“一般正义理论”——就不是被用于处理代际关系和代际问题的。思想家们提出的一般正义理论往往被用来处理“正在存在”的个体或群体的行为，或者用于处理“曾经存在”的祖先的行为。例如，依照我们在上一部分提及的罗尔斯的观点，正义原则用于解决由社会合作产生的利益和负担的分配问题，而当今世代和未来世代之间不存在通常意义上所言说的“社会合作”。另外，一般正义理论也可以被用于矫正历史上某些人的非正义行为所带来的恶果，这也是某些矫正正义理论或全球正义理论③关注的问题之一。尚未出场的未来世代往往并不处于思想家们考虑的范围之内，那些

---

①〔美〕约翰·罗尔斯：《正义论》，中国社会科学出版社，1988 年版，第 4～5 页。

②〔美〕约翰·罗尔斯：《正义论》，中国社会科学出版社，1988 年版，第 285 页。

③ 博格曾关注过该问题，具体研究参见〔美〕涛慕思·博格：《康德、罗尔斯与全球正义》，刘莘、徐向东等译，上海译文出版社，2010 年版，第 430 页。

打算将正义理论延伸至未来世代的学者将不得不克服原本不是被用于处理历时性关系的正义理论在概念、分析方式以及证成方式等方面面临的困难。这样的话，一些疑问就难免出现，例如，一般正义理论能够用于处理代际关系和代际问题吗？倘若可以的话，我们是否可以像在某一个世代之内那样，将那些用于处理代内关系的正义原则直接用于处理代际关系呢？或者我们需要对一般正义理论进行修正[①]或者拓展，从而得出一种能够适宜于处理代际关系的正义理论？倘若不能的话，我们是否有必要单独构建一种用于处理代际关系和代际问题的正义理论？这些都是引人深思的问题。

第二，我们可能不清楚当今世代对未来世代所负的义务的内容是什么，同时，我们在多大程度上有义务考虑未来世代，在对当今世代的义务与对未来世代的义务之间如何进行权衡，这些也都是需要我们考虑的问题。作为当今世代的延续，未来世代的成员肯定与我们一样，需要清洁的空气、洁净的水源和不受污染的土地等资源，然而，除了这些有限的信息，对于什么对未来世代是真正重要的、未来世代的偏好是什么以及他们喜欢什么样的生活方式等问题，我们并不拥有确切的信息。虽然很多人普遍承认当今世代对未来世代负有义务，但是对于这种义务的内容是什么，我们应该给未来世代留下什么以及留下多少，我们可能不清楚，“几乎没有人质疑代际责任的存在，但是如何构想和确定它们使哲学家感到困惑，有时也使公民和政策制定者感到困惑”[②]。义务的履行不是凭空就可以完成的，通常需要消耗一定的资源，正如上述所言，很多资源是稀缺的，那么，我们应该将对未来世代的义务延伸至所有的未来世代吗？我们应该在多大程度上有义务考虑未来世代？是否像我们在下一章将要提及的功利主义的代际正义理论认为的那样，只要能够提升未来世代的福利，当今世代应该作出巨大的牺牲？另外，未来世代和当今世代之间存在利益的冲突，我们对当今世代的义务和对未来世代的义务之间肯定也存在着冲突。譬如，某贫困国家为了提升本国民众的福利水平，需要砍伐某片森林或者围海造田，从而发展经济，这样的话，对当今世代的义务可能获得了满足，然而，从长远来看，砍伐森林或者围海造田会造成生态系统的失衡（此处假设生态系统的失衡不会在那些砍伐森林或者围海造田的人所处的世代内出现），那么我们为未来世代留下一个宜居的生活环境的义务就没有得到履行。倘若如此，我们在履行对当今世代的义务和对未来世代的义务之间就出现了冲突，“当

① 正如我们将要谈及的，是否需要修正休谟和罗尔斯等人对正义之环境的看法。

② Janna Thompson, *Intergenerational Justice: Rights and Responsibilities in an Intergenerational Polity*, London and New York: Routledge, 2009, p.1.

对未来世代的义务与改善当代人福利的真正需要发生冲突时，必须找到一条中间道路”[①]，那么如何权衡和处理这种冲突，也是一个非常棘手的问题。

第三，我们在将一般正义理论用于处理代际关系时还需要处理诸如环境问题、经济问题和人口政策等具体的问题。代际正义理论的很多内容在很大程度上都涉及环境问题，很多人也正是因为对日益频发的环境问题的关注开始探索代际正义理论。譬如，人类在大规模的工业生产的过程中，一方面产生了很多污染物，不少污染物还具有放射性，有些放射性废物的影响可能要跨越千年，另一方面，这些生产肯定会大量消耗很多不可再生的能源，倘若这两个方面得不到遏制，我们将为未来世代留下一个充满有毒气体和核武器的不安定的世界，这将对未来世代的生活前景带来不利的影响。当今世代在发展经济的过程中，难免要产生一定债务或赤字，那么，倘若当今世代留下了大量的债务或巨额的赤字而未来世代不得不偿还的话，这对未来世代公平吗？未来世代需要遵守其祖先的承诺吗？当今世代需要为未来世代进行储存吗？倘若储存，应该储存多少？人口政策也是我们在构建代际正义理论时不得不考虑的问题，我们目前不知道未来世代的人口数量多少是恰当的，那么，我们应该采取何种人口政策呢？是采取宽松的人口政策并鼓励生育，还是采取严格控制人口的政策？倘若采取前一种政策，未来人口的数量既可能大增，又可能使得未来人口的总体福利水平受到影响；倘若采取后一种政策，未来世代的平均福利水平可能会有所提升，但是这种政策也许使得本应在实施前一种人口政策时将出生的人根本不会出生，也就是说，此时会出现我们在第六章将详细探讨的“非同一性问题”[②]。此时人们难免会质疑道：倘若未来世代的“存在”都依赖于当今世代的抉择，即使当今世代采取了一些不负责任的、会产生长期不良影响的政策，当今世代在何种意义上“伤害”未来世代呢？未来世代难道不应该“感激”当今世代让其存在吗？在构建代际正义理论的过程中，人们通常假定当今世代与未来世代是不会碰面的，正是因为当今世代在做出能够影响未来世代的环境政策、经济政策和人口政策等决策过程中，未来世代是不在场的，这才需要我们认真思考怎样才能公平地对待未来世代，怎样才能获得一种自洽的代际正义理论。

---

① Avner de-Shalit, *Why Posterity Matters*, London and New York: Routledge, 1995, p. 11.

② 具体研究参见〔英〕德里克·帕菲特：《理与人》，王新生译，上海译文出版社，2005 年版，第 508 页。

第三节　代际正义的环境

既然我们承认在分析代际问题和代际关系时应该将正义理论作为分析视角，构建代际正义理论是很有必要的，那么我们如何将正义延伸至未来世代呢？如何构建代际正义理论呢？海德对此曾言，“在将正义延伸到未来人身上的问题上，似乎有三种选择：要么改变正义的环境（the circumstances of justice）的概念，要么在非契约主义的基础上确立代际正义，或者最后承认代际关系在本质上不受正义判断的制约（而是受另一种道德原则或义务的制约）”①。在海德那里，上述三种选择似乎是互斥的，并偏爱最后一种选择。通过上述分析可以发现，我们应当以正义为视角分析代际关系和代际问题，这也阐明了代际正义理论的必要性问题，接下来我们将修正休谟和罗尔斯等人所说的“正义的环境”，从而解决代际正义理论的可能性问题。

一、休谟和罗尔斯论正义的环境

在罗尔斯看来，正义的环境是正义得以存在的必要条件：“正义的环境可以被描述为这样一种正常条件：在那里，人类的合作是可能和必需的。”②只有当正义的环境存在时，正义的原则才能够获得同意，正义才有价值，倘若正义的环境不存在，正义就是不被需要的，正义也变得毫无价值。“正义的环境”理论是由休谟首倡的，他通常将正义视为一种补救性的德性，认为正义是一种人为的而非自然而然的德性，正义起源于人类的约定以及人为的措施和设计。那么，正义是怎样出现的？在正义观念的背后隐藏着何种预设？休谟在《人性论》中首先关注了这一问题，继而在《道德原则研究》中又进一步完善了其早期的观点。

第一，休谟认为在资源极度丰裕和极度匮乏的情况下，正义原则是不存在的。譬如，在诗人所谓的“黄金时代”中，资源是极为丰富的，人们需要的东西可以随时轻而易举地获得，他人也可以随时获取这些东西，此时人们之间就不会产生冲突。虽然人们的生存离不开空气，但是由于空气是取之不尽的，人们也没有必要将空气作为财产进行分配，“当人人都富足

---

① David Heyd, “A Value or an Obligation? Rawls on Justice to Future Generations”, in Axel Gosseries and Lukas H. Meyer (ed.), *Intergenerational Justice*, Oxford University Press, 2009, p. 169.

②〔美〕约翰·罗尔斯：《正义论》，中国社会科学出版社，1988 年版，第 126 页。

有余时划分财物有何意义呢？在决不可能有任何伤害的地方为什么产生所有权呢？在别人占有这个对象、我只需一伸手就可拥有价值相同的另一个时为什么称这个对象为**我的**呢？在那种情况下，正义就是完全无用的，它会成为一种虚设的礼仪，而决不可能出现在德性的目录中”[①]。也就是说，在资源极度丰富的情况下，“你的”和“我的”这样的区分在道德上已经变得毫无意义，此时也就不需要正义了。休谟还考察了与资源的极度丰富相对立的情况，即资源的极度匮乏情况。在此境况中，人们所需要的必需品是极其匮乏的，即使人们极其勤奋和节俭也难以使大量的人免于死亡和陷入极度的苦难之中。譬如，在战争和饥荒的年代，很多人易子而食，挣扎在死亡的边缘。此时人们的主要目的就是尽力活下去，正义至少在实践上已经变得毫无意义。

第二，休谟强调正义在人们是完全利他或者完全贪婪的情况下也是不存在的。假设人类是完全利他的，是非常慷慨的。此时人们关心他人的利益就像关心自己的利益一样，人们爱别人甚于爱自己，就像在家庭中一样，有些父母将自己孩子的利益看得比自己的利益还要重要，有些夫妻之间亦是如此，此时区分“你的”和“我的”已经显得多余，正如休谟曾言，“再假定，尽管人类的必需将如目前这样持续下去，而人类的心灵却被如此扩展并如此充满友谊和慷慨，以致人人都极端温情地对待每一个人，像关心自己的利益一样关心同胞的利益；则看来很显然，在这种情况下，正义的用途将被这样一种广博的仁爱所中止，所有权和责任的划分和界线也将决不被想到”[②]。实际上，完全利他是不可能的，人类的慷慨是非常有限的，人类往往倾向于关心自己以及与自己关系密切之人的利益。与完全利他的情况相对立的情况是完全贪婪和恶毒，例如，在一个远离法律和政府保护的匪寇社会中，人们极度自利和贪婪，此时人们也将会在自我保存这一动机的强烈激发下，想方设法武装自己，以谋取自身的生存，这也使得正义变得无用。对于以上正义的条件，休谟曾总结道：“正义起源于人类协议；这些协议是用以补救由人类心灵的某些**性质**和外界对象的**情况**结合起来所产生的某种不便的。心灵的这些性质就是**自私**和**有限的慷慨**；至于外物的情况，就是它们的**容易转移**，而与此结合着的是它们比起人类的需要和欲望来显得**稀少**。……把人类的慈善或自然的恩赐增加到足够的程度，你就可以把更高尚的德和更有价值的幸福来代替正义，因而使正义归于无

① 〔英〕休谟：《道德原则研究》，曾晓平译，商务印书馆，2001 年版，第 35～36 页。黑体字为原文所有，以下同。

② 〔英〕休谟：《道德原则研究》，商务印书馆，2001 年版，第 36 页。

用。”[①]就休谟所描述的上述情况而言，这两个方面都是极端的情况。实际上，资源既不是极度丰富的，又不是极度匮乏的，人类的资源状况是处于极度丰富和极度匮乏的中间状况，即适度匮乏。同样的情况是，人类既不是完全利他和完全慷慨，也不是完全贪婪，而是拥有有限的自利，虽然人类有时偏袒自己以及自己的亲朋好友，但是人类在某些情况下也会帮助除自己的至亲以外的陌生人，有时也会对他们施以援手。也就是说，人类的境况是处于上述极端之间的中间状态。由此可见，正义依赖于人们所处的特定状态和环境，起源于人的自私和有限的慷慨，以及自然为满足人类需要所准备的稀少的供应。

休谟后来在《道德原则研究》中还探讨了正义的第三个条件，即人们是平等的或者力量是大体相当的，“如果有这样一种与人类杂然相处的被造物，它们虽有理性，却在身体和心灵两个方面具有如此低微的力量，以至于没有能力作任何抵抗，对于我们施予的最严重的挑衅也决不能使我们感受到它们的忿恨的效果；我认为，其必然的后果就是，我们应当受人道的法则的约束而礼待这些被造物，但确切地说不应当受关于它们的正义的任何限制，它们除了拥有如此专擅的君主，也不能拥有任何权利或所有权”[②]。在休谟描述的极端不平等的情形中，一方可以发布绝对的命令，另一方不得不像奴隶一样服从而没有任何反抗的空间，不仅人类对动物的情形如此，而且当年所谓文明的欧洲人对野蛮的印第安人也同样如此。依休谟之见，在此情境之中，由于双方处于极其不平等的地位，处于强势地位的一方在对待弱势的一方时可以为所欲为，可以抛开一切正义的限制，此时正义也就荡然无存。

虽然罗尔斯的正义理论从总体上而言属于义务论的范畴，罗尔斯所属的康德的伦理学传统对以休谟为代表的经验主义和功利主义传统持一种批判的态度，但是罗尔斯在言说正义的条件时仍然深受休谟的影响，并更进一步明晰了休谟对正义条件的看法。罗尔斯自己也明确承认他的看法深受休谟的影响，而且还非常自谦地强调相较于休谟对正义条件的详细论述，他没有增添什么新的内容，然而，罗尔斯明确地将正义的环境分为“正义的客观环境”和“正义的主观环境”。在罗尔斯那里，正义的客观环境一方面指的是，众多的个人同时在一个确定的地理环境内生存，他们的身体和精神能力大致相似，另一方面指的是在许多领域都存在着中等程度的匮乏，

①〔英〕休谟：《人性论》（下册），商务印书馆，1980年版，第534～535页。

②〔英〕休谟：《道德原则研究》，商务印书馆，2001年版，第42页。

资源不是非常丰富以至于合作的计划显得多余，也不是非常稀少以至于有成效的冒险也将失败；正义的主观环境指的是从事合作的主体有着大致相似的需求和利益，有着各自的生活计划，同时，各方对别人的利益不感兴趣，各方的判断容易受到渴望、偏见和私心的歪曲。[①]对于正义的环境，罗尔斯曾总结道："为简化起见，我常常强调客观环境中的中等匮乏条件，强调主观环境中的相互冷淡或对别人利益的不感兴趣的条件。这样，一个人可以扼要地说，只要互相冷淡的人们对中等匮乏条件下社会利益的划分提出了互相冲突的要求，正义的环境就算达到了。除非这些环境因素存在，就不会有任何适合于正义德性的机会；正像没有损害生命和肢体的危险，就不会有在体力上表现勇敢的机会一样。"[②]倘若我们将休谟和罗尔斯的相关言述放置在一起，可以发现，罗尔斯对休谟的看法进行了归类，并用"正义的环境"来概括休谟对正义条件的看法，正义的主观环境就是刚才提及的休谟所说的正义的第二个条件，而正义的客观环境包括休谟所说的正义的第三个条件和第一个条件。休谟和罗尔斯所描述的正义的主观环境已经涉及从事社会合作的主体的特征，而正义的客观环境指的是从事社会合作的主体在从事社会合作时所处的境况。正义的主观环境和正义的客观环境在一起共同构成了正义存在和出现的必要条件，也就是说，只有上述条件存在的地方才有可能出现正义。

二、共时性正义的环境能够直接适用于代际关系吗

以上我们探讨了休谟和罗尔斯对正义的环境的看法，那么，他们对正义的环境的看法是恰当的吗？他们对正义之环境的论说适用于代际关系吗？虽然对前一个问题的回答超出了我们目前正在关注的主题的范围，但是对前一个问题的回答有助于我们思考后一个问题，也就是说，倘若休谟和罗尔斯等人对正义之环境的看法本身有问题，它们同样不适用于代际关系。由于休谟和罗尔斯关注的主要是共时性的正义理论的条件，因此，我们将他们对正义之环境的看法称为"共时性正义的环境"。

我们首先考察休谟和罗尔斯所强调的，只有在人们是平等的或者力量大致相当的情况下，才可能存在正义。当休谟提及该观点时，他不仅探讨了人类对待动物的情形，而且也探讨了人与人之间的关系，正如他曾强调的那样，"文明的欧洲人对野蛮的印第安人的巨大优越性，诱惑我们想象我

---

①〔美〕约翰·罗尔斯：《正义论》，中国社会科学出版社，1988年版，第126页。

②〔美〕约翰·罗尔斯：《正义论》，中国社会科学出版社，1988年版，第127页。

们自己对他们立于同样的地位，并使我们在对待他们时抛弃正义的一切限制，甚至人道的一切限制。在许多民族中，女性被降低到类似于奴婢的地位，被剥夺任何拥有财产的能力，与她们的高贵的主人相对立”[①]。罗尔斯也认可休谟对正义的这一条件的设定，依照休谟和罗尔斯的论说逻辑，只有当人们处于平等的地位或者力量大致相当的情况下，正义才可能存在。言下之意，在人们的地位是极其不平等的或者力量极端悬殊的境况中，正义根本没有存在的可能性，在上述情况中，不但各个不平等的民族之间不存在正义，而且性别正义也同样是阙如的。休谟和罗尔斯的这一观点类似于柏拉图在《理想国》中所提及的那样，当苏格拉底和玻勒马霍斯在辩论“欠债还债是不是正义”时，色拉叙马霍斯参与进来了，并对苏格拉底说：“那么，听着！我说正义不是别的，就是强者的利益。——你干嘛不拍手叫好？当然你是不愿意的啰！”[②]“正义就是强者的利益”显然违背道德直觉，同时，休谟和罗尔斯等人的立场有为“强权即是公理”这一邪恶观念进行辩护之嫌。正是因为社会上既有强者，又有弱者，弱者和强者共同参与同一个社会合作体系，人们才需要通过正义原则调节由强者和弱者共同参与的社会合作体系带来的利益和负担的分配。

休谟和罗尔斯等人对上述正义之环境的设定不仅是不恰当的，而且他们的这一共时性正义的环境也不适宜于处理代际关系，因为正如我们在上一节反复提及的那样，代际之间的权力具有非对称性，也就是说代际之间的权力是极度不平等的。休谟在论及正义的第三个条件时还曾言：“凡是我们觊觎的东西，他们必须立即拱手放弃；我们的许可是它们用以保持它们的占有物的唯一根据；我们的同情和仁慈是它们用以勒制我们的无法无规的意志的唯一牵制；正如对大自然所如此坚定地确立的一种力量的运用决不产生任何不便一样，正义和所有权的限制如果是完全**无用**的，就决不会出现在如此不平等的一个联盟中。”[③]休谟此时对不平等的关系的描述不但适用于休谟提及的人类与动物之间的关系、文明的欧洲人和野蛮的印第安人之间的关系以及某些父权制社会中男女之间的关系等一些共时性关系，而且更适用于当今世代和未来世代之间的历时性关系。在共时性关系中，动物、野蛮的印第安人和女性还分别有反抗人类、文明的欧洲人和男性的可能性，然而在历时性关系中，未来世代没有任何反抗的可能性，甚至他们能否存在，在很大程度上都受到当今世代的决策的深刻影响。当今世代

①〔英〕休谟：《道德原则研究》，商务印书馆，2001年版，第43页。
②〔古希腊〕柏拉图：《理想国》，商务印书馆，1986年版，第18页。
③〔英〕休谟：《道德原则研究》，商务印书馆，2001年版，第42页。

和未来世代之间的不平等是代际关系的一个非常重要的特征，正如对当今世代而言，过去世代的各种作为及其后果是覆水难收的，对未来世代来说，他们也不得不接受由当今世代的各种行为带来的后果。譬如，当今世代与未来世代之间的经济关系是不平等的，正如德夏里特曾言："我们与未来世代的经济交易都是单向的。我们为他们储存，我们给他们施加经济负担，但是他们并不能作出反应，也不能从经济的角度'惩罚'我们。"①就当今世代和未来世代之间的经济关系而言，当今世代当然可以为未来世代进行储存，比如进行资源和金钱等方面的储存，但是当今世代也可以大量借债，这样的话，未来世代不得不偿还。可见，当今世代和未来世代之间的权力关系是极度不平等的。如果真的如休谟等人所言，正义只有在各方的力量大致相当的情况下才能存在，那么当今世代与未来世代之间就不会有正义存在，当今世代对未来世代也不负有任何义务。

共时性正义的环境不适用于代际关系的另一个原因是，休谟和罗尔斯等人认为正义是用于调控个人之间的合作关系的，对于这一点，休谟和罗尔斯都曾有过详细的论述。休谟认为，在地球上的一切动物中，人类貌似受到了自然的严重虐待，因为自然赋予了人类无穷的欲望和需要，而自然没有给予人类满足这些欲望和需要的丰富手段，对其他动物来说，这两个方面一般是相互补偿的，因此，为了生存下去，"人只有依赖社会，才能弥补他的缺陷，才可以和其他动物势均力敌，甚至对其他动物取得优势。社会使个人的这些弱点都得到了补偿；在社会状态中，他的欲望虽然时刻在增多，可是他的才能却也更加增长，使他在各个方面都比他在野蛮和孤立状态中所能达到的境地更加满意、更加幸福"②。当人类为了生存脱离自然状态而进入社会状态以后，人类为了能够长久生存下去，正义（以及财产）也就出现了。与休谟一样，罗尔斯也认为每个人不可能孤立存在下去，人与人之间需要进行合作，人类在进行社会合作的过程中，既存在着共同的利益，又存在着利益的冲突，此时就需要一种正义原则调节利益和负担的分配。正是基于此种考虑，罗尔斯才着力探讨"如果社会被视为自由和平等公民之间的一种公平合作体系，那么对于规定基本权利和自由，调整公民整个人生前景方面的社会和经济不平等，什么正义原则是最合适的？这些不平等是我们主要关切的问题"③。然而，正如我们在上一节所强调的那

---

① Avner de-Shalit, *Why Posterity Matters*, London and New York: Routledge, 1995, p. 5.

②〔英〕休谟：《人性论》（下册），商务印书馆，1980 年版，第 525～526 页。

③〔美〕约翰·罗尔斯：《作为公平的正义：正义新论》，生活·读书·新知三联书店，2002 年版，第 68～69 页。

样，在代际领域中，由于未来世代目前是不在场的，休谟和罗尔斯等人所言说的通常意义上的社会合作关系并不存在。可见，休谟和罗尔斯等人对正义的环境的论说不适用于代际关系，“由于当今世代与未来世代的关系不能满足休谟所说的‘正义的环境’，因此，对未来世代的道德考量通常不是这种正义理论的基本特征”①。在休谟那里，正义不适宜于处理当今世代与未来世代之间的关系，也就是说，他们之间无法确立正义的关系。为什么会出现这种情况呢？这与休谟对正义的适用对象的设定过于狭窄有关。因此，如上所言，人们在处理代际关系和代际问题时，需要引入正义理论的分析视角。基于此种考量，我们需要扩展正义的适用对象和适用范围，对正义的一些传统看法有时已经无法处理一些新问题，比如代际问题和代际关系。

三、历时性正义的环境

在世代与世代之间不存在某些休谟式的正义的环境，这不意味着代际正义是不存在的。既然休谟和罗尔斯对正义之环境的某些论说不适宜于处理代际关系，他们所说的某些正义的环境在世代与世代之间不存在，那么，为了构建代际正义理论，我们就需要明晰代际正义这一历时性正义的环境。毫无疑问，寻求代际正义的环境不是一项简单的任务。既然寻求代际正义的环境是困难的，难免会出现这样一种疑问：为什么当今世代对未来世代的义务不是基于情感等因素之上？为什么要基于正义之上呢？

虽然罗尔斯在《正义论》的第44节和第45节着力探讨了其代际正义理论，但是罗尔斯在言说代际正义时的某些言论很容易使人怀疑在罗尔斯那里，当今世代对未来世代的义务真的是基于正义之上而不是基于情感之上？为了回答该问题，让我们回到罗尔斯对正义的储存原则的证明上来。依照罗尔斯对正义之环境的设定，既然在原初状态中人们是相互冷淡的，只关心如何增进自己的善观念和利益，不关心他人的状况是怎样的，那么，原初状态中的缔约者就有可能不顾及未来世代的利益而只为当今世代进行储存。同时，由于代际关系中的权力是不平等的，即使缔约者不为未来世代进行任何储存，未来世代也不可能对其进行惩罚，因此，罗尔斯对正义环境的设定为其证成代际正义理论带来了困难。为了解决这一难题，罗尔斯调整了原初状态中缔约者的动机假设，提出了一种“家族模式的动机假

① Richard Hiskes, *The Human Right to a Green Future: Environmental Rights and Intergenerational Justice*, Cambridge University Press, 2009, p.48.

设”：“各方被设想为代表着各种要求的连续线，设想为宛如一种持久的道德动因或制度的代表。他们不必考虑他们生命的恒久的影响，但他们的善意至少泽及两代。这样，处在邻近的时代的代表就有一种重叠的利益。例如，我们可以想象作为家长，因而欲望推进他们的直接后代的福利的各方，作为各个家庭的代表，他们的利益像正义的环境所暗示的那样是对立的。”[①]可见，罗尔斯此时强调当今世代处理有关未来世代的问题时，像“家长”关心其后代那样。罗尔斯的这一做法很容易使得人们认为他此时将当今世代对未来世代的义务基于情感之上。实际上，假如我们对罗尔斯观点的上述解读是恰当的，我们可以发现，由于当今世代与未来世代之间的“时间距离”，将当今世代对未来世代的义务置于情感之上，往往是不稳定的，不仅如此，家族模式的动机假设与罗尔斯曾言的原初状态中的各方是相互冷淡的这一观点是相互冲突的。罗尔斯后来可能意识到了这一问题，他后来放弃了家族模式的动机假设，在《政治自由主义》中曾言：“我们不去想象一种（假设的和非历史的）各代之间的直接性契约，相反，我们却可以要求缔约者一致达成一种储存原则，该储存原则须服从于他们必定要求其前辈各代所遵循的进一步的条件要求。因此，正确的原则便是，任何一代（和所有各代）的成员所采用的原则，也正是他们自己这一代人所要遵循的原则，亦是他们可能要求其前辈各代人（和以后各代人）所要遵循的原则，无论往前（或往后）追溯多远。”[②]罗尔斯在此处放弃了家族模式的动机假设，并增加了缔约者希望前代也要遵循他们所遵循的储存原则这一重要原则。不仅如此，罗尔斯还修正了其对正义的环境的论述，罗尔斯的修正有助于我们完成找寻代际正义的环境这一任务。

罗尔斯在《正义论》（修订版）和《正义新论》等著作中从两个方面修正了其对正义的环境的论说：第一，罗尔斯淡化了原初状态中“相互冷淡”的假设，但是仍然坚守“中等程度的匮乏”这一条件，正如他所说的，“为简化起见，我常常强调客观环境中的中等匮乏，强调主观环境中的利益冲突。这样，一个人可以扼要地说，只要人们对中等匮乏条件下社会利益的划分提出了相互冲突的要求，正义的环境就算达到了”[③]。倘若联系本节第一部分引用的罗尔斯对正义之环境的看法，我们可以发现，罗尔斯始终强

---

①〔美〕约翰·罗尔斯：《正义论》，中国社会科学出版社，1988 年版，第 128 页。

②〔美〕约翰·罗尔斯：《政治自由主义》（增订版），万俊人译，译林出版社，2011 年版，第 253～254 页。

③〔美〕约翰·罗尔斯：《正义论》（修订版），何怀宏、何包钢、廖申白译，中国社会科学出版社，2009 年版，第 98 页。

调正义客观环境中的“中等程度的匮乏”这一条件。同时，虽然罗尔斯此时用“主观环境中的利益冲突”来替代其起初的“主观环境中的相互冷淡或对别人利益的不感兴趣”这一说法，这种修正貌似体现出罗尔斯已经不再强调其曾强调的“相互冷淡”这一设定，但是当他在《正义论》（修订版）中论及正义的环境时，还是提及了原初状态中的相互冷淡这一说法，并没有放弃；第二，罗尔斯在《正义新论》中用“合理多元论的事实”（the fact of reasonable pluralism）来概括正义的主观环境。罗尔斯认为正义的环境“包括我们可以称为客观环境的适度匮乏，以及为所有人都能够过上体面生活而进行社会合作所必需的东西。能够反映这一事实的环境也是特别重要的，即在一个现代民主社会里，公民依照他们所理解的善观念来确认不同的、也是不可公度的和不相容的、但是理性的完备性学说。这就是合理多元论的事实。……我将这种多元论当作民主社会的一个永久性特征，并将它视为一种对我们可以称为正义之主观环境的东西的典型描述”①。罗尔斯此处在提及正义的环境时，一方面仍未放弃其一直强调的正义之客观环境的中等程度的匮乏，另一方面，罗尔斯已经不再强调“身体和力量的大致平等”这一备受争议的正义的环境，转而将“合理多元论”作为正义的主观环境。

罗尔斯对正义之环境的修正，对我们回答代际正义的环境是什么这一问题有很大的启发意义，联系到代际关系的特征，本书认为代际正义的环境主要包括中等程度的匮乏、中等自私、合理多元论以及主体的平等尊严等四个方面。

第一，资源既不是极度丰富的，也不是极度匮乏的，而是中等程度的匮乏。我们知道，当欲望与欲望的满足之间出现了矛盾，正义才是必要的，然而，如果资源是极度丰富的，能够满足当今世代和未来世代的所有需要，当今世代和未来世代所需要的任何东西都唾手可得，那么此时代际正义就不是必要的。实际上，以人类目前发现的资源状况而言，资源远不是极度丰富的。与资源的极度丰富相对立的是，资源是极度匮乏的。我们在以上曾提及资源极度匮乏的情况下正义也是不存在的，这一情形同样也适用于代际正义。然而，杨通进对此曾提出异议，认为“对于极度匮乏的资源的分配也必须遵循正义的某些基本要求这一点，在当代生命伦理学领域中有着充分的体现。在当代医疗实践中，器官移植手术所需的许多人体器官如肾脏和肝脏等都供不应求，现有的器官只能拯救部分病人的生命，而不可

①〔美〕约翰·罗尔斯：《作为公平的正义：正义新论》，生活·读书·新知三联书店，2002年版，第137～138页。译文有改动。

能满足所有急需人体器官的垂危病人的需要。现在要问：对于这些严重匮乏的资源的分配，我们可以不考虑正义的要求吗？”[①]。实际上，杨通进在反驳罗尔斯的观点时将“极度匮乏”偷换成“严重匮乏”，肾脏和肝脏等人体器官属于严重匮乏的资源，不属于极度匮乏的资源。在资源极度匮乏的情况下，人们的唯一念头就是活下去，此时不可能存在正义原则。虽然克莱顿·胡宾（Clayton Hubin）对能否寻找到代际正义的环境持一种悲观的态度，强调根本不清楚的是，对所有世代来说，正义的环境是存在的，但是他曾提及“为了显示对所有未来世代来说，正义的环境将是可以获得的，我们必须假设，要么有可供我们利用的不断扩大的原料和能源，要么通过人口控制和技术进步，人们将在自己的环境中获得平衡。否则，无论我们多么节约，资源都会被耗尽。因此，除非有这些乐观的假设，所有世代之间的正义是不可能的，因为正义的环境将不能获得”[②]。休谟和罗尔斯在谈及正义的环境时一直坚守资源的中等匮乏状况，这是极为恰当的。然而，我们在强调资源的中等匮乏状况的时候，需要注意代际正义理论的出现也应当依赖于有可供我们利用的不断扩大的原料和能源，这样的话，当今世代在考虑未来世代的利益时可能不会过于“吝啬”。

第二，有限的仁慈之心也是代际正义能够出现的一个必要条件。即使资源是我们上述的中等程度的匮乏状况或者非常稀缺的状况，倘若当今世代在做出有可能会影响未来世代之利益的政策（譬如是否发展核能，是否大量借债等）时，都能秉承一颗利他之心，都能像某些父母那样为了孩子的利益可以牺牲自己的一切，那么，代际正义就是多余的，也不会出现。即使资源是中等程度匮乏的状况或者资源的状况还要更好一些，当今世代的成员是极其贪婪和自利的，在做出有可能影响未来世代的决策时，不仅不会履行某些积极义务（如主动采取能够提升未来世代之利益的政策），而且也不履行消极义务（如不会有意避免采取能够伤害未来世代的政策），在此动机的激发之下，他们只顾及自己的享受。此时，代际正义也是不可能出现的。当然，以上两种情况仅仅是假设而已，在现实生活中是难以出现的，当今世代的成员有着一颗有限的仁慈之心，这也为代际正义的出现创造了条件。

第三，对代际正义理论的出现来说，合理多元论的事实也是极为重要的。在罗尔斯那里，合理多元论的事实是现代民主社会的一个永久性的特

---

① 杨通进：《论正义的环境》，《哲学研究》2006年第6期，第102页。

② Clayton Hubin, “Justice and Future Generations”, *Philosophy and Public Affairs*, Vol. 6, No.1, 1976, p. 73.

征，该事实意味着并不存在这样一种学说，即所有公民在这样的学说的基础之上一致同意解决政治正义的根本问题，而不管这种学说是完全完备性的还是部分完备性的，“相反，我们是说，在秩序良好的社会里，政治正义观念是由一种被我们称为合理的重叠共识来加以确认的。所谓重叠共识，我们是指：这种政治正义观念是为各种合理的然而对立的宗教、哲学和道德学说所支持的，而这些学说自身都拥有众多的拥护者，并且世代相传，生生不息”①。依照罗尔斯的立场，公民有着各种冲突的宗教、道德和哲学学说，人们不应当像一般多元论的事实所要求的那样认可某种完备性学说，因为现代民主社会中存在的宗教、哲学和道德学说的多样性，不是一种也许很快就会消失的历史条件，当这些难以消失的冲突存在时，人们应该通过鼓励各种学说之间的协商和对话，从而寻求一种共识。当然，人们持有不同宗教、哲学和道德学说，持有不同的善观念和对良善生活的看法，当人们在追求自身认可的美好生活的过程中，矛盾不可避免地会出现，此时人们就需要通过正义原则调节人们之间的矛盾和冲突。对当今世代和未来世代来说，这种情况同样是适用的，无论哪个世代，都可以根据自己认可的学说以及自身所持有的善观念来追求自己的良善生活，当他们之间出现矛盾和摩擦时，同样也需要通过代际正义原则化解这种矛盾和摩擦。

第四，未来世代的成员应该与当今世代的成员一样拥有平等的尊严。在当今世代、过去的世代和未来世代共处的跨代共同体中，未来世代是当今世代的延续，未来世代的成员当然与当今世代的成员属于同一个物种，有着共同的道德相似性，他们应该与当今世代的成员一样拥有同样的尊严，这也是本书捍卫的共同体主义的代际正义理论的重要主张之一。虽然未来世代在当下并不存在，我们不可能将这种尊严给予某一个具体的存在主体，给予某一个具体的未来世代的成员，但是我们可以将这种平等尊严赋予作为集体的未来世代。依照人类社会目前的发展规律，虽然某些人决定不生育，但是那些愿意生育后代之人的数量大于那些不愿意生育后代之人的数量，也就是说，未来世代仍然会存在。当然，倘若出现有可能毁灭人类的灾害，情况则另当别论。当今世代在做出那些有可能影响未来世代之处境的政策（如我们上面提及的环境政策和经济政策等政策）时，不应该将未来世代作为一个可有可无的群体。只有当这种思维在人类决策的过程中占据一定的地位时，代际正义才可能逐渐出现。否则，代际正义出现的前景

①〔美〕约翰·罗尔斯：《作为公平的正义：正义新论》，生活·读书·新知三联书店，2002年版，第55页。译文有改动。

应该是暗淡无光的。

第四节　代际正义的问题域

在探讨为什么在分析代际关系时需要引入正义理论的分析视角从而解决代际正义的必要性、厘清代际正义的环境，从而解决代际正义的可能性等问题后，我们接下来将明晰到底何谓代际正义？代际正义与代内正义之间的关系是什么？

一、何谓代际正义

虽然“代际正义”从表面上看是一个明白易懂的概念，但是由于“世代”和“正义”这两个概念内涵的多样性以及代际正义必须着重处理的代际关系的独特性，代际正义的含义也就变得较为模糊。我们首先看一下，代际正义在英文中有哪几种表述方式。在英文中，代际正义有很多种表达方式，较为常见的表述方式有“justice between generations”“justice across generations”“generational justice”和“intergenerational justice”等表述方式。当罗尔斯在探讨代际正义理论时，他使用的是“justice between generations”[①]，巴里在提及代际正义理论时，既使用了“justice between generations”，又使用了“intergenerational justice”[②]，并以后者为主。与其他用法相较而言，“justice across generations”的使用频率较低，特雷梅尔在其主编的《代际正义手册》“导论”中曾言：“‘intergenerational justice’和‘generational justice’这两个词是同义词。正如‘性别正义’这个词不可避免地意味着性别之间（而不是在一个性别群体内部）的正义一样，代际正义也不可避免地意味着世代之间（而不是某一世代内部）的正义。因此，前缀‘inter’是可有可无的。”[③]目前，在研究代际正义理论的过程中，人们越来越倾向于使用“intergenerational justice”这种表述方式，这种表述方式也愈发具有

① John Rawls, *A Theory of Justice*, Cambridge, Massachusetts: The Belknap Press of Harvard University Press, 1971, p. 284.

② Brian Barry, “Justice between Generations”, in *Law, Morality and Society. Essays in Honor of H. L. A. Hart*, P.M.S. Hacker and Joseph Raz (eds.), Oxford: Clarendon Press, 1977, pp. 268-284. Brian Barry, “Sustainability and Intergenerational Justice”, in *Fairness and Futurity. Essays on Environmental Sustainability*, Andrew Dobson (ed.), Oxford: Oxford University Press, 1999, pp. 93-117.

③ Joerg Tremmel (ed.), *Handbook of Intergenerational Justice*, Edward Elgar, 2006, p.19.

影响力[①]，我们在本书中也采取这种表述方式。

代际正义由“世代”和“正义”两个词构成。世代的内涵较为丰富，正如我们在本章第二节提及的那样，曾有学者将“世代”分为“家庭世代”“社会世代”和“时序世代”三个方面。不仅如此，世代所包含的范围也较为广泛，大体上包括“过去的世代”“当今世代”和“未来世代”，其中，人们对过去的世代和当今世代的内涵基本上没有异议，前者通常指已经死去的、退场的人，后者通常指目前活着的、在场的人。虽然未来世代从表面上而言指的是那些未出生的、尚未出场的人，但是人们对当今世代和未来世代之间是否存在“重叠”这一问题，通常有两种看法，一是“非世代重叠”，二是存在“世代重叠”。胡宾和威尔弗雷德·贝克曼（Wilfred Beckerman）等人采取的是前一种用法，胡宾是较早关注罗尔斯的代际正义理论的学者之一，他曾言：“当我在谈到未来世代时，我是指这些世代与我们所处的世代没有重叠。……我在此感兴趣的是，当今世代被要求在非功利主义的基础上，对未来的、非重叠的世代在道德上被要求做什么。”[②]贝克曼在通过质疑未来世代权利论从而试图批判代际正义理论时，也曾言“我将讨论尚未出生的未来世代，不存在世代重叠的情况。于是，我不关注因情感的关系而倾向于关心我们的孩子或他们的后代，也不关心因同样的原因我们对他们负有责任。”[③]特雷梅尔认为“非世代重叠只是一种建构。那种普遍适用的代际正义理论应该包括所有可能的世代之间的比较，也就是说，它必须包括不重叠的世代，但是不限于这些世代。排除世代重叠的代际正义理论是不完备的”[④]。可见，特雷梅尔采取的是“世代重叠”的概念。

根据代际正义理论是否涵盖过去的世代、当今世代和未来世代等世代之间的关系以及是否包括世代重叠，我们可以将代际正义理论分为“广义的代际正义理论”和“狭义的代际正义理论”。广义的代际正义理论既是一种处理当今世代、过去的世代和未来世代之间关系的代际正义理论，又可

① 除了我们刚才提及的文献采取“intergenerational justice”这种表述方式，还有很多有关代际正义的经典文献也采取了这种表述方式。譬如，Avner de-Shalit, *Why Posterity Matters*, London and New York: Routledge, 1995. Axel Gosseries and Lukas H. Meyer (ed.), *Intergenerational Justice*, Oxford University Press, 2009. Janna Thompson, *Intergenerational Justice: Rights and Responsibilities in an Intergenerational Polity*, London and New York: Routledge, 2009. Hiskes, Richard, *The Human Right to a Green Future: Environmental Rights and Intergenerational Justice*, Cambridge: Cambridge University Press, 2009.

② Clayton Hubin, “Justice and Future Generations”, *Philosophy and Public Affairs*, Vol. 6, No.1, 1976, p. 70.

③ Wilfred Beckerman, “The impossibility of a theory of intergenerational justice”, in Joerg Chet Tremmel (ed.,) *Handbook of Intergenerational Justice*, Edward Elgar, 2006, p. 54.

④ Joerg Chet Tremmel, *A Theory of Intergenerational Justice*, Earthscan, 2009, p.25.

以被理解为一种处理老年人、中年人和青年人之间关系的代际正义理论。广义上的代际正义理论不仅要处理本书将着重探讨的当今世代对未来世代负有何种义务，而且也要处理当今世代对过去的世代的行为负有何种义务。历史上存在很多非正义的行为，譬如奴隶制、黑奴贸易、大规模的政治镇压、种族屠杀和种族灭绝，都是过去的世代中的某些人犯下的罪行，对于这些历史上的非正义现象，有很多问题值得深思，正如邓肯·艾维森（Duncan Ivison）所言："在讨论我们彼此亏欠什么时，我们应该给予过去多少规范的权重？哪些历史上的非正义是重要的，为什么？应该赔偿谁？谁应该给予赔偿？什么形式的赔偿？最后，在捍卫（或批判）赔偿时，需要考虑什么样的审慎的和政治的考量？"[①]其中的很多问题都与代际正义理论有关，例如，当今世代对过去的世代中的受害者的后代（如黑奴的后代、被屠杀之人的后代）负有何种义务？狭义的代际正义理论不涉及当今世代对过去的世代的行为负有什么样的道德义务，而主要涉及当今世代与未来世代之间的关系，此时也会关涉我们刚刚提及的是否存在世代重叠的问题。那种采取世代重叠概念的狭义代际正义理论同样也要处理老年人、中年人和青年人之间的关系问题，例如，它涉及家庭中的代际关系。

由于如何矫正历史上的非正义现象是一个极为复杂的问题，因篇幅所限，本书集中关注"狭义的代际正义理论"，除了第七章在提及"追溯性的代际义务"时会提到如何处理当今世代与过去的世代之间的关系，其他部分不会关涉如何处理当今世代与过去的世代之间的关系问题。虽然特雷梅尔偏爱世代重叠并强调非世代重叠只是一种建构，但是由于本书的目的不是准备关注一种完备的代际正义理论应当是怎样的，当本书在探讨当今世代与未来世代之间的关系时，我们采取的是非世代重叠的假定，我们关注的是当今世代对那种与当今世代不存在重叠的未来世代（以下简称"非重叠的未来世代"）负有哪些道德义务。对于探讨代际正义理论而言，人为"构建"的非世代重叠情况同样是有用的。虽然老年人、中年人和青年人之间关系问题也是一个令人感兴趣的问题，但这不是我们将要讨论的问题。本书所言说的"未来世代"是指在目前地球上的所有人去世以后将会存在的人，换言之，这些人目前尚未出场，未来世代也可以被分为"较近的未来世代"和"遥远的未来世代"[②]，我们关注的是遥远的未来世代。倘若我

① Duncan Ivison, "Historical Injustice", in John S. Dryzek, Bonnie Honig and Anne Phillips (ed.,) *The Oxford Handbook of Political Theory*, Oxford University Press, 2006, p. 508.

② 当然，这只是一个大致的分类，我们不可能从时间上清晰地界定"较近的未来世代"离当今世代有多少代，而"遥远的未来世代"又要与当今世代隔多少代。

们采取这种关于未来世代的界定方式，刚才我们提及的老年人、中年人和青年人之间的关系问题，应该属于我们接下来提到的“代内正义理论”需要解决的问题。总之，我们在假定不存在世代重叠的情况下，探讨狭义的代际正义理论，即如何处理当今世代与非重叠的未来世代之间的正义问题。

二、代际正义与代内正义的关联性

代际正义与代内正义之间的关系是什么？为什么我们需要单独讨论代际正义理论，而不是将其与代内正义理论一起探讨呢？此处涉及我们在本书导言中曾提及的正义的“共时性维度”和“历时性维度”，与这两个维度密切相关的是，正义具有“一体两面”性，可以被分为两部分：“共时性正义”和“历时性正义”，共时性正义即代内正义，历时性正义即代际正义。例如，有 A 和 B 两个世代，那种用于处理 A 内部或 B 内部的正义理论是代内正义理论，而那种用于处理 A 和 B 之间关系的正义理论就是代际正义理论。

代内正义理论和代际正义理论关注的问题显然是不同的。代内正义理论关注的是同一个世代之内人们之间的正义问题，譬如，一个国家内部富人和穷人之间的正义问题，罗尔斯在《正义论》中构建的作为公平的正义理论就主要关注此类问题，我们在本章第一节曾提及的国际正义理论和性别正义理论也属于代内正义理论的范畴。然而，代际正义理论主要关注不同世代的人民之间的正义问题，并不关注国家之内的正义问题、国际正义和性别正义等内容，我们在本书中着力探讨的当今世代和非重叠的未来世代之间的正义问题，就属于代际正义理论的范畴。从理论层面来说，代际正义理论主要关注如何理解代际关系？怎样证成代际正义理论？未来世代拥有权利吗？利益和负担怎样在各代之间进行较为公平的分配？当今世代对未来世代是否负有道德义务以及负有何种道德义务？道德义务通常被分为“消极义务”和“积极义务”，我们对未来世代负有禁止对其施加痛苦的消极义务，还是负有主动促进其福祉的积极义务？消极义务和积极义务在有些情况下可以显而易见地区分开来，但是在有些情况下很难被区分开来。另外，倘若当今世代对较近的未来世代的义务与遥远的未来世代的义务之间出现了冲突，哪个义务更加具有优先性呢？从实践层面而言，代际正义理论关注的问题是多种多样的，我们在本章第二节提及的环境问题、经济问题和人口问题等问题，就是代际正义理论需要着力解决的问题，实际上，环境问题、经济问题和人口问题都与可持续发展有一定的关联性，它们分别关注经济方面的可持续性、环境方面的可持续和人口方面的可持续性。

代际正义与代内正义之间的关系，大体上包括两个方面：一方面，代内正义的实现是解决代际正义问题的重要前提之一。对于代内正义与代际正义之间的关联性，廖小平曾言："不论是在不同国家之间、不同地区之间，还是在不同群体之间、不同个人之间，代内的严重不公是有目共睹的事实，甚至还在不断地加重。如果代内公平作为一个问题还不能解决，代际公平又如何能够实现？大谈代际公平不显得有点尴尬吗？因此，虽然代际公平在价值上具有优先性，但要解决代际公平问题，必须首先立足于代内公平的实现。"[①]倘若一个世代内的分配正义、性别正义和国际正义等诸代内正义的内容得不到实现，那种致力于实现代际正义的努力往往就会变成一种空谈和奢望。也就是说，从事实考量的角度，人们需要优先解决代内正义问题，尤其是在资源有限的情形中更应该如此，然而，此时人们仍然需要考量当今世代采取的政策可能对未来世代的影响。如果当今世代不采取审慎的行动，那么当代内正义实现之后，代际正义不是自然而然就可以实现的；另一方面，代际正义的实现也反过来有助于解决代内正义问题。与人们对代内正义理论的密切关注相比，人们对代际正义理论倾注的精力较少，人们往往认为代际正义只是处于从属地位。实际上，代际正义应该与代内正义处于同样重要的位置，不能只处于从属地位。虽然我们刚才提到代内正义的解决是实现代际正义的重要前提之一，这一观点意味着在资源有限的情况下，人们要优先解决代内正义问题，但是这并不意味着代际正义只能从属于代内正义，更不意味着代际正义是可有可无的。人们在致力于实现代际正义的过程中采取的诸多举措，往往也有益于代内正义的实现，譬如，代际正义理论强调在发展的过程中，可持续发展是一个非常重要的原则，生态的可持续发展是其中的重要方面。如果当今世代秉承这一发展原则，强调采取各种保护环境的政策，那么当代人所处的环境也会逐渐得到改善，也会拥有清新的空气、干净的饮用水和没有污染的土地以及食物。如果当今世代采取相反的发展举措，毫无顾忌地向自然索取而不顾及这种行为可能带来的诸多不良后果，那么环境的恶化不仅影响未来世代，也会影响当今世代，这种情形肯定也不是当今世代希望看到的。

---

① 廖小平：《伦理的代际之维：代际伦理研究》，人民出版社，2004年版，第229页。廖小平此处提及的"代内公平"和"代际公平"即我们所说的"代内正义"和"代际正义"。

第二章　后果主义、人口政策与代际正义

代际正义理论有诸多阐释方式，其中后果主义就是一种非常重要的阐释方式。后果主义关注的对象侧重于“后果”，强调后果是唯一与道德相关的、可以据其进行道德评价的因素。鉴于当今世代对未来世代的方方面面所产生的重要影响，后果主义成为一种阐释代际正义理论的重要方式也就不足为奇了。后果主义的流派众多，“功利主义”（utilitarianism）[①]应该是其最为著名的代表之一。功利主义以“效用”为主要关注对象，并持有一种“不偏不倚”和“时间中立”的立场，这亦使得很多功利主义者在思考问题时经常涉及未来世代，正如行为功利主义（act utilitarianism）的重要代表人物 J.J.C.斯马特（J. J. C. Smart）所言：“为什么未来的人与现代的人不一样重要呢？只有那些抱有狭隘时间观的人才会否认这一点。如果有人认为未来的人不是一种潜在的存在，我的回答便是难道这么认为的人只把一个荒岛上可能存在的人当作炸弹的试验品后才考虑他们的存在吗？”[②]功利主义的立场不能代表后果主义的全部立场，后果主义除了包括功利主义以外，还有其他内容。莫尔根在其著作《未来之人：我们对未来世代的义务的一种温和的后果主义解释》[③]中通过“规则后果主义”（rule consequentialism）对代际正义理论进行了一种较具影响力的阐释，莫尔根对此如何进行阐释以及这种阐释是否可行，这也将成为本章关注的主要内容之一。鉴于上述考虑，本章在探讨后果主义的理论主张的基础上，分析作为后果主义之典范的“功利主义”对代际正义的论述是否可行，然后关注莫尔根通过规则

① 倘若我们将“utilitarianism”译为“效用主义”，可能会更加契合“utilitarianism”的本义。然而，鉴于学界通常将其译为“功利主义”，我们也将采用这一译法。为了便于理解，本书未将“utility”译为“功利”，而是译为“效用”。

② 〔澳〕J.J.C.斯马特、〔英〕B.威廉斯：《功利主义：赞成与反对》，牟斌译，中国社会科学出版社，1992 年版，第 61 页。

③ Tim Mulgan, *Future People: A Moderate Consequentialist Account of Our Obligations to Future Generations*, Oxford University Press, 2006. 莫尔根是英国著名的后果主义者，他在帕菲特和伯纳德·威廉斯（Bernard Williams）等人的指导下从事后果主义研究，在伦理学和政治哲学等领域有着丰硕的成果。

后果主义对代际正义的阐释，最后分析规则后果主义是否可以成为代际正义理论的一种较好的证成方式。由于后果主义者经常讨论人口政策问题以及功利主义者在计算总体效用或平均效用时也会时常涉及人口政策，本章在研究后果主义的代际正义理论的过程中亦会经常以人口政策为例进行论说。

第一节　后果主义的理论主张

如上所述，后果主义的流派众多，内部纷争不断，关于后果主义的纷争，目前仍在继续。功利主义是最为人们熟知的一种后果主义理论，功利主义有着各种各样的类型，譬如，学界通常将功利主义分为“平均功利主义”和“总体功利主义”、“主观功利主义”和“客观功利主义”、“行为功利主义”和“规则功利主义”。与人们将功利主义分为“行为功利主义”和“规则功利主义”一样，后果主义也可以被分为“行为后果主义”和“规则后果主义”。

一、后果主义的内涵

什么是后果主义？顾名思义，后果主义的关注对象主要是“后果”。对于后果主义的内涵，威廉斯曾总结道：“大致说来，后果主义是一种认为任何行动的道德价值始终在于该行动的后果的学说，是一种认为如果行动以及诸如制度、法律和实践这些东西能被证明，便依据其后果来证明它们的学说。”[①]一般而言，后果主义强调后果（而非动机）的好坏可以决定行动的对错，其内涵主要包括下述两个方面：

第一，后果主义主要以“后果”为关注对象，并将后果（而非动机）与道德正确性联系在一起，正如茱莉亚·德莱夫（Julia Driver）所言：“后果主义的一个核心特征——它也因此得名——是道德评价以及道德责任的分配取决于践行者行动的后果或结果，而且这通常被理解为践行者事实上导致发生的事情，相较于他本可以导致发生的其他事情。”[②]某一行为的价值及其道德正确性取决于它所产生的结果的好坏，只有那些能够给人们带来好的后果的事情，它在道德意义上才是好的，也就是说，倘若某种行为

①〔澳〕J.J.C.斯马特、〔英〕B.威廉斯：《功利主义：赞成与反对》，中国社会科学出版社，1992年版，第77页。

②〔美〕茱莉亚·德莱夫：《后果主义》，余露译，华夏出版社，2016年版，第63页。

倾向于带来好的后果，它在道德上就是正确的。相反，倘若它倾向于带来坏的后果，它在道德上就是错误的。简言之，道德上正确的行为就是具有最好后果的行为，后果的好坏是用于判断造成该后果之行动的对错的唯一判准。后果主义的这种理念有时在某种程度上较为契合人们的直觉，人们在日常生活中经常通过某种行为的后果来对其进行判断——虽然有时候不认为其是唯一的判准。譬如，A 可以将其手中的 1000 元钱用于两种选择，一种选择是从事赌博，另一种选择是将其捐赠给某个救助儿童的慈善机构，依照后果主义的上述立场，后一种选择无疑是较好的。当然，不同的后果主义者对什么后果是一种好的后果，持有不同的立场。

第二，后果主义试图实现好的后果的最大化。依照后果主义的基本立场，某一行为的道德地位取决于其后果的价值，倘若某一行为与其后果并未联系在一起，该行为本身就无对错可言，同时，后果主义要求我们最大限度地促进后果的价值。后果主义者通常将是否能够实现好的后果的最大化作为行为的道德正确性的标准，在行为者能够采取的各种备选方案中，道德上正确的行动是与任何其他行动相较而言，那种能够带来总体上更好后果的行动。同样，后果主义者还强调我们可以将社会上的诸行为或规则带来的后果进行“加总”，如果一个社会的诸行为或规则带来的好的后果越大，那么该社会就越好，反之，它就越差。后果主义者在力图实现好的后果最大化的过程中，必须解决的一个难题是，到底是依据某种行为或规则带来的“预期的后果”还是“实际产生的后果”进行判断？毕竟“预期的后果”与“实际产生的后果”有时存在着千差万别，譬如，B 准备将其手头的 10 万元资金进行投资，1 年后的预期收益是 3 万元，实际收益可能远远少于 3 万元甚至亏损。然而，人们在做出某一行动时通常依据预期的后果（而非实际产生的后果）进行行动，这似乎更加合理一些，其中的原因在于人们在从事某种行动之前，不可能清晰地知道其实际上产生的后果是什么。

后果主义除了包括本节第三部分将要详述的功利主义，还包括“利己主义”（egoism）等流派，功利主义并不是后果主义的全部。“自我”和“利益”是利己主义的两个关键构成要素，利己主义主要关注的是如何实现“自我利益”的最大化。自我利益包括“狭义上的自我利益”和“广义上的自我利益”，前者是指行为者本人的利益，后者除了包括行为者本人的利益，还包括与行为者有着特殊关系之人的利益，比如家人、亲戚和朋友等的利益。当然，在广义的自我利益中，可能存在一定的冲突，譬如，C 是主管某职位考试的官员，其家人和朋友共同竞争某个职位，这样的话，这两种利益之间就存在冲突，利己主义者强调可以通过各种方式实现自身的总体利益的最大化。利己主义并没有完全排除利他主义，只是强调在人们采取的表面上的利他主义行为中，实际上肯定隐含着利己主义的动机。利己主义有着各种类型，其中“心理利己主义”和“伦理利己主义”是其中的两个重要代表，前者是一种描述性的理论，后者是一种规范性的理论。作为一种描述性的理论，心理利己主义是对人性以及人类动机的一种描述，认为一切行为总是基于自私自利的考虑，没有哪种人的行为是例外的。心理利己主义强调“我们总是做我们认为属于我们自己的最佳利益的事情，也就是说，除了自私自利之外，我们别无选择。我们做某件事情的动机来自这个信念，做那件事情有助于促进我们的自我利益。此外，我们没有其他行动的动机”[①]。依照心理利己主义，无论何种行动（即使是表面上利他的、道德的行动)，实际上都受到自我利益的强烈驱使。作为一种规范性的理论，伦理利己主义不像心理利己主义那样是一种描述人们实际上怎样行动的理论，而是一种关于我们应当采取何种行动的理论。伦理利己主义强调所有人都应当追求自我利益从而最大限度地实现自我利益的最大化，强调自我利益的原则是一个人在采取某种行动时的根本原则。依照伦理利己主义的基本立场，所有人都应当做一些能够促进其最佳利益的行为。无论心理利己主义还是伦理利己主义，显然都是一种极端的观点，因为我们通常认为我们有责任帮助他人，倘若我们在这样做时，我们的利益没有受到损害或者没有受到严重的损害。利己主义与功利主义之间有可能存在冲突，因为利己主义只是致力于实现自身利益的最大化，强调一个人不可能为了他人的利益而做出牺牲，个人利益的最大化不一定能够实现功利主义理论所申述的“最大多数人的最大利益”。显而易见，利己主义强调一种偏私的标准，与功利主义持有的“不偏不倚”的立场之间肯定存在一种冲突，这也体现出后果主义内部充斥着激烈的纷争。

后果主义有着各种类型，除了可以被分为我们接下来将要探讨的“行为后果主义”和“规则后果主义”，它还可以被分为“主观后果主义”（subjective consequentialism）和“客观后果主义”（objective consequentialism）。后果主义者将侧重点置于后果之上，那么，他们关注的是何种后果呢？他们依据的是我们上面言说的预期的后果，还是实际的后果呢？彼得·雷尔顿（Peter Railton）认为“**主观的后果主义**是这样一种观点，即每当一个人面临行为的选择时，他应该尝试确定哪些行为最能促进利益，然后尝试采

① 徐向东：《自我、他人与道德——道德哲学导论》（上册），商务印书馆，2007年版，第92页。

取相应的行动。一个人按照主观后果主义的要求行事——即过着主观后果主义的生活——到了这样一种程度：他使用并遵循一种独特的后果主义决策模式，有意识地瞄准总体利益，并以尽可能严格的态度来认真使用现有的最佳信息。**客观的后果主义**认为一个行为或行为过程的正当性的标准是，它实际上是否会最大程度地促进行为者可以利用的这些行为的利益。主观后果主义就像主观享乐主义一样，是一种在行动中遵循特定思考模式的观点；客观后果主义就像客观享乐主义一样，关注实际产生的后果”①。可见，主观的后果主义根据预期的或者能够被预见到的后果来评价某种行为或者做出某种行为，而客观的后果主义根据某个行为实际带来的后果来评价行为或者做出某种行为。虽然我们在以上曾经提及根据实际出现的后果来做出某种行为可能会带来一些难题，但是曾有不少学者为该立场进行辩护。譬如，乔治·摩尔（G. E. Moore）曾说，当我们在断言某一行为是最好的做法时，我们就断言该行为及其后果一起提供的内在价值总和要大于任何其他可能的选择，“断言一定的行动路线在某一时刻是绝对正当的或是绝对义务的，显然就是断言：一旦采取这一行为，与一旦完成其他任何事情相比，世界上会实存较多的善或较少的恶。但是，这里包含一个关于它本身的各后果的价值和任何其他可能选择的各后果的价值之判断”②。除了摩尔之外，雷尔顿同样也支持客观的后果主义。我们在此无意于深入探讨哪种后果主义较为可行，只是指出实际上我们很难真正区分后果主义到底是依据客观的后果，还是依据主观的后果，某种后果主义可能既是客观的后果主义，又是主观的后果主义。

二、行为后果主义与规则后果主义

规则后果主义和行为后果主义是后果主义的重要代表，对于这两种后果主义的内涵，《西方哲学英汉对照词典》曾强调，“前者认为，如果一个行为符合能导致比其他规则更好后果的规则，那么这个行为就是正当的。后者认为，一个行为对于行为者的可选行为而言，如果它能带来较好后果，就是正当的”③。行为后果主义是先于规则后果主义出现的，正是在应对行为后果主义所面临的种种批判的过程中，才逐渐出现了规则后果主义。

---

① Peter Railton, *Facts, Values, and Norms: Essays Toward A Morality of Consequences*, Cambridge: Cambridge University Press, 2003, p.165.

②〔英〕乔治·摩尔：《伦理学原理》，长河译，上海世纪出版集团，2005 年版，第 28 页。

③ 尼古拉斯·布宁、余纪元编著：《西方哲学英汉对照词典》，王柯平等译，人民出版社，2001 年版，第 189 页。

行为后果主义关注的焦点是某种行为的后果，强调正确的行为是那种能够带来最大化的积极后果的行为，强调当一个行为能够实现善的最大化时，它在道德上才是正确的。当行为后果主义在评价某一行为的道德正确性时，它关注的是该行为本身带来的直接后果，既未考虑该行为背后的动机是什么，又未像规则后果主义那样考虑依照某种规则行事或未依照某种规则行事带来的后果是什么。倘若惩罚某个无辜者可以带来好的后果，行为后果主义就会认为人们应该去做，这个人是否应该获得惩罚这一情况并不在考虑的范围之内。我们可以通过一个常见的思想实验来探讨行为后果主义的立场是否可行。假如你是一名医术高明的可以成功地进行器官移植的外科医生，“此刻，你刚好有五名患者需要器官，其中的两人各要一个肺，另外两个人各要一个肾，第五个人需要一颗心脏。如果今天他们得不到这些器官，他们就都会死。如果你能替他们找到器官并移植，他们就都能活下去。但是去哪里找到那些肺、肾和心脏呢？这性命攸关的一天眼看就要过去，就在这个时候，你得到一个消息说有个年轻人刚好来到你的诊所做年度体检，他的血型正合适，并且他还非常健康。看，你现在就有一个可能的捐赠者啦。你只需要把他的器官取下来，然后分别移植那几个需要的人就行了”[①]。在该思想实验中，倘若你是那个年轻人，你肯定不愿意捐献自己的器官给那五个需要做器官移植手术的人。倘若你是那个外科医生，你会如何进行选择呢？根据行为后果主义的基本逻辑，你应当选择进行器官移植手术，虽然那个年轻人不能继续活下去了，但是五个人获得了重生，该器官移植手术获得了好的结果。然而，这种结果肯定有悖于人们的道德直觉，贯彻行为后果主义有时候会带来一些与正义明显不相容的行为。根据行为后果主义的基本理念，行为本身并无对错之分，只有行为的结果之好坏，才能决定某种行为在道德上是否正确，如上所述，将这种理念付诸实践有时会带来一些有悖道德直觉的后果。大多数理性的人将认为，无论某些行为带来的结果是什么，它本身就是错误的，譬如，惩罚某个无辜者或杀死上述思想实验中的那个年轻人；同时，有些行为本身就是正确的，无论它的后果是什么，例如，人们要诚实守信，诚实守信这一行为的道德价值在于其本身——它本身就是一种具有内在价值的行为，而不取决于其结果的好坏。

鉴于行为后果主义带来的一些有违正义以及道德直觉的后果，一些后

---

① 〔美〕小西奥多•希克、刘易斯•沃恩：《做哲学：88 个思想实验中的哲学导论》，柴伟佳等译，北京联合出版公司，2018 年版，第 363 页。

果主义者转而试图为规则后果主义进行辩护。根据规则后果主义的基本立场，当且仅当在下述情况下某个行动在道德上才是正确的，即与对其他规则的服从相较而言，当所有人都服从某种或某套规则时，最好的结果能够出现。当然，如果只有少数人服从该规则，那么最好的结果就不会出现。当后果主义以规则后果主义的面貌呈现出来时，至少可以回应在上述思想实验中后果主义受到的指控。譬如，当一个人去医院检查身体时，生命被无端地牺牲了。这种行为为什么是错误的呢？依照规则后果主义的理念，当那种不合理的器官移植行为不能得到制止时，无人敢去医院体检或看病了，整个医疗行业也就没有存在的必要性。鉴于布拉德·胡克（Brad Hooker）对规则后果主义的阐释较具影响力，以及本章第三节所探讨的莫尔根对规则后果主义的论述在很大程度上也是建立在对胡克观点的解读之上，我们接下来就引述胡克对规则后果主义的看法。

对于行为后果主义和规则后果主义而言，胡克的总体立场是偏爱规则后果主义，并认为规则后果主义可以很好地避免行为后果主义遭受的批判。在胡克那里，不同的后果主义之间的主要分歧在于什么使得行为在道德上是被允许的，他认为“**行为后果主义**主张，当且仅当有**某种特别行为**所产生的实际（或可预料的）善至少和该行为者所易于采取的其他行为的善一样大，该行为才是道德上正当的（得到许可并且是必要的）”。与之相较而言，“**规则后果主义**主张，当且仅当某行为由规则所准许，而这个规则能够合理地被预想到所产生的善与任何其他可识别的规则能够合理地被预想到所产生的善一样多，该行为就是得到许可的”[①]。依照胡克的界定，行为后果主义在判断某一行为的正当与否时依据的是该行为产生的后果，而规则后果主义依据的不是该行为产生的后果，而是它们是否符合某种能够带来总体上好的后果的一般规则。胡克在论及为什么规则后果主义优于行为后果主义之前，还对规则后果主义的基本意涵展开了较为详细的说明，他认为规则后果主义“评价任何特定行为的正当与错误，不是直接根据行为所产生的后果，而是**间接地**由每个人拥有一系列的欲望、倾向与规则所产生的后果来判定。……它评价行为的正当性，不是根据**行动者本人**持有那些欲望、倾向与规则所产生的最好的总体后果，而是根据**每个人**持有它们所

① 布拉德·胡克：《规则后果主义》，载〔美〕休·拉福莱特主编：《伦理学理论》，龚群等译，中国人民大学出版社，2008年版，第219页。

产生的最好的总体后果"[①]。可见，胡克的规则后果主义理论强调对规则的充分服从而不是部分服从，其中的原因何在？因为规则后果主义所强调的"规则"有时可能只会获得部分人的遵守，而不能获得所有人的遵守。譬如，在一个白人至上的社会中，大部分民众歧视黑人，倘若只有极少数像汤姆这样的非种族主义者不歧视黑人，汤姆等少数非种族主义者可能会遭到他人的极度仇视，这有可能带来非常糟糕的后果。因此，胡克强调规则后果主义中"规则"只有在获得充分服从的情况下，才能获得好的结果。当然，倘若某种规则要想获得充分的服从，除了规则不能过于苛刻，它还必须对民众进行教化，从而民众要将规则"内化"到自己的行为之中。规则的"内化"所需的成本以及如何内化也是胡克极为强调的地方，因为依胡克之见，规则不会获得人们的自愿遵从，同时，某一代人认可的规则不会自动获得其后代的认可，其中的"内化"过程也需要一定的成本。

胡克采取了多种方式论证了为什么他认为规则后果主义优于行为后果主义，例如，胡克强调，我们经常缺少关于我们的各种行动的可能后果的信息，我们没有时间搜集这方面的信息，人类的局限性和偏见也使得我们不可能对后果进行准确的计算，因此，我们的关注焦点不能直接集中于行为的后果。也就是说，由于后果往往是不可知的，我们应该在行动之前确定规则。胡克还强调规则后果主义具有优势的根源之一，在于规则后果主义是从某种非常具有吸引力的一般性道德观念发展而来的。然而，其他理论也有可能是从某种非常具有吸引力的一般性道德观念发展而来的，因此，这种论证方式缺乏直接的说服力。在胡克那里，规则后果主义优于行为后果主义的主要理由可能在于规则后果主义可以避免行为后果主义所存在的很多缺陷，例如，"行为后果主义要求我们为了实现饥荒救济物资的捐助最大化作出巨大牺牲。行为后果主义还要求，纵然对别人的利益仅仅略微要多于对行为者的成本，也要自我牺牲"[②]。与行为后果主义会对人们提出过于不合理的要求相较而言，规则后果主义不会提出这么苛刻的要求，规则后果主义的普遍内化实际上会实现公共善的最大化。

可见，规则后果主义并不要求我们的行为直接与后果最大化相勾连，而是要求我们的行为通过"规则"间接地与后果最大化的原则相关联。基

① 布拉德·胡克：《规则后果主义》，陈江进译，载徐向东主编：《后果主义与义务论》，浙江大学出版社，2011年版，第147页。这篇文献与我们刚才引用的胡克的同名论文，虽然都是在为规则后果主义进行辩护，但是它们是两篇不同的论文。

② 布拉德·胡克：《规则后果主义》，载〔美〕休·拉福莱特主编：《伦理学理论》，中国人民大学出版社，2008年版，第230页。

于这种阐释，规则后果主义通常被称为“间接的后果主义”，行为后果主义通常被称为“直接的后果主义”。

三、作为后果主义之典范的功利主义

功利主义是后果主义理论的主要代表，也是最为知名的后果主义理论。自启蒙运动以来，功利主义逐渐产生。在中世纪时期，人们忽视人的现世幸福，重视灵魂的不朽，文艺复兴时期的人文主义者开始强调人的尊严和对现实幸福生活的追求。功利主义致力于增进人的幸福，与人们喜欢快乐而厌恶痛苦这一直觉相契合，这也是功利主义具有吸引力的主要原因之一。考察功利主义的演进脉络，功利主义大体上可以被分为“古典功利主义”和“现代功利主义”，前者以行为后果主义阵营中的“行为功利主义”为主要形态，后者以规则后果主义阵营中的“规则功利主义”为主要形态。虽然功利主义有着不同的变体，但是都认可边沁所说的“最大多数人的最大幸福原则”，众多功利主义流派的基本分歧在于何谓“效用”和如何实现“效用的最大化”。

古典功利主义主要以边沁、约翰·密尔和西季威克等人为代表。虽然功利主义有着悠久的历史根源，在苏格兰启蒙运动时期的思想家休谟、弗朗西斯·哈奇森和亚当·斯密等人的著作中，我们可以发现功利主义的基本信条的初始表达，[①]但是对功利主义的基本信条进行系统阐释的工作首先是由边沁完成的。边沁将功利主义的基本信条归结为“最大多数人的最大幸福原则”，认为行动和动机等的好坏最终是由其结果的好坏决定的。如何界定“效用”？人们对此有不同的看法。边沁主要将“效用”理解为“幸福”，认为趋乐避苦是人之本性，对效用采取了一种快乐主义的阐释方式，“当一个事物倾向于增大一个人的快乐总和时，或同义地说倾向于减小其痛苦总和时，它就被说成促进了这个人的利益，或为了这个人的利益。（就整个共同体而言）当一项行动增大共同体的幸福的倾向大于它减小这一幸福的倾向时，它就可以说是符合效用原理，或简言之，符合效用”。[②]不仅如此，边沁还提出了一套用于计算苦乐的总值和强度等特质的复杂方法。边沁上述立场中的一个致命缺陷是它只重视快乐的数量，忽视了快乐的质量，这使得边沁的功利主义理论招致了很多批判，经常被戏称为“猪的哲学”。

面对边沁的功利主义理论遭受的种种质疑，密尔在秉承边沁的“最大

---

① 相关内容可参见〔英〕弗雷德里克·罗森：《古典功利主义》，曹海军译，译林出版社，2018 年版，第三章至第六章。

②〔英〕边沁：《道德与立法原理导论》，时殷弘译，商务印书馆，2000 年版，第 58～59 页。

多数人的最大幸福”原则的前提下，最早地修正和完善了边沁的功利主义理论。密尔首先接受了边沁对效用的快乐主义解释，认为幸福是唯一值得人们追求的目的。与边沁不同的是，密尔认为功利主义者强调的幸福或快乐是人的幸福或快乐，而不是动物的幸福或快乐，而且快乐可以被分为“精神上的快乐”和“肉体上的快乐”，功利主义者将精神上的快乐置于肉体上的快乐之上，因为前者更加持久，成本也更小。密尔更加重视幸福的质量，认为“做一个不满足的人胜于做一只满足的猪；做不满足的苏格拉底胜于做一个满足的猪。如果那个傻瓜或猪有不同的看法，那是因为他们只知道自己那个方面的问题。而相比较的另一方即苏格拉底之类的人则对双方的问题都很了解”①。密尔为功利主义进行的论证较为简单，他认为能够证明一个对象可以被看到的唯一证据是人们事实上看见了它，一个不容忽视的事实在于每个人都会追求自己的幸福，“因此我们就不仅有了合适的证据，而且有了可能需要的一切证据来证明，幸福是一种善：即每个人的幸福对他本人来说都是一种善，因而公众幸福就是对他所有的人的集体而言的善。幸福有权利成为行为的目的之一，所以也有权利成为道德标准之一”②。可见，密尔对功利主义的论证的关键环节是由“每个人的幸福对他本人来说都是一种善”转变为“公众幸福就是对所有的人的集体而言的善”。事实上，密尔的上述论证至少在逻辑上缺乏说服力，因为我们并不能从每个人欲求实现自己的幸福直接推导出每个人都追求最大多数人的最大幸福。

密尔对功利主义进行的证明引起了很多哲学家的批判，西季威克认为密尔是将功利主义原则作为正当或错误的标准而提出来的，当密尔对功利主义原则作“普遍幸福是值得欲求的”这样的陈述时，他的意思是说“普遍幸福是每个人**应当**欲求，或至少——在‘应当’的更严格的意义上——应当努力在行动中实现的东西。但是，密尔的推理并没有证明这一命题，即使我们可以合理地说实际被欲求的东西就是值得追求的东西，情况也是这样。因为，即使各种实际的欲望是指向普遍幸福的各个部分的，它们的总和也不构成一种存在于某人身上的对普遍幸福的欲望。密尔当然不会认为，一种不存在于任何个人身上的欲望能够存在于个人的总和之中”③。在西季威克那里，人们从每个人实际上追求自己的幸福这一观点中不能推导

① 〔英〕约翰·穆勒：《功利主义》，徐大建译，商务印书馆，2014年版，第12页。本书将“Mill”译为“密尔”，而不是“穆勒”，以下同。

② 〔英〕约翰·穆勒：《功利主义》，商务印书馆，2014年版，第43页。

③ 〔英〕亨利·西季威克：《伦理学方法》，廖申白译，中国社会科学出版社，1993年版，第402～403页。

出每个人实际上在追求大多数人的幸福。西季威克试图提出一种针对功利主义的更为严格的论证方式，他将功利主义奠基于他在哲学直觉主义中所找寻到的“合理仁爱原则”，既将功利主义与利己主义区分开来，又表达了功利主义与哲学直觉主义之间的统一性。

我们在以上简要论述了以边沁和密尔等人为代表的古典功利主义的基本理念，古典功利主义秉承了后果主义的道德评价原则，认为行为和动机等的好坏最终由其结果的好坏决定。这种功利主义通常被称为“行为功利主义”，正如行为功利主义的主要代表人物斯马特所言，“行为功利主义根据行为自身所带来的结果的好坏，来判定行为的正确与错误”①。依照该理念，幸福是唯一值得人们欲求的东西，其他东西只能算作实现幸福的手段，某种行为是否拥有道德正确性，主要取决于它所产生的结果的好坏与否。

虽然自19世纪以降，功利主义曾在道德哲学、政治哲学和法哲学等领域中长期占据主导地位，但是到了20世纪六七十年代，功利主义面临着很多批判，其中以罗尔斯的批判最为典型。虽然功利主义在此之前内部聚讼纷纭，但是此时功利主义不得不应对非常严厉的外部挑战。罗尔斯认为功利主义理论的突出特征在于直接涉及效用总量的增加，漠视了效用怎样在人们之间进行分配，这样就有可能出现为了社会总体效用的增加而牺牲个人利益的情况，“社会的每一成员都被认为是具有一种基于正义，或者说基于自然权利的不可侵犯性，这种不可侵犯性甚至是任何别人的福利都不可逾越的。正义否认为使一些人享受较大利益而剥夺另一些人的自由是正当的。把不同的人当作一个人来计算它们的得失的方式是被排除的”②。为了实现效用的最大化，功利主义者允许牺牲某些人的利益，在功利主义的批评者看来，这是令人难以接受的。除了罗尔斯的激烈批判，德沃金和诺齐克等人也曾激烈批判了功利主义。③我们需要在此指出的是，正是在应对古典功利主义理论面临的批判的过程中，当代后果主义理论才不断地发展和完善起来。

在应对罗尔斯等人的挑战的过程中，功利主义者也在不断发展和完善

---

① J.J.C.Smart, “Act-Utilitarianism and Rule-Utilitarianism”, in Jonathan Glover (ed.), *Utilitarianism and Its Critics*, New York: Macmillan Publishing Company, 1990, p.199.

②〔美〕约翰·罗尔斯：《正义论》，中国社会科学出版社，1988年版，第27页。

③ 相关研究参见 Ronald Dworkin, *Taking Rights Seriously*, Cambridge, Massachusetts: Harvard University Press, 1977, p.235；〔美〕罗伯特·诺奇克：《无政府、国家和乌托邦》，中国社会科学出版社，2008年版，第51～53页。

功利主义，这也使得功利主义呈现一种复兴之势。鉴于行为功利主义将效用界定为快乐和幸福所带来的一些问题，一些现代功利主义者开始以“偏好”界定效用，认为偏好是一个人的福祉的基本构成要素，给予人们想要的东西这一行为就会让他们过得更好，当且仅当某种东西能够满足一个人的偏好，它才是善的，“偏好理论的这些特征给它带来了一些相对于享乐主义的优势：与现实的联系更紧密，陷入专断的风险更小，并且更易于度量”[①]。现代功利主义主要以辛格、约翰·哈桑尼（John C. Harsanyi）、理查德·黑尔（Richard M. Hare）和理查德·布兰特（Richard B. Brandt）等人为代表。因行为功利主义者直接追求效用的最大化面临着各种诘难，一些学者提出了“规则功利主义”，斯马特认为“规则功利主义认为一个行为的对或错是根据由规则——该规则是任何人在相同的环境中都应当遵守的——所带来的后果的好或坏来判定的”[②]。规则功利主义不像行为功利主义那样要求我们的每一个行为都要遵循效用最大化的原则，而是认为道德上正确的行为是那些符合效用最大化规则的行为。

较早地将功利主义二分为“行为功利主义”和“规则功利主义”，并作为规则功利主义的主要代表人物之一，布兰特认为规则功利主义的历史比行为功利主义的历史更为悠久，可能对当今哲学家的影响更大一些。规则功利主义的大致主张是“当且仅当拥有一种允许某行为的道德准则与拥有禁止该行为的任何其他相似的道德准则同样有利时，这种行为在道德上才是正确的”[③]。根据布兰特的观点，正确的行为就是被道德规则允许的那些行为，对行为者所处的社会而言，这种道德规则是最优的，一个最优的道德规则被用于实现善或福利的最大化。在布兰特那里，规则功利主义会面临不少难题，比如规则功利主义所追求的效用最大化之“效用”的内涵不是非常清晰，同时，道德规则的内涵是什么？这也是不清晰的。任何社会都是由多个亚群体构成的，虽然某项道德规则对某个亚群体来说可能是最优的，但是对其他许多亚群体来说不一定是最优的，譬如，外科医生和病人所理解的那些能够带来最优效果的道德规则并不完全一样。虽然如此，布兰特仍然强调这并未给规则功利主义带来一些无法解决的难题，规则功利主义者可以通过诉诸以充分的信息为基础的“理想的道德规则”来实现

① 〔英〕蒂姆·莫尔根：《理解功利主义》，谭志福译，山东人民出版社，2012 年版，第 91 页。

② J.J.C.Smart, “Act-Utilitarianism and Rule-Utilitarianism”, in Jonathan Glover (ed.,) *Utilitarianism and Its Critics*, New York: Macmillan Publishing Company, 1990, p.199.

③ R.B.布兰特：《功利主义的问题：真正的和所谓的》，晋运锋译，载《世界哲学》，2011 年第 1 期，第 74 页。

效用的最大化，理想的道德规则也是布兰特所推崇的最优的道德规则。

对规则功利主义的崇拜者来说，规则功利主义可以弥补行为功利主义的某些缺陷。譬如，行为功利主义的批评者经常强调为实现效用的最大化，行为功利主义在每次行动之前都要采取极为繁琐的“成本-效益分析”，易言之，行为功利主义在实践上是不可行的。规则功利主义只是要求行为能够符合某些既定的道德规则——如布兰特强调的“理想的道德规则”——即可，而不要求在从事每种行为之前都进行繁杂的效用计算，不要求实现各种具体行为的效用最大化，言下之意，规则功利主义比行为功利主义更加具有可行性。针对功利主义的批评者所指控的为了实现效用的最大化，行为功利主义者会允许牺牲少数人的利益这一指控，规则后果主义者莫尔根曾提到一个著名的例子：“你是一个与世隔绝的西部小镇的警长。一起谋杀案发生了。大多数人相信鲍勃是有罪的，但是你知道他是无辜的。除非你现在就绞死鲍勃，否则镇上就会发生一场暴动，还有不少人会因此丢掉性命。功利主义说，你必须绞死鲍勃，因为阻止暴动发生的价值远大过他失去生命的价值。”[①]针对上述诘难，规则功利主义者可以回应道，鲍勃不应该被绞死，因为鲍勃是无辜的，无辜者不应该受到惩罚这一规则应该被遵守，遵守这一规则会实现效用的最大化；同时，从社会的长远利益来看，惩罚无辜者不会实现社会长远利益的最大化。

以上我们探讨了后果主义的内涵、类型以及后果主义的主要代表功利主义，在深入分析规则后果主义能否为代际正义提供一种较为可行的阐释之前，我们先分析功利主义对代际正义的阐释是否可行这一问题。

第二节　反驳功利主义对代际正义的论证

如上一章所述，人类当前的行为不仅影响当今世代的福祉状况，同样也会影响未来世代的福祉状况。功利主义在秉承“最大多数人的最大幸福”原则时，还拥有一种平等主义的特征，约翰·罗默（John E.Roemer）对此曾言：“如果人口规模是固定的，功利主义则建议人们选择可获得最大利益的社会选择。为该说法辩护的观点如下：社会中所有个体都应该被平等对待，这种平等的实现依靠在社会计算中给予每个人的个体幸福相等的权重，

① 〔英〕蒂姆·莫尔根：《理解功利主义》，山东人民出版社，2012 年版，第 121 页。

这意味着正确的社会决策应当最大化个人效用的总和。”[①]当提到功利主义的上述原则时，人们很容易设想该原则适宜于处理代际关系，譬如，人类的政策和行为也应该设法适当地促进未来世代的最大幸福，并尽可能地减少代际痛苦。功利主义本身的“未来取向”以及对后果主义理念的诉求，使其非常适宜于解决当今世代对未来世代的义务问题。在功利主义理论中，有不少因素可被用于证成代际正义理论，例如，我们在本章开篇提及的“不偏不倚”和“时间中立”理念。虽然如此，只是随着人类影响未来世代的能力增强以后，直到晚近的几十年中，功利主义者才开始认真思考如何处理代际问题和代际关系，功利主义才逐渐成为一种日益具有影响力的用于阐释代际正义理论的方式。虽然功利主义在阐释代际正义理论时有不少先天优势，但是仍然存在一些有待克服的问题。虽然功利主义的类型繁多，我们在上一节提到的行为功利主义和规则功利主义也是两种非常重要的功利主义，但是鉴于本章的余下两节均探讨规则功利主义所属的规则后果主义对代际正义的解释是否可行这一问题，以及无论哪种类型的功利主义都会涉及它们关注的“总体效用”抑或“平均效用”，因此，我们在本节将首先探讨那种聚焦“总体效用”的总体功利主义对代际正义理论之解释的可行性，然后关注那种侧重于“平均效用”的平均功利主义对代际正义理论的阐释是否妥当，最后试图指出功利主义的代际正义理论面临的两难困境。

一、功利主义的“不偏不倚”和“时间中立”理念

功利主义理论中的不少因素可以被用于分析代际关系和代际问题，如功利主义理论中所隐含的一种“不偏不倚”的道德平等理念。边沁的名言“每个人只能算作一个人，没有人可以超过一个人”就体现了这种“不偏不倚”的道德平等理念，体现了一种形式上的平等原则以及应当平等考虑每个人的利益。在密尔那里，在没有更高的义务的情况下，我们应当平等地善待所有应当得到我们平等善待的人，正如他所言：“我必须重申，构成功利主义的行为对错标准的幸福，不是行为者本人的幸福，而是所有相关人员的幸福，而这一点是攻击功利主义的人很少公平地予以承认的。功利主义要求，行为者在他自己的幸福与他人的幸福之间，应当像一个公正无私的仁慈的旁观者那样，做到严格的不偏不倚。功利主义伦理学的全部精神，可见之于拿撒勒的耶稣所说的为人准则。‘己所欲，施于人’，‘爱邻如爱己’，

① 〔美〕约翰·罗默：《分配正义论》，张晋华、吴萍译，社会科学文献出版社，2017 年版，第 134页。

构成了功利主义道德的完美理想。”[①]在密尔等功利主义者看来，所有人的利益都应该获得平等的考量，也就是说，没有哪个人的利益应该被认为比其他人的利益更重要，所有人的利益都应当被纳入总体效用的计算范围之内，在考量每个人的利益时，人们既不应当考虑个人的社会地位，又不应当考虑利益的具体内容，应当一视同仁。

边沁强调在效用计算的过程中，同等程度的痛苦和快乐被赋予同样的价值，无论个人所属的身份如何。同时，边沁还持有一种“非人类中心主义”的立场，即认为动物具有感知能力，能够像人一样感受痛苦和快乐，因此，人类不应当像当下那样残忍地对待动物，也应当将动物纳入道德考量的范围之内：“**可能**有一天，其余动物生灵终会获得除非暴君使然就决不可能不给它们的那些权利。法国人已经发觉，黑皮肤并不构成任何理由，使一个人应当万劫不复，听任折磨者任意处置而无出路。会不会有一天终于承认腿的数目、皮毛状况或骶骨下部的状况同样不足以将一种有感觉的存在物弃之于同样的命运？”[②]在边沁的效用计算方法中，每个个体都只能算作一个，然而，边沁此时所说的个体，并不仅限于人类的成员，还包括除人类以外的那些能够感知痛苦和快乐的动物。边沁的理论产生了深远的影响，例如，在辛格看来，人们在进行伦理判断时应该采取一种不偏不倚的旁观者或理想观察者的立场，在作出伦理判断时要超越自己的爱憎。辛格以此为基点，提出了“利益的平等考虑原则”，即“在伦理慎思中，我们要对受我们行为影响的所有对象的类似利益予以同等程度的考虑。这意味着，如果某一可能的行动只影响 X 和 Y，并且如果 X 的所失要大于 Y 的所获，那么，最好是不采取这种行动。如果接受利益的平等考虑原则，我们就不能说：尽管有以上描述，但由于我们关心 Y 超过关心 X，因此这样行动就好于不这样行动。该原则的真实含义是：被平等考虑的利益不因是谁的利益而有所不同”[③]。利益的平等考虑原则要求人们应当不偏不倚地权衡各种利益，哪种利益更重要或哪些利益加总后更重要，人们就要优先考虑哪种利益或哪些利益。利益的平等考虑原则没有将侧重点置于“谁”的利益上，而是置于“利益”之上。辛格还像边沁那样，将道德关怀的对象延伸至动物身上，他在其被誉为动物解放运动的“圣经”——《动物解放》中探讨了如何将功利主义原则用于保护动物，强调动物也能够感知苦乐因而人类不应该残忍地对待动物。辛格还在《动物解放》出版 30 年之际强调

①〔英〕约翰·穆勒：《功利主义》，商务印书馆，2014 年版，第 21 页。

②〔英〕边沁：《道德与立法原理导论》，商务印书馆，2000 年版，第 349 页。

③〔澳〕彼得·辛格：《实践伦理学》，刘莘译，东方出版社，2005 年版，第 22 页。

“尽管人类和非人类动物之间存在明显的差异，但我们与它们共同拥有感知痛苦的能力，这意味着它们和我们一样拥有利益。如果只是因为它们不是我们这一物种的成员，我们就忽略或者减损它们的利益，则我们所处立场的逻辑类似于那些最为露骨的种族歧视者或性别歧视者，只是凭借自己的种族或性别而不顾其他物种的特征或品质，就认为那些属于他们的种族或性别的人具有优越的道德地位”[①]。在辛格那里，一切动物都是平等的，人与人之间亦是平等的。如果边沁和辛格等人的上述立场可行的话，功利主义的“不偏不倚”理念可以被用于保护动物，那么功利主义的“不偏不倚”理念被用于关注未来世代的利益，就是一件顺理成章的事情。

倘若人们对上述推理有所质疑，功利主义理论中隐含的“时间中立”（而非“时间偏爱”）理念会在某种程度上消除人们的这种疑惑，“时间中立”理念强调人们的道德地位不取决于其所处的时间。譬如，虽然西季威克在其代表作《伦理学方法》中很少谈及未来世代的问题，但是当他谈到快乐的主体时，还是偶尔涉及了未来世代的问题。西季威克认为即使我们在思考快乐的主体这一问题时只考虑人，快乐的主体的范围也仍然是十分不确定的：“人们会问：当后代的利益似乎与现在的人们的利益相抵牾时，我们在何种程度上应当考虑后代的利益？然后，从一种普遍的观点来看，一个人所生活的时代本身又显然不能影响他的幸福量值。而且，一个功利主义者必然像关心他的同时代人的利益那样关心后代的利益，不同的只是他的行为对后代——甚至将受其影响的人的生存条件——的影响必然更不确定。”[②]可见，依西季威克之见，一个人的幸福的量值与其所处的时代之间没有关联性，未来世代的利益与当今世代的利益一样应该获得一种不偏不倚的考量。功利主义理论对“时间中立”的强调，在当代功利主义者那里体现得更为明显。例如，斯马特在回应义务论对功利主义的批评时明确体现了其对“时间中立”理念的认可。斯马特设想了一个“荒岛上的承诺”的思想实验：A 在荒岛上对即将死去的 B 做出了承诺，答应 B 将其储存的黄金交给南澳大利亚的职业赛车俱乐部。A 后来被解救出来了，B 死去了，然而，A 因为认为阿莱德皇家医院迫切需要一部 X 光仪器而把黄金捐给了这家医院。斯马特认为没有人能够否定 A 的做法，义务论者可能会提出反对的理由，其中的原因是义务论者认为 A 应该遵守承诺，为了后代的利益，人们不应该听任成百上千的人因饥饿而死亡，这些后果主义思想恰恰是当

---

①〔澳〕彼得 • 辛格：《动物解放 30 年》，载〔澳〕彼得 • 辛格：《动物解放》，中信出版集团，2018 年版，第 399～400 页。

②〔英〕亨利 • 西季威克：《伦理学方法》，中国社会科学出版社，1993 年版，第 428 页。

今世界所看到的非正义的根源。斯马特对此回应道："说这种话的人也许关心后代的福利，也许不关心后代的福利，但他们没有普遍化仁爱（generalized benevolence）的情感，而只有有限的仁爱，这是完全可能的。当仁爱局限于某一空间时，便产生了一种部落或种族的伦理学；当仁爱局限于某一时间时，便产生了现实和世代的伦理学，这种伦理学可能是一种为了满足乌托邦式的未来而实施暴行的理论。……为什么未来的人与现代的人不一样重要呢？只有那些抱有狭隘时间观的人才会否认这一点。"[①]根据斯马特的立场，人们应该建构一种超越狭隘的空间和时间观念的伦理学，这样的话，人们应该抛弃狭隘的时间观念，未来的人不只是一种潜在的存在，未来的人和现在的人一样重要。换言之，人们既不能因未来之人离当今世代较为遥远而忽视其利益，又不能因当今世代在当下的存在而认为其利益比未来之人的利益更加重要。

功利主义理论中的"不偏不倚"和"时间中立"理念，体现出功利主义理论本身的平等主义色彩。功利主义理论的这种特征获得了很多学者的认可，例如，德沃金认为，"功利主义离不开我们所谓的'平等主义模式'的东西。（易言之，即使它过于强烈，以至于丧失了其他任何东西，然而，它没有丧失对平等主义模式的诉求。）假如某种版本的功利主义规定在计算如何最好地满足大多数人的偏好时，一些人的偏好不如其他人的偏好，这要么是因为这些人本身不怎么有价值，要么是因为他们没有吸引力，要么是因为他们的偏好在一起形成了一种可鄙的生活方式。这是我们一定不能接受的"[②]。威尔·金里卡（Will Kymlicka）亦认为功利主义的最根本的原则是平等主义原则，功利主义"是一种道德理论，因为它声称将人们作为平等的人来对待，并平等地关心和尊重人们。它是通过每个人被算作一个人，没有人可以超过一个人来做到这一点的"[③]。可见，在功利主义者看来，每个人的生命都是同等重要的，都应当获得平等的考量，在进行利益的计算时，每个人的利益都被认为具有同样的重要性，那种更加偏爱当今世代之愿望的满足（而不是未来世代之愿望的满足）的做法是不合理的。功利主义理论本身的平等主义色彩为人们分析代际正义理论提供了一个良好的

① 〔澳〕J.J.C.斯马特、〔英〕B.威廉斯：《功利主义：赞成与反对》，中国社会科学出版社，1992年版，第61页。

② Ronald Dworkin, "Is There a Right to Pornography?" *Oxford Journal of Legal Studies*, Vol.1, No.2, 1981, pp. 201-202.

③ Will Kymlicka, "Rawls on Teleology and Deontology," *Philosophy and Public Affairs*, Vol. 17, No.3, 1988, p. 177.

起点，譬如，依照密尔上述言说的“己所欲，施于人”这一黄金法则，如果当今世代希望过去的世代能够采取一些保护环境和进行适当的储存等遵循代际正义原则的行为，不伤害当今世代，那么当今世代也应当对未来世代采取类似的立场。[①]倘若每个世代都秉承这种黄金法则，代际正义就是可以被期许的。

二、总体功利主义与代际正义

功利主义秉承“最大多数人的最大幸福”这一原则，强调要实现效用的最大化，效用可以被分为“总体的效用”和“平均的效用”，以此为标准，功利主义可以被分为“总体功利主义”和“平均功利主义”。我们先看看何谓“总体功利主义”。罗尔斯曾对古典功利主义原则描述道：“在用于基本结构时，古典功利主义原则要求这样来安排制度，使得它能最大化各相关代表人的期望的绝对加权和。这一总和是通过用处于相应地位的人数来乘以每一期望，然后再把结果相加达到的。这样，假如其他情况一样，当社会中的人数翻番时，整个的功利也就翻番（当然，按照功利主义观点，期望是对全部被观察和预见到的满足的衡量，它们并不像在公平的正义理论中那样，仅仅是基本善的指标）。”[②]实际上，罗尔斯此处描述的正是我们所言说的“总体功利主义”的内涵。依照总体功利主义的基本理念，如果某社会中的总人口数是 n，其中每个人的效用水平分别是 u_1、u_2、u_3、u_4……u_n，那么该社会的效用总额就是$\sum u_i$。总体功利主义背后的理念很简单，即道德上正当的行为就是能够带来总体效用水平最大化的行为。鉴于功利主义认为效用即是幸福或者达致幸福的手段，我们将总体功利主义的基本理念视为道德上正当的行为就是能够带来总体幸福水平最大化的行为。譬如，我们可以稍微改进一下辛格的“拯救落水儿童”这一著名的思想实验。[③]某人在上班的途中经过一个池塘，发现有两名儿童落水了，正在呼救。此人在不危及自己生命的情况下面临两种选择，一种选择是将两名落水的儿童都救上来，另一种选择是将一名落水儿童救上来。依照总体功利主义的基本理念，第一种选择优于第二种选择。在第一种选择中，总体幸福是最大化的，当然，第二种选择也肯定优于不采取任何施救行为的选择。由于每个人的幸福水平或福利水平有时候是难以测度和比较的，在功利主义者那

① 正如我们在下一章在探讨罗尔斯的代际正义理论时将会看到的那样，罗尔斯后期的代际正义理论基本上就采取了这种立场。

②〔美〕约翰·罗尔斯：《正义论》（修订版），中国社会科学出版社，2009 年版，第 124 页。

③ 参见 Peter Singer, *The Life You Can Save*, New York: Random House Trade Paperbacks, 2010, p.3.

里，实现总体幸福的最大化就成为一种非常便于采取的策略。一个随之而来的问题是，总体功利主义能够被用于分析代际关系和代际问题吗？对代际正义进行总体功利主义的阐释是可行的吗？

倘若人们采取总体功利主义的立场来思考代际关系和代际问题，为了尽可能实现未来世代福利的最大化，人们很容易得出“只要新增人口的平均福利水平不低于社会的平均福利水平，人口越多越好”这一观点。例如，有A、B和C三个社会，在A中，有1000个人，其中每个人有100个单位的幸福，该社会的总体幸福是100000个单位；在B中，有10000个人，其中每个人有10个单位的幸福，该社会的总体幸福也是100000个单位；在C中，有100000个人，其中每个人有2个单位的幸福，该社会的总体幸福是200000个单位。根据总体功利主义的理念，哪个社会更好呢？总体功利主义者有可能认为C更好，因为其中的总体幸福是最多的，同时，A和B是同样好的，因为它们拥有同样的总体幸福。也就是说，总体功利主义较为重视幸福的“量”，而不怎么重视其中的“质”。同时，总体功利主义可能建议在未来世代中人口越多越好，换言之，为了达到总体幸福水平的最大化，可以通过不断增加人口的数量而降低总体人口的平均幸福水平这一措施来实现。然而，在未来世代，人口真的越多越好吗？实际上，倘若此种现象真的出现，未来世代的生存处境（比如资源总量和环境压力等）一定会面临着很大的挑战。同时，总体功利主义似乎允许为了实现总体幸福的最大化，允许无数个生活勉强值得过的人出现[①]，未来世代的幸福可能为了达到总体幸福水平的最大化而被牺牲掉。有不少学者并不认可这种观点，其中最具代表性的质疑之一是由帕菲特提出的，帕菲特认为此种思考方式会带来“令人讨厌的结论”，这也是总体功利主义在阐述代际正义理论时面临的一个非常严重的挑战。

在帕菲特那里，人口过剩会对未来世代的生存状况产生诸多不利的影响，比如住房条件恶化、污染加剧、环境恶化和自然资源枯竭等。帕菲特认为在功利主义理论中，一种快乐主义的总量原则强调，倘若在其他事情相同的情况下，最好的结果是那个会有最大量的幸福——减去痛苦后幸福的最大净值——的结果。帕菲特通过一个思想实验说明该原则会带来“令人讨厌的结论”[②]。譬如，依照不同的人口增长率，一个共同体可能会变成A、B、C……Z，它们的人口数量依次增多，其中人们的幸福水平依次降低，

① 此时幸福的总量成为关注的焦点，幸福的总量所归属的对象“人”有时候恰恰被忽视了。

②〔英〕德里克·帕菲特：《理与人》，上海译文出版社，2005年版，第552页。

也就是说，A 中的人口数量是最少的，但是人均幸福水平是最高的，而 Z 中的情况则完全相反。根据总体功利主义的立场，B 会比 A 更好，C 会比 B 更好，Z 或许会是最好的，然而，由于 Z 有着极其庞大的人口，其成员的生活几乎是那种不再值得过的生活。虽然 Z 中的人均生活质量低下，但是鉴于其有着庞大的人口总量，Z 中的幸福总量依然是最大的。帕菲特强调此种思维模式会带来一种“令人讨厌的结论”：“对人人享有很高生活质量的至少多达 100 亿人口的任何一个可能的人口而言，必定有某个可想象的更大的人口，如果在其他事情同等的情况下，这个更大的人口的生存会更好一些，即使其成员只具有勉强值得过的生活。”[①]依帕菲特之见，该结论是令人难以接受的。功利主义者应该如何回应上述挑战呢？曾有功利主义者这样回应道：“为了捍卫他们的理论，功利主义者通常会采取以下两种主要策略中的一种：他们要么会重构他们的价值理论，以使 A 强于 Z，要么会力图推翻帕菲特关于 Z 不如 A 的直觉。”[②]实际上，这两种回应方式都是难以令人信服的。就第一种回应方式而言，如果认为 A 强于 Z，那么这种回应方式就背离了总体功利主义的立场，因为根据总体功利主义的思维方式，A 中的总体幸福确实少于 Z 中的总体幸福。即使他们可以通过重构价值理论以使得 A 强于 Z，这种价值理论有可能侵蚀功利主义理论的根基，并与功利主义理论之间可能存在难以克服的张力；就第二种回应方式来说，假如一个人是未来世代中的人，他基本上不会选择生活在社会 Z 中，其中的生活基本上是不值得过的，要想推翻帕菲特的 Z 不如 A 的这一直觉，肯定要面临很大的证成压力。

现在我们看看对帕菲特的“令人讨厌的结论”的另一种更加貌似可行的回应方式。简 • 纳维森（Jan Narveson）回应了人们对功利主义的一个普遍的反对意见，即如果功利主义是正确的，那么我们必须尽可能多地生育孩子，只要他们的幸福超过他们的痛苦。纳维森强调，那些提出反对意见的人假设，根据功利主义，存在着某种可以被称为“快乐”或“幸福”的精神状态，人们有义务尽可能多地以任何方式来制造这种精神状态，该观点可以被称为“最大的总体幸福”观点。纳维森认为这显然不是边沁或密尔的想法，他们强调的乃是“最大多数人的最大幸福”。根据“最大的总体幸福”观点，人们有义务生育孩子，倘若生育的孩子是幸福的话。然而，纳维森认为这种观点是错误的，因为虽然功利主义者追求最大多数人的最

① 〔英〕德里克 • 帕菲特：《理与人》，上海译文出版社，2005 年版，第 553～554 页。

② 〔英〕蒂姆 • 莫尔根：《理解功利主义》，山东人民出版社，2012 年版，第 218 页。

大幸福，但是并不意味着他们想追求“最大幸福”和“最大多数人”。纳维森继续解释道，为了使得这一点变得非常清楚，人们需要注意的是古典功利主义者的观点是这样的：每个人应该尽可能快乐。依照现代的逻辑形式来说，它的意思是“对于所有人 X 来说，X 应该尽可能快乐”，这相当于“如果一个人快乐，那么他应该尽可能地快乐”。在纳维森看来，这最后一句话清楚地表明，古典功利主义的“最大多数人的最大幸福”这一观点并不意味着应该有尽可能多的快乐的人出现。同时，人们不能仅仅因为孩子会幸福就有义务生育孩子，因为即使让每个人尽可能快乐是人们的义务，如果人们不增加人口，那么人们也不会违反这一义务，尽管让别人比他本来更不快乐，人们会违反这一义务。①纳维森的观点是令人信服的吗？当然，人们确实不能从功利主义者所强调的“最大多数人的最大幸福”这一观点中推断出功利主义者偏好“最大幸福”和“最大多数人”，然而，人们也不能从中直接推断出功利主义者所说的是“每个人要尽可能地快乐”，“最大多数人的最大幸福”强调的是一种群体处境，而“每个人要尽可能地快乐”强调的是一种个体的处境，这两种不同的处境不应该被混淆在一起。倘若总体功利主义要最大限度地增加总体幸福，最大限度地增加幸福的人数就是一种难以被拒绝的选择。②纳维森的观点缺乏说服力的另一个原因是我们接下来就要提及的，从他对功利主义的人口政策的辩护中，可能会推导出不生育孩子总是更好的这样有违道德直觉的结论。

总体功利主义的代际正义理论除了难以回应帕菲特所说的“令人讨厌的结论”以外，面临的另一个挑战是，它同样会面临着罗尔斯对功利主义所提出的类似批判，即功利主义只是实现幸福总量的最大化，忽视了分配问题，并未指出幸福总量的哪一种分配方式是较为可行的。罗尔斯对此曾

① 本段上述对纳维森观点的归纳，参见 Jan Narveson, “Utilitarianism and New Generations”, *Mind*, Vol. 76, No. 301, 1967, pp. 62-63, 70.

② 罗宾·阿特菲尔德（Robin Attfield）曾引述辛格等人的观点为总体功利主义的人口政策进行辩护，认为“有 8 亿人已经生活在绝对的贫困之中，在多数情况下，增加人口根本不可能增加总体幸福……即使新增的人本身并非营养不良的或不幸的，但其出生后无论如何都会增加世界的粮食负担；如果其购买力超过那些难以得到食物的人，他们就会使贫困国家的更多人买不起所需的东西。那么，仅从这一点来说，总量理论或许是赞成世界人口停止增长而非相反”。参见〔英〕罗宾·阿特菲尔德：《环境关怀的伦理学》，李小重、雷毅译，科学出版社，2018 年版，第 162 页。阿特菲尔德在为总体功利主义的人口政策进行辩护时，仅仅注意到新增加的人口可能给他人带来的负面影响，至少忽视了两点：一是新增人口本身的内在价值，每一个来到这个世界上的人都是有价值的。一个人的“存在”与“不存在”相较而言，哪一个会更好？二是忽视了我们接下来将要提及的倘若该孩子被生育下来，这个孩子本身是否会幸福，即我们需要考虑生育行为给生育对象带来的“直接影响”，阿特菲尔德只考虑了生育行为本身给他人以及环境带来的“间接影响”。

言："功利主义观点的突出特征是：它不关心——除了间接的——满足的总量怎样在个人之间进行分配，就像它除了间接的之外，不怎么关心一个人怎样在不同的时间里分配他的满足一样。在这两种情况下的正确分配都是那种产生最大满足的分配。社会必须如此分配它的满足手段——无论是权利、义务，还是机会、特权，或者各种形式的财富——以达到可能产生的最大值。但是没有任何分配形式本身会比另一种形式更好，除非我们偏爱更为平等的分配。"①罗尔斯对功利主义的上述批判意在指出，功利主义没有充分重视个人的权利，也无法支持一种能够充分尊重个人的权利以及个人间差异的正义理论。倘若我们回到总体功利主义对代际正义的论说上来，我们也可以发现总体功利主义的代际正义理论同样无法处理乃至漠视代际分配问题。想象一下，有 D 和 E 两个社会，它们的人口总数都是 1000 人，幸福总量是 10000 个单位。这两个社会之间的差异只是在于：在社会 D 中，其中 100 个人中的每个人的幸福是 91 个单位，余下的 900 个人中的每个人的幸福是 1 个单位，而在社会 E 中，每个人都拥有 10 个单位的幸福。依照总体功利主义的代际正义理论，既然 D 和 E 都拥有同等数量的幸福，D 和 E 是没有区别的。显然，这缺乏说服力和有违道德直觉，在 D 中，100 个精英人士是非常幸福的，依靠其余 900 个人生活，而余下的 900 个人的生活几乎不值得过。如果某个未来世代的成员生活在 E 而不是生活在 D 中，那么他的生活可能会更好，更有可能拥有一种平等的地位。同时，鉴于未来世代在人口数量方面可能占有优势，这亦可能使功利主义的代际正义理论面临着一种老生常谈的批判，即功利主义的代际正义理论可能会提出一种极为苛刻的要求，要求当今世代做出极大的牺牲从而实现未来世代幸福的最大化。倘若我们的上述论说成立的话，我们可以发现总体功利主义的代际正义理论难以与正义相容，它与功利主义的平等主义承诺也是背道而驰的。

三、平均功利主义与代际正义

如上所述，当我们将总体功利主义用于处理代际正义问题时，至少面临着两种反对意见，一是帕菲特所说的"令人讨厌的结论"，二是难以应对乃至忽视代际分配问题。实现幸福的最大化除了经由增加"总体幸福水平"以外，还可以通过提高"平均幸福水平"的方式来达到。那么，那种更加注重个体幸福水平的平均功利主义理论，在处理代际正义问题时是否更有

① 〔美〕约翰·罗尔斯：《正义论》（修订版），中国社会科学出版社，2009 年版，第 21 页。

优势呢？倘若我们依照上述罗尔斯对总体功利主义的界说来进行推断，平均功利主义强调用社会的总体幸福水平除以总人数。具体说来，依照平均功利主义的基本理念，如果某社会中的总人口数是 n，其中每个人的幸福水平是 u_1、u_2、u_3、u_4……u_n，那么该社会的平均幸福就是$\sum u_i/n$。与总体功利主义一样，平均功利主义背后的理念也是很简单的。平均功利主义并不像总体功利主义那样强调实现总体幸福水平的最大化，而是实现平均幸福水平的最大化。如果我们只关注当今世代的总体幸福水平和平均幸福水平，那么在人口数量是固定的情况下，总体幸福水平和平均幸福水平应当是一致的。[①]然而，我们此处考虑的是代际正义问题，当今世代所采取的政策往往会影响未来世代能否存在及其数量的多寡，也就是说，未来世代的人口数量既不是固定的，也不是当今世代可以准确预测的，此时我们就需要区分总体幸福水平和平均幸福水平，以及有可能采取不同的人口政策。实际上，我们难以在人口数量不确定的情况下思考怎么实现平均幸福水平的最大化。

依照平均功利主义的基本理念，如果为了实现人均幸福总量的最大化，最大限度地增加人均幸福的总量，那么平均功利主义者有可能支持“人口越少越好”这样的观点，甚至有可能提出禁止增加任何后代这样的观点，倘若真的出现这种情况，平均功利主义更加偏袒当今世代而歧视未来世代。再次想象一下，有两个社会 F 和 G，它们的幸福总量是 10000 个单位，前者有 1000 个人，后者有 10000 个人。那么，在 F 中，人均幸福是 10 个单位，而在 G 中，人均幸福是 1 个单位。依照平均功利主义的理念，无疑 F 是一个更好的社会。当我们将平均功利主义的这种理念用于分析代际正义问题时，一个自然而然的结论是在一个人口越少的社会中，更容易实现代际正义，或者在未来世代中，那些福利水平低于社会平均福利水平的人，就不应该出生。在一个奉行平均功利主义原则的社会中，怎样能够保持较少的人口从而更好地实现代际正义呢？大体上有两种方式，一种方式是尽可能不生育那些有可能不幸福的人，另一种方式是减少那些已经存在的不幸福的人。

就第一种方式而言，依照平均功利主义的理念，假如某个将被生下来的孩子是不幸福的（比如先天残障），其福利水平低于社会的平均福利水平，这样的话会给社会带来负担，那么该孩子就不应该被生育下来，或者平均功利主义者也可以认为，倘若未来世代的某个成员不如当今世代的人那样

① 因为总体幸福是用平均幸福乘以人口的总量得到的。

幸福，这个人也不应当被生育下来。纳维森在为功利主义的人口政策进行辩护时曾言，假设我们正在考虑生育一个孩子，我们知道这个孩子的一生都会有遗传疾病，或者我们是生活在贫民窟的贫困失业人员。在这两种情况下，我们可以合理地预测，我们的任何孩子都会很悲惨。现在，如果我们生下孩子，那么这些痛苦将不可避免。因此，如果预防和减轻痛苦是我们的义务，如果我们知道孩子会痛苦，或者我们会给他们带来痛苦，那么我们就不应该把他们带到这个世界上，总之，“每当生育新的孩子会给他们带来痛苦，或者导致其他人的幸福大幅度下降，不生育他们是一个人的义务，这一点我在这里无法辩护。譬如，如果一个人的孩子会成为公众的负担，那么在我看来，一个人没有权利生育他。因此，在我看来，公众有权在此情况下禁止生育孩子。……如果可以证明，如果人口规模不增加，民众将会受苦，那么在我看来，这可能需要朝着这个方向努力，并惩罚那些能遵守但是不遵守的人”①。倘若我们再联系上一部分纳维森曾言说的人们不能仅仅因为孩子会幸福就有义务生育孩子这一观点，可以推断出，依照纳维森的立场，不生育孩子是更好的选择。其中的原因在于人们不能仅仅因为孩子幸福就有义务生育孩子，倘若人们所生的孩子是幸福的，就没有违反义务，然而，如果人们生育的孩子是悲惨的，拥有一种糟糕的或不值得过的生活，那么人们就违反了义务，因此，为了不违反义务，不生育孩子应当是一种更好的选择。

然而，纳维森的上述观点以及从中引申出的观点令人难以接受。我们可以通过一个思想实验来述说这一观点，假如有一对夫妻准备生育一个孩子。在孩子出生之前，这对夫妻到医院进行孕期检查，发现他们所孕育的孩子的身体有某些残疾，其福利水平以后可能会低于其所处社会的平均福利水平。按照纳维森的立场，这对夫妻不应该将孩子生下来。倘若这种理念得以贯彻下去，人口会越来越少，未来世代的处境亦会越来越糟糕。同时，鉴于某些发展中国家的生活水平和人们的平均福利水平较低，这些发展中国家就应该尽量少生育，实行严格的计划生育政策，而鉴于发达国家有着良好的生活水平和较高的平均福利水平，这些国家就应该尽量多地生育后代。实际上，纳维森的上述观点值得商榷，我们在考虑所生育的孩子的福利水平时需要注意两个方面：一个方面，倘若该孩子被生育下来，这个孩子本身是否会幸福，也就是说，我们需要考虑生育行为给生育对象带来的“直接影响”；另一方面，倘若该孩子被生育下来，这个孩子给其父母、

① Jan Narveson, “Utilitarianism and New Generations”, *Mind*, Vol. 76, No. 301, 1967, p. 72.

亲戚或者社会其他成员带来的影响，也就是说，我们需要考虑生育行为给除生育对象以外的其他人带来的“间接影响”。就生育行为的“直接影响”而言，我们不能因这对夫妻的孩子的福利水平有可能低于平均福利水平，就武断地断定其将不会幸福，同时，当人们在思考代际正义理论时也通常假定一个人的“存在”比“不存在”要更好一些。当然，我们此时未考虑严重残障的情况。就生育行为的“间接影响”来说，虽然这对夫妻生育的孩子的福利水平有可能低于平均福利水平，这样有可能会降低社会的整体平均福利水平，但是孩子的出生可能会给其父母或亲戚带来幸福，这样的话，社会的平均福利水平也不一定会降低，反而可能会有所提升。我们还需要注意的是，一个人的生活中充满着无限的可能性，在一个人出生之前，我们很难准确评估其生命的内在价值，虽然该孩子的福利水平有可能稍微低于社会的平均福利水平，有可能成为社会的负担，但是我们不能认为该孩子的一生都是如此。另外，纳维森的“如果可以证明，如果人口规模不增加，民众将会受苦，那么在我看来，这可能需要朝着这个方向努力，并惩罚那些能遵守但是不遵守的人”这一观点，有时也会违背我们在下一节将提及的人们享有的某种生育自主权。

就第二种方式来说，平均功利主义有可能建议减少已经存在的不幸福之人。德夏里特曾经反驳了这种观点，他认为有一种增加平均幸福的更加激进的办法是通过摆脱一些不幸之人来减少社会中的不幸福之人的数量，譬如，当严重的饥荒出现时，平均功利主义可能会认为通过减少人口的数量从而使得较少的人分享资源，这些人可以生存下来。[①]德夏里特认为平均功利主义者可能会走的更远，在每种情况下都要求减少不幸福之人的数量，这种思维方式当然会带来荒谬之处。德夏里特亦通过一个思想实验说明了这一观点的不合理之处：假如在一个特定的社会中有十个人，其中两个人的生活很悲惨，其余的八个人很幸福。这个社会没有饥饿，因此，倘若这两个不幸之人去世了，八个幸福之人中的任何一个人不会获得幸福的增加，如获得更多的食物。然而，倘若只有八个幸福之人存在，该社会的平均幸福水平将会增加，因此，“我们放弃了这两个悲惨的人。然而，八个人中似乎有一些人比其他人更幸福，因此，我们应该摆脱四个不幸福的人，以此类推。只要减少不幸福人群的数量，不会影响到幸福人群的幸福——不幸的是，这种可怕的情况是可以被想象到的——在人口数量不确定的情况下（如未来世代的情况），对平均功利主义的计算会指导我们采取这一政

① 参见 Avner de-Shalit, *Why Posterity Matter*, London and New York: Routledge, 1995, p.69.

策”[①]。这种结论显然是极不道德的。如果依照平均功利主义的内在逻辑，为了增加社会的平均幸福水平，那些已经存在的不幸福的人被通过某种方式消除了，那么，显而易见的是，所谓不幸福之人的权利就遭到了肆意的践踏，功利主义所强调的平等主义原则此时没有被彻底贯彻。如前所述，既然平均功利主义者为了提高当前社会的平均福利水平，有可能主张牺牲不幸福之人的利益，那么鉴于未来世代的利益有着很大的不确定性（其平均福利水平可能低于人类的整体福利水平），平均功利主义者也极有可能会牺牲未来世代的利益。

当然，我们在此只是指出了将平均功利主义用于处理代际问题时可能出现的一些极端情况。我们并不是想说功利主义者一定会支持世界上仅剩下几个人或者消灭那些已经存在的不幸福之人这种难以令人接受的现象，只是意在批判平均功利主义对代际正义理论的论证方式，平均功利主义的代际正义理论在理论上有可能支持人口越少越好，并奉行严格的生育政策。为了缓解日益增长的人口给地球的环境所带来的压力，我们当然需要采取某种方式以降低人口的数量，但不是通过平均功利主义所建议的方式去降低人口的数量。

四、功利主义的代际正义理论的两难困境

我们在以上两部分无意于比较在理论上增加未来世代的总体幸福还是提高其平均幸福水平哪一种选择是更为可取的，只是强调无论是总体功利主义还是平均功利主义，它们在处理代际正义问题时，均未彻底贯彻其一直强调的平等主义理念。然而，此处一个耐人寻味的问题是，即使功利主义在处理代际正义问题时贯彻了其所钟爱的平等主义理念，那么它如何容纳人们所必须面对的一些特殊义务和责任呢？在日常生活中，人们肯定要承担一定的特殊义务和责任，会特别偏爱某个人或某些人，这一观点在人们通常所提及的“同心圆”理论中得到了很好的显现。我们每个人都生活在一系列的同心圆中，处于同心圆最核心位置的人应当是那些与我们有着最亲密关系和亲密情感的人们，比如家人和亲属。与最核心位置紧密相邻的人应该是那些与我们关系较为密切的人们，比如关系非常亲近的朋友、老师或者同事等，依此类推，处于同心圆其他位置的人应该是邻居、老乡或者其他同时代的人。也就是说，在我们的特殊义务和责任中，功利主义的“不偏不倚”和“时间中立”理念基本上很难有一席之地，人们通常会

① Avner de-Shalit, *Why Posterity Matter*, London and New York: Routledge, 1995, p.70.

偏爱与其关系密切之人以及其他同时代的人，很难偏爱未来世代的成员。这样的话，功利主义强调的“不偏不倚”和“时间中立”与人们会承担的一些特殊义务和责任之间就可能存在一种张力，彼得·温茨（Peter Wenz）对此曾言：“这一结果是同心圆理论区别于功利主义核算的许多不同点之一。功利主义的特别主张是，资金应当被用来促使利益最大化。如果小镇另一端的某个孩子没有自行车，就将会比我的孩子（他已经拥有了一辆三速自行车）从一辆崭新的十速自行车中获得更大的收益，那么，在所有其他各点都相同的情况下，功利主义者断言我应当为那个贫困的孩子而不是自己的孩子购买自行车。相反，同心圆理论将会原谅我为自己的孩子而不是别人的孩子购买一辆崭新的十速自行车这一行为。因为，我已经单方面地对我的孩子而不是别人的孩子做出了承诺。”[①]可见，功利主义会对人们提出一种过于严厉的要求，其秉承的平等主义理念有时与人们必须面临的一些特殊义务和责任是不相容的，难以完成其致力于完成的目标。

倘若功利主义理论在处理代际正义问题时，没有将其偏爱的平等主义理念贯彻到底（例如，功利主义理论可以强调，倘若人们比较当今世代的幸福和未来世代的幸福，人们可以认为当今世代的幸福是其所能看到的最近的幸福，相反，未来世代的幸福是一种遥远的幸福），那么这也会带来一些问题。当今世代与未来世代之间的利益难免存在一些冲突，当那种摒弃平等主义理念的功利主义理论被用于处理代际正义问题时，所带来的两个主要问题是：一方面，它在涉及人口政策时会衍生出当今世代对未来世代没有义务等荒谬的结论；另一方面，在处理当今世代和未来世代之间可能存在的利益冲突时，功利主义者可能会对未来世代的利益进行不恰当的“折扣”，在某些情况下，也有可能忽视未来世代的利益。

就第一个问题来说，我们可以利用帕菲特所谓的“冒险政策”来加以言说。该冒险政策强调，在一个共同体中，人们必须在两种能源政策之间做出抉择，虽然在三个世纪以内这两种政策都是安全的，但是其中一项政策在更遥远的未来会有潜在的危险，比如将核废料埋藏在一个好几个世纪没有发生地震的地方，由于核废料在几千年中都会有放射性，这种政策无疑会给未来世代带来危险。倘若人们选择了该冒险政策，在下个世纪中人们的生活水平会有所提高。人们确实选择了该政策，许多世纪以后因为地震的缘故，核废料泄漏了，很多人因此而丧生。同时，帕菲特还假定这些核辐射只影响那些在核辐射泄漏之后出生的人们的生活，这些人将会身患

①〔美〕彼得·S.温茨：《环境正义论》，上海人民出版社，2007年版，第408页。

绝症，大约 40 岁的时候将会死去，然而，这种疾病在人们死去之前不会产生任何后果。对于这种冒险政策的后果，帕菲特曾言“由于我们选择了冒险政策，数以千计的人后来丧生。但是，如果我们本来选择的是可供选择的安全政策的话，这些特定的人们就根本不会存在，取代他们位置的将是一些与之不同的人。我们选择冒险政策对任何什么人来说是更糟吗？”[①]功利主义应该如何回答该问题呢？我们需要注意的是，倘若人们采取了更为稳妥的政策（而不是冒险的政策），就会有不同的人出生，假如在更为稳妥的政策中，p1 会出生，在冒险政策中，p2 会出生。虽然显而易见的是，冒险政策造成了一场灾难，它带来了糟糕的后果，但是依照功利主义的逻辑，对冒险政策的选择没有伤害到任何人，因为在未来世代活着的 p2 被生育下来这一事实，使得 p2 不会认为自己受到了伤害。倘若选择了稳妥的政策，p2 就不会存在，p1 才会存在，虽然 p2 只能活到 40 岁，但是与其“不存在”相较而言，能够“存在”并活到 40 岁是较好的，冒险政策给其带来较大的福利。易言之，至少对于 p2 来说，冒险政策不是错误的，没有伤害到未来世代中的成员，某种行为只有在伤害到了特定的人时才是错误的。这也显示了根据功利主义的立场，人们对未来世代并不负有义务，因为倘若不采取冒险的政策，p2 根本就不会存在，而在冒险政策中，p2 是受益者而不是受害者，他不能抱怨冒险政策，他无法将其在冒险政策下的“存在”与采取非冒险政策下的“不存在”进行比较。显而易见，这种观点值得商榷，由于冒险政策带来了灾难，它肯定是一种糟糕的政策，虽然人们不能事先指出这种政策具体伤害的对象是谁，但是它肯定会伤害某些人。同时，当今世代对未来世代负有某些义务，这种观点大体上成为符合普遍的直觉判断的命题。

对第二个问题而言，一旦功利主义者抛弃了其“不偏不倚”和“时间中立”理念，功利主义者在处理当今世代与未来世代之间的利益冲突时，牺牲未来世代的利益从而维护当今世代的利益就成为一种非常正常的选择。即使功利主义者可能不会否认当今世代对未来世代负有的义务，当今世代在思考未来世代的利益时也有可能对其进行不恰当的“折扣”。所谓折扣意味着人们以适当的方法来权衡当前的收益与未来的成本，譬如，在经济学中，人们经常思考未来的利益在当前的价值，就是折扣的一种体现。当然，人们在进行折扣时要有适当的折扣率，从而计算在当前，未来利益所拥有的价值，或者在未来，当前利益所具有的价值。人们通常认为现在

---

① 〔英〕德里克·帕菲特：《理与人》，上海译文出版社，2005 年版，第 532 页。

的1000元钱比将来的1000元钱更有价值，这可能是通货膨胀的缘故，[①]也可能是由于目前的1000元可以被用于投资从而获得收益（当然也有可能出现亏损）。易言之，人们通常认为现在的幸福要比未来同等数量的幸福更加重要。就当今世代和未来世代之间的关系而言，功利主义者也可能为了当今世代的利益而对未来世代的利益进行不合理的折扣："这种折扣思维方式对未来人的价值也大打折扣，认为生存年代愈在我们之后的人，其价值愈小，而生存年代离我们最远的后代，毫无价值可言；这种想法只能是某种道德幻像的产物。"[②]戴斯·贾丁斯（Des Jardins）也曾对此反驳道："对未来利益的打折作法，我们马上会提出这样的疑问：一、不论折扣率如何之小，任何的折扣都会使未来的价值变为无；二、似乎某些东西，如健康和生命，它们的价值根本不应当打折。我的曾孙拥有的一美元在购买力上可能不如我现在拥有的一美元值钱，但说他的生命没有我的生命值钱就不正常了（当然要假设我的孩子以及他们孩子的孩子仍有孩子）。"[③]倘若当今世代对未来世代的利益进行了不恰当的折扣，就会使得未来世代的利益得不到保障，有可能侵犯未来世代可能拥有的权利，这种做法对未来世代来说是非常不公平的："空间和时间上的位置本身，并不影响合法的权利主张，这一基本观点的直接含义是，未来人们的至关重要的利益与现在人们的至关重要的利益具有同等的优先地位。"[④]同时，在环境政策上，对未来世代的利益进行折扣，有时候不会实现总体幸福的最大化（因为那些在未来世代可能更有价值的资源，在当今世代正被以一种极低的效率使用或者被肆无忌惮地浪费掉），这恰恰违背了总体功利主义的立场。

可见，功利主义的代际正义理论面临着一种两难困境。一方面，如果它始终坚守"不偏不倚"和"时间中立"的理念，那么它可能无法容纳人们必须面对的一些特殊义务和责任；另一方面，倘若"不偏不倚"和"时间中立"等理念被功利主义者抛弃了，功利主义者的最大化善的理念可能会仅仅限于当今世代的成员而不包括未来世代的成员，也会对未来世代的利益进行不合理的折扣。

---

① 货币的价值通常因通货膨胀之故，会随着时间而贬值。

②〔美〕霍尔姆斯·罗尔斯顿：《环境伦理学》，杨通进译，中国社会科学出版社，2000年版，第378页。

③〔美〕戴斯·贾丁斯：《环境伦理学》，林官明、杨爱民译，北京大学出版社，2002年版，第87页。

④ Brian Barry, "Sustainability and Intergenerational Justice", in Andrew Dobson (ed.), *Fairness and Futurity: Essays on Environmental Sustainability and Social Justice*, New York: Oxford University Press, 1999, p.99.

第三节　莫尔根以规则后果主义来阐述代际正义

如前所述，虽然功利主义本身的平等主义底色可以被用于关怀未来世代的利益，但是功利主义对代际正义理论的阐释是难以令人信服的，功利主义所属的后果主义（尤其是其中更富吸引力的规则后果主义）能否为代际正义理论提供一种较为可行的阐释？有不少学者认为后果主义可以被用于阐述代际正义理论，譬如，德莱夫认为后果主义者在思考如何实现效用最大化这一问题时，面临的难题之一“涉及谁的福祉应该被囊括到聚合中。这产生了关于未来世代的重要问题。未来的人还不存在。在考虑我们的道德义务是什么时，我们应该考虑我们的行为对未来的人的影响吗？如果应该考虑的话，那我们就需要将那些甚至不存在的人的福祉囊括到我们的道德慎思中”[①]。当后果主义者在探讨福祉的“主体”应该包括谁时，未来世代经常被纳入考虑的范围之内。鉴于很少有后果主义者像莫尔根那样，在阐述其偏爱的规则后果主义的基础上对代际正义理论进行一种非常详细的阐释，本章接下来首先关注莫尔根是如何对代际正义理论进行规则后果主义阐释的，然后在下一节探讨莫尔根的这种阐释是否可行。

一、批判契约主义和简单的后果主义有关代际正义的解释

莫尔根在阐述其代际正义理论之前，首先批判了契约主义和其所谓的“简单的后果主义”（simple consequentialism）对代际正义理论的解释，这也构成了莫尔根的代际正义理论的重要批判前提。正如我们在下一章将要详细论述的那样，契约主义是代际正义理论的另外一种非常重要的分析方式，高蒂耶和罗尔斯的代际正义理论就是其中两种非常重要的代表性理论，莫尔根也分别批判了高蒂耶和罗尔斯的代际正义理论。在高蒂耶的契约论中，高蒂耶并不像罗尔斯那样设定一种无知之幕来屏蔽缔约者的信息，而是认为缔约者在选择契约时知道自己的实际倾向和信息。高蒂耶认为合作只有在实际交往的同时代人之间才有可能出现，这会导致一种我们在第一章曾经强调过的现象的出现，即当今世代有可能伤害未来世代，而未来世代对此无能为力。这就有可能导致当今世代缺乏关心未来世代的理由，然而，高蒂耶强调代际关系的上述独特性并不意味着当今世代不顾及未来世

---

① 〔美〕茱莉亚·德莱夫：《后果主义》，华夏出版社，2016 年版，第 101 页。

代的感受。高蒂耶此时引入了“情感”这一因素，认为人们至少对其直系后代感兴趣，人们希望让世界变得比他们自己发现的更美好，或者至少不会变得糟糕，同时，人们会认为他们的后代和他们自己是同一个社会的成员。因此，高蒂耶认为当今世代的某些行为不能违反某些限制性的条件（如洛克在《政府论》中论述财产权时强调的限制性条件），并认为在最初的谈判地位中，一种“正义的储存原则”将会被选择，后代也将会获得某些遗产。①

在高蒂耶的代际正义理论中，高蒂耶引入了情感这一因素，强调人们会关心他们的后代，莫尔根认为高蒂耶的这种做法存在两个问题：第一个问题是情感无法使得当今世代对遥远的未来世代产生义务，人们对自己后代的关切绝不会无限期地延续到未来，这种感情在一代人或两代人的时间里会相当强劲，然后迅速消失；第二个问题是将父母的情感引入进来会加剧高蒂耶理论的局限性，高蒂耶的契约论与其他契约论一样，对未来世代做出了一个至关重要的简化，即人的基本需要已经获得了满足。莫尔根将这一简化称为“乐观的假设”，并认为这一假设缺乏依据，除非人的基本需求得到了满足，否则一个人将无法生存下来，高蒂耶极大地简化了他的任务。莫尔根还认为一旦将未来世代纳入考虑的范围之内，上述“乐观的假设”将更加不可信。因为在最初的谈判地位中，有些人将无法满足他们孩子的基本需求，即使他们能够满足自己的需求。一方面，将孩子纳入其中这一做法会加剧现有谈判力量的差异，假如A有孩子，B没有孩子，如果A和B之间不能达成协议，A的孩子会挨饿，那么A会不顾一切地达成协议。倘若B的消息较为灵通，意识到了A的相对弱点，B在谈判时肯定会利用这一点，达成一种对B有利（而对A不利）的契约。另一方面，一个人对自己可以承担的风险与对自己的孩子可以承担的风险是有所不同的。高蒂耶含蓄地假设一个人对自己孩子福利的关注类似于对自己福利的关注，而且在这两种情况下对风险的态度是一致的，莫尔根认为高蒂耶对心理的这种描述过于简单，因为一个人可能会接受自己承担风险，而一旦自己孩子的生存受到威胁时，这个人肯定希望能够安全行事。②可见，莫尔根对高蒂耶的代际正义理论的批判主要在于，高蒂耶的代际正义理论不应该

① 参见 David Gauthier, *Morals By Agreement*, Oxford University Press, 1986, pp. 298-304. 洛克曾经强调，人们对自然之物拥有财产权的前提条件是在自然界中有足够多、同样好的物品可供他人使用，同时人们拥有的物品以供人们享用为度，它不能被腐烂。具体论述参见〔英〕洛克：《政府论》（下篇），叶启芳、瞿菊农译，商务印书馆，1964 年版，第 18～33 页。

② 参见 Tim Mulgan, *Future People*, Oxford University Press, 2006, pp.33-35.

将情感因素考虑进来，以及高蒂耶的“乐观假设”在处理代际正义问题时是无能为力的。

罗尔斯的代际正义理论亦是有关代际正义理论的契约主义阐释的一种重要体现，“正义的储存原则”是罗尔斯的代际正义理论的核心。罗尔斯不像高蒂耶那样认为原初状态中的缔约者在选择契约时知道自己的实际倾向和信息，而是认为在无知之幕的遮蔽之下，虽然原初状态中的缔约者不知道在现实生活中他们的身份以及自己所处世代的情况等信息，但是原初状态中的缔约者知道他们是处于同一个世代的，知道他们是各个家族的家长，会为了后代的福祉进行某些储存。那么，当今世代应该为未来世代储存多少才合理呢？罗尔斯为此诉诸其在证成其代内正义理论时曾考虑的处境最差者的境况：“在差别原则的运用中，恰当地期望就是那些关于最不利者的延伸到其后代的长远前景的期望。每一代不仅必须保持文化和文明的成果，完整地维持已建立的正义制度，而且也必须在每一代的时间里，储备适当数量的实际资金积累。”[①]也就是说，当今世代应该为未来世代储存数量的多寡，取决于处境最差者愿意为未来世代储存的数量是多少以及能够承受的储存率是多少，这是罗尔斯关于代际正义理论的初始解决方案。罗尔斯后来进一步修正了自己的代际正义理论，放弃了其起初坚持的“家族模式的动机假设”，并增加了缔约者希望前代也要遵循他们所遵循的储存原则这一重要原则。[②]

与罗尔斯一样，莫尔根也对罗尔斯有关代际正义理论的初始解决方案不满意，认为在这种解决方案中，原初状态看起来是不平衡的，虽然原初状态中的缔约者关心几百年之后的未来世代的处境，但是原初状态中的缔约者不会关心住在隔壁的人。莫尔根还认为罗尔斯的理论与高蒂耶的理论存在同样的困境，即忽视了人的基本需求问题。莫尔根强调，罗尔斯不赞同高蒂耶的“乐观假设”，并不认为每个人的基本需求都得到了满足，然而，罗尔斯提出了一个重要的假设，即罗尔斯在他的整个正义理论中，假设存在一种“有利条件”：我们所处的社会能够建立正义的制度，在这种制度下，所有的基本需求都能够得到满足，不会对自由构成任何威胁。莫尔根紧接着强调，罗尔斯的正义理论的基石是自由的优先性，人们不能为了经济利益而牺牲自由，然而，罗尔斯明确否认自由总是优先于效率，在某些情况下，自由可能会与基本需求的满足产生冲突，只有在有利的条件下，自由

① 〔美〕约翰·罗尔斯：《正义论》，中国社会科学出版社，1988年版，第286页。
② 〔美〕约翰·罗尔斯：《政治自由主义》（增订版），译林出版社，2011年版，第253～254页。

才拥有优先性，“因此，有利条件的假设对罗尔斯来说是至关重要的。他为之辩护的理由是，他正在为现代自由民主社会构建正义理论，而这些社会拥有有利的条件。不幸的是，即使这本身是合理的，罗尔斯的有利条件的假设也导致他忽略了基本需求，就像高蒂耶所做的那样”①。同时，莫尔根还强调罗尔斯的代际正义理论无法处理当今世代与未来世代之间的利益冲突问题，并会对当今世代提出一种过于苛刻的要求，我们将在下一节反思莫尔根对罗尔斯的批判是否恰当时再回到该问题上来。

莫尔根还批判了与其规则后果主义属于同一个阵营的、他所谓的“简单的后果主义”对代际正义理论的阐释。莫尔根认为“简单的后果主义”在阐释代际正义问题时会提出一种苛刻的要求，要求行为者在提升善时承担超出自身应当承担的公平份额，同时，“简单的后果主义”还会违背我们接下来将要提及的“生育自由”。简言之，在莫尔根那里，人们既没有生育孩子的义务，又没有不生育孩子的义务，人们应该享有某种程度的生育自由，这是对人们应该享有的“自主性”的一种尊重，而“简单的后果主义不能容易地容纳生育自由，同时，众所周知地无法解释这种不对称。如果额外添加的生命提高了结果的价值，那么行动者有义务增加该生命。为了容纳这种不对称，简单的后果主义者需要采用不对称的价值理论，即额外的有价值的生命不会增加价值，但是在零水平以下的额外生命会降低价值。对于简单的后果主义的承诺也解释了为什么令人厌恶的结论会变得如此令人恐惧，因为行动者将被迫选择Z世界而不是A世界，甚至将繁荣的A世界变成Z世界”②。莫尔根此时所提及的“令人厌恶的结论”就是我们在上一节曾提到的帕菲特的观点，同时，在莫尔根那里，简单的后果主义也有可能要求禁止生育，因为人们在生育时会面临极大的不确定性，如果低于零水平的生命会降低价值，而零水平以上的生命不会增加任何价值，如果孕育的行为有可能产生不值得活下去的生命，那么该孕育行为就是不被允许的。从莫尔根的论述中我们也可以发现，上一节言说的功利主义就属于莫尔根所谓的“简单的后果主义”的范畴。莫尔根不赞同功利主义对代际正义理论的解释，并认为其所偏爱的规则后果主义能够提供一种比功利主义更加令人信服的有关代际正义理论的解释。

① Tim Mulgan, *Future People*, Oxford University Press, 2006, pp.44-45.

② Tim Mulgan, *Future People*, Oxford University Press, 2006, p.136.

二、莫尔根偏爱的规则后果主义的基本理念

莫尔根所推崇的规则后果主义的基本理念是什么？在论述其所认可的规则后果主义理念的过程中，一方面，莫尔根将其与简单的后果主义进行对照，另一方面，莫尔根继承了我们在本章第一节论及的胡克的规则后果主义理论的部分内容。对于后果主义的内涵，莫尔根曾言："后果主义的基本观点是，对于价值的恰当回应是去提升它。如果你认为X是善的，那么你就应该努力去增加X在这个世界上的总量。如果幸福是善的，你就应该去最大化幸福。如果吃巧克力是唯一的价值，那么你就应当多吃巧克力。这样一来，后果主义就建立在了道德的全部就是让世界变得更好这一简单思想的基础之上。其最强硬的支持者认为，后果主义是不证自明的。"[①]当然，莫尔根不认可这种后果主义的全部内容，这种后果主义也包括简单的后果主义的部分内容，譬如，我们在上一节批判的功利主义就认可这种后果主义的部分内容。何谓规则后果主义？莫尔根强调"从历史上来看，规则后果主义是简单的后果主义的替代物，其最初的特征如下：当且仅当一套规则要求一种行为时，这种行为在道德上是正确的，而这些规则被所有人接受，至少会产生与其他行为一样公正的良好后果"[②]。简单的后果主义因经常提出一些苛刻的要求（如上一节所言说的功利主义提出的一些要求）而备受批判。依莫尔根之见，规则后果主义不会提出那么苛刻的要求，它似乎只会提出一些合理的要求，它不会要求处境较好者做出较大的牺牲以帮助处境较差者，处境较好者只需要拿出总收入中相当小的比例就可以满足世界上每个人的所有需求，同时，规则后果主义致力于寻求最佳的道德规范，并期望这些规则能够产生最佳的后果。规则后果主义的这些内涵既使得规则后果主义在直觉上具有相当大的吸引力，又使得规则后果主义比简单的后果主义更加公平。莫尔根在其规则后果主义中非常重视"理想的规范"（ideal code）和"理想的社会"，强调当人们在探寻规则后果主义的内涵时，人们可以从寻求理想的规范这一最佳的规则集开始，理想的规范是一套规则集，倘若每个人接受这些规则的后果会比接受其他规则的后果要好。[③]譬如，人们可以共同评估每一套可能的规则，然后询问当每个人都接受了那套规则时会发生什么，然后人们间接评估其行为，在任何情况下，正确的行为都是那些受到理想的规范导引的社会，所有人（或者几乎所有

---

① 〔英〕蒂姆·莫尔根：《理解功利主义》，山东人民出版社，2012年版，第169页。译文有改动。

② Tim Mulgan, *Future People*, Oxford University Press, 2006, p.130.

③ 参见 Tim Mulgan, *Future People*, Oxford University Press, 2006, p.131.

人）都接受理想规范的社会为理想的社会。

莫尔根还在某种程度上继承了胡克的规则后果主义理论的部分内容，胡克认为其规则后果主义理论不会像行为功利主义那样提出苛刻的要求，这当然也使得规则后果主义可以避免针对其的许多批判，正如胡克所言："规则后果主义的一个最显著的吸引人之处在于它……要求一定程度的自我牺牲并非不合理。如果每一个相对富有的人贡献自己相对一部分收入来缓解饥饿，那就足以保证这个世界的温饱。其实，从每个人的财富中抽取十分之一可能就足够了。尽管这么做对我们大多数人来说可能都是相当困难的，但这种要求似乎也并非不合理。因此，规则后果主义能够避免要求过高的反对意见。如果真是这样，它就避免了针对行为功利主义的所有主要的指责。"①同时，我们联系本章第一节曾提及的胡克有关规则后果主义理论的解释就可以发现，胡克的规则后果主义理论也非常重视道德直觉的作用以及对规则的内化问题。就道德直觉而言，莫尔根同样重视道德直觉的重要性，这在莫尔根对生育道德的探讨中是显而易见的。莫尔根认为人们应该拥有某种程度的生育自由，即人们应该能够自己决定是否生育以及以何种方式生育，生育选择在道德上是开放的，人们没有生孩子的义务，也没有不生孩子的义务，"大部分人都同意没有生孩子的义务，即使一个人会创造生命极其值得活下去的人。几乎所有人都会同意，我们有义务不刻意或者有意地创造不值得活下去的生命。这种强烈的不对称是常识性道德的一个非常基本的特征。……如果不能确保自己的孩子的基本需求获得满足，那么生育也是错误的。如果一个人不能满足这些需求，那么在没有可靠的社会安全网的情况下生育亦是错误的"②。就对规则的内化而言，实际上，人们在自己的行动中，遵循规则并不等同于规则已经被内化了，因为遵循规则只是体现了人们的一种外在的行为，而内化规则体现了人们的一种内在的心理。在莫尔根那里，胡克关于规则后果主义的解释并不侧重于对规则的"遵循"，而是侧重对规则的"接受"或者"内化"，莫尔根强调在胡克的规则后果主义理论中，令人感兴趣的不是一套规则被所有人内化以后会发生什么，而是被绝大多数人内化以后会发生什么。同时，莫尔根还强调"胡克的规则后果主义的另外两个特征也很重要。第一个特征是关注期望值，而不是关注规则被内化后的实际后果。这符合当代后果主义思想的一个普遍趋势，即行为是根据其预期价值而不是根据其实际后果来被

① 布拉德·胡克："规则后果主义"，载徐向东主编：《后果主义与义务论》，浙江大学出版社，2011年版，第152页。

② Tim Mulgan, *Future People*, Oxford University Press, 2006, p.134.

评估的。第二个特征是采用胡克所谓的'谨慎的规则后果主义'：利用与传统道德的紧密联系作为一个纽带。这一举动明显增加了规则后果主义的建议与传统道德相一致的可能性"[①]。与胡克一样，莫尔根在论述其代际正义理论的过程中，也主要是从内化的角度来阐释规则后果主义理论。

莫尔根还论述了规则后果主义理论的三个一般特征，即它的价值理论、它的集体主义程度以及它对不确定性的处理方法。[②]就规则后果主义的价值理论而言，莫尔根认为任何完整的规则后果主义理论都需要一种对价值的完整解释，他的规则后果主义理论对价值持一种不可知论。莫尔根用一个与公平相关的例子说明了这一点，那种侧重于总体后果的后果主义理论不怎么关心分配问题，这导致了简单的后果主义理论通常面临着它可能需要以牺牲处境较差者来为处境较好者提供利益这一反对意见。生育道德提供了一个明显的例子：人们应该创造一个不值得活下去的人来增加那些已经非常富裕之人的福利吗？（假如人们创造了一种有着特殊基因的人，这种基因既能使他们产生一种对他人具有独特药用价值的酶，又能给他们短暂痛苦的一生。）由于价值和正当行为之间的密切关系，简单的后果主义只能通过放弃那种侧重于总体后果的后果主义理论来避免这种违反直觉的结果。为了避免这种结果，规则后果主义理论可以采取的选择是那种致力于实现总体价值最大化的理想规范，没有告诉人们每次都要实现总体价值的最大化，相反，它将包括许多常识性的道德规范：不杀人、不偷盗和信守承诺等。这一主张是用于区分规则后果主义理论和简单的后果主义理论的所有尝试的基础。也许最好的规则将把不愿意使用他人作为手段与优先考虑处境最差者之利益的倾向结合起来。如果它还包括父母的义务，那么那些内化了这些规则的人就不会因为工具主义的原因而随意生育一个不值得活下去的生命；就规则后果主义的集体主义程度来说，后果主义的两个最明显的表述是个体的（倘若某个人这样做会发生什么）和普遍的（倘若每个人都这样做会发生什么）。当代规则后果主义选择了介于两者之间的东西，它的范围是集体的，但不是普遍的。规则后果主义反映了道德不是针对孤立的个体（如简单的后果主义），或者针对所有个体（如完全普遍的后果主义），而是针对特定的群体或者共同体。它回答的问题不是"倘若所有人都这样做了会怎样"，而是"倘若我们这样做了呢"。更一般地说，规则后果主义理论要求人们想象自己正在选择一种道德规范来管理其所处的共

① Tim Mulgan, *Future People*, Oxford University Press, 2006, p.141.

② 本段的下述内容参见 Tim Mulgan, *Future People*, Oxford University Press, 2006, pp.142-151.

同体。规则后果主义理论的这种方法有助于解释对特定共同体的关注；就规则后果主义理论对不确定性的处理而言，莫尔根认为所有人类的选择都是在不确定的情况下做出的，不确定性以两种不同的方式影响规则后果主义理论。一方面，我们在选择适用于现实世界的理想规范时是在不确定性的情况下操作的；另一方面，那些已经内化了道德规范的理性行动者，通常会在不确定的情况下做出决定。任何貌似合理的道德规范都必须告诉他们怎样应对他们面临的不确定性。莫尔根认为这种不确定性会使规则后果主义理论面临的一种反对意见是，人们所面临的不确定性是如此之大，以至于人们不知道如何教授任何特定规则会有什么后果，因此，规则后果主义理论不可能为人们提供任何指引。莫尔根回应道，在大多数情况下，人们确实有可能不容易比较教授两个完整规则的后果，规则后果主义者对目前的反对意见最强有力的回答是否认这一点，因为人们可以经常确信，理想规范将经常包含一些特定的规则，或者至少是某种普通类型的规则，即使人们不能具体说明理想规范的全部内容。在道德哲学的许多令人感兴趣的案例中，人们有一个强有力的表面理由认为，倘若某种类型的规则被广泛地内化，会产生显著的积极后果。譬如，人们基于生育自由之上的个人道德情况正是以这种形式出现的，鉴于人类在任何可行的未来中的性质和处境，一项适当限制生育自由的原则提供了任何其他规则不能提供的重大利益。

三、对代际正义的规则后果主义阐释

在莫尔根那里，未来世代的处境受到当今世代的各种行为的影响，“我们的行为对那些已经逝去的人几乎没有什么影响，对现在活着的人有相当可观的影响，而对那些生活于未来的人，则可能会有十分重大的影响。或许其中最重要的影响就是，我们的决定关系到那些未来之人是谁，甚至关系到未来是否还会有人存在”①。基于当今世代对未来世代的重要影响，莫尔根强调人们不得不思考一些非常深刻的道德问题，譬如，当今世代对未来世代亏欠什么？人们如何在他们自己的需求与其后代的需求之间做出平衡？这就引申出代际正义问题。那么，莫尔根如何处理这一问题呢？如前所述，莫尔根既不认可高蒂耶和罗尔斯等人对代际正义理论进行的契约主义解释，又不赞成与他的规则后果主义理论同属一个流派的、他所谓的“简单的后果主义”对代际正义理论进行的阐释，莫尔根在阐述其所认可的规

①〔英〕蒂姆·莫尔根：《理解功利主义》，山东人民出版社，2012 年版，第 216 页。

则后果主义之基本意涵的基础上，提出了有关代际正义理论的规则后果主义的阐释。

虽然莫尔根曾质疑胡克在阐释规则后果主义理论时依赖道德直觉这种做法，但是莫尔根在对代际正义理论进行规则后果主义的阐释时有时也不得不依靠道德直觉。依莫尔根之见，有一些非常重要的直觉，这些直觉是任何可被接受的道德理论必须接受的判断，很多思想实验都在力图获得这些直觉，从而对某些道德理论做出判断。譬如，下述三种基本的直觉就属于这种类型的直觉。①第一种直觉是“基本的错误直觉”，该直觉认为创造一个生命除了痛苦其他什么都没有的孩子是错误的，这是一种最低限度的直觉。莫尔根设想了一个思想实验，譬如，简和吉姆是一对年轻夫妇，他们热衷于探索自己的自我意识和同情心。尽管他们可以生育一个完全健康的孩子，但是他们选择生育一个严重残障的孩子，因为这将给他们一系列新的情感体验，假设他们的孩子患有某种罕见的疾病。莫尔根认为依照上述最低限度的直觉，这对夫妇的做法是难以令人接受的，因为常识性的道德对父母施加了更严格的要求。如果一个人选择生孩子，那么这个人有义务为其做很多事情。例如，如果一个人不能确保满足自己孩子的基本需要，或者仅仅为了把她卖为奴隶或者把她关在笼子里而生孩子，那么生育就是错误的；第二种直觉是基本的集体直觉，该直觉认为当今世代不能无缘无故地给未来世代带来巨大的痛苦。譬如，在一个特定的共同体中，当今世代轻率地开展一种休闲活动，该活动会释放辐射，给三个世纪后的存在者带来巨大的痛苦。依照第二种直觉，上述行为在道德上是不能被接受的；第三种直觉是基本自由的直觉，该直觉认为人们拥有生育的自由，人们应该自己决定是否以及以何种方式生育。这在一定程度上是一种信念，即任何外部的行动者（尤其是国家）都不应该干预这种选择。然而，人们也应该相信生育的选择在道德上是开放性的。没有生孩子的义务，也没有不生孩子的义务，对生育自主的承诺是现代自由社会的基本价值观。

莫尔根还在上述三种基本直觉的基础上，从其所钟爱的规则后果主义理论出发，论述了代际正义理论包括的七项看似合理的基本原则。第一项原则是“最低限度原则”，即当今世代必须考虑未来世代的利益（简称“原则 1”）。第二项原则是“积累原则”，即每一代人应该（倘若可能的话）给未来世代留下比自己更好的生活（简称“原则 2”）。第三项原则是“不恶化原则”，即如果能够避免这种情况，那么任何一代人都不应该让未来世代

① 本段的论述参见 Tim Mulgan, *Future People*, Oxford University Press, 2006, pp.4-6.

比自己生活得更糟糕（简称“原则 3”）。第四项原则是“不耗尽原则”，即任何一代人都不应该耗尽下一代需要的资源，至少在没有以新技术或获得新资源的形式提供充分补偿的情况下是如此（简称“原则 4”）。第五项原则是“集体自由的原则”，即每一代人都应该自由地做出关于自己的公共政策决定，只要这些决定不会给后继者带来不合理的负担（简称“原则 5”）。这项原则还包括“集体生育自由的原则”，即每一代人都应该有自由做出自己的人口规划决定，只要这些决定不会给后继者带来不合理的负担。第六项原则是“个人自由的原则”，即每个人都应该有自由做出自己的生活方式的决定，只要这些决定不会给后继者或同时代人带来不合理的负担（简称“原则 6”）。这项原则还包括“个人的生育自由原则”，即每个人都应该有自由做出自己的生育决定，只要这些决定不会给后继者、同时代人或者她生育的人带来不合理的负担。第七个原则是“适度原则”，即没有一代人有义务最大限度地扩大下一代人或者任何下一代人的幸福（简称“原则 7”）。[①] 上述七项原则是莫尔根的代际正义理论的核心内容。

通过分析我们可以发现，莫尔根的代际正义理论的上述七项原则与我们刚刚提及的莫尔根的三个基本的直觉之间有着某种对应性，例如，原则 5 和原则 6 就与莫尔根所说的“基本的自由直觉”是对应的，无论个体还是集体，都有做出与自己有关的行动的自由。譬如，在满足某些条件的前提下，个体和集体在生育方面享有一些道德自由，可以在何时生育以及以何种方式生育方面享有某些自主权。同时，原则 1、原则 2、原则 3 和原则 4 大体上与莫尔根言说的“基本的错误直觉”和“基本的集体直觉”相对应，例如，如果当今世代履行了这四项原则，那么当今世代既不会无缘无故地给未来世代带来痛苦，又不会孕育那些认为生活不值得过的未来世代。

我们还需要注意的是，莫尔根的上述七项原则不是孤立存在的，它们之间有一定的关联性。我们可以将这七项原则大体上分为两类，即前四项原则主要涉及未来世代的利益，后三项原则主要关涉当今世代的利益。就前四项原则而言，如果当今世代在做出决策时，既漠视了未来世代的利益，没有遵循不恶化原则和不耗尽原则，又不试图为了未来世代的利益而进行储存，那么未来世代的处境是难以想象的，未来世代在以后是否能够存在都是悬而未决的。同时，一旦当今世代接受了最低限度的原则，他们基本上不会拒斥不恶化原则和不耗尽原则，当然，他们是否认可积累原则，这要视具体的情况而定（譬如，当今世代所处的情形以及他们对未来世代可

① 参见 Tim Mulgan, *Future People*, Oxford University Press, 2006, pp.197-198.

以承受的风险的估计情况等)。就后三项原则来说，这主要涉及当今世代自身的利益，当今世代应该享有一些基本的自由，能够在涉及自身的行为时有一些自主权。在莫尔根那里，有不少理论难以容纳他提出的代际正义理论的七项原则，正如他所言，“简单的后果主义很容易容纳最低限度原则。它也带来了积累原则、不恶化原则和不耗尽原则。然而，它很难容纳我们的其他三项原则。简单后果主义使得当今世代的每个行为者都有义务让所有世代的人的福祉最大化。因此，简单的后果主义非常苛刻。它违背了适度原则，并抹杀了两项自由原则。另一方面，许多非后果主义的政治理论有严重的问题，甚至包括最低限度原则，因为它们建立在影响人的基础上”[①]。在莫尔根那里，莫尔根曾批判的以高蒂耶和罗尔斯为代表的契约主义对代际正义理论的解释，亦不能容纳积累原则，依照莫尔根的基本立场，其所认可的规则后果主义理论至少比契约主义和简单的后果主义能够更好地容纳上述七项原则。

倘若我们的上述分析是可行的，这七项原则分别主要关涉未来世代的利益和当今世代的利益，鉴于未来世代和当今世代之间的利益存在冲突，这七项原则之间也会在某种程度上存在紧张关系。实际上，莫尔根自己也曾意识到该问题，认为“在理想情况下，道德理论必须容纳我们的七项原则，解释它们的意义，并提供一些当它们发生冲突时平衡它们的指导方针(特别是，适度原则和两个自由原则显然有相当大的潜力与积累原则、不恶化原则和不耗尽原则相冲突)。如果道德理论不能容纳任何特定的原则，那么它的支持者应该向我们解释为什么该原则应该被拒绝。因为这些原则之间需要相互平衡，所以每个原则都可以被看作在某种程度上是有差异的(最低限度的原则除外)”[②]。莫尔根也试图解决这七项原则之间的紧张关系，他的解决之道是否可行，将是我们下一节关注的主要问题之一。

第四节　规则后果主义对代际正义的阐释是否可行?

以上我们分析了莫尔根从其规则后果主义理论出发对代际正义理论提供的解释，一个接踵而至的问题是，与本章第二节探讨的功利主义有关代际正义理论的阐释相较而言，莫尔根为代际正义理论进行的规则后果主

① Tim Mulgan, *Future People*, Oxford University Press, 2006, p. 199.

② Tim Mulgan, *Future People*, Oxford University Press, 2006, p. 198-199.

义阐释能够更加令人信服吗？实际上，莫尔根的规则后果主义理论在阐释代际正义理论时更加具有灵活性，可以在某些方面避免功利主义理论在阐释代际正义理论时有可能会导致人口越多越好或者人口越少越好等苛刻的、有违道德直觉的结论，其中的主要原因在于莫尔根在其代际正义理论中详述了生育自由理论，这主要体现在上一节所提及的“原则 5”和“原则 6”，这种设置可以避免功利主义在阐释代际正义理论时可能出现的两个极端。虽然如此，莫尔根的代际正义理论仍然存在一些值得商榷的地方。

第一，莫尔根在批判罗尔斯的代际正义理论的过程中，有时候误解了罗尔斯的理论，同时，倘若我们适当拓展罗尔斯的理论，它就可以在某种程度上免于莫尔根的批判。莫尔根在批判罗尔斯的代际正义理论的过程中关涉一个非常关键的、我们接下来也将提及的问题，即未来世代的利益与当今世代中处境最差者的利益之间存在的冲突问题，莫尔根认为鉴于有些人的需求非常难以满足，某些冲突将不可避免地存在，“假设我们必须在为未来世代积累资本和为目前生活的处境最差的人群提供足够的机会之间做出选择。与罗尔斯的平等主义的自由主义理论不同，规则后果主义不会绝对优先考虑处境最差者的情况。因此，它可以允许（实际上，可能需要）某种程度的积累，即使这意味着社会结构（the social framework）不能完全适用于所有人”①。言下之意，依照莫尔根的立场，罗尔斯绝对优先考虑了处境最差者的状况，有可能忽视未来世代的利益，实际上，莫尔根在此处误解了罗尔斯的正义理论。在罗尔斯的整个正义理论体系中，以“正义的储存原则”为内核的代际正义理论处于一种非常重要的位置，我们可以从罗尔斯将“正义的储存原则”置于第二个正义原则之中，并以正义的储存原则来限制差别原则这一做法发现这一点：“社会和经济的不平等应这样安排，使它们：①在与正义的储存原则一致的情况下，适合于最少受惠者的最大利益；并且，②依系于在机会公平平等的条件下职务和地位向所有人开放。”②在罗尔斯那里，正义的储存问题就是当今世代中的处境最差者与未来世代之间关于基本善的公平分配问题，正义的储存原则与差别原则之间的关系是显而易见的，也就是说，正义的储存原则限制着差别原则，当应用正义的储存原则之后，才能确定由差别原则所规定的社会最低限度值。可见，罗尔斯并不像莫尔根设想的那样将处境最差者的利益置于一种绝对优先的地位，莫尔根误解了罗尔斯的观点，这也可能使得莫尔根的代际正

① Tim Mulgan, *Future People*, Oxford University Press, 2006, p. 220.

②〔美〕约翰·罗尔斯：《正义论》（修订版），中国社会科学出版社，2009 年版，第 237 页。

义理论可能面临着一个我们接下来将要提到的问题，即莫尔根有可能将未来世代的利益置于一种绝对优先的地位。

我们在上一节曾经提到，莫尔根对罗尔斯的代际正义理论的另一个重要批判是，罗尔斯的正义理论忽视了人的基本需求。例如，罗尔斯漠视了人的童年和残障问题，同时，自由可能会与基本需求的满足发生冲突，只有在有利的条件下，自由才会具有优先性。实际上，倘若我们适当拓展罗尔斯的理论，它在某种程度上可以免于莫尔根的批判。从总体上而言，罗尔斯认为人们的两种道德能力是其获得正义对待的充分条件："道德人格能力是有权获得平等的正义的一个充分条件。除了这个基本条件之外不需要其他条件。……道德人格是使一个人成为权利主体的充足条件，这是一个根本之点。假定这个充分条件通常能得到满足，不会有太大的错误。即使道德人格能力是必要的，根据这一点就在实践中不给予正义也是不明智的。这会使正义制度面临过大的危险。"[①]罗尔斯的上述观点使得其正义理论可以拥有极强的包容性和灵活性，譬如，即使婴儿和儿童暂时不拥有能够形成正义感和善观念的能力，这不意味着婴儿和儿童不应当获得正义的对待。倘若这种理解可行，这也意味着每一个人都应当参与正义原则的选择，同时也处于正义原则的受益范围之内。尽管人们可能拥有不同的正义感能力，但是该事实不是剥夺那些只有较低能力之人享受正义保护的权利的理由，只要人们能够拥有最低限度的能力，就有资格获得与其他人同样的权利，一个具有这种能力的人，不论其能力是否得到了发展，都应当得到正义原则的充分保护。我们还需要注意的是，只要我们适度扩展罗尔斯的基本善理念，就可以回应莫尔根的上述批判。因为罗尔斯的基本善理念同样具有高度的开放性，它除了包括罗尔斯经常提到的权利和自由、权力和机会、收入和财富等因素，还可以包括其他因素，罗尔斯也对此曾言，对于基本善的目录，"如有必要，我们还可以补充之"[②]。莫尔根所强调的"基本需求"就可以被涵盖在罗尔斯的基本善的目录之内。

第二，"理想规范"在莫尔根的代际正义理论中处于一种非常重要的位置，然而，莫尔根没有清晰地界定理想规范的内涵。如前所述，莫尔根在通过规则后果主义阐释代际正义理论的过程中，尤为重视理想规范。譬如，理想规范体现了我们在上一节曾提及的关于代际正义理论的七个基本原则，这主要是因为理想规范具有下述基本特征：[③]一方面，理想的规范与自

① 〔美〕约翰•罗尔斯：《正义论》（修订版），中国社会科学出版社，2009 年版，第 399～400 页。

② 〔美〕约翰•罗尔斯：《政治自由主义》（增订版），译林出版社，2011 年版，第 167 页。

③ 参见 Tim Mulgan, *Future People*, Oxford University Press, 2006, pp. 200-201.

由主义是一致的。具体而言，理想的规范给个人选择和集体选择留下了相当大的空间。几乎在任何可接受的价值理论中，对集体决策的参与从本质上和工具性方面都增强了个人的自主性和福祉；另一方面，理想的规范关注了未来世代的福利。在任何看似合理的后果主义理论中，未来之人的福祉都受到相当大的重视。规则后果主义通过考虑竞争性的规范对包括未来之人在内的所有人的福祉的影响，来选择其理想的规范。毕竟，这就是为什么人们应该期望理想的规范能够容纳对未来世代的义务的原因，广泛灌输关心他人福祉的一般倾向的益处是显而易见的。只要这些安排没有压倒行为者对自己或者其最亲近之人的关心，或者导致他违反特定的义务，或者任意干涉他人的生活，那么很难看出它们会产生什么负面影响。然而，理想的规范到底是什么？它包含的具体内容是什么？莫尔根从未仔细探讨过，他只是在不同的地方非常笼统地提到理想的规范可能包括那些与人们共享有价值的计划的人的一般义务、生育自由的义务以及非常强有力的禁令。[①]然而，莫尔根从未对理想的规范进行仔细界定，这对一个在其代际正义理论中要发挥重要作用的概念来说是不应该的，同时，莫尔根还提出了一个关于理想规范的更加令人疑惑的观点，即“规则后果主义的主要兴趣在于规则，而不是完整的道德规范。规则后果主义从来不要求我们识别理想的规范——它只告诉我们识别（并执行）在规范中的规则。如果我们可以在没有完全指定规范的情况下识别规则，那么规则后果主义可以提供有益的建议”[②]。倘若依照莫尔根的上述立场，既然规则后果主义不要求人们识别理想的规范，那么人们何以知道理想规范中的规则呢？另外，莫尔根对理想规范的强调与其持有的不可知论之间是否存在冲突呢？这也是有待人们探讨的问题。因为莫尔根在其代际正义理论中经常强调人们不应该生育那些认为生活不值得过的人以及对人类历史进行全面的评估等，这应该是在持有不可知论的情况下难以做到的事情。

第三，莫尔根有关代际正义理论的规则后果主义阐释有时候也会像其所批判的简单后果主义那样对人们提出苛刻的要求，只不过功利主义等简单的后果主义像我们在本章第二节中提及的那样，可能会不合理地“折扣”未来世代的利益，而莫尔根的代际正义理论可能会不合理地忽视当今世代的利益，从这个角度而言，莫尔根的代际正义理论也是较为激进的。我们可以以莫尔根对“不可再生资源”的探讨为例来说明我们对莫尔根的代际

① 参见 Tim Mulgan, *Future People*, Oxford University Press, 2006, pp. 246, 248, 249.

② Tim Mulgan, *Future People*, Oxford University Press, 2006, p. 151.

正义理论的上述质疑。为了说明这一点，我们还需要回到莫尔根关于代际正义理论的三种背景假设，即乐观的模式、停滞的模式和悲观的模式。乐观的模式强调我们一定会让未来世代比我们更加富裕；停滞的模式强调我们可以给未来世代留下至少与我们一样多的财富，但是要付出一些代价；而悲观的模式强调我们不能避免给未来世代留下比我们更糟糕的生活，通过做出重大的牺牲，我们可以减少他们比我们更差的程度。莫尔根认为规则后果主义很容易允许使用不可再生资源，然而，如果某种不可再生资源的替代品不可能出现，那么资源的使用必须被定量分配，有人可能会建议资源应该以最高的利用率被使用。莫尔根认为此种策略是无效的，鉴于资源对未来世代可能更有用，对资源的利用可能会被无限期地推迟，莫尔根提出的解决方法是“在乐观的模式中，那些生活在一个理想的规范被广泛内化的社会中的任何人都会期望，由于技术专长和其他社会资源的逐渐积累，每一代人的平均福祉都会增加。当我们将一种不可再生资源分配给几代人时，我们会将它们分配给一组福祉不平等的群体。在这种情况下，最适当的办法通常是对我们的分配进行加权，使之有利于那些处境较差者，因为他们有可能获得更大的利益。因此，当今世代将利用这些资源，每一代人都在较小的程度上利用这种资源，直到资源耗尽”[①]。莫尔根的这种解决方式貌似并不激进，也没有像我们所说的那样会忽视当今世代的利益。

然而，当莫尔根考虑保护最后一批稀有的鸟类时诉诸于“期权价值”（option value），这一做法的内在逻辑明显与上述做法的内在逻辑是不一致的。莫尔根认为假设以目前的水平使用某些资源会伤害最后一批稀有的鸟类，人们必须诉诸于该鸟类的“期权价值”，从而放弃使用这些资源。因为这些鸟类对未来世代可能比我们预期的更有价值，“更重要的是，我们必须考虑未来世代会比我们更有价值的可能性。这在完全符合理想规范的情况下尤为可能，因为广泛的辩论应该会提高价值观的清晰度”[②]。显而易见，莫尔根的这种观点背后的逻辑与上述莫尔根在探讨不可再生资源时的内在逻辑是不一致的，为什么探讨当今世代在使用缺乏替代品的不可再生资源时没有诉诸于期权价值，而在探讨稀有的鸟类时诉诸于期权价值呢？况且人们将稀有的鸟类视为不可再生资源也未尝不可。依照莫尔根对后一个问题的处理方式，莫尔根有可能忽视当今世代的某些利益，这种做法与莫尔根以及功利主义主义者承诺的“时间中立”立场背道而驰：“那些已经将理

① Tim Mulgan, *Future People*, Oxford University Press, 2006, p. 223.

② Tim Mulgan, *Future People*, Oxford University Press, 2006, p. 225.

想规范内化的人，将非常不愿意支持允许任何人伤害未来之人的政策。如果加上遥远的未来世代，那么他们的利益似乎将超过当今世代的利益。大多数对非个人价值理论的解释，都是暂时中立的——500 年后有价值的生活和现在的同样有价值的生活一样重要。因此，未来之人的利益与现代人的利益完全一样。”[①]倘若如此的话，莫尔根的代际正义理论对当今世代提出的要求可能会超过当今世代能力的限度，它既有可能将资源给予最能够从这些资源中获益的人（譬如未来世代），又有可能要求当今世代尽可能地储存、做出太多的牺牲，这种做法不但有时会与正义相冲突，而且也会违背莫尔根的代际正义理论的第七项原则，即适度原则。

第四，莫尔根的代际正义理论的七项原则之间存在一种张力，同时，莫尔根试图对其采取的化解之道也是令人难以信服的。如我们在上一节所言，莫尔根的代际正义理论的七项原则大体上可以被分为两类，即前四项原则主要与未来世代相关，后三项原则主要与当今世代有关。鉴于当今世代如何处理与未来世代之间的利益冲突问题（当今世代有时从事的某些行为，确实会伤害未来世代的利益或者至少给未来世代的处境带来极大的风险）是一个棘手的问题，尤其是当今科学技术的发展已经给未来世代带来严重的风险和负担，[②]莫尔根的代际正义理论的七项原则之间存在着某种紧张关系，莫尔根自己也意识到了该问题，并试图采取某种措施化解这种紧张关系。那么，莫尔根如何化解这种张力呢？莫尔根实际上试图通过诉诸其一直强调的“理想的规范”来化解这种张力，莫尔根认为倘若人们确实向下一代教授了理想的规范，人们期望那一代人会对政治有什么看法呢？人们可以想象那些已经将该规范内化的人，会考虑他们社会的政策、法律和程序。莫尔根紧接着强调他之所以这样做的一些原因，譬如，这种做法不同于他曾经批判的简单的后果主义和契约主义等对代际正义理论的解释，而且这种做法使得人们对公共政策的讨论不像对个人道德的探讨那样受到直觉的制约，那些将理想规范内化的人会普遍关心他人的福利，认为有特殊的义务帮助与其有特殊关系的人，而且有不伤害他人的一般义务，总之，“将所有这些关注的范围扩大到包括未来世代（无论时间多么遥远）和当今世代，是很自然的。对政治的考虑只支持这一结论，因为一种鼓励甚至允许当今世代忽视未来世代的利益的规范，显然会产生非常消极的后果。任何将理想规范内化的人，都会赞成旨在促进未来世代之利益的公共

---

① Tim Mulgan, *Future People*, Oxford University Press, 2006, p. 213.

② EmmanuelAgius, “Intergenerational Justice”,in Joerg Tremmel(ed.), *Handbook of Intergenerational Justice*, Edward Elgar, 2006,p. 317.

政策，不会对当今世代或未来世代造成伤害，同时，强制和促进履行对当今世代和未来世代的特殊义务，不会损害生育（和其他）自由”[①]。同时，我们还需要注意的是，莫尔根还试图强调以其代际正义理论的第七项原则来平衡其他原则：“在直觉上，适度原则平衡了两项自由原则和前四项原则的要求。规则后果主义提供了一个比常识或者任何相互竞争的道德理论更加具有原则性的解释，因为不可能在广大的人群中有效地灌输任何极其苛刻的规范。尽管它可能与当前的公共政策规范发生根本性的背离，但是规则后果主义的发展原则远没有罗尔斯式的发展原则极端。我认为，理想规范的这一方面代表了一种直觉上似乎可信的反应（实际上，也是一种令人信服的反应）。”[②]

莫尔根的上述化解张力的尝试能够令人信服吗？实际上，莫尔根的上述尝试至少有下述几个方面的问题：其一，既然莫尔根试图以对理想规范的内化来化解其代际正义理论的前四项原则与后三项原则之间可能存在的张力，莫尔根就应该清晰地论述理想规范的内涵，然而，正如我们刚才提及的那样，莫尔根没有对理想规范的内涵给予清晰的界说。其二，即使我们承认莫尔根对理想规范的现有论说已经足够清晰，那么如何实现理想规范的内化？在实现理想规范内化的过程中，如何考虑其中的成本问题？通过什么标准来判断某种理想规范有没有被“内化”？莫尔根并没有过多的论述，只是像我们刚刚提及的那样强调那些将理想规范内化的人会普遍关心他人的福利，认为有特殊的义务帮助与其有特殊关系的人，并有不伤害他人的一般义务。实际上，莫尔根此时的观点是一种过于乐观的观点，理想规范的内化是一个长期的、复杂的过程。理想规范是一套规则集，包含着各种各样的规范，将某种理想规范内化的人可能会认为自己有帮助与其有特殊关系之人的特殊义务，这不能保证其拥有或者履行不伤害他人（包括未来世代）的一般义务。试图实现将一套规则集涵盖在内的理想规范的内化，这是一项极为繁重的任务。其三，对于如何化解莫尔根的代际正义理论的七项原则之间可能存在的张力这一问题，莫尔根的“适度原则平衡了两项自由原则和前四项原则的要求”这一观点有循环论证之嫌。既然“适度原则”是莫尔根的代际正义理论的七项原则之一，既然如我们在上一节的第三部分曾经提及的莫尔根的“适度原则和两个自由原则显然有相当大的潜力与积累原则、不恶化原则和不耗尽原则相冲突”这一说法，那么适

① Tim Mulgan, *Future People*, Oxford University Press, 2006, p. 204.

② Tim Mulgan, *Future People*, Oxford University Press, 2006, p. 212.

度原则就不应该承担莫尔根所赋予的角色，否则的话，论证的起点就是论证的终点。可见，莫尔根对其代际正义理论的七项原则之间有可能存在的张力的化解，是值得商榷的。当然，如何恰当地处理当今世代与未来世代之间的利益冲突问题，在此过程中亦能够较为合理地兼顾当今世代的利益和未来世代的利益，这并不仅是莫尔根的代际正义理论需要解决的难题，而且也是其他代际正义论者需要深入思考的棘手问题。另外，我们还需要注意的是，由于未来人口的数量是不确定的，以及当今世代无法预测未来世代的偏好和欲望等，那么依照莫尔根的规则后果主义理论，人们很难实现莫尔根所设想的良好后果的最大化。同时，莫尔根的代际正义理论没有涉及代际分配问题，这亦是有待莫尔根的代际正义理论解决的问题。

总之，后果主义是代际正义理论的一种重要阐释方式，本章在阐述后果主义基本内涵的基础之上，既分析了“功利主义”这一后果主义的最为著名的理论对代际正义理论的解释，又分析了“规则后果主义”这一较具吸引力的后果主义对代际正义理论的阐释。通过上述分析我们可以发现，功利主义在阐释代际正义理论的过程中，无论是那种侧重于“总体效用”的总体功利主义，还是那种聚焦于“平均效用”的平均功利主义，都会带来一些苛刻的后果，并有可能背离其所申述的平等主义立场。与功利主义对代际正义理论的阐释相较而言，莫尔根通过规则后果主义对代际正义理论的阐释具有一定程度的灵活性，能够避免功利主义的代际正义理论的某些缺陷，然而，莫尔根的代际正义理论仍然存在不少有待解决的问题。譬如，莫尔根在批判罗尔斯的代际正义理论的过程中，有时候误解了罗尔斯的理论;“理想规范”在莫尔根的代际正义理论中处于一种非常重要的位置，然而，莫尔根没有清晰地界定理想规范的内涵；莫尔根的代际正义理论可能会不合理地忽视当今世代的利益，同时，莫尔根对其代际正义理论的七项原则之间可能存在的张力采取的化解之道也是难以令人信服的。

第三章　契约主义、代际储存与代际正义

如上一章所言，后果主义（及其所包含的功利主义）不是一种阐释代际正义的恰当方式，它没有实现代际分配正义。那么，与后果主义相较而言，那种更加关注分配问题的“契约主义”是否能够为代际正义提供一种恰当的阐释呢？契约论是一个灵活的、有用的分析工具，尤其在罗尔斯等人的努力下，契约论在当代道德哲学和政治哲学中日益具有影响力，正如昆廷·斯金纳（Quentin Skinner）所言：“近年来，在正义理论的讨论中，最令人惊奇的特点就是古老的社会契约概念重新展现出来的活力。这一发展中最重要的影响无疑是约翰·罗尔斯产生的。”[①]罗尔斯在其整个正义理论体系中不仅关注代内正义理论，还关注代际正义理论。罗尔斯正是通过其所钟爱的契约主义方法，构建了一种以“正义的储存原则”为内核的代际正义理论。[②]众所周知，当罗尔斯的《正义论》出版以后，立刻获得了哲学、经济学、法学和政治学等领域众多学者的关注，数以百计的学者通过对罗尔斯的正义理论的阐释、批判、修正或者拓展，形成了一种蔚为壮观的“罗尔斯产业”，还有不少学者以罗尔斯的正义理论为理论资源或坐标，建构了自己的正义理论或平等理论。[③]然而，罗尔斯的代际正义理论并没有引起学界的足够重视，在整个“罗尔斯产业”中所占的比重是极低的，这与罗尔斯的代际正义理论在其正义理论体系中的重要地位及其所具有的开创性意义是不匹配的。我们需要注意的是，目前这种现象正在逐渐发生改观。随着代际正义理论日益成为一种引人瞩目的理论，人们也开始从罗尔斯那里汲取更多的理论资源并重视罗尔斯对代际正义理论进行的契约主义论说，契约主义也进而成为一种阐释代际正义的重要方式。契约主义的代际正义理论有哪些代表性的理论，以及契约主义对代际正义理论的阐释能

---

① 〔英〕昆廷·斯金纳：《论正义、共同善与自由的优先性》，达巍译，载达巍等编：《消极自由有什么错》，文化艺术出版社，2001 年版，第 126 页。

② 具体论述参见〔美〕约翰·罗尔斯：《正义论》，中国社会科学出版社，1988 年版，第 285～298页。

③ 相关研究可参见拙著：《当代政治哲学视域中的平等理论》，天津人民出版社，2015 年版。

否令人信服？这将是本章关注的主要问题。在对契约主义的代际正义理论展开具体的分析之前，本章第一节将简要探讨契约主义的两种主要类型及其流变过程。契约主义的代际正义理论的最主要代表非罗尔斯的代际正义理论莫属，第二节会论及罗尔斯的“正义的储存原则”的内涵、引起的纷争以及对纷争的回应。第三节将分析在后罗尔斯时代的政治哲学和道德哲学中，以高蒂耶和巴里等人为代表的学者对代际正义理论进行的契约主义阐释。本章最后将探讨契约主义的代际正义理论的限度。

第一节 审视契约主义

契约主义是一个理论家族，社会契约论是其中的重要流派之一。自启蒙运动以来，社会契约论逐渐成为一种重要的政治理论和哲学理论，其适用范围和解释力也在不断扩展，同时，它也慢慢成为一种重要的分析问题的方法。在霍布斯、洛克、卢梭、康德、罗尔斯、高蒂耶和巴里等契约论者的倡导下，社会契约论对现当代政治哲学和道德哲学产生了不容小觑的影响。

一、古典社会契约论的两种类型

大体而言，古典社会契约论者在依照契约主义方法述说自己的理论时，通常出于两种目的：第一，致力于探讨政府的起源问题，关注政治义务的合法化，即“政治社会是如何产生的以及政治义务问题”，而且试图将社会契约论视为一种历史的解释模式；第二，关注的焦点不是政治社会事实上如何被建立起来，只是力图探究理想的政府应当是怎样的，即“理想的政治社会应当如何被建构起来”，同时，该种社会契约论的倡导者明确将社会契约论视作一种分析问题的方法。前一种社会契约论以霍布斯和洛克等人为代表，后一种社会契约论以卢梭和康德等人代表。金里卡曾对社会契约论进行了一种富有启发意义的类型学分析：一类是“霍布斯式的契约论”，另一类是“康德式的契约论”。[①]在金里卡看来，这两种契约论的侧重点是迥然不同的，前者强调互利（mutual advantage）的重要性，后者强调公正（impartiality）的重要性。

① 具体研究可参见 Will Kymlicka, “The Social Contract Tradition”, in Perter Singer, (ed.), *A Companion to Ethics*, Blackwell Publishers Ltd, 1993, pp. 186-196.

霍布斯式的契约论将关注的焦点置于政治社会是如何产生的，探讨人们为什么有服从国家及其政府的政治义务这一问题，关注为什么接受政治义务是正当的。与早期的其他契约论者一样，霍布斯也设想在政治社会产生以前，人类处于一种自然状态之中，只不过霍布斯对自然状态这一前政治状态的描述较为特殊。霍布斯认为在自然状态中，所有人都是平等的，这与人的本性有关，“自然使人在身心两方面的能力都十分相等，以致有时某人的体力虽则显然比另一人强，或是脑力比另一人敏捷；但这一切总加在一起，也不会使人与人之间的差别大到使这人能要求获得人家不能像他一样要求的任何利益，因为就体力而论，最弱的人运用密谋或者与其他处在同一种危险下的人联合起来，就能具有足够的力量来杀死最强的人”[①]。对霍布斯来说，亚里士多德的“人本质上是不平等的”这一说法难以令人接受，强调“那些交锋不相上下的人是平等的，那些有着最强悍的力量——杀人的力量——的人实际上掌握着同等的力量。因此，所有人天生彼此平等。我们现实中的不平等是被民法带进来的”[②]。霍布斯认为由于在自然状态中人们在体力和智力方面是平等的，倘若任何两个人想获取同一个东西而又不能同时满足自己的欲望时，纠纷就会出现。人们为了满足自己的欲望和需求，就会力图控制或征服他人，自然状态就会演变成一种“战争状态”。依照霍布斯的基本立场，在自然状态中，人人都可以杀死其他人，每个人都易于受到他人的攻击，即使那些最强者亦是如此，最强者也不得不时刻提防源自他人的威胁，虽然最强者可以奴役弱者，但是最强者拥有的强力肯定没有达到能够奴役所有弱者并让弱者不能反抗的地步。换言之，在自然状态中，人们在易受攻击性方面是平等的，时刻面临着遭受他人攻击以及有可能带来死亡的威胁。

由上可见，虽然在自然状态中，人人平等，但是人的利己本性促使人们彼此争斗，使得自然状态最终蜕变为一种令人生怕和厌倦的“战争状态”，在自然状态中，没有任何正义可言，为此人们必须运用其理性能力，放弃自己的自然权利，走出自然状态，自然法此时为人们提供了一种解决冲突的规则。然而，霍布斯认为个人在其自利本性的驱使下，都想攫取大于他人的权力以保存自己或奴役他人，仅仅依靠自然法是很难实现和平的，因此，必须有一个更大的公共权力——一个共同的恐惧对象——作为自然法的后盾，这个公共权力就是人们通过缔结社会契约而建立的一个庞大的

①〔英〕霍布斯：《利维坦》，黎思复、黎廷弼译，商务印书馆，1985 年版，第 92 页。

②〔英〕霍布斯：《论公民》，应星、冯克利译，贵州人民出版社，2003 年版，第 6 页。

“利维坦”，即“国家”，卡尔·施米特（Carl Schmitt）对此曾总结道：“霍布斯建构国家的出发点是对自然状态的恐惧；其目标和终点则是文明的国家状态的安全。”[①]在政治状态下，虽然人们在易受攻击性方面是平等的，但是因每个人放弃自己的自然权利缔结而成的国家具有的威慑力，使得某些人在侵犯他人时肯定有所顾忌，同时，即使人们受到攻击了，人们的权利可以获得由国家提供的保障，并获得一种和平的状态。易言之，每个人都放弃自己的自然权利这一行为，是一种对所有人都有利的合作行为，会带来一种对所有人都有利的结果，无论对最强者来说，抑或对最弱者来说，都是如此。这大概是金里卡以“互利”来述说霍布斯式的契约论的主要缘由之一。

洛克同样设想在政治社会出现以前，人类处于一种自然状态之中，只不过他未像霍布斯那样认为自然状态是一种战争状态，而是认为自然状态是一种自由的状态，“一种平等的状态，在这种状态中，一切权力和管辖权都是相互的，没有一个人享有多于别人的权力。极为明显，同种和同等的人们既毫无差别地生来就享有自然的一切同样的有利条件，能够运用相同的身心能力，就应该人人平等，不存在从属或受制关系”[②]。洛克强调在自然状态中人们受到自然法的支配，拥有平等的生命权、自由权和财产权等不可被褫夺的自然权利。虽然如此，洛克仍然强调自然状态还存在一些缺陷，例如，在自然状态中，缺少一种含义清晰的法律，缺乏一个有权依照既定的法律裁判各种纷争的公正的裁判者，同时，还缺乏一个执行公正判决的有权力的机构。鉴于自然状态的诸种缺陷，为了生存，人们必须设法走出自然状态。洛克构想的方法是，人们要放弃惩罚他人的权利，构建一个政府。在洛克的构想中，虽然每个人的行为都受到了某种限制，但是人们可以获得一种对各方都有利的结果，人们通过放弃惩罚他人的权利而可能遭受的损失，小于他们因构建那种能够保护自己的人身和财产的政府而获得的利益。在这一点上，洛克与霍布斯的立场大概是一致的，都是从个人主义的立场出发，达致一种对所有人都有利的社会合作。在社会契约论中，洛克凸显了“同意”——“明白的同意”和“默认的同意”[③]——的重要性，强调没有经过个人在自主情况下的同意，就没有人服从另一个人的政治权力，洛克的这种观点对后来契约论的发展（尤其是罗尔斯的契约论）

---

①〔德〕卡尔·施米特：《霍布斯国家学说中的利维坦》，应星、朱雁冰译，华东师范大学出版社，2008年版，第67页。

②〔英〕洛克：《政府论》（下篇），商务印书馆，1964年版，第5页。

③〔英〕洛克：《政府论》（下篇），商务印书馆，1964年版，第74页。

产生了重要影响。另外，为契约论找寻一些经验性证据的努力在霍布斯的契约论中已经初现端倪，在洛克的契约论中体现得更为明显。例如，洛克认为，“两个人在荒芜不毛的岛上，如同加西拉梭在他的秘鲁历史中所提到的，或一个瑞士人和一个印第安人在美洲森林中所订立的交换协议和契约，对于他们是有约束力的，尽管他们彼此之间完全处在自然状态中。因为诚实和守信是属于作为人而不是作为社会成员的人们的品质”①。可见，洛克等人没有像其契约论的继承者们那样纯粹将契约论作为一种分析问题的工具，也试图为契约论找寻一种历史的论证，赋予其现实性。

康德式的契约论扩展了契约主义的适用范围，卢梭和康德等人主要通过契约主义这一分析工具，思考理想的政府应当如何被组织起来，并将契约观念视作评判制度正当与否的标准。卢梭认为那些对社会基础进行研究的哲学家不得不追溯到自然状态，然而，自然状态是否真正存在，恰恰令人感到怀疑。虽然如此，卢梭仍然强调“首先让我们抛开事实不谈，因为它们与我们探讨的问题毫无关系。切莫把我们在这个问题上阐述的论点看作是历史的真实，而只能把它们看作是假设的和有条件的推论，是用来阐明事物的性质，而不是用来陈述它们真实的来源，这和我们的物理学家在宇宙的形成方面每天所作的推论是相似的”②。显然，与霍布斯和洛克等人不同，卢梭已经开始将社会契约论作为一种分析和思考问题的方法，这标志着社会契约论的一个重要转向，只不过卢梭的立场有点摇摆不定。社会契约论的“逻辑分析导向”（而非历史解释导向）后来在康德和罗尔斯等人的契约论中得到了更为透彻的体现。卢梭不认为自然状态是一种美好的状态，而是认为人类为了避免受到消亡的威胁，必须设法走出自然状态。卢梭认为唯有“契约”才能成为人间一切合法权威的基础：“要寻找出一种结合的形式，使它能以全部共同的力量来卫护和保障每个结合者的人身和财富，并且由于这一结合而使每一个与全体相联合的个人又只不过是在服从

---

①〔英〕洛克：《政府论》（下篇），商务印书馆，1964年版，第11页。霍布斯的类似论述，可参见〔英〕霍布斯：《利维坦》，商务印书馆，1985年版，第95～96页。洛克曾明确回应了其契约论可能面临的下述诘难：“在历史上找不到这样的例子：一群彼此独立和平等的人集合在一起，以这种方法开始和建立一个政府。”洛克认为文字的出现是非常晚的，可能很多政府的建立方式，没有被记载下来，一些美洲人早期处于自由的和平等的自然状态中，美洲的许多地方的政府正是起源于人们的自愿结合，“我们的论证显然是有理的，人类天生是自由的，历史的实例又证明世界上凡是在和平中创建的政府，都以上述基础为开端，并基于人民的同意而建立的；因此，对于最初建立政府的权利在什么地方，或者当时人类的意见或实践是什么，都很少有怀疑的余地”。参见〔英〕洛克：《政府论》（下篇），商务印书馆，1964年版，第64页。

②〔法〕卢梭：《论人与人之间不平等的起因和基础》，李平沤译，商务印书馆，2007年版，第47页。

自己本人，并且仍然像以往一样地自由。”[①]在社会契约论中，卢梭强调立约各方都将自身的一切权利全部转让给整个集体，由于所有人都这样做，每个人也会在缔约过程中得到自己所失之物的等价物，这对所有人来说都是同样的，因而也是公正的。

康德在其契约论中，并不像霍布斯等人那样强调人们在立约的过程中有着不同的讨价还价能力，而是试图淡化乃至否定人们拥有不同的讨价还价能力，这与康德对道德平等的笃信不疑是密切相关的，“每个有理性的东西都须服从这样的规律，不论是谁在**任何时候都不应把自己和他人仅仅当作工具，而应该永远看作自身就是目的**。这样就产生了一个由普遍客观规律约束起来的有理性东西的体系，产生了一个王国。……每个有理性的东西都是目的王国的**成员**，虽然在这里他是普遍立法者，同时自身也服从这些法律、规律”[②]。这种理念在康德的继承者罗尔斯那里被发扬光大，罗尔斯更加明显地通过“原初状态”和“无知之幕”等思想实验的工具屏蔽能够影响立约者做出公正选择的信息，使得立约者能够从一种“公正”的立场出发。康德认为虽然在自然状态中人们拥有各种自然权利，但是由于人的利己倾向和贪婪本性，人与人之间会相互争斗，自由便难以获得保障，于是，人们就会放弃自身的部分自由，订立契约：“人民根据一项法规，把自己组成一个国家，这项法规叫作**原始契约**。这么称呼它之所以合适，仅仅是因为它能提出一种观念，通过此观念可以使组织这个国家的程序合法化，可以易为人们所理解。根据这种解释，人民中所有人和每个人都放弃他们的外在自由，为的是立刻又获得作为一个共和国成员的自由。从人民联合成为一个国家的角度看，这个共和国就是人民，但不能说在这个国家中的个人为了一个特殊的目标，已经牺牲了他与生俱来的**一部分**——外在的自由。”[③]在康德的契约论中，人们通过放弃那种粗野的、无法律状态的自由，建构一个国家，从而享有法律保护下的自由。依照康德的立场，社会契约论扮演着一种重要的角色，康德将契约论用于检验政治制度的公正性和证明国家存在的合法性，公正的政治制度是那种能够得到人们同意的政治制度，契约论也可以使得人民认为自己有服从国家的政治义务，使得人民确信国家拥有合法的权威。作为卢梭思想的重要承袭者之一，康德与卢梭一样没有试图为其契约论提供一种历史的证成方式，明确否认了契约

① 〔法〕卢梭：《社会契约论》，何兆武译，商务印书馆，1980年第2版，第23～24页。

② 〔德〕康德：《道德形而上学原理》，苗力田译，上海世纪出版集团，2005年版，第53页。

③ 〔德〕康德：《法的形而上学原理——权利的科学》，沈叔平译，商务印书馆，1991年版，第142页。

论的历史真实性，认为我们不需要将原始契约或社会契约视为一种事实，因为这是绝对不可能的，原始契约或社会契约“其实只不过是理性所设想的一个**理念**（idea），但无疑有着实践中的真实性。因为它迫使每个立法者都根据整个民族的联合意志立法，并将每个臣民——只要他能获得公民身份——看作好像他已经在公意之中表达了自己对法律的同意一样”①。正如有人总结的那样，康德承认“原始契约的理论不是对政治社会如何产生的一种历史解释，而是对政治社会之基础的一种逻辑分析”②。可以说，康德首次明确地将契约论阐释为一种规范性的理念，而且其契约论比其以前所有的先驱拥有更加明确的非历史特征。

二、休谟、边沁和黑格尔对古典社会契约论的质疑

虽然契约论在当代政治哲学和道德哲学中有着较强的影响力，其适用范围也在不断扩展，但是在19世纪及其以后的一段时间内，契约论有一种逐渐式微的态势，渐渐丧失了其在政治学、法学和哲学等学科中占有的重要地位，随之而来的是功利主义的逐渐兴起，这在很大程度上与古典社会契约论面临的严厉批判有密切的关联。

当我们在探讨古典社会契约论面临的批判时，首先映入我们视野的应该是休谟对古典社会契约论的著名批判。休谟在《人性论》的第三卷以及著名论文“论原始契约”中都质疑了契约论。当然，联系到休谟所处的时代以及其在批判契约论时提及的契约论的主要观点，他主要是以霍布斯和洛克的契约论为批判对象。大体而言，休谟对契约论的批判主要是从历史层面和哲学层面展开的。就历史层面的批判而言，休谟的根本论点是从政府产生的历史证据或者经验来看，政府不是源于洛克等人所说的“同意”，而是“利益”。休谟认为鉴于人们在体力以及在受到教育之前人们的智力等因素是平等的，政府起初确实是源自人们的同意，人们为了安宁和秩序而自觉地放弃自己的天赋自由，人们这样做的前提条件是大家都这样做了，政府会公正地对待人们。然而，休谟接着强调，如果有人宣称在这个世界上的大部分地方，政治关系完全建立在自愿同意或者相互承诺的基础上，那么其他人肯定认为这个人在精神方面是有疾病的，有可能被当局监禁起来。休谟持有该立场的原因在于上述观点不符合历史事实：“每个合法的、

---

①〔德〕康德：《论俗语在理论上也许是正确的事，却在实践中行不通》，载〔英〕H.S.赖斯编：《康德政治著作选》，金威译，中国政法大学出版社，2013年版，第57页。

②〔英〕戴维·里奇：《社会契约论历史的贡献者》，载〔英〕迈克尔·莱斯诺夫等：《社会契约论》，刘训练等译，江苏人民出版社，2005年版，第250页。

臣民对之负有效忠义务的政府最初总是建立在人民同意和自愿的契约之上的。不过这只能假定这种祖辈的同意对于其子孙、甚至对于最遥远的后代仍有约束力。……除此之外，我说，上述观点从未被世上任何时代或任何国家的历史或经验所证实。几乎所有现存的政府，或所有在历史上留有一些记录的政府开始总是通过篡夺或征伐建立起来的，或者二者同时并用，它们并不自称是经过公平的同意或人民的自愿服从。”①休谟的这种说法很容易使得人们认为政府之所以能够获得服从的原因在于“战争”，其实这只是一种表象，休谟更强调了其背后的根源，也就是“利益”。休谟曾经强调，那些将许诺或原始契约作为服从政府的起源的观点本身是正确的，但是它们所根据的原则是错误，实际上，许诺是着眼于某种利益才被发明出来的，这种利益“既可以为建立政府的原始动机、同时又可以为我们服从政府的原因的那样一种利益。我认为这种利益就在于我们在政治社会中所享受的安全和保障，而我们在完全自由和独立的时候、是永远得不到这种利益的。利益既然是政府的直接根据，那么两者只能是共存共亡的；任何时候，执政长官如果压迫过度，以至其权威成为完全不能忍受，这时我们就没有再服从他的义务了”②。可见，休谟强调政府必须维护人们的利益，在这一点上，休谟与洛克的立场应该是一致的。在休谟那里，政府对于人类的生活有着显而易见的重要性，虽然在政府不存在的情况下，人类可以维持一个小规模的未开化的社会，其中的原因在于在一个小规模的社会中，人们知道自己的非正义行为易于被他人发现，自己的信誉会受到损失，这样的话，就无人愿意与其合作，从事非正义的行为对其来说恰恰得不偿失，③然而，当社会的规模扩大后，政府就是非常必要的。如前所述，洛克曾将同意分为“明白的同意”和“默认的同意”，休谟也曾将批判的矛头指向洛克言说的“默认的同意”：“对于一个贫困的、不懂外语或外国风俗、靠着微薄工资维持日食的农民或工匠，我们能够认真地说他对于是否离开自己的国家具有选择的自由吗？如果能够这样说的话，那么，对于一个睡梦中被人搬到船上、若要离船则只有跳海淹死的人，我们岂不可以同样宣称他留在船

① 〔英〕休谟：《论原始契约》，载〔英〕休谟：《休谟政治论文选》，张若衡译，商务印书馆，2010年版，第123页。

② 〔英〕休谟：《人性论》（下卷），商务印书馆，1980年版，第591～592页。

③ 拉塞尔·哈丁（Russell Hardin）曾经质疑了休谟的这一观点，他认为休谟没有充分说明为什么我们应该认为，许多人从长远的角度来看，对彼此采取完全正义的行为符合他们个人的利益，即使在一个小规模的社会中，人们也可以做一些对自己有利的秘密的非正义的行为。参见 Russell Hardin, “From Power to Order, From Hobbes to Hume”, *The Journal of Political Philosophy*, Vol.1, No.1, 1993, pp. 77-78.

上就表示他已自由同意接受船主的统治。”[①]也就是说，对于洛克所说人们只要不离开某个国家就表示人们对政府表达了默认的同意这一观点，休谟并不认可，强调当自由选择的空间不存在——在上述例子中是指人们没有能力离开某个地方或离开某个地方的代价太大了——时，仅仅强调默认的同意会带来一些荒谬的结论。

休谟不仅从历史层面质疑了契约论，反思了契约的历史真实性问题，他亦从哲学层面批判了契约论，质疑了洛克等人对政治义务的看法。洛克等社会契约论者曾认为同意或许诺是政治义务的基础，也就是说，政治义务对人们具有约束力的根源在于人们要遵守自己的诺言。休谟对此提出了一个更具哲学色彩的疑问，即人们为什么一定要遵守自己的诺言？当然，休谟此举不是为了强调人们不要遵守自己的诺言，而是质疑人们这样做背后的道德依据是什么。休谟以功利主义为立论基础，诉诸政府进行统治以及公民服从政府的统治带来的“利益”，正如休谟所言：“在此必须提及商业和人类之间的交往，它们对人类有莫大好处，然而如果人们不尊重自己的契约，则它们将无任何保障。同样可以说，如果没有法律、行政长官和法官一起阻止强者侵犯弱者，阻止狂暴者欺凌公正讲理者，那么人们在社会中，至少在文明社会中，根本活不下去。效忠的义务和忠诚的义务具有同样的力量和权威，我们使前者变成后者并无什么好处，社会的普遍利益和必要足以同时使二者建立起来。”[②]可见，在休谟那里，在确立政治义务时，我们可以诉诸利益，而不必要像洛克等人那样诉诸同意或许诺。

休谟对社会契约论的批判非常具有影响力，边沁在批判社会契约论时曾经高度赞扬了休谟的观点，认为就原始契约来说，“以前，也许直到现在，还有一些人重视它，但现在却倾向于认为它是一个不值得注意的问题了。但愿……，这个怪物已经被休谟先生彻底摧毁了。我想我们现在已经不像以前那样频繁地听到它了。人类不可毁灭的特权不需要建立在幻想的不稳固的基础之上”[③]。在边沁那里，原始契约论在以前曾有一定的用途，完成了某些政治工作，在当时如果借助于其他工具，那么这些政治工作是不可能被完成的，然而，原始契约论已经过时了，如果原始契约论再这样被使用的话，那么它会遭到谴责和批判。边沁强调就国王和人民之间缔结的契

①〔英〕休谟：《论原始契约》，载〔英〕休谟：《休谟政治论文选》，商务印书馆，2010年版，第127～128页。

②〔英〕休谟：《论原始契约》，载〔英〕休谟：《休谟政治论文选》，商务印书馆，2010年版，第132～133页。

③〔英〕边沁：《政府片论》，沈叔平等译，商务印书馆，1995年版，第148～149页。

约而言，曾有人通常强调人民应该服从国王，国王应该以一种有助于人民幸福的方式来统治人民，当国王没有这样做时，人民可以不再服从国王的统治。对于这种说法，边沁认为这样做解决不了任何问题，同时，边沁认为政治社会并不像某些契约论者强调的那样源自原始契约，而是源于服从的习惯："当一群人（我们可以称他们为**臣民**）被认为具有**服从**一个人或由一些人组成的集团（这个人或这些人是知名的人和某一类的人，我们可以称之为**一个**或**一些统治者**）的**习惯**时，这些人（**臣民**和**统治者**）合在一起，便可以被说成是处在一种**政治社会**的状态中。"[①]对于为什么要遵守诺言，为什么要服从政府的统治等问题，边沁给出的解答是，正是为了社会利益的缘故，人们必须遵守诺言，当人们遵守诺言以后，就会获得利益，避免损失，遵守诺言所带来的益处大大超过不遵守诺言带来的损失，同时，"简言之，为什么必须服从，那是因为**服从可能造成的损害小于反抗可能造成的损害**。总之，为什么必须服从，就是因为这是出于他们的**利益**，他们有**义务**去服从，而不是出于别的理由"[②]。显而易见，边沁在批判社会契约论时，基本上吸纳了休谟对社会契约论的批判方式以及观点。

除了休谟和边沁批判古典社会契约论，黑格尔也提出了自己的质疑。黑格尔在批判古典社会契约论时，并不像休谟等人那样通过质疑契约的历史真实性或者从功利主义的立场出发展开批判，而是批判了契约论的个人主义理论基础。众所周知，黑格尔区分了"国家"与"市民社会"，强调虽然从伦理精神的历史演变的角度而言，国家是经由市民社会演变而来的，但是从逻辑关联性的角度来说，国家的地位要高于市民社会，不仅如此，国家的地位还高于个人。正如黑格尔所言："国家是绝对自在自为的**理性**东西，因为它是实体性**意志**的现实，它在被提升到普遍性的特殊**自我意识**中具有这种现实性。这个实体性的统一是绝对的不受推动的自身目的，在这个自身目的中自由达到它的最高权利，正如这个最终目的对单个人具有最高权利一样，成为国家成员是单个人的**最高义务**。"[③]在黑格尔那里，国家是自存的、永恒的和绝对合理的东西，是一种客观精神，如果个人脱离了国家，那么个人也就丧失了客观性、伦理性以及作为公民所拥有的各种权利。可见，黑格尔的理念与契约论的个人主义伦理基础肯定是针锋相对的。黑格尔认为契约适合于市民社会，通过契约既可以确立所有权，又可以解决人们之间的各种矛盾。然而，契约不适合界定个人与国家之间的关系，

① 〔英〕边沁：《政府片论》，商务印书馆，1995 年版，第 133 页。
② 〔英〕边沁：《政府片论》，商务印书馆，1995 年版，第 155 页。
③ 〔德〕黑格尔：《法哲学原理》，范扬、张企泰译，商务印书馆，1961 年版，第 253 页。

因为人一旦生下来就是国家的公民，任何人不得随意脱离国家，“生活于国家中，乃为人的理性所规定，纵使国家尚未存在，然而建立国家的理性要求却已存在。入境或出国都要得到国家许可，而不系于个人的任性，所以国家决非建立在契约之上，因为契约是以任性为前提的。如果说国家是本于一切人的任性而建立起来的，那是错误的。毋宁说，生存于国家中，对每个人说来是绝对必要的”[①]。依黑格尔之见，契约论者在通过契约解释国家起源的过程中误解了国家的本质，抬高了个人的地位，贬低了国家所具有的神圣的、至高无上的地位，因而契约论者的观点是错误的。

以上简要探讨了休谟等人对古典社会契约论的质疑，因篇幅所限，我们不能在此全面回应休谟等人的质疑，[②]只是想指出黑格尔赋予国家一种至高无上的地位并进而贬低个人的地位这一观点是值得商榷的，同时，休谟和边沁等人对契约的历史真实性的质疑并不能全面驳倒古典社会契约论。一方面，即使如休谟和边沁等人所言，历史上不存在通过社会契约论者所言说的以自愿同意的方式建立起来的国家，这也不能在逻辑上完全击败社会契约论；另一方面，社会契约论除了具有历史解释导向的传统，还有逻辑分析导向的传统，休谟等人的质疑至多只能反驳前一种传统的社会契约论。然而，上述简要的回应并不意味着休谟等人的质疑没有任何价值，在休谟和边沁等人的质疑下，社会契约论也确实沉寂了一段时间，后来主要围绕逻辑分析导向的传统（卢梭、康德和罗尔斯等人的契约论就是其典型的体现）展开，这也使得社会契约论愈发具有活力。

三、社会契约论在20世纪的复兴

自20世纪50年代以降，在罗尔斯等人的努力和坚持下，社会契约论开始复兴。当代社会契约论基本上秉承了古典社会契约论的精神，总体而言，高蒂耶和詹姆斯·布坎南（James Buchanan）主要发展了霍布斯式的契约论，而罗尔斯、托马斯·斯坎伦（Thomas Scanlon）和巴里等人主要沿着康德式的契约论传统前行。[③]罗尔斯和高蒂耶等人不关心政治义务问题，扩展了社会契约论的适用范围。同时，相较于古典社会契约论对自然法和自

---

① 〔德〕黑格尔：《法哲学原理》，商务印书馆，1961年版，第83页。

② 相关的研究可参见：Stephen Buckle and Dario Castiglione, “Hume’s Critique of The Contract Theory”, *History of Political Thought*, Vol. 12, No. 3, 1991, pp. 457-480.

③ 布坎南和斯坎伦的观点，可分别参见〔美〕詹姆斯·M.布坎南、戈登·塔洛克：《同意的计算：立宪民主的逻辑基础》，陈光金译，中国社会科学出版社，2000年版；〔美〕托马斯·斯坎伦：《我们彼此负有什么义务》，陈代东等译，人民出版社，2008年版。

然权利的重视，当代社会契约论不怎么重视自然法和自然权利观念，有时甚至尽力摒弃它们。

高蒂耶主要承袭了霍布斯式的契约论，他本人也被视为一名新霍布斯主义者。高蒂耶认为在现代西方社会，契约论是一种重要的意识形态，然而，高蒂耶不像某些思想家那样在贬义的意义上使用意识形态这一概念，而是在中立的意义上使用意识形态这一概念，“正是霍布斯的激进契约主义，构成我们的意识形态。这种观点意味着我们的思想和行动，只要涉及我们自己以及我们之间的关系，最好是通过将所有这些关系都看成是契约性的来理解。只要敌对关系被排除在契约范围之外，也只有这种关系对人类来说才是自然的。其他所有人类关系在本质上都具有相同的特征，同时，它们都是契约性的，都是人类协议的产物”[1]。高蒂耶在其契约论中，不像罗尔斯通过原初状态和无知之幕那样屏蔽有关个人的所有信息，而是假定个人知道自己的所有信息。高蒂耶将契约论者的“自然状态”这一设置称为“最初的讨价还价地位”（initial bargaining position），在其中每个人都是自利的，有不同的讨价还价能力，这种谈判的优势也被允许带到谈判桌前，“协议的各方都是真实的、确定的个人，可以通过他们的能力、情况和关注点加以区分。只要他们同意限制他们的选择，限制他们对自己利益的追求，他们就承认他们可以做什么和不可以做什么之间的区别。当理性的人理解他们互动的结构时，他们认识到相互制约的地方，也认识到他们事务中的道德层面”[2]。人们通过谈判摆脱了自然状态，然而，人们是从最初的讨价还价地位开始谈判的，最初的讨价还价地位是一个合适的起点。在最初的讨价还价地位中，那些有着不同谈判能力的人都试图扩大自己的利益。高蒂耶不像罗尔斯那样通过原初状态等设置来消除人们谈判能力方面的差异，高蒂耶强调那些自利的人在讨价还价的过程中会选择一种“最大最小的相对利益原则”（the principle of maximin relative benefit），[3]我们在接下来的第三节中会对此展开论述。在高蒂耶那里，契约是各方通过讨价还价达成的，由于各方有着不同的讨价还价能力，所达成的契约肯定有利于有着较高谈判能力的人，那些处于不利地位的人不得不接受该契约的原因在于，与其他契约相较而言，该契约对自己还是较为有利的。

罗尔斯的契约论的着力点不像霍布斯式的契约论那样关注政治义务

① David Gauthier, “ The Social Contract as Ideology”, *Philosophy and Public Affairs*, Vol. 6, No. 2, 1977, p.135.

② David Gauthier, *Morals by Agreement*, Oxford: Oxford University Press, 1986, p.9.

③ 参见 David Gauthier, *Morals by Agreement*, Oxford: Oxford University Press, 1986, p.14.

问题，正如他所言：“我们并不把原初契约设想为一种要进入一种特殊社会或建立一种特殊政体的契约，而毋宁说我们要把握这样一条指导线索：原初契约的目标正是适用于社会基本结构的正义原则。”①罗尔斯进一步发展了古典社会契约论，其契约论着重审视社会基本结构的正义问题，探讨人们在他所构想的思想实验中会选择何种能够适用于自由民主社会的正义原则。更准确地说，罗尔斯的契约论主要是一种建构主义的方法，在《正义论》等著作中，罗尔斯采取康德式的建构主义方法，提出了一种“作为公平的正义理论”以及通过对作为公平的正义理论的修正而得到的“政治性的正义观念”。

在罗尔斯那里，霍布斯、洛克、卢梭和康德等人设想的各种自然状态不是一种真正平等的状态，因为那些参与立约的各方清晰地知道自己的所有信息，各方有着不同的讨价还价能力，他们在选择正义原则的过程中，肯定会利用自己在讨价还价能力方面的优势而力图达成有利于自己的契约，因此很难达成一种能够获致各方共同认可的正义原则。于是，罗尔斯将古典社会契约论中的自然状态修正为“原初状态”。虽然罗尔斯曾强调原初状态类似于古典社会契约论者的自然状态观念，但是原初状态毕竟不是自然状态，而是一种保证立约者能够拥有自由和平等地位的公平的初始状态。在原初状态中，没有人知道与个人相关的一些重要信息，作为原初状态的重要组成部分，“无知之幕”将一切有可能引起分歧以及影响个人做出偏袒选择的因素都屏蔽掉了，例如，无人知道其在社会中的地位、财富、教育程度、阶级出身、自然能力和善观念等内容。②罗尔斯设想的“无知之幕”是极为厚实的，它将罗尔斯的契约论与古典社会契约论非常清晰地区分开来，在“无知之幕”的遮蔽之下，那些参与立约的各方除了知道有关人类社会的一般事实、政治事务、经济理论规则、社会组织的基础以及人类的心理学原理，对其他所有情况都一无所知。原初状态与无知之幕这两个设置决定了正义的原则将是那些理性的和自利的人们，在不知道自身的偶然因素的情况下，从一种不偏不倚的客观立场出发将会同意的正义原则，这些人有着相同的处境和推理能力，不知道通过何种方式来扬长避短以实

---

①〔美〕约翰·罗尔斯：《正义论》（修订版），中国社会科学出版社，2009 年版，第 9 页。

②〔美〕约翰·罗尔斯：《正义论》，中国社会科学出版社，1988 年版，第 136 页。德沃金曾批评了罗尔斯的契约论，认为罗尔斯的契约只是一种虚拟的契约，在如此厚实的无知之幕的遮蔽之下，原初状态中的人们的预期利益并不等同于人们的真实利益，由此得出的契约对人们来说缺乏真正的约束力。具体研究可参见 Ronald Dworkin, *Taking Rights Seriously*, Cambridge, Massachusetts: Harvard University Press, 1977, pp.151-152.

现自己利益的最大化。另外，罗尔斯明确强调原初状态与无知之幕仅仅是一种用于分析问题的思维工具，不是真实存在的，“原初状态当然不可以看作是一种实际的历史状态，也并非文明之初的那种真实的原始状况，它应被理解为一种用来达到某种确定的正义观的纯粹假设的状态”①。虽然罗尔斯的建构主义在很多方面不同于康德的建构主义，但是在将契约主义作为一种分析工具这一点上，罗尔斯与康德是高度一致的。

那么，在原初状态中，既然人们作为理性的行动者，不知道与自己有关的所有特殊信息，那么人们会根据什么东西或方法来选择正义原则呢？在罗尔斯那里，虽然在原初状态中，无知之幕已经屏蔽了个人的所有特殊信息，然而人们无论过何种生活，总想拥有一些对过一种良善生活来说必需的东西，罗尔斯将这些东西称为“基本善”（primary goods）：“基本善是各种各样的社会条件和适于各种目的之手段（all-purpose means），而对于让公民能够全面发展和充分运用他们的两种道德能力，以及去追求他们明确的善观念，这些社会条件和适合于各种目的之手段一般来说是必需的。”②基本权利、自由、权力、机会、收入、财富和健康等基本善是公民度过整个人生必不可少的一些基本东西，倘若一个人是理性的，他就想拥有更多的基本善，基本善越多越好，倘若一个人在其一生中拥有的基本善越多，他就越有可能过上一种良善的生活。既然人们根据基本善去选择正义原则，人们应当采取什么方法选择正义原则呢？依罗尔斯之见，在原初状态下，依照“最大的最小值规则”，人们会选择如下两个正义原则：“第一个原则：每个人对与所有人所拥有的最广泛平等的基本自由体系相容的类似自由体系都应有一种平等的权利。第二个原则：社会和经济的不平等应该这样安排，使他们：①在与正义的储存原则一致的情况下，适合于最少受惠者的最大利益；并且，②依系于在机会公平平等的条件下职务和地位向所有人开放。”③当在《正义论》中提出这两个正义原则时，罗尔斯雄心勃勃，试图将其正义原则视为能够检验社会制度正义与否的标准。然而，伴随着学界对其正义观的激烈批判，罗尔斯在回应各种批判的过程中，认识到在现代民主社会中存在着各种宗教、哲学和道德学说的情况下，这是不可行的，哪怕所谓最完备的学说都不可能获得所有公民的普遍认可，因此，罗尔斯开始不断调整自己的立场，转而追寻一种“重叠共识”，并建构

① 〔美〕约翰·罗尔斯：《正义论》，中国社会科学出版社，1988年版，第12页。

② 〔美〕约翰·罗尔斯：《作为公平的正义：正义新论》，生活·读书·新知三联书店，2003年版，第93页。

③ 〔美〕约翰·罗尔斯：《正义论》，中国社会科学出版社，1988年版，第302页。

了一种政治性的正义观念。

高蒂耶和罗尔斯拓展了社会契约论的适用范围，使得契约论成为分配正义的理论基础，巴里曾经对高蒂耶和罗尔斯等人的这种尝试进行了富有影响力的概括。总体而言，巴里强调高蒂耶和罗尔斯的契约论分别代表了两种不同的契约论传统，前一种契约论关注“互利”，后一种契约论关注“公正”，这与我们在本节开篇曾提到的金里卡的观点基本上是一致的。在巴里那里，通过第一种契约论阐发的正义理论可以被称为“作为互利的正义”（justice as mutual advantage），高蒂耶在继承霍布斯和休谟等人理论的基础上详细阐发了这种理论，而通过第二种契约论阐发的正义理论可以被称为“作为公正的正义”（justice as impartiality），罗尔斯在承袭康德等人观点的基础上成为该理论的重要代表人物。巴里认为这两种正义理论的共同特点是：“第一，它们的一个共同想法是，当人们或者群体之间存在利益冲突时，正义问题就出现了。第二，它们也都认为正义原则是每个人在原则上达成的理性协议。”[①]虽说如此，这两种正义理论还是有着很大的区别，依巴里之见，作为互利的正义理论将自利视为正义行为的动机，人们之所以进行合作，也是因为合作有利于自身的利益。依照这种正义观念，正义是各缔约方通过讨价还价而获致的一种互利的合作条款，契约的结果体现了一些人比其他人拥有更多的讨价还价能力，如果契约的结果没有体现讨价还价能力方面的差异，那么那些拥有较强的讨价还价能力者将会有推翻这一协议的动机。倘若遵守协议并不有利于个人的利益，人们可以违反该协议。然而，作为公正的正义理论持有一种异于作为互利的正义理论的理念，它认为正义不能被归结为对自我利益的不懈追求，正义与人们的讨价还价能力的强弱是没有关联性的，正义是这样一种协议，该协议是不允许理性的人们在将讨价还价的能力转化为利益的条件下所达成的。同时，这种正义观强调人们从事正义行为的动机不纯粹是为了自身的利益，它要求协议中各方讨价还价能力的差异对正义原则的达成没有任何影响。[②]也就是说，依照作为互利的正义理论，正义的行为是一种自利的行为，倘若某项行为没有有利于行为者自身的利益，该行为者没有理由从事该行为，而依照作为公正的正义理论，正义不是一种针对利益的讨价还价问题，而是每一个参与社会合作的人都可以理性地加以接受的原则。联系到上述对高蒂耶和罗尔斯的理论的介绍我们可以发现，巴里较为恰当地概括了高蒂耶和罗尔斯

① Brian Barry, *Theories of Justice*, Berkeley: University of California Press, 1989, p.7.

② 参见 Brian Barry, *Theories of Justice*, Berkeley: University of California Press, 1989, pp.7-8.

的理论的内核，巴里也在其后期著作中进一步发展罗尔斯的作为公平的正义理论的基础上，进一步捍卫了“作为公正的正义理论”。[①]

第二节　纷争中的罗尔斯的“正义的储存原则”

鉴于罗尔斯的代际正义理论是契约主义的代际正义理论最为知名的代表，以及不少契约论者后来在构建自己的代际正义理论时都或多或少地受到罗尔斯理论的影响，我们首先看看罗尔斯是怎样构建其代际正义理论的。在罗尔斯那里，社会是一种合作体系，这种合作体系既会使得所有人可能过一种比他们仅仅依靠自己的努力所过的生活更好的生活，又会带来更大的利益，同时，每个人由于天性的缘故，都喜欢较大的利益份额而非较小的利益份额。因此，在社会合作中，人们之间的利益存在冲突的可能性，此时就需要一种正义原则，该正义原则“提供了一种在社会的基本制度中分配权利和义务的办法，确定了社会合作的利益和负担的适当分配”[②]。对此，我们有两个疑问，一是作为一种合作体系的社会，仅仅包括当今世代吗？未来世代（以及过去的世代）是否也应该被包括在内呢？二是正义原则只能调节某一世代之内人们之间的关系，还是可以被用于调节代际关系？罗尔斯在其后期著作中不断申述社会是一种世代相继的公平合作体系："那些我们用来组织和构造以使作为公平的正义成为一个整体的理念，我将其视为‘基本理念’（fundamental ideas）。在这种正义观中，最基本的理念是社会作为一个世代相继的公平的社会合作体系的理念。我们将这个理念当作起组织作用的核心理念（central organizing idea），以试图为民主政体阐发出一种政治的正义观念。”[③]可见，依罗尔斯之见，作为一种世代相继的公平合作体系，社会不仅包括当今世代，而且还包括未来世代（以及过去的世代），每一代人仅仅是其中的一环。未来世代是否拥有权利，当今世代是否有尊重未来世代的义务，正义理论应该对此做出回答。正是基于此种考量，罗尔斯明确指出“现在我们必须考察代与代之间的正义问题。不用说，这个问题是困难的。它使各种伦理学理论受到了即使不是不可忍

① 有关巴里对作为公正的正义理论的具体论述，可参见 Brian Barry, *Justice As Impartiality*, Oxford: Clarendon Press, 1995, pp. 52-79.

②〔美〕约翰•罗尔斯：《正义论》，中国社会科学出版社，1988 年版，第 4～5 页。

③〔美〕约翰•罗尔斯：《作为公平的正义：正义新论》，生活•读书•新知三联书店，2002 年版，第 9～10 页。

受也是很严厉的考验。然而，如果我们不讨论这个重要问题，对作为公平的正义的解释就是不完全的”①。也就是说，对于正义是否适用于代际关系这一疑问，罗尔斯持一种肯定的态度。当然，罗尔斯此处提及的“代际正义”是一种“代际的分配正义”，这可以从罗尔斯在《正义论》中将第44节和第45节这两节主要讨论代际正义理论的内容置于“分配正义”这一章而体现出来。罗尔斯的这一做法凸显出罗尔斯将代际正义解释为一种在世代与世代之间的公平分配问题。

一、罗尔斯对代际正义的契约主义论证

罗尔斯采取什么方法来述说自己的代际正义理论呢？与其在批判功利主义的基础上证成代内正义理论一样，罗尔斯在建构其代际正义理论时也同样对功利主义方法表达了不满，认为功利主义对代际正义理论的关注方式是错误的，将我们对代际正义问题的思考引到错误的方向上去，原因在于“如果一个人认为人口的规模是变动的，并要求一种较高的资金边际效益和资金的长久周转的话，那么对总的功利的最大限度的追求就可能导致一种过度的积累率（至少在不久的将来）。既然从道德观点来看，人们没有理由在纯粹时间偏爱的基础上轻视未来的福利，那么结论很可能是：未来各代的较大利益足以补偿现在的牺牲。假如仅仅由于更多的资金和较好的技术就可能维持一种足够大的人口，上述结论就可以证明为是正确的”②。根据罗尔斯的立场，功利主义在处理代际正义问题时有可能会带来一些极端的情形，譬如，它有可能要求较穷的世代为了以后要富得多的世代的更大利益而做出巨大的牺牲，可能认为为了未来世代的效用最大化，当今世代做出的巨大牺牲是公正的，而这种对某些人的所得与他人的所失相平衡的利益计算，不仅在代内之间难以获得辩护，而且在代际之间更难获得辩护。实际上，除了罗尔斯提及的以功利主义来证成代际正义理论有可能带来的问题以外，还可能存在其他问题，比如，功利主义的计算有可能建议当今世代不生育，这种后果是极为可怕的。同时，当今世代既可能无法预测未来世代的真正需要是什么，又可能不知道采取何种行动可以有利于未来世代利益的最大化和满足未来世代的需要，以及在做出针对未来世代的行动时当今世代需要付出何种代价。这一切往往都是悬而未知的。

作为罗尔斯的代内正义理论的核心，差别原则能够适用于处理代际关

① 〔美〕约翰·罗尔斯：《正义论》，中国社会科学出版社，1988年版，第285页。

② 〔美〕约翰·罗尔斯：《正义论》，中国社会科学出版社，1988年版，第287页。

系吗？倘若可以，这也凸显出罗尔斯的正义理论体系具有高度的自洽性。罗尔斯曾明确强调，差别原则不能被用于处理代际正义问题，它只适用于处理代内正义问题，这与代际关系的独特性紧密相关。在罗尔斯那里，代际关系是一种与时间向度有关的正义，各代分布在时间之中，就时间位置而言，当今世代在时间向度上优先于未来世代。由于时间是不可逆的，当今世代可以为未来世代做事，而未来世代不能为当今世代做事，这是一个不可改变的自然事实，其中不会产生正义问题，正义与否在于制度如何处理这些自然限制。代际关系的独特性决定了差别原则不适宜于处理代际正义问题，正如罗尔斯所言："后面的世代没有办法改善第一代的最不幸境遇。差别原则在此是不能运用的，若要运用的话，这似乎暗示着根本没有储存的情况。这样，储存问题就必须以另一种方式来解决。"[①]也就是说，倘若我们将差别原则用于处理代际正义问题，未来世代要享受优越生活条件的前提条件在于，要改善当今世代中的处境最差者，正如当今世代享受较为优越生活的前提条件在于，当今世代要改善过去的世代中的处境最差者。显而易见，这既是不可能的，又是荒谬的，过去的世代不可能从当今世代的储存安排中获益，未来世代不能改善第一代处境最差者的处境。

为了证成代际正义理论，罗尔斯主张采取的"另一种方式"是其在建构代内正义理论时曾使用的契约主义方法。大体而言，罗尔斯通过契约主义方法构建了一种以"正义的储存原则"为主要内容的代际正义理论。关于正义的储存原则的内涵，我们需要解决三个重要的相关问题，即"为什么要储存""储存什么"以及"储存多少"。第一个问题涉及罗尔斯的契约主义方法的两个关键构成要素，即"原初状态"和"无知之幕"。依罗尔斯之见，在原初状态中，在无知之幕的遮蔽之下，各方既不知道其在社会中的地位、阶级出身、天赋、力量和善观念等情况，又不知道其所处社会的经济、政治和文化等发展水平以及自己所属世代的信息，同时，各方是相互冷淡的，不是利他主义的。[②]一种扩展罗尔斯的契约主义方法的自然方式是，我们能否设想一个由过去的世代、当今世代和未来世代共处的原初状态呢？罗尔斯明确拒绝了这种设想，认为"原初状态并不是被设想为一种在某一刻包括所有将在某个时期生活的人的普遍集合，更不是可能在某个时期生活过的所有人的集合。原初状态不是一种所有现实的或可能的人们的集合。以这些方式的任何一种来理解原初状态都不免要深深地陷入幻想，

① 〔美〕约翰·罗尔斯：《正义论》，中国社会科学出版社，1988 年版，第 292 页。

② 参见〔美〕约翰·罗尔斯：《正义论》，中国社会科学出版社，1988 年版，第 136 页。

从而使这一观念将不再是直觉的自然向导”[①]。罗尔斯将其偏爱的观点称为“当下时间进入解释”，认为原初状态中的各方虽然不知道自己所属世代的发展水平，但是他们知道自己是同一个世代的。

一个随之而来的问题是，既然各方知道自己属于同一个世代，那么怎么能够确保各方会选择“储存”而不是尽量消费呢？因为各方可能通过拒绝为未来世代做出牺牲而有利于自己这一代，如上所述，即使过去的世代不储存，未来世代也是无能为力的，因此，对原初状态中的各方来说，不储存是一种理性的选择。丹尼尔·阿塔斯（Daniel Attas）曾用一种“囚徒困境”的模型来解释为什么上述选择是一种较为理性的选择：假如有 A 和 B 两个世代，B 在时间上处于 A 之后，B 知道自己的选择不会影响 A 是否进行储存的决定，并假如 B 不是进行储存的第一代。那么，B 的首要偏好是 A 已经进行了储存，而自己不需要进行任何储存；B 的第二种偏好是 A 和 B 都进行了储存，第三种偏好是 A 和 B 都不储存，第四种偏好是 A 不储存，B 进行储存。显然，不储存是 B 的首要策略，因为无论 A 是否储存，B 都不会偏好储存。[②]鉴于上述考量，再加上罗尔斯将原初状态中的各方设定为“相互冷淡的”，那么，未来世代的处境更加难以获得关心，这也给正义理论带来很大的挑战。罗尔斯对此问题的解决之道是调整原初状态中各方的动机假设，认为各方“被设想为代表着各种要求的连续线，设想为宛如一种持久的道德动因或制度的代表。他们不必考虑他们生命的恒久的影响，但他们的善意至少泽及两代。这样，处在邻近的时代的代表就有一种重叠的利益。例如，我们可以想象作为家长，因而欲推进他们的直接后代的福利的各方，作为各个家庭的代表，他们的利益像正义的环境所暗示的那样是对立的。……原初状态中的每个人都应当关心某些下一代人的福利，并假定他们的关心在每个场合都是对不同的个人的。而且，对下一代的任何人，都有现在这一代的某个人在关心他”[③]。可见，罗尔斯调整了相互冷淡的动机假设，将各方设想为关心其后代的家长，并将其称为“家族模式的动机假设”。在罗尔斯那里，通过调整原初状态中各方的动机假设，就能够确保各方选择一种正义的储存原则。

关于第二个问题，罗尔斯的论述较少，只是强调储存的东西是多种多样的，并不仅限于金钱：“每一代都把公平地相等于正义储蓄原则所规定的

① 〔美〕约翰·罗尔斯：《正义论》，中国社会科学出版社，1988 年版，第 138 页。

② 参见 Daniel Attas, “A Transgenerational Difference Principle,” in Axel Gosseries and Lukas H. Meyer (ed.), *Intergenerational Justice*, Oxford University Press, 2009, p. 190.

③〔美〕约翰·罗尔斯：《正义论》，中国社会科学出版社，1988 年版，第 128 页。译文有调整。

实际资金的一份东西转留给下一代（这里我们应该记住，资金不仅是工厂、机器等，而且是知识、文化及其技术和工艺，它们使正义制度和自由的公平价值成为可能）。”[①]对于“储存多少”这一问题，罗尔斯认为储存率随着社会富裕程度的变化而变化，譬如，当人们贫困的时候，就应当要求一种较低的储存率，相反，当人们富裕的时候，可以要求一种较高的储存率。同时，罗尔斯还强调正义的储存问题就是当代的处境最差者与未来世代之间的基本善的公平分配问题，“现在我们必须把正义的储存原则和两个正义原则联系起来。我们通过从最少获利的一代的观点来确定储存原则这一假设来做这项联系工作。正是要由这一代的代表人随着时间的延伸，根据实质调整来指定积累率。他们实际上已着手限制差别原则的运用”[②]。可见，与处境最差者对差别原则具有重要意义一样，处境最差者对正义的储存原则同样也有着重要性，某一社会的处境最差者能够接受的储存率就应当是该社会采取的储存率以及能够承受的储存率。正义的储存原则与差别原则之间的关系是显而易见的，即正义的储存原则限制着差别原则，当运用正义的储存原则之后，才能确定由差别原则规定的社会最低限度值。我们还需要注意的是，在罗尔斯那里，正义的储存原则不要求随着时间的推移而要有持续的经济增长，其中的原因在于罗尔斯认为储存仅仅要求建立和维持一个公正的基本结构的条件成为可能，“正义并不要求前代仅仅为了使后代生活得更富裕而储存。储存应当成为充分实现正义制度和自由的公平价值的一个条件。如果承担了额外的积累，那是为了其他目的。以为一个正义和善的社会必须依赖一种高度的物质生活水平是错误的。人们需要的是在与他人的自由联合中的有意义的工作，这些联合体在一个正义的基本制度的结构中调节着他们的相互关系。实现这种社会状态并不要求大量的财富”[③]。可见，在罗尔斯那里，一个公正和良善的社会不必拥有较高的物质生活水平，倘若财富超过某种限度，非但不会有利于公正和良善的社会的建构，反而有可能危害公正和良善的社会的建构。

二、正义的储存原则引起的纷争及罗尔斯的修正

在对罗尔斯的代际正义理论的研究中，大多数学者持批评的立场，他们往往质疑罗尔斯代际正义理论的两个关键部分，一是罗尔斯的“当下时间进入解释”，即原初状态不是过去的世代、当今世代和未来世代共同参与

①〔美〕约翰·罗尔斯：《正义论》，中国社会科学出版社，1988年版，第289页。

②〔美〕约翰·罗尔斯：《正义论》，中国社会科学出版社，1988年版，第293页。

③〔美〕约翰·罗尔斯：《正义论》，中国社会科学出版社，1988年版，第290～291页。

的原初状态，原初状态中的各方知道自己属于同一个世代；二是罗尔斯的“家族模式的动机假设”，即原初状态中的各方不像罗尔斯起初设想的那样是相互冷淡的，而是有着关心其后代的动机。不少论者往往从上述两个方面尤其从第二个方面出发，批评罗尔斯的代际正义理论，认为罗尔斯的代际正义理论与其差别原则之间存在一种张力。譬如，克莱顿•胡宾（Clayton Hubin）认为罗尔斯的“当下时间进入解释”有点武断，“看起来罗尔斯在试图以处理代内正义的方式来处理代际正义这一方面犯了错误。这种错误类似于功利主义者错误地试图将个人的理性选择原则扩展到社会选择。正义和非正义是同一社会中同时代的人之间发生的事情。某一世代的成员与另一世代（非重叠）的成员之间的关系，显然并不类似于同一社会中不同个人之间的关系。前者更像是一种捐赠/受益关系，而不是像后者（至少在正义的环境可以获得的情况下）所特有的合作竞争关系”①。杨通进认为罗尔斯的“代际正义理论和他的一般正义论之间存在着许多明显的反差、矛盾和冲突；这些反差、矛盾和冲突不仅限制了他对代际正义问题的探讨，而且威胁着他的正义理论大厦”②。罗尔斯在《正义新论》等著作中进一步修正了自己的代际正义理论，放弃了原初状态中各方关心其后代的动机假设。史蒂芬•沃尔（Steven Wall）仍然认为，虽然罗尔斯的《正义新论》有关正义的储存原则的新基础的论述要优于罗尔斯以前的论述，正确地放弃了正义的储存原则应该基于原初状态中的各方对后代的关心这一动机假设，但是“罗尔斯在《正义新论》中对正义的储存原则的理解与其差别原则之间存在一种张力。当正义的储存原则获得恰当的理解时，正义的储存原则——更确切地说，是它所依赖的基础——使得我们放弃差别原则，并支持一种对分配正义的非平等主义的解释”③。罗尔斯的代际正义理论与其差别原则之间真的存在张力吗？

如前所述，罗尔斯的代际正义理论最受争议的地方就是其“当下时间进入解释”和“家族模式的动机假设”，我们大体上可以将罗尔斯的代际正义理论面临的批判分为两种类型：一种类型是既不认可“当下时间进入解释”，又不认可“家族模式的动机假设”；另一种类型是认可“当下时间进

① Clayton Hubin, “Justice and Future Generations”, *Philosophy and Public Affairs*, Vol. 6, No.1, 1976, p. 79.

② 杨通进：《罗尔斯代际正义理论与其一般正义论的矛盾与冲突》，《哲学动态》，2006 年第 8 期，第 57 页。

③ Steven Wall, “Just Savings and the Difference Principle”, *Philosophical Studies*, Vol. 116, No.1, 2003, pp. 79-80.

入解释”而拒斥“家族模式的动机假设”。前者以胡宾和简·英格丽希（Jane English）等人为代表，后者以沃尔、海德和阿塔斯等人为代表。

我们先论述第一种批判。针对“当下时间进入解释”，胡宾认为罗尔斯的这种观点有点武断，罗尔斯没有仔细解释为什么他这么做，只是为当今世代提供了实际的代表，而为未来世代提供了虚拟的代表。对于罗尔斯的新的动机假设，胡宾质疑道，罗尔斯似乎将自己的理论置于一个滑坡之上，如果我们允许原初状态中的各方受到对家庭成员的情感所激发，那么为什么这种情感不针对其他团体的成员呢？为什么情感仅仅延伸一代或两代，而不是延伸三代呢？对胡宾来说，假如在正义的环境能够获得的情况下，罗尔斯甚至不需要改变原初状态中既有的“相互冷淡”的动机假设，就可以获得与罗尔斯同样的结果。胡宾以一种稍微不同于罗尔斯的方式设想了原初状态，在其中各方知道他们所属的世代，即知道社会的发展水平以及自然资源的数量等，同时还假定各方是相互冷淡的，由于处于原初状态之中，他们既不拥有也不知道他们是否与他人有情感联系。胡宾强调其目的不是建构一种完整的正义理论，而是仅仅显示当今世代对未来世代的正义的义务是怎样从原初状态中推断出来的。胡宾假定原初状态中的各方知道社会中的一般心理知识，即他们关心未来世代以至于他们会将未来世代的利益视为自己的利益。胡宾认为，在这些条件下，各方将会同意一种保护下一代利益的原则，如果为下一代进行储存的原则获得了同意，即使在现实生活中他没有孩子或者不关心他的孩子，那么他也没有损失多少，除非这种储存强加了可怕的负担。①英格利希在1977年也对罗尔斯的代际正义理论作出了重要的批判，罗尔斯曾在《政治自由主义》的一个注释中明确感谢英格丽希的批判，②可以说，罗尔斯在后期著作中对代际正义理论的修正以及放弃“家族模式的动机假设”，在很大程度上与英格丽希的批判有着很大的关联性。

英格丽希的批判主要有两点：其一，英格丽希批判了家族模式的动机假设，认为我们需要进一步澄清“家族”的概念。在英格丽希看来，我们可以设想原初状态中家族的家长也关心其他家庭成员的福利状况，但是“关心”的概念需要进一步澄清。除非我们知道原初状态中的家长关心其后代的程度如何，否则我们就不知道他们将选择何种原则，然而，罗尔斯在原初状态中起初设定的“相互冷淡”这一假设，已经等于预设了各方不关

① 参见 Clayton Hubin, “Justice and Future Generations”, *Philosophy and Public Affairs*, Vol. 6, No.1, 1976, pp. 72-82.

② 参见〔美〕约翰·罗尔斯：《政治自由主义》（增订版），译林出版社，2011年版，第254页。

心他们的后代，每个人并不是都希望拥有后代。基于上述考虑，英格丽希认为罗尔斯的家族模式的动机假设存在一定的困境。其二，英格丽希认为，储存不像罗尔斯认为的那样是单向的，储存也可能是双向的，正如父母可以进行储存以供其子女上大学，子女也可以进行储存以便为其父母支付养老费。因此，如果年轻人可以为其父母进行储存，那么罗尔斯的原初状态中的自利的个人将不会选择正义的储存原则这一观点就是有问题的。另外，英格丽希认为一旦放弃了“当下时间进入解释”，并将罗尔斯的“上一代对下一代的关心”改为“下一代对上一代的要求”，罗尔斯不需要采取家族模式的动机假设，正义的储存原则就能够被推导出来。在英格丽希那里，倘若从生物学的视角而言，每个世代至少包括两代人，三代人或四代人的共存情况也不罕见。每代人都想在其一生中实现自身福利的最大化，然而，每代人既不知道自己的年龄和所处的世代，又不知道自己是否是最年轻的以至于应该选择储存原则而有益于自己，同时也不知道自己是否是最年长的以至于选择进行大量的消费。这样的话，即使在家族模式的动机假设缺席的情况下，原初状态中的各方还是会选择储存原则。[①]正如我们将要提及的那样，罗尔斯在修正自己的立场时，确实吸收了英格丽希的部分建议。

第二种批评主要指向罗尔斯的家族模式的动机假设。沃尔认为罗尔斯早期在《正义论》中对代际正义理论的论述是不能令人满意的，因为关心未来世代的道德动机与罗尔斯理论中的“相互冷淡”的动机假设是不一致的，这也导致正义的储存原则的基础看起来难以令人接受。更为重要的是，这种解决问题的方式为正义的储存原则提供了错误的基础，正义的储存原则是一种正义原则，其内容不应该被某一世代能够被期待关心其后代的程度来决定，未来世代有资格拥有的储存水平不应该依赖于先前世代关心或者被期望关心其后代的福祉的程度。虽然罗尔斯在《正义新论》中调整了对代际正义的论述，对代际正义的解决方式看起来比起初的解决方式稍微可行一些，但是罗尔斯此时对代际正义理论的论述仍然与差别原则之间存在一种张力。罗尔斯可能会认可一种优先主义的储存原则，该原则不是一种平等主义，它的侧重点在于人们的绝对生活水平，并不关注与他人相比的相对生活水平。虽然优先主义优先关注那些处境较差者的利益，但是它没有排除下述可能性：处境较好者获得的较大利益能够获得证成，即使他们为处境较差者带来了某些牺牲。沃尔最后还强调罗尔斯的代际正义理论

---

① 参见 Jane English, “Justice Between Generations”, in Chandran Kukathas (ed.), *John Rawls: Critical assessments of leading political philosophers* (Volume II), Routledge, 2003, pp. 355-362.

与其差别原则之间的张力是不能获得化解的，我们应该放弃在它们之间寻求一致解释的努力。①

阿塔斯同样质疑了罗尔斯的家族模式的动机假设，认为在正义的环境中，“相互性”（reciprocity）是缺乏的，相互性的缺乏使得契约理念与代际维度无关。为了解决该问题，阿塔斯认为可以将“相互性”引入正义的环境中，这种做法在没有修正原初状态的情况下（即没有引入家族模式的动机假设），已经充分考量了未来世代的利益，也能够产生一种正义的储存原则。②海德首先认可罗尔斯的“当下时间进入解释”，认为我们无法想象我们什么也不知道的未来世代，其优势在于它不让我们想象遥远的未来世代之间的虚拟契约，而是想象一种同一世代的个人之间的契约。然而，罗尔斯的家族模式的动机假设是有问题的，这也使得罗尔斯的“当下时间进入解释”遭到质疑。虽然罗尔斯正确地注意到了人们通常觉得其孩子的利益是自身利益的一部分，这种感觉不依赖于他们从其父母那里获得的东西，正义关系是相互的，但是在代际问题上，相互性是不可能存在的。即使罗尔斯能够展示父母对其下一代的福利的直接关注是自然的，并能够确保家族模式中的善意原则，针对未来世代的社会正义问题仍然未能得到解决。因为为未来世代进行储存的义务不能被视为个人对其后代的自然关注的集合，“相似地，义务不能被认为基于对后代的自然关注的传递性，因为人类关心其孩子和孙子，并不关心孙子的孙子。同时，虽然他们知道他们的孙子将对自己的孙子有一种自然的关心，但是这种事实不能确保正义的承诺。我们可以考量核废料的长期储存政策这一例子。我们知道这种核废料也许将伤害到生活在几百年以后的未来的人民，但由于时间距离，我们对这些人不拥有自然的情感或个人的利益。虽然我们知道我们的孙子可能会对这些人有自然的关注，但是这些知识不能作为对这些核废料进行审慎储存的理由”③。可见，海德认为罗尔斯的家族模式的动机假设是存在问题的，不足以解释针对未来世代的正义的储存原则。

罗尔斯为了进一步完善自己的代际正义理论，并回应对其理论的一些尖锐批判，在《政治自由主义》、《正义论》（修订版）和《正义新论》等著

① 参见 Steven Wall, “Just Savings and the Difference Principle”, *Philosophical Studies*, Vol. 116, No.1, 2003, pp. 81-90.

② 参见 Daniel Attas, “A Transgenerational Difference Principle,” in Axel Gosseries and Lukas H. Meyer (ed.), *Intergenerational Justice*, Oxford University Press, 2009, pp. 191-192.

③ David Heyd, “A Value or an Obligation? Rawls on Justice to Future Generations”, in Axel Gosseries and Lukas H. Meyer (ed.), *Intergenerational Justice*, Oxford University Press, 2009, pp. 175-176.

作中进一步修正了自己的代际正义理论。通过分析我们可以发现，罗尔斯在修正自己的观点时，有两点是他始终坚守的，一是不主张通过差别原则来处理代际正义问题，二是坚守“当下时间进入解释”。第一点可以从罗尔斯的下述观点中体现出来：“当差别原则被运用到代际之间的储存问题时，它既可以让人根本不作任何储存，也可以让储存不足，以致无法改善社会条件来有效行使所有的平等自由。在恪守一条正义的储存原则的情况下，每一代人都对后代作出贡献，也都从它前代那里有所得。后来的世代无法帮助改善先前最不幸运的世代的状况。因此，对代际正义问题来说，差别原则是无效的，而储存问题须以某种其他的方式来加以处理。”[①]罗尔斯对“当下时间进入解释”的坚持可以从下面的论述体现出来。

那么，罗尔斯到底从哪些方面修正了其代际正义理论呢？大体而言，罗尔斯对其代际正义理论的修正有两个方面，一是增加了一种重要的原则，即“缔约者希望前代也要遵循他们所遵循的储存原则”，二是放弃了备受争议的家族模式的动机假设。罗尔斯在《政治自由主义》中曾言：“我们不去想象一种（假设的和非历史的）各代之间的直接性契约，相反，我们却可以要求缔约者一致达成一种储存原则，该储存原则须服从于他们必定要求其前辈各代所遵循的进一步的条件要求。因此，正确的原则便是，任何一代（和所有各代）的成员所采用的原则，也正是他们自己这一代人所要遵循的原则，亦是他们可能要求其前辈各代人（和以后各代人）所要遵循的原则，无论往前（或往后）追溯多远。”[②]罗尔斯在此处既坚守了“当下时间进入解释”，又增加了缔约者希望前代也要遵循他们所遵循的储存原则这一重要原则。罗尔斯在紧随其后的注释中解释道，他意识到了原来在《正义论》中设定的家族模式的动机假设与原初状态中原有的相互冷淡的观点是相互冲突的，他强调《政治自由主义》对代际正义理论的新的解释“在

---

①〔美〕约翰·罗尔斯：《正义论》（修订版），中国社会科学出版社，2009 年版，第 226 页。

②〔美〕约翰·罗尔斯：《政治自由主义》（增订版），译林出版社，2011 年版，第 253～254 页。罗尔斯在《正义论》（修订版）中同样强调了“我们可以想象他们是作为家长，因而希望推进他们的至少直接的后裔的福利。或者我们能要求缔约者同意这样的受限原则：他们能希望所有的前世都遵循同样的原则”。参见〔美〕约翰·罗尔斯：《正义论》（修正版），中国社会科学出版社，2009 年版，第 99 页。罗尔斯在《正义论》（修订版）中没有完全放弃“家族模式的动机假设”，然而，从罗尔斯在《政治自由主义》中对“家族模式的动机假设”的拒斥，以及在《正义新论》中不再提及“家族模式的动机假设”，我们可以发现罗尔斯在其后期著作中其实已经放弃了这一动机假设。罗尔斯之所以不在《正义论》（修订版）中完全放弃“家族模式的动机假设”，只是将其作为一种替代性的选择，并将它与“缔约者希望前代也要遵循他们所遵循的储存原则”并置在一起，可能与罗尔斯不想大幅修改《正义论》有关。倘若罗尔斯在《正义论》（修订版）中完全放弃“家族模式的动机假设”，罗尔斯就要在《正义论》（修订版）中重新建构一种代际正义理论。

不改变动机假设的情况下消除了这一困难。此外，它还保存了原初状态的契约条款解释的现时性，并与严格服从的条件和理想的理论达到普遍一致”[①]。罗尔斯此处提到的“困难”就是我们刚刚提及的家族模式的动机假设与相互冷淡这一设定之间的冲突，这也是罗尔斯起初对代际正义理论的解释面临的最具争议的地方。罗尔斯在《正义新论》中还再次强调了“当下时间进入解释”与“缔约者希望前代也要遵循他们所遵循的储存原则”：“为了维持对原初状态所做的当下时间进入的解释，储蓄问题必须通过某些限制才能加以处理，而这些限制只有当公民作为同时代人的时候才会有效。……正确的原则应该是任何世代（以及所有世代）的成员都会采纳的原则，是作为他们希望先前世代的人们都已经遵循的原则而加以采纳的原则，无论向后追溯多远。”[②]可见，罗尔斯在后期著作中论及自己的代际正义理论时，一方面坚持认为差别原则不适合处理代际正义问题，并坚守了“当下时间进入解释”，另一方面放弃了饱受争议的“家族模式的动机假设”，增加了“缔约者希望前代也要遵循他们所遵循的储存原则”这一重要条款。然而，罗尔斯并未对这一重要条款作进一步的解释。

三、审视罗尔斯与其批评者之争

我们应该怎样审视罗尔斯与其批评者之争呢？首先我们来看看英格丽希等人对罗尔斯的“当下时间进入解释”的拒斥是否可行。正如我们在本节第二部分曾提及的那样，在罗尔斯那里，设想一种由所有世代参与的原初状态这一做法是不可行的，罗尔斯给出的解释是这充满了“幻想”，除此以外，罗尔斯没有给予太多的解释。这也使得罗尔斯的“当下时间进入解释”有很大的争议性。倘若要抛弃罗尔斯的“当下时间进入解释”，英格丽希等人就要以一种不同于罗尔斯的方法来重构原初状态，即原初状态是一种由所有世代的代表共同参与的原初状态，在其中，过去的世代、当今世代和未来世代的代表都可能参与其中，换言之，所有世代的代表都参与其中。原初状态中的各方的身份有三种：一是过去的世代，二是当今世代，三是未来世代。如果采取罗尔斯的“当下时间进入解释”，那么参与者的身份是确定的，知道自己是属于同一个世代的当代人。倘若放弃罗尔斯的“当下时间进入解释”，各方的身份具有不确定性，也就是说，作为已经逝去的一代中的一员，各方要假定自己已经不再存在了；作为未来世代中的

---

① 〔美〕约翰·罗尔斯：《政治自由主义》（增订版），译林出版社，2011 年版，第 254 页。

② 〔美〕约翰·罗尔斯：《作为公平的正义：正义新论》，生活·读书·新知三联书店，2002 年版，第 263～264 页。

一员，各方要假定自己目前还不存在。事实上，这会产生一个悖论。因为在代际正义理论中，储存原则与人口政策（以及由人口政策所带来的人口数量的变动）之间存在着相互影响的关系。一方面，倘若采取宽松的人口政策，人口的数量可能会增加；反之，人口的数量可能会减少。当人口数量增加以后，慷慨的储存原则就是必须的；反之，就需要一种吝啬的储存原则或不进行任何储存。另一方面，当某一世代为未来世代进行更多的储存时，可能会进一步激发人口数量的增长，当某一世代不为未来世代进行储存或者进行更少的储存时，人口的数量可能会减少。也就是说，那些实际上存在的人口的身份以及数量的多寡，在很大程度上依赖于在原初状态中将被选择的储存原则。这会带来一种不可思议的结果：由那些对自己身份不确定的人来决定自己是否会存在，并选择那些会影响自身数量的储存原则。倘若我们的推理是恰当的，由所有世代共同参与的原初状态这一设想就会产生一种悖论。我们还需要注意的是，罗尔斯在其代际正义理论中试图确立一种正义的储存原则，这样的话，各方的身份就不能存在不确定性，即各方不能对自己所处的世代一无所知，最起码他们要确认自己是存在的，否则，他们将无法选择任何储存原则。“当下时间进入解释”恰恰可以避免上述悖论，因为在“当下时间进入解释”中，虽然原初状态中的各方不知道自己属于哪一世代，但是他们至少知道自己是正在存在着的人，知道自己是当代人。

其次，英格丽希和胡宾等人在拓展罗尔斯的代际正义理论的过程中也存在一些值得商榷的地方。我们在上一部分曾经提到，在英格丽希那里，储存也可能是双向的，并不像罗尔斯认为的那样是单向的，同时，从生物学的视角而言，每个世代至少包括两代人，三代人或四代人的共存情况也是常见的。英格丽希就大体上以这些观点以及对罗尔斯的“当下时间进入解释”的拒斥为前提，认为可以推导出正义的储存原则。事实上，英格丽希的立场仅仅在存在“世代重叠”的情况下才可能成立，人们在探讨代际正义理论时，“世代重叠”的不存在是一个更加常见的预设。罗尔斯强调世代是相继的，这可以从我们在第四节将要提及的、罗尔斯在其后期著作中反复申述的“社会是一种世代相继的公平合作体系”体现出来。倘若存在世代重叠的情况，正义的储存原则的证成就可以从家长对其直系后代的关心这一人类社会的正常经验推导出来，而代际正义理论也就不会像罗尔斯所说的那样为伦理学理论带来严峻的考验了。正是因为在通常对代际正义理论的研究中，未来世代是不在场的以及当今世代与未来世代之间不会有直接的交流等观念是一个通常的预设，这才需要我们认真对待代际问题，需要我们认真思考怎样才能获得一种恰当的代际正义理论。当然，社会学家或经济学家可能在研究代际正义理论时设想存在世代重叠的情况，比如考量家庭或家族内部的分配问题，但是这种代际正义理论至少已经不属于罗尔斯所关注的那种代际正义理论了。胡宾在拓展罗尔斯的代际正义理论时，建议罗尔斯放弃家族模式的动机假设，然后他提出了一个令人感到奇怪的心理假设，即原初状态中的各方会关心后代，以至于他们会将后代的利益视为自己的利益。实际上，虽然人们关心自己的直系后代的利益这一行为，是人类社会中客观存在的和常见的情况，但是人们也可能不会关心自己孙子的孙子的孙子的利益。同时，我们还可以发现，在胡宾的心理假设与罗尔斯的家族模式的动机假设之间，并不存在实质性的差异。如果像胡宾认为的那样，罗尔斯的家族模式的动机假设是不可行的，那么胡宾提出的替代性的心理假设同样是不可行的，这样的话，胡宾的立场就有自相矛盾之嫌。①

最后，我们将回应一种试图为罗尔斯的代际正义理论提供融贯解释的尝试。人们在研究罗尔斯的代际正义理论的过程中，有不少试图为罗尔斯的代际正义理论提供融贯性解释的努力。譬如，我们在上一部分提及的阿塔斯的观点，他主张将“相互性”引入代际正义的环境之中，从而获得一种正义的储存原则，杨士奇在其博士学位论文《论代间正义：一个罗尔斯式的观点》中也持有类似的观点。相互性理念在罗尔斯的正义理论中处于一种重要的位置，这可以从罗尔斯在《政治自由主义》和《正义新论》等著作中对其进行的详细阐述中看出来。何谓相互性？罗尔斯认为“相互性理念介于公正（impartiality）理念与互利（mutual advantage）理念之间，公正理念是利他主义的（受普遍善驱使），互利理念则被理解为每个人按其在事情中的地位（现在的和预期的）而获的利益。按照公平正义来理解，相互性是公民之间的一种关系，这种关系是通过规导社会的正义原则来表达

① 刘雪斌曾试图进一步完善罗尔斯对代际正义理论的契约论论证，笔者认为他的观点在某种程度上与胡宾的观点存在同样的困境。刘雪斌认为在展开对代际正义理论进行一种罗尔斯式的契约论论证的过程中，我们必须注意两个基本的人类事实，即在同一时间的人类社会中，存在着世代重叠的情况以及世代之间不可避免地存在依赖性，同时，他还认为在同一时间存在的不只有一个世代，至少存在两三个相邻的世代，区分了“同一时代的同一世代”以及“同一时代的不同世代”，并总结道：“在认识到人类社会的两个基本事实，并对同一时代的不同代际关系进行区分以后，‘当下时间进入解释’就可以获得正义环境，而且，通过世代重叠和世代延续，也可以克服当代人和后代人不能进行协商的问题。”参见刘雪斌：《代际正义研究》，科学出版社，2010 年版，第 113 页。如上所述，罗尔斯在其代际正义理论中强调了世代相继，并没有强调世代重叠，这样的话，刘雪斌所探讨的代际正义理论与罗尔斯意义上的代际正义理论就有着根本区别，他试图对罗尔斯的代际正义理论的契约论论证进行的进一步完善是否妥当，就非常令人怀疑。

的，在此一社会世界，每一个人所得的利益，都以依照该社会世界定义的一种适当的平等基准来判断。由此便有第二，相互性是一种秩序良好社会里的公民关系，它是通过该社会公共的政治正义观念表达的。因此，正义两原则，包括差别原则以及它所含蓄指涉的平等分配基准，系统地阐明了一种公民间的相互性理念”①。可见，在罗尔斯那里，相互性理念既不是公正的，又不是互利的，而是介于它们之间。然而，这还是没有清晰地界定到底何谓相互性。因为介于公正理念与互利理念之间的东西是什么，我们无法清晰地界说。罗尔斯在《正义新论》中进一步阐述差别原则时，也诉诸相互性理念，“差别原则包含了相互性的观念：天赋较好的人（那些在自然天赋的分配中占有更幸运位置的人，而从道德上讲他们对此不是应得的）被鼓励去获得更多的利益——他们已经从这种分配的幸运位置中受益了，但条件是他们应以有利于天赋更差的人（那些在这种分配中占有更不幸位置的人，而从道德上讲他们对此也不是应得的）善的方式来培养和使用他们的自然天赋。一边是利他主义的公正无私，另一边是互利，而相互性是介于两者之间的道德观念”②。罗尔斯此时也没有清晰地言说相互性理念的内涵，只是意在说明相互性是人们——尤其是处境较好者——接受差别原则的理由之一。

杨士奇在将相互性引入罗尔斯的代际正义理论的过程中，曾仔细考察了罗尔斯的相互性理念的内涵，他认为“相互性理念是罗尔斯试图说服我们的、一个愿意接受差异原则作为分配原则的社会所将会呈现出的一种公民关系：即，在一个立宪民主的社会中，自由的人们彼此之间平等互动、合作的关系。……所谓的相互性理念，指的原是一种‘按照公众承认的、合理的规则与标准，以恪尽本分、获取理性利益’的理念”③。杨士奇在接下来的一节中提到：“事实上，如果我们对比罗尔斯谈论相互性理念的核心观念以及罗尔斯后期论证储蓄原则时使用的概念，我们可以发现，罗尔斯已经重整了差异原则与储蓄原则的论证理据与合理性的条件，亦即，以相互性理念来解释代间的正义关系。”④杨士奇正是通过相互性来重新解释罗

① 〔美〕约翰·罗尔斯：《政治自由主义》（增订版），译林出版社，2011年版，第15页。译文有改动。

② 〔美〕约翰·罗尔斯：《作为公平的正义：正义新论》，生活·读书·新知三联书店，2002年版，第123页。译文有改动。

③ 杨士奇：《论代间正义：一个罗尔斯式的观点》，台湾政治大学博士学位论文，2008年，第124页。

④ 杨士奇：《论代间正义：一个罗尔斯式的观点》，台湾政治大学博士学位论文，2008年，第127页。

尔斯的代际正义理论，以试图为罗尔斯的代际正义理论提供一种更加融贯的解释。那么，这种做法合理吗？按照杨士奇对罗尔斯的相互性理念的解读，“平等”和“互动”是相互性的两个关键构成要素。实际上，当我们仔细分析代际正义理论所关注的代际关系以后，我们可以发现“平等”和“互动”恰恰是其不具备的，这主要与代际关系是一种同时间维度有关的关系有关。一方面，当今世代的很多决策和行动可以给未来世代的处境带来巨大的乃至灾难性的影响。比如，倘若当今世代随意处置核废料，未来世代将不得不承担这种政策的风险及恶劣后果，而对当今世代的所作所为无能为力。未来世代的福祉在很大程度上依赖于当今世代的行为，但是当今世代的福祉并不依赖未来世代的行为。倘若当今世代采取一种严格控制人口的政策，比如一对夫妻只生育一个孩子，未来世代的数量也会减少，也就是说，未来世代的身份以及数量的多少，在很大程度上都与当今世代的决策和行动有关。这也体现了当今世代与未来世代之间的权力是不对称的和不平等的，正如当今世代不能对过去的世代施加影响一样。当然，有人可能回应道，与当今世代在道德上是平等的一样，未来世代在道德上也是平等的。即使这种回应是无懈可击的，它也不得不关注杨士奇的观点在另一方面存在的难题，即人们在研究代际正义理论的过程中，代际互动的不存在往往是一个通行的假设，人们通常假定当今世代与未来世代是不碰面的。正是因为当今世代在做出能够影响未来世代的决策的过程中，未来世代是不在场的，这才使得代际正义理论成为一个棘手的问题。通过上述分析我们可以发现，杨士奇试图将相互性理念引入罗尔斯的代际正义理论之中，从而为罗尔斯的代际正义理论提供一种融贯解释的尝试，存在不少令人疑惑的地方。

第三节　后罗尔斯时代的契约主义的代际正义理论

众所周知，罗尔斯的理论对当代政治哲学的发展产生了重要的影响，很多学者正是在罗尔斯理论的激发之下构建了自己的理论。鉴于此，我们可以将罗尔斯之后的政治哲学称为“后罗尔斯时代的政治哲学”。在后罗尔斯时代的政治哲学中，很多学者也同样通过契约主义的方法建构了自己的代际正义理论，我们在第一节提到的契约论者高蒂耶和巴里就是其中的著名代表。

一、高蒂耶对代际正义的契约主义论证

我们在探讨高蒂耶是如何通过契约主义方法来阐释代际正义理论之前，首先要进一步关注高蒂耶的契约主义的内涵。高蒂耶在分析代际正义问题以及其他问题时为什么诉诸契约主义呢？虽然高蒂耶曾经批评过契约主义，认为作为一种意识形态的契约主义可能会给稳定的社会秩序带来危险和不安，但是他对契约主义还是寄予厚望，强调“道德面临着基础危机。契约主义为这种危机提供了唯一可能的解决方案”①。在高蒂耶那里，理性选择理论提供了一种规范理论的实例，高蒂耶正是试图通过理性选择理论来提供一种规范的理论，认为理性的人寻求实现自身利益的最大满足，那么为了实现自身的利益，一定程度的社会合作是必不可少的。在这一点上，高蒂耶继承和发展了罗尔斯的观点。罗尔斯将社会视为一项合作事业，高蒂耶只是强调社会是一种互利的合作事业，“提供互利是一项社会安排被接受的必要条件，而不是充分条件。但是我们假设提供互利的一些组合也是相互可以接受的；契约主义理论必须规定充分的条件”②。依高蒂耶之见，一项社会安排被接受的另一个条件是大家都共同遵守某些约束，同意的道德从最初对道德的假设开始，作为对每个人追求自己利益的限制，每个人都选择接受对自己利益的限制。当然，也有可能出现集体行动的难题，也就是说，在某些情况下，遵守规则恰恰不会有利于自己的利益，对个人来说，背叛规则恰恰是理性的，倘如每个人都这样做了，集体的非理性问题就有可能出现。在高蒂耶那里，只要人们都遵循受约束的最大化原则，在源自国家的强制性措施并不存在的情况下，集体行动的难题能够被化解。

高蒂耶在其契约论中强调了五个核心的概念，这也构成了其契约论的主要内容。第一个概念是道德自由的区域，也就是说在这个区域中，道德的约束是不存在的，这类似于经济学家偏爱的理想化的、完全竞争的市场，在其中，为了追求自己的最大满足，所有人不受约束的活动保证了各方的优势。这种市场体现了人与人之间的一种理性的互动模式，也就是说，那些对彼此的利益不感兴趣的人只要遵循自己的个人利益的要求，就能够有效地参与一项互利的事业；第二个概念是“最小最大的相对让步原则”（the principle of minimax relative concession）和“最大最小的相对利益原则”，前者意味着在最初的讨价还价地位中，讨价还价者的平等理性使得以让步

① 戴维·高蒂耶：《为什么要诉诸契约主义？》，唐翰译，载包利民编：《当代社会契约论》，江苏人民出版社，2007 年版，第 44 页。

② David Gauthier, *Morals by Agreement*, Oxford: Oxford University Press, 1986, p.11.

者的利害关系（the conceder's stake）的比例来衡量的最大让步，要尽可能地小，也就是说，要做出尽可能小的平等让步，而后者意味着相对利益较小者的利益，以让步者的利害关系的比例来衡量，要尽可能地大。倘若社会要成为一种互利的合作事业，它的制度和实践必须满足第二个核心概念；第三个概念是约束的最大化，即遵守互利的道德约束，那些受约束的最大化者彼此互动，享受着其他人缺乏的合作机会，那些受约束的最大化者从合作中能够获得利益，这些人通过内化道德原则以限制自己的行为是合理的。第四个概念是限制性的条款，这种限制性条款限制了最初的讨价还价地位，禁止通过互动来改善一个人的地位，从而恶化另一个人的地位，该限制性条款也是为了达成协议，使每个人都必须接受的条款。第五个概念是阿基米德点，通过这个点，一个人可以由此改变道德世界，为了赋予阿基米德点这种力量，它必须是绝对公正的，这是罗尔斯的“无知之幕”寻求的效果。[①]在上述五个核心概念中，有些核心概念体现出高蒂耶受到罗尔斯立场的影响，譬如，第二个核心概念显然受到罗尔斯的“最大的最小值原则”的影响。当然，高蒂耶的契约论与罗尔斯的契约论之间的差异是显而易见的，金里卡对此曾总结道：“罗尔斯运用契约论策略去发展我们关于道德义务的传统观念，而高蒂耶却运用它去取代我们关于道德义务的传统观念；罗尔斯运用契约论的观念去阐明人的内在道德地位，而高蒂耶却运用它去虚构一个道德地位；罗尔斯运用契约论策略去消除谈判控制力的差异，而高蒂耶却运用它去反映这种差异。”[②]高蒂耶的契约论与罗尔斯的契约论另一个关键的区别，是高蒂耶认为其原则只适用于合作盈余，即通过社会合作带来的物品的增加部分，[③]而不是像罗尔斯那样将其最大的最小值原则适用于通过社会合作带来的所有物品。

高蒂耶通过其契约主义方法构建了一种作为互利的正义理论，它是在讨价还价的初始状态中，那些拥有不同力量的人在知道关于自己的所有信息的情况下进行讨价还价的结果，为了实现自己的利益，讨价还价者要做出尽可能小的让步。然而，当我们将关注的视角转向代际关系时，高蒂耶的这种观点貌似不适宜于处理代际关系，其中的原因在于在代际关系中，“互利”通常被认为是不存在的，当今世代与未来世代以及过去的世代是不可能讨价还价的。高蒂耶也意识到了这一问题，认为不同世代的人之间的

① 参见 David Gauthier, *Morals by Agreement*, Oxford: Oxford University Press, 1986, pp.13-17.

②〔加拿大〕威尔·金里卡：《当代政治哲学》（上），刘莘译，生活·读书·新知三联书店，2004 年版，第 245 页。

③ 参见 David Gauthier, *Morals by Agreement*, Oxford: Oxford University Press, 1986, pp.133-134.

关系，似乎超出了其理论关注的范围，合作只有在实际交往的同时代人之间才有可能存在，同时，虽然一个人可以做很多事情来造福或伤害其后代，但是只有那些与他生活重叠的人才能回报他，这样他就没有理由关心别人了，在最大限度地发挥他的效用的同时，不考虑与自己不重叠的未来人，他没有获得次优结果的风险，“他可能接受的任何限制，都会导致效用从自己转移到未来的人；这不会带来互利。他的行为给未来的人带来的任何负担，都是他获得的利益的附带费用。因此，它们不能涉及违反限制性条款的行为。因此，一个人不顾自己与其后代的关系，就不会有不公正的行为。如果世界没有为他们留下一个适合居住的地方，更不用说他们的幸福，那么这仅仅是他们所处环境的特征；他们的权利没有受到影响”[①]。高蒂耶没有对此持一种非常悲观的态度，他采取的解决之道是诉诸“情感”和“世代之链”。

在高蒂耶那里，一般而言，人们至少对他们的直系后代及其利益感兴趣，这种兴趣使得人们有这样一种愿望，即人们希望让世界变得比他们自己发现的更美好，或者至少不会使自己所处的世界变得糟糕。同时，“家庭情感的作用主要是强化社会作为一个持续时间较长的实体。由于未来世代对现在活着之人的福祉贡献甚微，因此，我们和后代之间的契约似乎是一个持久社会的脆弱基础。然而，将家庭成员团结在一起的跨代情感纽带，为每个世代寻求社会的延续提供了必要的动机”[②]。高蒂耶强调，人们认为他们的后代和他们自己是同一个社会的成员，当以这种方式来考虑代际关系时，他们会认为他们的活动对其未来社会的成员造成的不利影响，实际上转移了成本，并违反了我们刚才提及的限制性条款，高蒂耶此时引用了柏克的下述观点：国家“不仅仅是活着的人之间的合伙关系，而且也是在活着的人、已经死了的人和将会出世的人们之间的一种合伙关系”[③]。高蒂耶因而认为国家是过去的人、现在的人和未来的人之间的代际契约，尽管当今世代与过去的世代、未来世代之间在事实上没有互动，然而，不同世代的成员之间有一种权利和义务的框架，这种框架是基于一种虚拟的协议。依高蒂耶之见，每个人都与比自己年长或年轻的人互动，并由此进入一个连续的相互作用链，从最遥远人类的过去延伸到我们人类最遥远的未来，互利的合作涉及世代不同但重叠的人，这创造了贯穿历史的间接合作关系，

---

① David Gauthier, *Morals by Agreement*, Oxford: Oxford University Press, 1986, p.298.

② David Gauthier, “The Social Contract as Ideology”, *Philosophy and Public Affairs*, Vol. 6, No. 2, 1977, pp.160-161.

③〔英〕柏克：《法国革命论》，商务印书馆，1998 年，第 129 页。

“每个人在考虑与比自己更早的一代人合作的条件时，都必须牢记自己需要与下一代人建立类似的条件，下一代人也必须牢记自己需要与下一代人合作，以此类推。因此，尽管每个人都可能准备同意他的同时代人的观点，即他们应该耗尽世界的资源，而不考虑那些尚未出生的人，然而，随着时间的推移，需要继续达成任何协议，将协议扩展到那些已经出生的人，因为对于那些已经死亡的人来说，协议条款必须保持不变，这样世界资源的耗尽就不会成为一种选择”①。依照上述观点，无论一个人什么时候活着，都应该期望从与其他人的交往中获得与前人相同的相对利益，而后继者也同样如此。

可见，高蒂耶在将其作为互利的正义理论用于处理代际关系时，诉诸各个世代之间的“情感”和“世代之链”。高蒂耶还具体考察了“继承问题”和“合理的投资率问题”。高蒂耶强调，继承问题似乎可以通过相互不关心的假设来解决，当某个不关心自己同伴的人再也不能从财产上获得利益时，他对财产会发生什么事情完全漠不关心，在其一生中，他会以任何方式处置自己的财产，使自己目前的效用最大化。这样的话，很多不便就会出现，高蒂耶进而认为从更加现实的角度来看待继承，大多数人会关心其财产的处置问题。事实上，大多数人希望与其配偶分享财产并供养后代，继承权利的存在是生产活动中一个强有力的激励因素，这些活动增加了物质福利，扩大了个人机会的范围。相互不关心不会出现在有继承关系的当事人中间，而是出现在社会成员之间，倘若某个人对某块土地或某物品获得了专有使用权，那么他当然有权随意处置该物品或将其遗赠给另一人。然而，这并不意味着继承的方式不受任何限制，在高蒂耶那里，继承不能违反限制性的条款，“如果遗赠不违反限制性的条款，那么它必须遵守某些限制性条件。对个人来说，遗产构成了其最初的禀赋的重要组成部分，个人禀赋的内容不仅影响其享受的机会，而且也影响其他人的可获得的机会”②。譬如，在某个共同体中，有一些拥有土地的人，这些人通过耕种自己的土地而获得不少收益，然而由于某种原因，这些土体所有者都准备将自己的所有财产遗赠给一个人，这种做法将使得那个继承人成为土地的垄断者，该共同体的所有其他人将不能获得土地，这种做法肯定违反了限制性条款。

合理的投资率问题就是我们在上一节曾探讨的、罗尔斯言说的代际储存问题，这也体现出契约主义的代际正义理论通常较为关注代际储存问题，

① David Gauthier, *Morals by Agreement*, Oxford: Oxford University Press, 1986, p.299.

② David Gauthier, *Morals by Agreement*, Oxford: Oxford University Press, 1986, p.301.

正如我们探讨过的后果主义的代际正义理论通常都关注人口政策一样。高蒂耶曾经强调，[①]社会进步的标志是多方面的，譬如，人口数量的增加、人均寿命的增长以及物质财富的增长等等。高蒂耶考察了物质财富的增加，认为社会进步的一个重要方面是人均物质财富的增加,如果投资是生产性，一个正的积累率（而不是负的积累率）就会出现，那么这种进步是通过将目前生产的一部分作为资本投资于未来生产（而不是将其用于当前消费）来实现的。然而，如果这增加了消费品的未来供应量，那么它就会减少目前的供应量。如果那些为未来的生产提供资本而储蓄的人选择消费，那么他们的生活会更好。由于储存使未来可获得的物品多于目前所能提供的，因此，这会使得储存从物品较少者的手中转移到物品较多者的手中，这种转移似乎违反了最小最大的相对让步原则，储存显得不合理。高蒂耶强调，事实并非如此，他建议我们考虑不同世代的人之间的理性交易的条件。无论属于哪一代人，最初的讨价还价地位都应该是一样的，然而，每个人都可以合理提出的最大限度的要求，取决于其所处的时间。每个人的最大限度的要求是他可能从合作中获得的最大限度的回报，因为其他人至少能从受限制性条件约束的自然状态的互动中得到他们期望的回报。因此，如果一个人属于第一代人，那么他的主张是基于那一代人之间的社会互动的成果，而不是其他任何东西。如果一个人是第二代中的一员，那么他的主张是基于他自己这一代成员之间的社会互动的成果，也是基于第一代人对整个合作盈余的投资成果。如果一个人是第三代中的一员，那么他的主张是基于他自己这一代成员之间的社会互动的成果，也是基于前两代人对他们合作盈余的投资成果。因此，只要投资是生产性的，每一代人都可能提出比前几代人更高的要求。当适用最小最大的相对让步原则以后，并假设最初的讨价还价地位不变,每一代的成员从绝对值上比他们的前辈获得更多。在世代之间的讨价还价中，没有一种单一的、可转让的物品可供所有人分享，相反，有一种越来越稳定的物品可以按比例平等分享。为了最大限度地提高绝对福祉的最低水平，人们将禁止物品从物品较少者那里转移到物品较多者那里。因此，每一代人都必须在必要的程度上储存，以抵消任何资源的耗竭，因为每一代人都必须使其后继者同他们自己一样处于有利的地位。

① 本段的下述内容参见 David Gauthier, *Morals by Agreement*, Oxford: Oxford University Press, 1986, pp.302-305.

二、巴里论代际正义

巴里大体上根据契约主义的方法，在很多地方述说了其对代际正义理论的看法。随着生态意识的增强以及人类文明的进步，“当今世代只是这个星球的临时监护人，不能肆无忌惮地开发这个星球，必须要考虑到未来世代的利益”这一观点越来越获得人们的认可。不少学者在思考代际关系时往往从“正义”的角度而不是从“人道”（humanity）的角度出发来探讨如何不危及未来世代的利益，那么，其中的原因何在呢？巴里较为深入地思考了这一问题，认为基于两种考虑，从正义的角度思考代际关系是较为恰当的：第一种考虑是虽然正义和人道都排除了完全忽略他人利益的做法，但是这并不使得它们具有同等的意义，例如，人道要求我们回应他人的需求，而正义要求我们给予他人应有的回报，这两种要求显然是截然不同的；第二种考虑是基于正义之上的要求通常比基于人道之上的要求有着更高的优先性。巴里引述了罗尔斯的立场来佐证这种观点，并举例说，虽然同情和人道的义务适用于动物，但是正义的优先性意味着，倘若保护动物的利益意味着对人类的非正义，对动物利益的保护就永远不会是正确的。①巴里就从正义的角度出发，在批判和继承罗尔斯的代际正义理论的基础上，构建了一种侧重于“机会平等”和“可持续性”的代际正义理论。

巴里在批判性地继承罗尔斯的代际正义理论之前，还指出了关于当今世代对未来世代之义务的几种代表性的观点存在的缺陷，②并认为契约主义是一种较为恰当的解释当今世代对未来世代之义务的方法。巴里首先关注从“互利”的角度出发衍生出当今世代对未来世代的义务这种做法，这也是我们刚刚提及的高蒂耶偏爱的方法。霍布斯和休谟等人强调，人类在彼此伤害的能力以及在相互合作的依赖性方面是完全平等的，因此，那种支持一种旨在为人们提供尊重他人利益的人为动机的制度，对所有人来说都是有利的。巴里强调这种观点似乎不能得出我们对那些在我们去世后很久才活着的人负有道德义务，其中的主要原因在于代际权力的不平等性，也就是说，尽管当今世代在某种程度上可以让未来世代变得更好或更坏，但是几个世纪以后活着的人不会做任何让当今世代的生活变得更好或更差的事情。这似乎意味着相互权力关系的不存在消除了当今世代对其继承者

---

① 参见 Brian Barry, “Circumstances of Justice and Future Generations”, in R.I. Sikora and Brian Barry (ed.), *Obligations to Future Generations*, Philadelphia: Temple University Press, 1978, p. 205.

② 本段的观点参见 Brian Barry, “Justice Between Generations”, in P. M. S. Hacker and J. Raz (ed.), *Law, Morality and Society*, Oxford: Oxford University Press, 1977, pp. 270-275.

负有道德义务（或者任何正义的义务）的可能性；巴里关注的第二种观点是从“相互性”角度出发来探讨当今世代对未来世代的义务，这种观点强调人类生活在一个相互依赖的社会中，义务因而就会出现。曾经有学者强调人类义务的基础是共同生活，还有学者强调对他人的义务源自与他人的实际关系，巴里认为这种观点显然使得义务取决于实际的（而不是潜在的）相互性关系，排除了对未来世代的任何义务，因为当今世代与未来世代之间缺乏这种相互性；诺齐克在其《无政府、国家和乌托邦》中提出了一种洛克式的哲学，这种观点也可能衍生出当今世代对未来世代的义务，诺齐克的这种洛克式的哲学强调任何旨在分配资源的有意的集体行动都受到同样的禁止，只要某种东西是某个人通过正当的手段获得的，这个人就可以以其喜欢的任何方式公正地处置它，例如将它遗赠给他人，用它换取任何东西，消费它或者毁灭它。依照诺齐克的立场，由于人们有权按照自己的意愿处置自身的财产，如果人们在其有生之年尽可能消费，并指示死后将其东西销毁，那么未来世代不能指控这种行为是非正义的。巴里强调对于这种情况，由于未来世代缺乏讨价还价的能力，未来世代也许可以诉诸他人的慷慨情感，然而，他们不能提出合理的道德要求。由于代际权力的不平等，从上述三种观点往往得出当今世代对未来世代没有义务这样的结论。巴里还探讨了一种高度认可当今世代对未来世代之义务的观点，即我们在第二章曾经探讨过的功利主义对代际关系的阐释，巴里认为，普遍的功利主义因为总是强调当今世代应该始终采取使得未来世代的幸福最大化的方式，这使得功利主义对代际关系的解释是如此极端，以至于这种义务是无法令人相信的。

可见，上述关于当今世代对未来世代之义务的解释，要么使得当今世代对未来世代没有义务，要么使得当今世代对未来世代要承担过于苛刻的义务。巴里在探讨上述有关当今世代对未来世代之义务的解释方法的不可行性之后，曾说道：“除非我们准备依靠直觉（可能会这样），唯一剩下的一般方法就是我所能看到的一些理想的契约主义的建构：正义所要求的是，如果我们不知道我们或他们的处境的细节，那么我们应该准备好去做我们会要求别人做的事情。”[①]当然，在 20 世纪 70 年代，最著名的契约主义者非罗尔斯莫属，巴里因此进一步分析了罗尔斯对代际正义理论的契约主义解释。巴里对罗尔斯的代际正义理论的批判，大体上可以分为两个方面：

① Brian Barry, “Justice Between Generations”, in P. M. S. Hacker and J. Raz (ed.), *Law, Morality and Society*, Oxford: Oxford University Press, 1977, p. 276.

一方面是质疑罗尔斯承袭的休谟式的正义的环境学说，另一方面是质疑我们在上一节言说的、罗尔斯代际正义理论中的“家族模式的动机假设”和“当下时间进入解释”。就第一个方面来说，巴里认为休谟式的正义的环境学说值得认真反驳，因为它似乎正在成为一种毋庸置疑的公理。我们在第一章中曾经提及，罗尔斯将休谟有关正义之环境的说法归纳为中等程度的匮乏、适度的自利和相对的平等。对于这三个条件，巴里没有质疑第二个条件，部分认可第一个条件，而完全拒斥第三个条件。如我们在第一章中所言，休谟曾经指出了大自然在满足人类需求方面的慷慨程度的上限和下限，倘若大自然在满足人类的需求方面是足够丰富的，正义将无立足之地，巴里认可休谟的这种观点，然而，巴里还强调，他看不出有什么理由可以像休谟那样认为，在极端匮乏的情况下，正义的标准是不适当的，休谟本人还曾谈到在饥荒中要平等分配面包的问题。对于第一个条件，巴里认为在未来世代是否会存在中等程度的匮乏，这是难以确定的，因为在未来，也许整个人类将会变得一无所有。联系到我们上述提及的、巴里对代际权力的不平等的论述，巴里不会认可第三个条件。整体而言，巴里不认可休谟的正义的环境学说，认为“如果正义的环境学说是正确的，那么在任何时候，在世的几代人和他们的继承者之间不可能存在代际正义。因为显而易见的是，即使我们放弃已经提到的适度匮乏问题，也无法完全回避完全缺乏平等的问题”①。对巴里来说，休谟言及的正义的环境不是正义的必要条件，同时，休谟所指出的正义的环境的部分内容在代际关系中是不存在的。

我们接下来看一下巴里是怎样批判罗尔斯的代际正义理论的，这也构成了巴里的代际正义理论的最重要的批判前提。罗尔斯在通过契约主义阐释代际正义理论时有一种“当下时间进入解释”，也就是说，虽然原初状态中的各方不知道自己属于哪个世代，但是他们知道自己是同时代的人。巴里认为这提出了一个显而易见的问题，即各个世代之间会存在一种“囚徒困境”，假如处于无知之幕后面的某个世代 K 有着储存的愿望，但是前提条件在于他们的前辈已经进行了储存，然而，世代 K 无法做出这样的有条件的决定，因为他们无法与他们的前辈达成任何有约束力的协议，他们所能做的事情就是决定自己是否进行储存。巴里认为摆脱这种困境的显而易见的方法是放弃原初状态中的人是同时代的人这一假设，然而，罗尔斯没有这样做，而是引入了原初状态中的各方有关心其后代的“动机假设”，巴

① Brian Barry, “Circumstances of Justice and Future Generations”, in R.I. Sikora and Brian Barry (ed.), *Obligations to Future Generations*, Philadelphia: Temple University Press, 1978, p. 223.

里明确批评了罗尔斯的这一做法。巴里认为鉴于无知之幕的存在，没有必要让原初状态中的各方知道他们关心下一个世代中的某个人，罗尔斯的“家族模式的动机假设”会面临两种强有力的反对意见：第一种批评意见是在思考代际关系的过程中，真正严重的问题不是对直系后代的义务，而是对遥远未来世代的义务，同时，罗尔斯的“家族模式的动机假设”过于依赖情感。虽然有人建议，人们会关心其孙子，孙子也会关心自己的孙子，我们可以从人们对自己孙子的关注等方面来促进对未来世代的义务，巴里强调这是不可能的，在几个世纪以后，这种情感会逐渐趋于零；第二种批判意见是从“家族模式的动机假设”衍生出来的对未来世代的义务是相当弱的，这种“家族模式的动机假设”可以提供的唯一证成是它使罗尔斯能够承认当今世代对未来世代负有义务，这种证成方法非常夸张，类似于魔术师把一只兔子放在帽子里，再次拿出来等待掌声一样。[①]巴里指出倘若罗尔斯的“家族模式的动机假设”被抛弃了，一种明显的替代性选择是将原初状态中的各方设想为不同世代的代表，与以前一样，在此种做法中，无知之幕将使得他们不知道自己是哪个世代的代表，从而确保必要的公正。在本章第二节中，我们已经提到过这种设想，罗尔斯本人也不认可这种设想，认为这种设想恰恰充满了幻想。与罗尔斯一样，巴里更进一步指出了这种做法面临的两种困难：一种困难是，如果我们将原初状态设想为一种将所有人（包括过去的世代、当今世代和未来世代）涵盖在内的设置，那么我们就会遇到下述问题，即如果不同的原则被选择，那么不同的人将会出现，因此，如果我们知道那些聚集在一起的人是谁，那么肯定有人已经做出选择了；另一种困难是，如果我们用在所有替代性的选择下可能出现的所有人都应该出席这一说法来处理上述难题，那么我们不仅会遇到想象选择环境的问题，而且我们一定会担忧选择那些促进潜在人群利益的良好意识的原则，其中的大多数人永远不会存在。[②]鉴于上述困难，巴里不认可一种将所有世代都涵盖在内的原初状态这一做法。

巴里在构建其代际正义理论的过程中，与罗尔斯一样强调，假如原初状态中的各方知道他们是同时代的人，但是不知道他们来自哪个世代，这种做法阻止了他们对自己所处世代的偏爱，正如对他们个人身份的无知阻止了他们对自己的偏爱一样，“他们大概必须制定一些原则来管理代际关系，同时又要考虑他们自己随时会出现在任何地方。因此，如果他们非常

① 参见 Brian Barry, “Justice Between Generations”, in P. M. S. Hacker and J. Raz (ed.), *Law, Morality and Society*, Oxford: Oxford University Press, 1977, p. 279.

② 参见 Brian Barry, *Theories of Justice*, Berkeley: University of California Press, 1989, pp.194-195.

严厉地要求过去的世代为他们的后代做出牺牲，那么一旦他们发现他们出生得较早，他们会感到后悔。如果他们对过去的世代要求的太松，他们出现在后面的序列中，那么他们也将会后悔”[①]。在巴里那里，原初状态中的各方会选择一种他们愿意将其当作一个普遍的法则来指导他们为未来世代储存的原则，选择一种能够满足普遍性的条件的原则，也就是说，原初状态中的各方必须为每个处境相似的人做好准备，以同样的方式行事。巴里接着强调“原初状态中的人们要选择一种他们可以遵守的原则，无论他们处于什么位置，其条件是所有其他人都根据同样的原则承担了他们自己的角色”[②]。也就是说，让原初状态中的各方说出他们在每个阶段愿意储存什么，前提是所有其他的世代在每个阶段都按照自己的阶段规定的比率储存。

那么，原初状态中的各方到底应该选择何种原则呢？巴里没有明言，然而，巴里在其他地方曾经强调了在代际正义理论中必须重视“机会平等”和“可持续性”，依照巴里观点的内在逻辑，这两种原则应该是原初状态中的各方选择的原则，至少是原初状态中的各方不会拒斥的原则。巴里曾经强调，就代际正义而言，机会平等必须用足够广泛的术语加以理解，它要求“不应该缩小留给后代的机会的总体范围。如果有些机会由于耗竭或者其他对环境的不可逆转的损害而关闭，那么人们应创造其他机会（如果有必要，以做出某些牺牲为代价）来弥补”[③]。巴里紧接着强调这种代际正义概念拥有一些富有吸引力的特征，例如，它是那些可以继承财产的人所信奉的“让资本保持完好无损”这一原则在全球层面上的扩展，它也意味着在不了解未来世代的嗜好的情况下体现未来世代的正义要求。巴里对机会平等的论述只是一带而过，他在其他地方试图将那种适用于代内关系的原则用来处理代际关系，并强调可持续性的重要性，为“可持续性是代际正义的必要条件”这一立场进行辩护。

在巴里那里，代际正义问题是一个非常复杂的问题，他打算将同时代人中分配正义的要求用于探讨代际正义的要求问题，并提出了一个非常重要的前提，即“人类的基本平等”，该前提使得道德地位不取决于人们生活的时间，因此，对当代人有效的某些正义原则，对代际正义也是有效的。[④]

---

① Brian Barry, *Theories of Justice*, Berkeley: University of California Press, 1989, p.197.

② Brian Barry, *Theories of Justice*, Berkeley: University of California Press, 1989, p.199.

③ Brian Barry, “Circumstances of Justice and Future Generations”, in R.I. Sikora and Brian Barry (ed.), *Obligations to Future Generations*, Philadelphia: Temple University Press, 1978, p. 243.

④ 本段的下述论述参见：Brian Barry, “Sustainability and Intergenerational Justice”, in Andrew Dobson (ed.), *Fairness and Futurity*, Oxford: Oxford University Press, 1999, pp. 96-100.

巴里认为人类的基本平等通常被视为一种公理，基本平等包括“平等权利”“责任”“至关重要的利益”以及“互利”这四个前提，并进而探讨这四个原则对代际正义产生什么影响。“平等权利原则”强调从表面上而言，公民权利和政治权利必须是平等的，巴里认为这一原则不适用于代际关系，平等权利原则适用于当代人，并且只适用于当代人，由于只是当今世代可以影响将来拥有平等权利的可能性，“互利原则”同样不适宜于代际关系。“责任原则”意味着对不同的人来说，不同结果的合法来源是人们做出了不同的自愿选择，巴里认为该原则适用于代际关系。“至关重要的利益原则”意味着空间和时间的位置本身不会影响合法的权利主张，巴里强调该原则适用于代际关系，未来人们的至关重要的利益与现在人们的至关重要的利益具有同等的优先地位。

巴里接下来探讨了可持续性与代际正义之间的关系，他认为可持续性既是一个规范的概念，又是一个正义的概念，而且至少是代际正义的一个必要条件。在巴里那里，“无论如何，我们应该让人们在未来的水平有可能不低于我们的水平。当然，我们不能保证我们这样做将会在未来为人们提供我们所能做到的事情。据我们所知，下一代可能会大肆挥霍，让他们的继任者相对贫困。维持与我们所享受的价值水平相同的潜力，取决于每一代人都在发挥自己的作用。我们所能做的就是保留这种可能性，而这是正义赋予我们的义务”①。为了保证可持续性原则能够得以实现，人口规模是一个不得不考虑的问题，巴里紧接着强调要保持适当的人口规模，可持续性要求人均的重要价值应该能够无限期地持续下去，倘若未来人口的数量不会大于现在的人口数量。实际上，巴里的上述观点中有机会平等的影子，这也从一个侧面体现出巴里在其代际正义理论中较为强调机会平等的重要性。

第四节　契约主义的代际正义理论的限度

以上我们探讨了罗尔斯、高蒂耶和巴里等契约主义者通过契约主义方法构建的各种代际正义理论，那么我们应当怎样评价上述代际正义理论呢？虽然罗尔斯是较早通过契约主义方法构建代际正义理论的学者，但是

① Brian Barry, “Sustainability and Intergenerational Justice”, in Andrew Dobson (ed.), *Fairness and Futurity*, Oxford: Oxford University Press, 1999, p. 106.

由于笔者认为罗尔斯的代际正义理论在某种程度上可以克服高蒂耶等人的代际正义理论存在的某些缺陷，我们首先评价高蒂耶等人的代际正义理论，可以为罗尔斯的代际正义理论提供一种融贯解释的尝试（当然，这并不意味着罗尔斯的代际正义理论就是完美无缺的）。

一、反思高蒂耶和巴里的代际正义理论

我们在反思高蒂耶的代际正义理论之前，先通过一个例子来较为清晰地澄清高蒂耶言说的“世代之链”的内涵。契约主义——尤其是高蒂耶承袭的霍布斯式的侧重于“互利”的契约主义——的代际正义理论，通常会面临着这样一种反驳意见，即当今世代与尚未存在的未来世代签订契约是不可能的，尚未存在的未来世代不可能与当今世代进行公平的讨价还价。我们在上一节中曾提到的、高蒂耶设想的解决该难题的办法是设想存在一种世代之链，契约是由同时生活的几代人（至少是三代人）签订的，每个人都与比自己年长的人和比自己年轻的人互动，由此进入从人类最遥远的过去延伸到人类最遥远的未来的持续互动之中。也就是说，由于每个人与比自己年长的人是同时代的人，他们之间可以讨价还价，当年轻的一代决定与比自己年长的一代合作时，年轻的一代只会同意一种可能被更年轻的一代接受的契约。譬如，世代 G1、G2 和 G3 会签订一种契约 C，[①]根据高蒂耶设想的世代之链，这种契约 C 会延续到世代 G2、G3 和 G4，然后延续到世代 G3、G4 和 G5，依此类推，契约 C 会不断延续下去。

高蒂耶通过那种侧重于互利的契约主义对代际正义理论的阐释，真的能够解决我们上述所说的难题吗？实际上，高蒂耶在此问题上过于乐观了，因为代际之间的权力是极度不平等的，也就是说，由于时间的不可逆性，当今世代可以伤害未来世代，未来世代对此是无能为力的，正如过去的世代可以伤害当今世代，当今世代对此也是无能为力的一样。我们在第一章以及在本章提及的巴里的观点——高蒂耶实际上也意识到了代际权力的不平等——中，已经多次提到了代际权力的不平等性。巴里曾经提及未来世代对当今世代可能关心的事情有一种绝对的控制权，也就是当今世代的“声誉”。未来世代对当今世代的看法，肯定受到当今世代如何对待他们的方式的影响，譬如，如果当今世代采取一种环境友好型的发展模式，那么未来世代可能会赞扬和感激当今世代；如果当今世代采取一种粗放型的发展模

① 此处我们设想的世代 G1 和 G2 不是人类社会的第一个世代和第二个世代，只是一些代表某世代的符号，G3、G4 和 G5 亦是如此，以下同。

式，肆无忌惮地污染环境，那么未来世代可能会批判乃至诅咒当今世代。然而，巴里认为这没有影响代际之间权力的不对称性，其中的原因有两点：第一，尽管未来世代控制着对当今世代来说可能很重要的资源，但是当今世代无法与未来世代通过谈判从而达成协议，当今世代只能通过猜测未来世代如何评判当今世代的行为，猜测肯定是不准确的；第二，虽然未来世代对当今世代的声誉有着绝对的控制权，但是这不一定使得人们选择那种节约能源的措施。巴里对此总结道："我并不认为后代决定我们的声誉这一事实值得我们给予很大的重视，以抵消我们对继承者所拥有的复杂的单边权力。"①德夏里特认为代际权力不平等的观点不应该被立即拒绝，契约主义者可能回应道，尽管当今世代在某些方面优于未来世代，但是未来世代在其他方面也会拥有权力优势，未来世代的权力甚至会超过当今世代的权力，因此，当今世代与未来世代之间会存在一种"不同的"权力不平等。与巴里一样，德夏里特也认为未来世代可以评判当今世代的行为、意图，有权力决定他人如何看待当今世代的行为，并指出"所有这些都是正确的，然而，就互利而言，这只能限定权力的差别。这根本不等同于我们当代人与未来世代之间的权力差异。未来世代将没有能力阻止我们污染水源或破坏雨林。此外，通过使用基因工程，我们今天可以影响未来人的同一性和数量，决定他们将是谁和有多少人，他们将会是什么样子。我们甚至有能力决定未来是否有人类，然而，未来的人永远不能阻止我们决定不生育后代"②。也就是说，代际之间的权力不平等和不对称是毋庸置疑的，尤其在当今基因工程日益发达以及可能被滥用的情况下更是如此。

现在我们回到高蒂耶的"世代之链"的观点上来。譬如，有世代 G1、G2、G3、G4、G5 和 G6，依照高蒂耶的设想，世代 G1、G2 和 G3 之间达成的契约 C 会无限地传递下去，其他世代也会接受契约 C。然而，契约 C 真的会无限传递下去吗？例如，当世代 G1、G2、G3 达成契约 C 以及 G1 退场以后，G2 可能会利用自己所处的优势地位，提议与 G3 合作并达成一种更有利于他们的契约 D，此时 G4 可能会对 G2 表示，自身还是更喜欢契约 C。G2 可能不会接受 G4 提出的要求，由于 G4 所处的劣势地位，G4 不得不接受对自身更加不利的契约 D。也就是说，契约不会像高蒂耶设想的那样会无限传递下去，那些处于更有利地位的世代可能会改变契约的条款，从而更有利于自身的利益。同时，当今世代的某些行为只会影响到更加遥

① Brian Barry, "Justice Between Generations", in P. M. S. Hacker and J. Raz (ed.), *Law, Morality and Society*, Oxford: Oxford University Press, 1977, p. 270.

② Avner de-Shalit, *Why Posterity Matters*, London and New York: Routledge, 1995, p. 93.

远的未来世代，比如在上述例子中，G1 的某些行为不会影响到 G2、G3 和 G4 等较近的未来世代，这样的话，G1、G2 和 G3 等世代不会考虑这些行为，高蒂耶将代际正义理解为某一世代与其临近世代（尤其是直系后代）之间的契约关系，未免太狭隘了。

高蒂耶的代际正义理论不仅面临着由代际权力的不平等引发的难题，而且还面临着另一个层面上的不平等带来的难题。我们在思考如何达成契约时，将后代纳入进来确实会增加问题的复杂性。譬如，有人希望有孩子，而有人希望成为新潮的"丁克一族"，这会使得在是否能就谈判达成一致意见时双方的力量处于一种不平等的位置上，莫尔根对此曾言："将孩子纳入其中，加剧了现有的谈判力量的差异。假设我有孩子，你没有孩子。如果我们不能达成协议，我的孩子会挨饿，那么我会不顾一切地达成协议。由于消息灵通，你会意识到我的相对弱点。你是理性的，你将利用这一点。结果将是一笔更符合你的利益而不是我的利益的谈判。"[①]在高蒂耶的那种侧重于"互利"的契约论中，谈判各方本身就处于一种不平等的位置，有孩子的人和没有孩子的人——或者说更加关心自己孩子的人和不怎么关心自己孩子的人——之间处于一种更加不平等的地位，他们不可能达成一种互利的协议，那些有孩子的人（以及更加关心自己孩子处境的人）有时候不得不接受一种并不真正有利于自己的协议，各方也不像高蒂耶设想的那样从一种互利的立场出发就代际正义的原则达成一致意见。同时，在高蒂耶的契约论中，不像罗尔斯那样通过原初状态和无知之幕等思想实验的工具遮蔽了各方的信息，以使得各方从一种公正的立场出发来确定能够实现代际正义的原则，而是允许各方知道自己的信息（比如自己的天赋和能力）。然而，一个随之而来的问题是，虽然各方知道自己的天赋和能力等信息，但是各方知道自己的后代的天赋和能力等信息吗？实际上，各方不可能确切知道有关自己后代的天赋和能力等相关的重要信息，各方在谈判桌前讨价还价时有时不能做出一种理性的选择，更像在罗尔斯的"无知之幕"之后进行选择。倘若如此的话，高蒂耶从其各种设定中获得的代际正义原则在多大程度上可以与罗尔斯的代际正义原则区分开来，是一个值得人们思考的问题，高蒂耶在从其各种设定那里得出代际正义原则的过程中，是否会背离自身的契约论理念，也是一个值得人们深思的问题。

高蒂耶的代际正义理论面临的另一个重要难题是他在论证其代际正义论时引入"情感"的因素，强调那种将家庭成员团结在一起的跨代情感

---

① Tim Mulgan, *Future People*, Oxford University Press, 2006, p. 35.

纽带，强调人们会关心自己后代的利益，希望自己后代的生活至少不比自己的生活差。高蒂耶此处强调的情感主要是一种以血缘关系为基础的、在父母与子女之间以及在祖父母与孙子女之间的自然情感。当然，这种情感确实可以在证成代际正义理论的过程中起到一定的作用，正如我们的祖辈们爱我们一样，我们也确实关心自己的直系后代的利益，然而，情感在证成代际正义理论的过程中不会像高蒂耶认为的那样有那么大的作用。一方面，倘若情感要在证成代际正义理论的过程中发挥很大的作用，一个重要的前提条件是立约各方都有自己的后代或者那些拥有后代的人都会关心自己后代的利益，否则，从情感中衍生出来的关心未来世代的义务对那些没有后代或不关心自己后代的人就没有约束力；另一方面，人们对自己的直系后代的情感，与对同自己永远不能谋面的人的情感，肯定不是一样的，高蒂耶设想的那种情感纽带会逐渐减弱，我们在上一节提及巴里在批判罗尔斯的“家族模式的动机假设”时就已经提到这一点，希克斯认为，那种将对未来世代的义务置于情感之上的做法，使得当今世代对未来世代的义务成为一种慈善的义务，而不是一种正义的义务，这种做法的侧重点过于特殊或狭隘，不能作为正义的要求。[①]罗伯特·古丁（Robert E. Goodin）也对此曾言：“具体说来，我们和孩子，和孩子的孩子之间会有情感联系，但在我们和第十代子孙之间就失去情感联系。这种情感联系意味着我们应该帮助最接近我们的子孙后代，即便在纯粹的物质方面别人可能比我们做得更好。另一方面，情感弱势形成了远亲不如近邻的现象，因为远亲缺乏情感联系。”[②]可能正是因为情感纽带在代际之间会逐渐减弱以及为了消除情感纽带与原初状态中的相互冷淡的假设之间的不一致性，罗尔斯后来在修正其代际正义理论时放弃了“家族模式的动机假设”，不再强调情感的重要性。

巴里的代际正义理论可以在某种程度上克服高蒂耶的代际正义理论存在的困境。譬如，在巴里那里，达成协议的各方处于一种平等的状态，并不会像在高蒂耶那里存在由代际权力的不平等引发的某些难题，巴里也明确主张情感因素不应该在证成代际正义理论时发挥作用。然而，有一个难题是巴里在其代际正义理论中没有解决的。我们在上一节中曾提到，巴里强调罗尔斯的“当下时间进入解释”存在一个显而易见的问题，即各个

---

① 参见 Richard P. Hiskes, *The Human Right to a Green Future: Environmental Rights and Intergenerational Justice*, New York: Cambridge University Press, 2009, pp. 12-13.

②〔澳〕罗伯特·E. 古丁：《保护弱势：社会责任的再分析》，李茂森译，中国人民大学出版社，2008年版，第198页。

世代之间存在一种“囚徒困境”，巴里建议罗尔斯对此有两种选择，一是放弃“家族模式的动机假设”，二是想象一个可以将所有世代涵盖在内的代际原初状态。然而，在巴里撰写其关于代际正义理论的论著时，罗尔斯没有放弃“家族模式的动机假设”，巴里自己也指出一旦想象一个可以将所有世代涵盖在内的代际原初状态，会存在更多难以解决的问题。那么，如何化解由“当下时间进入解释”引发的难题呢？巴里没有明言。同时，我们在上一节也曾提及，当巴里在探讨如何将适用于代内关系的原则适用于代际关系时，他认为平等的权利原则并不适合于未来世代，实际上，巴里的这种做法过于武断，我们在第五章中会详细探讨未来世代的权利问题。不过我们需要注意的是，巴里确实指出了罗尔斯的代际正义理论的不少缺陷，罗尔斯后来放弃了“家族模式的动机假设”，也没有设想一种能够涵盖所有世代的代际原初状态。整体而言，巴里在构建其代际正义理论的过程中，善于批判，而不善于建构，没有提出多少建设性的理论。巴里指出了从互利或功利主义等立场试图推演出当今世代对未来世代负有的义务时可能存在的难题，指出了罗尔斯的代际正义理论存在的一些问题，对代际正义理论主要进行了一种“否定性”的论证。然而，巴里在对代际正义理论进行“肯定性”论证的过程中着墨较少，只是在一些论文中强调我们在构建代际正义理论的过程中要注重机会平等和可持续性的重要性。

二、对罗尔斯代际正义论的融贯解释的尝试以及罗尔斯代际正义论的局限

与高蒂耶和巴里等契约主义者对代际正义理论的阐释相较而言，罗尔斯的代际正义理论更加具有原创性和可行性。罗尔斯通过原初状态和无知之幕等设置使立约者处于一种真正平等的状态，在原初状态中，人与人之间的自然差异和社会差异在讨价还价的过程中变得无关紧要，这也使得其代际正义理论可以在某种程度上化解高蒂耶的代际正义理论存在的困境。同时，罗尔斯在论述自己的代际正义理论的过程中，主要进行了一种肯定性的论证，他的代际正义理论比巴里的代际正义理论具有更多的原创性。然而，罗尔斯的代际正义理论仍然存在某些局限。我们下面首先试图为罗尔斯的代际正义理论提供一种融贯的解释。

本章第二节论及了罗尔斯对代际正义理论的初步证成、面临的批判以及对某些批判的回应，罗尔斯的代际正义理论难道真的像沃尔等人言说的那样，罗尔斯在其后期著作中对代际正义理论的论述仍然与差别原则之间存在一种张力，并应当放弃化解这种张力的尝试吗？虽然笔者也认为在罗尔斯早期的代际正义理论中，家族模式的动机假设和原初状态中的各方是

相互冷淡的这一观点之间确实存在一种张力，家族模式的动机假设还使得罗尔斯言说的当今世代对未来世代负有的义务不是一种基于正义之上的义务，而是一种基于情感之上的义务，但是我们对罗尔斯后期代际正义理论的看法，未必要像沃尔等人所说的那么悲观。倘若我们采取罗尔斯正义理论体系中的其他理论资源，并结合罗尔斯后期对代际正义理论的修正，我们可以为罗尔斯的代际正义理论提供一种较为融贯的解释。

我们知道，罗尔斯在后期著作中修正其代际正义理论时增加了一个重要的内容，即原初状态中的各方希望前代也要遵循他们所遵循的储存原则。然而，令人感到疑惑的是，罗尔斯没有详细解释为什么原初状态中的各方希望前代也要遵循他们所遵循的储存原则，对此只是一笔带过。当然，人们可以对罗尔斯的这一做法给出各种解释。笔者认为倘若我们联系罗尔斯在后期著作中反复强调的“社会是一种世代相继的公平合作体系”，我们就有可能获得一种比较恰当的解释。罗尔斯在其后期著作中不断申述社会是一种世代相继的公平合作体系，从而增加了社会合作所具有的“世代相继”这一特征：“将政治社会视为一种世代相继的公平合作体系，在这个合作体系中那些从事合作的人则都被看作自由和平等的公民，被看作终身从事社会合作的正式成员。”[①]在罗尔斯那里，社会合作理念包含了一种公平的合作条款，即每个参与者都可以合理地接受的合作条款，倘若所有其他人都同样接受了该合作条款，每个参与者都应该接受。在世代相继的公平合作体系中，除了第一代和最后一代，每一代都处于一种承上启下的位置，每个人都属于世代相继中的某一代。每个人都是人类共同体的一份子，从范围上而言，真正意义上的人类共同体具有“开放性”，包括地球上所有的人，不仅包括当今世代，过去的世代和未来世代也应当被纳入其中。在人类共同体中，过去的世代、当今世代和未来世代之间是一种伙伴关系，世代相继是人类共同体的核心特征之一，正如爱蒂丝·布朗·魏伊丝（Edith Brown Weiss）所言，所有的世代都是人类社会这个伙伴关系中的成员，“人类社会的目的应当是实现、保护所有世代的福利和幸福，这样就有必要让地球的生命维持体系、生态学的过程、环境条件、人类生存和幸福的重要文化资源、健康舒适的人类环境等继续持续下去”[②]。虽然当今世代和未来世代不会谋面，但是他们共同参与了人类社会在历史的长河中不断延续着的社

①〔美〕约翰·罗尔斯：《作为公平的正义：正义新论》，生活·读书·新知三联书店，2002年版，第7页。

②〔美〕爱蒂丝·布朗·魏伊丝：《公平地对待未来人类：国际法、共同遗产与世代间衡平》，汪劲等译，法律出版社，2000年版，第24页。

会合作。罗尔斯在修正其代际正义理论时强调原初状态中的各方希望前代也要遵循他们所遵循的储存原则，这种做法正好体现了作为一种公平合作体系的社会拥有的世代相继性。

在世代相继的公平合作体系中，为什么原初状态中的各方会选择一种正义的储存原则呢？为了回答该问题，让我们首先接受罗尔斯的“当下时间进入解释”，即虽然原初状态中的各方不知道自己属于哪一世代以及自己所属世代的发展情况，但是他们知道自己属于同一个世代，属于当今世代，原初状态不是由所有可能的世代的代表参与的一种原初状态。“当下时间进入解释”这一设定很容易使人们想象处于原初状态之中，不会给证成代际正义带来过重的理论负担。同时，我们还接受罗尔斯在其后期著作中对“家族模式的动机假设”的放弃。罗尔斯起初在构想原初状态时，将各方设想为是相互冷淡的，在罗尔斯看来，这会为其推导出正义的储存原则带来难以克服的困难，因此，他用各方会像家长一样关心其后代的福祉这一观点来替代各方是相互冷淡的这一设定。罗尔斯在后期著作中为了应对其代际正义理论面临的批判，放弃了家族模式的动机假设，笔者亦赞同罗尔斯的这一做法。鉴于无论各方是否进行了储存，未来世代都不能对其进行任何惩罚，他们为了实现自身利益的最大化而有可能不进行任何储存。那么，我们也不得不面对罗尔斯起初在证成代际正义理论时所面临的严峻挑战，即原初状态中的各方为什么不选择一种不进行任何储存的原则呢？为什么要选择一种正义的储存原则呢？笔者认为，在一种世代相继的公平合作体系中，原初状态中的各方只要具有罗尔斯设定的拥有“正义感”的道德能力，并像罗尔斯设想的那样抱有“希望前代也要遵循他们所遵循的储存原则”这一想法，他们依照罗尔斯所偏爱的“最大的最小值原则”，会选择一种正义的储存原则。

原初状态中的各方是一种道德存在物，拥有一种正义感，正如罗尔斯所言，“让我们假定，每个达到某一年龄和具有必要理智能力的人在正常的社会环境中都会建立一种正义感。我们在判断事物是否正义并说明其理由的过程中获得了一种能力。而且，我们通常有一种使自己的行为符合这些判断的欲望，并希望别人也有类似的欲望。显然，这种道德能力是极其复杂的，只要看看我们准备作出的判断在数量上和变化上的潜在的无限性，就足以明白这一点”[①]。言下之意，各方要使得自己的行为符合这些判断，尊重规则，并期望他人也有着类似的欲望，这实际上与我们上述的“缔约

① 〔美〕约翰·罗尔斯：《正义论》（修订版），中国社会科学出版社，2009年版，第36～37页。

者希望前代也要遵循他们所遵循的储存原则”这一观点是相通的。何谓正义感呢？罗尔斯认为正义感是公民所拥有的两种重要的道德能力之一（另一种道德能力是善观念的能力），正义感是指“理解、运用和践行代表社会公平合作条款之特征的公共正义观念的能力。假定政治观念的本性是具体规定一种公共的证明基础，那么，正义感也表达了这样一种意愿——如果说不是一种欲望的话——这就是，在与他人的关系中按照他人也能公开认可的条款来行动的意愿”[①]。在罗尔斯那里，正义感这种道德能力是个人成为公民、成为充分参与社会合作的成员的前提条件之一，正义感能够使得人们理解和应用为公众认可的正义原则。“最大的最小值原则”是罗尔斯在言说其差别原则时钟爱的原则，“假设两个原则是一个人将选择来设计这样一个社会的原则——在这一社会里，他的敌人也会把他的地位分给它。最大最小值规则告诉我们要按选择对象可能产生的最坏结果来排列选择对象的次序，然后我们将采用这样一个选择对象，它的最坏结果优于其他对象的最坏结果”[②]。在罗尔斯那里，最大的最小值原则是一种理性选择的策略，它是指人们在做出选择时遵循“小中取大”的原则，要在最坏的结果中间选择一个最好的结果。

在完成上述准备工作以后，我们还是要回到为什么原初状态中的各方会选择一种正义的储存原则这一问题上来。如上所述，社会是一个世代相继的公平合作体系，虽然原初状态中的各方知道自己是当代人，是现实存在着的人，但是他们也只是知道自己属于人类各世代中的一代以及各方是属于同一个世代的。在原初状态中，各方处于无知之幕后，无知之幕遮蔽了他们自身的一些情况及其所属世代的信息，譬如，与高蒂耶的契约论中的各方不同，此时的各方既不知道自身的身体状况、智力水平、家庭背景和社会地位等信息，也不知道其所处社会的生产力发展水平、所属世代的资源使用状况和资源储存状况等。那么，各方在对很多情况一无所知的情况下，在选择正义原则的过程中，会顾及未来世代的利益吗？也就是说，他们会选择一种为未来世代进行储存的正义原则吗？

笔者认为，原初状态中的各方根据“最大的最小值原则”，将会选择罗尔斯所说的正义的储存原则。这主要基于两方面的考量，一方面，正如我们在上面曾提到的那样，原初状态中的各方拥有“正义感”这种道德能力，该道德能力能够使其理解和应用为公众认可的正义原则。在世代相继的公

① 〔美〕约翰·罗尔斯：《政治自由主义》（增订版），译林出版社，2011年版，第17页。

② 〔美〕约翰·罗尔斯：《正义论》，中国社会科学出版社，1988年版，第151～152页。

平合作体系中，虽然各方不知道自己所处世代的任何信息，但是他们知道自己在世代的发展中处于一种承上启下的位置。罗尔斯在后期修正自己的代际正义理论时增加的“缔约者希望前代遵循他们所遵循的储存原则”这一条款，实际上是人际交往中的一种“黄金法则”，即“像你希望别人如何对待你那样去对待别人”。既然各方希望前代遵循他们遵循的储存原则，他们也不应当在发展的过程中耗尽当世的所有资源而不为未来世代进行任何的储存。“希望前代也要遵循他们所遵循的储存原则”在保持原初状态中的代表相互冷淡和自利的动机的情况下，给他们提供了关心后代的“自利”动机，因为他们的前代也要受到此原则的规导，同时，由于无知之幕的存在，这种“自利”促使他们接受正义的储存原则；另一方面，原初状态中的各方所处的社会是一个世代相继的公平的合作体系，有着一种公平的合作条款，这种公平的合作条款应该在某种程度上决定正义的储存原则的内容。由于各方不知道自身所处的世代，他们也不可能选择一种大量消耗自然资源的发展方式。其中的原因在于，倘若他们选择一种对环境极度不友好的发展方式，大量浪费资源和污染生态环境，一旦无知之幕被揭开以后，他们有可能发现这种粗放型的发展方式对自己是极为不利的。各方不知道自己所处的世代，这一设定可以使得所有世代的利益在原初状态中得到平等的对待。当原初状态中的各方根据“最大的最小值原则”这一理性选择策略，选择一种“正义的储存原则”之后，这种做法会有利于代际正义的实现，它可以保证自身即使处于最差的资源储存的情况下，也不会处于一种难以生存的境地。即使当无知之幕被揭开以后，他们发现自己所处的境况较好，对正义的储存原则的选择，也不会给自己带来难以承受的负担。因为储存率主要是看社会中的处境最差者愿意承受和能够承受的储存率来确定的，这种储存率不会要求过高的储存。

虽然我们在以上试图为罗尔斯的代际正义理论提供一种融贯的解释，但是这并不意味着罗尔斯的代际正义理论是完美无缺的。在罗尔斯的正义理论体系中，有一种非常值得注意且令人感到疑惑的现象。一方面，罗尔斯的代际正义理论只侧重于正义的储存原则（高蒂耶也非常关注代际储存问题），这也可能是唯一令罗尔斯感兴趣的代际正义问题，实际上，罗尔斯的这种关注视野未免较为狭窄。虽然正义的储存问题是代际正义问题的重要组成部分，但是代际正义问题涵盖的内容应当不止于此；另一方面，罗尔斯后来在提及其两个正义原则时，已经基本上不再提及正义的储存原则。当罗尔斯在《正义论》的初版中论述正义的两个原则的时候，罗尔斯将正义的储存原则置于第二个正义原则之中，并通过正义的储存原则约束差别原则，即正义的储存原则在各个世代之间限定了差别原则的范围，“一个社会可以分配的东西的数量，受到为后代储存的数量的限制，换句话说，要想明确社会亏欠现在公民的是什么，首先要解决‘代际正义问题’”①。然而，当他在《政治自由主义》和《正义新论》——《正义论》（修订版）除外——中提及两个正义原则时，正义的储存原则已经难觅踪迹，其中的缘由引人深思，它有可能体现出罗尔斯在代际正义问题上持一种摇摆不定的态度，这是否意味着代际储存问题是一个极为复杂的、难以解决的问题？我们不得而知。当然，罗尔斯的这种做法并不意味着他已经放弃了代际正义理论，这既可以从罗尔斯在后期不断强调社会是一种世代相继的公平合作体系看出来，又可以从罗尔斯在后期的著作中不断修正自己关于代际正义理论的论证中看出来。实际上，为了使得自己的正义理论体系显得更为完整，罗尔斯有必要在其后期著作重述正义的两个原则时将正义的储存原则置于其中。

最后，我们需要注意的是，虽然罗尔斯和巴里在构建代际正义理论的过程中已经通过原初状态的设置试图使得立约各方真正处于一种平等的位置，从而化解高蒂耶的代际正义理论面临的由代际权力的不平等招致的问题，但是代际权力的不平等问题确实是契约主义的代际正义理论需要解决的最重要的难题之一，由于未来世代目前尚不存在，未来世代与当今世代不可能处于一种真正平等的状态。另外，如果代际契约要求某个世代做出牺牲的话，那么为什么第一代人要加入这种代际契约呢？当今世代的成员所同意的契约，对未来世代有约束力吗？倘若有的话，为什么未来世代要遵守过去的世代做出的承诺呢？这些也是契约主义的代际正义理论需要解决的难题。

---

① Claus Doerksmeier, “John Rawls on the Rights of Future Generations,” in Joerg Tremmel (ed.), *Handbook of Intergenerational Justice*, Edward Elgar, 2006, p.74.

第四章　跨代共同体与代际正义：一种共同体主义的视角

在当代政治哲学中，代际正义理论除了我们以上探讨的侧重于“个人主义”的后果主义和契约主义等阐释方式，还有一种非常重要的阐释方式，即“共同体主义”的阐释方式，共同体主义为我们提供了一种截然不同的阐释代际正义理论的方式，这也是本书较为认可的代际正义理论的阐释方式。自20世纪80年代以来，共同体主义逐渐引起了人们的关注。在当今学界，共同体主义通常是指一种与自由主义的个人主义相对立的立场，“从功利主义和康德发展到罗尔斯和诺齐克的自由个人主义，关注的焦点在于把个人作为权利的承担者和道德分析与政治分析的中心，而共同体主义则把这个焦点转移到共同体。它坚持认为个人是被嵌于一种具体的道德、社会、历史和政治背景中，这种背景对于个人的同一性起着建构作用。因此，共同体主义以人格同一性和行为者的背景论观点取代原子式的人的概念”[①]。可见，共同体主义是一种侧重于“共同体”（community）的学说，共同体主义者强调共同体（而不是个人）应该成为政治理论和伦理学的基础。实际上，人们在探讨正义理论时诉诸共同体，这种做法并不罕见，正如希克斯所言：“在哲学史和政治理论史上，对正义的探讨当然不是从权利开始的，而是从共同体开始的。虽然柏拉图和亚里士多德的理念有所不同，但是他们都使用了共同体的术语来阐述正义问题，涉及个人对正义的共同体的参与的义务和利益。”[②]与上一章一样，我们在分析共同体主义的代际正义理论之前，将首先明晰共同体主义的内涵。德夏里特通过共同体主义构建了一种以“跨代共同体”——跨代共同体的理念并不新鲜，我们在第二节会提及柏克对此的阐述——为内核的代际正义理论，这也使得德夏里

---

① 尼古拉斯·布宁、余纪元编著：《西方哲学英汉对照词典》，人民出版社，2001年版，第171页。

② Richard Hiskes, *The Human Right to a Green Future: Environmental Rights and Intergenerational Justice*, Cambridge: Cambridge University Press, 2009, p. 22.

特成为代际正义的共同体主义阐释方式的最主要的代表人物。希克斯等人在批判和继承德夏里特的观点的基础上，依照共同体主义的方法，也构建了自己的代际正义理论，第二节将简述他们的代际正义理论。当然，共同体主义的代际正义理论是一种非常有争议性的理论，也面临很多批判，第三节将涉及其面临的“外部批判”和“内部批判”。虽然与代际正义的后果主义阐释方式和契约主义阐释方式相较而言，代际正义的共同体主义阐释方式较具吸引力，但是这不意味着代际正义的共同体主义阐释方式是完美无缺的。第四节在回应代际正义的共同体主义阐释方式面临的质疑的基础上，将指出其进一步发展的趋向，即它应该重视各个共同体之间的道德对话，并力图克服“排他性”的缺陷。

第一节　共同体主义界说

虽然“共同体主义”一词早在 19 世纪就已经出现了，但是共同体主义真正引起人们的关注是 20 世纪 80 年代的事情。众所周知，罗尔斯于 1971 年发表的《正义论》引起了巨大的争议，譬如，在此后的 10 年间，德沃金和诺齐克等人分别从自由主义的左翼和右翼批判了罗尔斯的新自由主义。到了 20 世纪 80 年代，麦金太尔、查尔斯 • 泰勒（Charles Taylor）、迈克尔 • 沃尔泽（Michael Walzer）和迈克尔 • 桑德尔（Michael Sandel）等人从“共同体”的立场出发，对以罗尔斯为代表的新自由主义展开了猛烈批判，他们的理论也被统称为“共同体主义”，当代的共同体主义就是在此背景下出场的。

一、共同体的概念及意义

什么是共同体？共同体是一个使用频率非常高的概念，正如托尼 • 布莱克肖（Tony Blackshaw）所言：“如今，‘共同体’一词随处可见，它不仅出现在共同体主义哲学家、社会学家和政治科学家的著作中，而且也出现在政治家、警务局长和大学校长等各种权威人士的谈话中。”[①]然而，共同体也是一个具有多种意涵的概念，在未得到清晰界定而被随意使用的情况下，共同体很可能成为一个被滥用的概念，当一些人在谈论共同体时，他们所指的对象可能是不同的。共同体的适用对象非常广泛，如道德共同体、

① Tony Blackshaw, *Key Concepts in Community Studies*, London: Sage Publications Ltd, 2010. p. 19.

利益共同体、政治共同体、欧洲共同体和人类命运共同体等，共同体概念也可以用于社会学、人类学、心理学、哲学和政治学等领域。我们先看看“共同体”的词源是什么，雷蒙·威廉斯（Raymond Williams）曾言：“Community 这个英文词，自从 14 世纪以来就存在。最接近的词源为古法文 *comuneté*，拉丁文 *communitatem*——意指具有关系与情感所组成的共同体。可追溯的最早词源为拉丁文 *communist*，意指普遍、共同。”[①]《牛津高阶英语词典》也指出了“共同体”一词的多种意涵：[②]第一，那些住在同一个地区或地方的所有人；第二，那些有着共同的宗教、种族和职业等特点的一群人；第三，在个人生活的地方共享某些物品的感觉和属于某个群体的感觉；第四，在生态学中，共同体指那些生活在同一个地方或环境中的一些植物或动物。

“共同体”一词有着悠久的历史，可以追溯到古希腊时期。亚里士多德在《政治学》的开篇说道：“所有城邦都是某种类型的共同体，一切共同体总是为了完成某些善而被建立的；因为所有人的每一种作为，总是为了谋求他们所认为的某种善。然而，如果所有共同体都致力于实现某些善，那么城邦或者政治共同体——它是最高的并且包含了其他一切共同体的共同体——追求的善一定是最广的和最高的。”[③]亚里士多德言说的共同体既是一种德性共同体，又是一种政治共同体。无论德性共同体，抑或政治共同体，都是以实现幸福为最终目标。在亚里士多德言及的共同体中，共同体的所有成员都将对共同善的追求作为他们共同的目标。亚里士多德所言说的善是指人要过一种幸福的生活，它的终极目的就是上述“最广的和最高的善”，即“至善”。在亚里士多德那里，城邦的地位高于个人，人离不开城邦，人只有在城邦这一共同体中才能过上一种幸福的生活。

卢梭的共同体思想也是当代共和主义的重要理论来源之一，主要体现在其社会契约论中。在卢梭那里，自然状态中一些不利于人类生存的障碍普遍存在，倘若人类不改变生存方式，就可能毁灭。为了避免该局面的出现，卢梭试图找寻一种能够保护每个人的人身和财富的结合形式，这一结合形式就是契约。卢梭在其社会契约论中，强调缔约者将自身的一切权利全部转让给整个集体，由于在缔约的过程中每个人都这样做，每个人将得

① 〔英〕雷蒙·威廉斯：《关键词：文化与社会的词汇》，生活·读书·新知三联书店，2016 年第 2 版，第 125 页。

② 参见 Hornby, *Oxford Advanced Learner's Dictionary* (9th edition), Oxford University Press, 2015.

③ Jonathan Barnes (ed.), *The Complete Works of Aristotle* (Vol. 2), Princeton: Princeton University Press, 1984, p.1986.

到自己丧失之物的等价物。对于其社会契约论的基本理念，卢梭曾这样总结道："**我们每个人都以其自身及其全部的力量共同置于公意的最高指导之下，并且我们在共同体中接纳每一个成员作为全体之不可分割的一部分**。只是一瞬间，这一结合行为就产生了一个道德的与集体的共同体，以代替每个订约者的个人；组成共同体的成员数目就等于大会中所有的票数，而共同体就以这同一个行为获得了它的统一性、它的共同的**大我**、它的生命和它的意志。"[①]在卢梭那里，这一共同体以前被称为城邦，现在被称为共和国，同时，卢梭通过"公意"这一概念凸显了共同体对其民众拥有绝对的权力，从而体现出共同善的至上性。

黑格尔的共同体思想对当代共同体主义的发展更是产生了直接的影响，我们将提及的当代共同体主义的主将泰勒更是直接吸收了黑格尔的思想。黑格尔在其共同体思想中，强调国家这一共同体相对于个人而言具有优先地位，认为我们不能将国家和市民社会混淆在一起，倘若人们将两者相混淆，个人成为某国家的成员将是一件任意之事，实际上，"由于国家是客观精神，所以个人本身只有成为国家成员才有客观性、真理性和伦理性。**结合**本身是真实的内容和目的，而人是被规定着过普遍生活的；他们进一步的特殊满足、活动和行动方式，都是以这个实体性的和普遍有效的东西为其出发点和结果"[②]。黑格尔强调了国家的至上性，"国家是现实的，它的现实性在于，整体的利益是在特殊目的中成为实在的。现实性始终是普遍性与特殊性的统一，其中普遍性支分为特殊性，虽然这些特殊性看来是独立的，其实它们都包含在整体中，并且只有在整体中才得到维持。如果这种统一不存在，那种东西就不是**现实**的，即使它达到**实存**也好"[③]。黑格尔紧接着用一个比喻来述说个人与国家之间的关系，即一个被砍下来的手看起来依旧像一只手，并且实际存在着，然而，被砍下来的手毕竟不是手了。换言之，就个人与国家之间的关系而言，倘若个人离开了国家，他就不是国家的一员了。

斐迪南·滕尼斯（Ferdinand Tönnies）通过将共同体与社会进行对照从而明晰共同体的内涵，对共同体的概念进行了一种极具影响力的、社会学的论说。依滕尼斯之见，人的意志在很多方面都处于相互关系之中，这种关系就是一种结合，既可以被理解为一种现实的和有机的生命，又可以被理解为思想和机械的形态，前者是共同体的本质，后者是社会的本质。人

---

①〔法〕卢梭：《社会契约论》，商务印书馆，1980 年第 2 版，第 24～25 页。

②〔德〕黑格尔：《法哲学原理》，商务印书馆，1961 年版，第 254 页。

③〔德〕黑格尔：《法哲学原理》，商务印书馆，1961 年版，第 280 页。

们在共同体中过着一种亲密的、单纯的共同生活，人们在共同体中与同伴一起，同甘共苦，而人们在社会中缺乏这种感觉，人们进入一个社会中时就如同进入了异国他乡，“共同体是持久的、真实的共同生活，社会却只是一种短暂的、表面的共同生活。与此对应，共同体本身应当被理解成一个有生命的有机体，社会则应当被视作一个机械的集合体和人为的制品”[①]。在滕尼斯那里，共同体与社会是不同的，社会是机械的，是那些拥有不同目的之人结合在一起的产物，例如，拥有不同利益的人们可以通过契约的方式结合在一起。然而，共同体是有机的，主要侧重于共同利益和共同精神，是基于情感、记忆、血缘和地缘等因素而形成的一种社会有机体，家庭、邻里和城镇等都是其体现形式。一旦这种共同体逝去了，它是不能被重建和复活的。滕尼斯强调个体是共同体的一部分，对共同体进行了一种影响深远的分类：“作为本质的统一体，**血缘**共同体发展着，并逐渐地分化成**地缘**共同体；地缘共同体直接地体现为人们共同居住在一起，它又进一步地发展并分化成**精神**共同体，精神共同体意味着人们朝着一致的方向、在相同的意义上纯粹地相互影响、彼此协调。我们可以将地缘共同体理解成动物性生命之间的关联，就像我们将精神共同体理解成心灵性生命之间的关联。因而精神共同体在自身中结合了前两种共同体的特征，构成一种真正**属人的**、最高级的共同体类型。”[②]可见，滕尼斯认可的是精神共同体，认为这种共同体是人类拥有的一种真正的、最高形式的共同体。

以上简要勾勒了亚里士多德、卢梭、黑格尔和滕尼斯等人对共同体的看法，我们可以发现“共同体”这个词较为复杂，它既可以指各种形式的组织（如亚里士多德和黑格尔等人强调的“国家”这一政治共同体），又可以指人们心灵、情感等方面的内在联系或某种社会互动的形式，在共同体中人们通常有着共同的信念。《布莱克维尔政治思想百科全书》提到的共同体的三种模式，[③]有助于我们进一步澄清共同体的内涵。第一种模式将共同体同地域联系在一起，这一模式有着深厚的历史基础，只不过共同地域是共同体得以存在的必要条件（而非充分条件）。上述滕尼斯的共同体思想就是该模式的典型代表。在滕尼斯那里，共同体是一个人生于斯、长于斯的场所，不是由一些为了发展共同利益而走到一起的个人构成的，相反，个人只是由于生活在特定的共同体中，才逐渐形成了共同利益的观念。同时，

---

①〔德〕斐迪南·滕尼斯：《共同体与社会》，张巍卓译，商务印书馆，2019年版，第71页。

②〔德〕斐迪南·滕尼斯：《共同体与社会》，张巍卓译，商务印书馆，2019年版，第87页。

③ 参见〔英〕戴维·米勒主编：《布莱克维尔政治思想百科全书》（新修订版），邓正来等译，中国政法大学出版社，2011年版，第102～104页。

共同体是一个与契约的利益相对立的，关于出身、地位、习惯和气质的问题，地域是这些性质得以产生的必要条件，但是仅有这个条件还不够。第二种模式侧重于麦基佛（MacIver）倡导的利益的共同性，该共同体概念源于卢梭对公意和众意做出的区分。依麦基佛之见，利益共同体不是个人的私人利益的简单集合，虽然共同体可以被有意识地创造出来（与滕尼斯的观点相反），但是它必须是基于一种特殊的意识，即它的目的是为了实现共同利益，或者某个群体的整体利益。第三种模式关注地方共同体，侧重个人的私人利益的聚集，共同体是提升个人利益的特殊手段，这与麦基佛的观点恰恰相反。这种模式认为个人的这些利益同分工是联系在一起的，可能存在以私人利益为基础的共同体，例如工会、职业和行业集团就体现了该共同体的意义。上述共同体的模式都强调自然位置性不是共同体存在的一个充分条件，而是一个必要条件，当然，这种自然位置性既可以是第三种模式强调的工作场所，又可以超越国界。

共同体引起了很多学者的兴趣，这在很大程度上与共同体的伦理意义密切相关。共同体的伦理意义是多方面的，例如，共同体通常体现了人们对美好生活的向往，某些共同体是善的，是善的一种体现，亚里士多德言说的共同体就具有这种含义。共同体有助于人们实现某些共同的目标，本尼迪克特·安德森（Benedict Anderson）曾言："民族被想象为一个共同体，因为尽管在每个民族内部可能存在普遍的不平等与剥削，民族总是被设想为一种深刻的，平等的同志爱。最终，正是这种友爱关系在过去两个世纪中，驱使数以百万计的人们甘愿为民族——这个有限的想象——去屠杀或从容赴死。"[①]共同体可以给人们一种归属感，有助于回答"我是谁"这个问题，丹尼尔·贝尔（Daniel Bell）对此曾说，共同体的传统和习俗对人们的自我认同有着决定性的意义，倘若个人试图逃离共同体，这不仅是自讨苦吃，而且亦是不可能的，"更糟糕的是，试图抛弃自己所属的共同体的人将要严重地迷失方向。他们的世界会被认为失去意义，失去任何有意义的可能性。这种痛苦而可怕的状态在不同的地方以不同的形式表现出来"[②]。共同体还有助于人们成为理性的以及相对自由的行为者，等等。

---

①〔美〕本尼迪克特·安德森：《想象的共同体：民族主义的起源与散布》，吴叡人译，上海世纪出版集团，2003年版，第7页。

②〔加拿大〕丹尼尔·贝尔：《社群主义及其批评者》，李琨译，生活·读书·新知三联书店，2002年版，第92页。

二、当代共同体主义的两副面孔

麦金太尔、泰勒、沃尔泽和桑德尔等人因从共同体的立场出发猛烈批判以罗尔斯等人为代表的新自由主义，而被统称为“共同体主义者”。共同体主义首先是作为一种批判理论而兴起的，这是共同体主义的第一副面孔，即“否定性的面孔”。共同体主义还从正面阐释了自己的理论主张，这是共同体主义的第二副面孔，即“肯定性的面孔”。

大体而言，共同体主义者从四个方面批判了自由主义。第一，批判了自由主义的自我观，在共同体主义者看来，自由主义对个人的理解是一种极端个人主义和原子主义的理解，忽视了自我在很大程度上受到其所处共同体中的各种关系的影响。桑德尔将其批判的罗尔斯的自由主义称为“义务论的自由主义”，义务论的自由主义强调社会是由多元的个人构成的，每个人都有其自己的目的、利益和善观念，其中自我观是义务论的自由主义的核心要素之一。在桑德尔看来，罗尔斯承继的康德式的自我观强调一种先验的自我，认为主体是一个自主的存在主体，拥有选择的能力，主体应该与其所处的环境区分开来。桑德尔对此回应道，罗尔斯所说的自我是一种“无羁绊的自我”（the unencumbered self），义务论自由主义所强调的主体拥有的独立性是一种自由主义的幻觉，误解了人的根本的社会本性，没有任何超越的主体能够处于社会或经验之外，罗尔斯的“如此彻底独立的自我排除了任何与构成性意义上的占有紧密相连的善（或恶）观念。它排除了任何依附（或迷恋）的可能性，而这种依附（或迷恋）能够超过我们的价值和情感，成为我们的身份本身。它也排除了一种公共生活的可能性，在这种生活中，参与者的身份与利益或好或坏都是至关重要的”[①]。桑德尔试图通过驳倒自我的优先性，从而驳倒罗尔斯的正义的首要性这一立场。

第二，批判自由主义的“正当（right）优先于善”这一观点。桑德尔强调罗尔斯的正当优先于善这一观念依赖于自我优先于目的，然而，罗尔斯的无羁绊的自我这一观念是有问题的，“它不能说明我们的道德经验，因为它不能说明某些我们通常承认甚至赞赏的道德和政治义务。这包括团结的义务、宗教义务以及其他道德纽带，这些义务的理由与我们的选择无关。如果我们把我们自己看作自由独立的自我，不受我们未曾选择的道德纽带束缚，那么，这些义务是难以解释的”[②]。沃尔泽也质疑了“正当优先于善”

---

①〔美〕迈克尔 • 桑德尔：《自由主义与正义的局限》，万俊人等译，译林出版社，2001 年版，第77页。

②〔美〕迈克尔 • 桑德尔：《民主的不满》，曾纪茂译，江苏人民出版社，2008 年版，第 15 页。

这一观点。善理论是沃尔泽的政治哲学的一个重要基石，他推崇的“复合平等”就奠基于其之上。沃尔泽在探讨国家等政治共同体的成员资格时曾说：“分配正义的思想假定了一个有边界的分配世界：一群人致力于分割、交换和分享社会物品，当然首先是在他们自己中间进行的。……我的意思并不是问：**过去**那个群体是怎样构成的？我在此所关注的不是不同群体的历史起源，而是他们在当下为他们的现在和将来的子孙所做的决策。在人类某些共同体里，我们互相分配的基本善是成员资格。”①沃尔泽是在一个政治共同体的范围之内探讨正当和善的问题，共同体的善对其成员来说具有基础性作用，共同体内的正义取决于共同体内的善的分配，而非相反。换言之，首先有善以及善的分配，然后才有正当性问题，自由主义所强调的“正当优先于善”是不成立的。

第三，批判自由主义的中立性原则。自由主义的中立性原则强调国家或政府应该在人们持有的各种善观念之间持中立态度，不应该致力于促进或者阻止人们追求自己的良善生活，国家或政府的行为不应该以任何善观念为基础。麦金太尔对此提出了质疑，认为自由主义没有贯彻自己的中立性立场，认为自由主义的中立性仍然是以自由主义的个人主义为前提的，只是一种表象而已，实际上，自由主义的中立性是不可能的。对于自由主义之中立性的不可能性，麦金太尔强调，罗尔斯等自由主义者提供了一种与众不同的正义概念，那种用于指导自由主义进行实践推理的原则以及自由政体内部的正义理论和实践“就人类善的对立和冲突的理论而言，并不是中性的。它们在其力所能及之处，把各种特殊的好生活概念、实践推理概念和正义概念强加于那些愿意或不愿意接受该论战之自由主义程序和自由主义条件的人们头上。自由主义压倒一切的善，恰恰就是自由主义的社会和政治秩序得以延续的支撑物”②。在麦金太尔那里，自由主义在人类的各种善观念之间从来就不是中立的。

第四，批判了自由主义的普遍主义立场。针对以罗尔斯等人为代表的新自由主义者从康德那里承袭的普遍主义立场，麦金太尔持批判的态度，正如其书名《谁之正义？何种合理性？》显示的那样，他不认为会存在一种普遍主义的正义观。依麦金太尔之见，西方思想史上出现过各种正义原则等政治原则或道德原则，各种原则既有历史传统，又是对立的，比如有

---

①〔美〕迈克尔·沃尔泽：《正义诸领域：为多元主义与平等一辩》，褚松燕译，译林出版社，2002年版，第38页。

②〔美〕阿拉斯戴尔·麦金太尔：《谁之正义？何种合理性？》，万俊人等译，当代中国出版社，1996年版，第451页。

些正义原则以应得概念为中心，而有些正义原则否认应得概念同正义原则有任何关联性。麦金太尔认为我们在理解各种学说、论点和论证的过程中都要联系其历史情境，然而，这并不意味着不存在永恒的真理，不意味着相同的学说或论证不会重新出现在不同的历史情境中，“相反，正是为各种学说所提出的这些主张，表明了这些学说的系统阐述是有时间限定的，而永恒性（timelessness）概念本身乃是一个带有历史性的概念，在某些类型的情境中，它根本不是它在另一些类型的情境中所是的同一个概念”[①]。沃尔泽曾这样描述那些自柏拉图以来在西方社会倡导普遍主义理念的人采取的哲学方法，即“着手哲学事业的一种方法——可能是最初的方法——是走出洞穴，离开城市，攀登山峰，为自己（而绝不是为愚夫愚妇们）塑造一个客观的普遍的立场”[②]。沃尔泽不认可此种方法，其恰恰采取了一种站在洞穴里、站在城市中、站在地面上来描述的方法，不懈地为其特殊主义立场辩护。

当代共同体主义的另一副面孔是其肯定性面孔。其一，共同体主义者强调共同体优先于自我和个人，这也是共同体主义与自由主义之间最主要的差异所在。对于共同体对自我和个人的优先性，泰勒曾言，“如下观念显然使我们超越了现代自然法的契约论，超越了以为社会是一般幸福之工具的功利主义社会观：只有当我们作为共同体成员的时候，我们才能达到最高级、最完备的道德存在”[③]。泰勒在此推崇的是一种黑格尔式的共同体概念，这种共同体是一个主体性的场所，是精神的体现，是比个体更充分、更实质性的体现。依桑德尔之见，自由主义和共同体主义都需要共同体的观念，只不过它们需要的可能是不同的共同体观念。桑德尔曾提到三种共同体的观念，前两种是罗尔斯在《正义论》中提出的，第三种是他自己认可的。[④]第一种共同体观念是手段型的解释，这种解释以完全工具性的方式设想共同体，个人将社会视为必要的负担，视为为追求私人目的而进行的合作；第二种共同体观念是一种情感型的解释，认为共同体的参与者拥有某种共享的终极目的，同时合作本身就是一种善；第三种共同体观念是构成性的解释，不仅像第二种那样强调情感，而且强调共同体的成员都是共

---

①〔美〕阿拉斯戴尔·麦金太尔：《谁之正义？何种合理性？》，当代中国出版社，1996年版，第12页。

②〔美〕迈克尔·沃尔泽：《正义诸领域：为多元主义与平等一辩》，译林出版社，2002年版，序言，第5页。

③〔加拿大〕查尔斯·泰勒：《黑格尔》，张国清、朱进东译，译林出版社，2012年版，第521页。

④ 参见〔美〕迈克尔·桑德尔：《自由主义与正义的局限》，译林出版社，2001年版，第178～186页。

同体的组成部分，强调共同体是一种自我理解的方式。第三种共同体观念强调对于共同体的成员来说，共同体是构成性的，我们可以将这种共同体称为“构成性的共同体”。

其二，善优先于正当。共同体主义者的“善优先于正当”这一立场意味着善是独立于正当的东西，正当被认为是可以用来增加善的东西。对于罗尔斯在《正义论》中提出的一种以善的弱理论为开始的正义观，泰勒不认可，并紧接着指出“如果‘善’指后果主义理论中的首要目标，而正当单纯由其为这个目的的工具意义所决定，那么，我们应当坚持正当优先于善。但是，如果在我们这里所讨论的意义上使用‘善’，而它意指的是所有被性质差别标明为高级东西，那么我们可以反过来说，在这个意义上，善总是优先于正当。其所以如此，并不在于它在我们早先讨论的意义上提供着更基本的理由，而在于，就其表达而言，善给予规定正当的规则以理由”①。正当与善哪一个优先的问题，是桑德尔与罗尔斯的主要分歧所在，桑德尔强调自我与其所处的共同体有着不可分割的依附关系，自我在共同体中的地位以及所担负的角色恰恰规定了人们的身份，在一个共同体中，“只要正义的先定突显性依赖于认识论意义上的人的差异和界限，那么，随着人们之间的不了解的消失，以及共同体的日益深化，正义的优先性将会减少”②。这样的话，在桑德尔设想的冲突日趋减少的共同体中，共同体的成员将会共享共同体的善，随着正义的优先性的减少，善的优先性将会上升。

其三，特殊主义的正义观。麦金太尔认为随着人类社会的发展，正义的观念变得越来越多，那种适用于某个共同体的正义标准不一定适合于另一个共同体，那种用于决定何谓正义和何谓非正义的充分标准并不存在，他谈到古希腊的智者时曾言：“智者不得不教的是在每一不同国家被认为是正义的东西。你不能提出和回答这个问题：正义是什么？而只能问在雅典什么是正义的？在科林斯什么是正义的？从这里似乎产生了一个重要后果，它不仅强化了有助于自然与习俗的区分的新的扭曲，而且为新的扭曲所加强。”③显然，麦金太尔持一种特殊主义的正义观。沃尔泽的“复合平等”也明显体现出沃尔泽反对普遍主义的正义观以及认可特殊主义的正义观，复合平等理论的核心观点是不同的善应该遵循不同的分配原则，主要

①〔加拿大〕查尔斯·泰勒：《自我的根源：现代认同的形成》，韩震等译，译林出版社，2012 年版，第 129～130 页。译文有改动。

②〔美〕迈克尔·桑德尔：《自由主义与正义的局限》，译林出版社，2001 年版，第 208 页。

③〔美〕阿拉斯戴尔·麦金太尔：《伦理学简史》，龚群译，商务印书馆，2003 年版，第 42 页。

有两层含义：[①]第一，复合平等反对支配，但不反对垄断；第二，正义具有领域性，不同的善应遵循不同的分配原则，例如，教育、权力、荣誉、职位和奖励等被用于分配的内容都有自己独特的分配机构、分配方式，金钱不应当跨越自己领域的界限而支配教育、权力和职位等善的分配。

三、新共同体主义的兴起

在当代共同体主义中，有两种值得我们注意的现象，这两种现象使得共同体主义貌似不适宜于处理代际正义问题：一种现象是除了我们在上一部分引述的沃尔泽的“我在此所关注的不是不同群体的历史起源，而是他们在当下为他们的现在和将来的子孙所做的决策”这段话中提及了“后代”，很少有共同体主义者考虑未来世代的处境问题；另一种现象是当代共同体主义者提及的共同体通常是小型共同体，这在麦金太尔那里体现得更为明显。麦金太尔特别钟爱“地方性的共同体”（local community），认为现代民族国家不能被视为一个共同体，也不能提供共同善。[②]然而，在 20 世纪 90 年代，出现了一种既关心未来世代的处境又不特别将共同体限于“地方性共同体”的共同体主义理论，这种共同体主义以阿米泰·伊兹欧尼（Amitai Etzioni）和德夏里特等人为代表，他们追求的共同体主义异于 20 世纪 80 年代的共同体主义，被称为“新共同体主义”。

与以往的共同体主义者相较而言，新共同体主义者的兴趣点主要在于现实问题。新共同体主义者认为当时的西方社会面临很多问题，例如，暴力现象时有发生，道德处于一种衰落的状态，人们的权利意识增强，但是对社会的责任感日渐丧失，公共道德坍塌。在新共同体主义者看来，上述不良现象的源头之一在于个人主义的泛滥。新共同体主义强调在西方社会存在一种个人权利与社会责任失衡的现象，下面我们看看新共同体主义如何平衡个人权利与社会责任。伊兹欧尼认为“要纠正目前权利和责任之间的不平衡现象，需要做到四点：暂停培育大多数（倘若不是全部）新权利；重新确立权利和责任之间的关系；要认识到有些责任不涉及权利；同时，最需要注意的是，要根据环境的变化来调整一些权利”[③]。伊兹欧尼紧接着

---

① 参见〔美〕迈克尔·沃尔泽：《正义诸领域：为多元主义与平等一辩》，译林出版社，2002 年版，第 6～10 页。

② 参见 Alasdair MacIntyre, *Dependent Rational Animals: Why Human Beings Need the Virtues*, Chicago and La Salle, Illinois: Open Court, 1999, p.131.

③ Amitai Etzioni, *The Spirit of Community: Rights, Responsibilities, and the Communitarian Agenda*, New York: Crown Publishers, Inc., 1993, p. 4.

重点论述了第一点。他认为在未来，西方社会应该严格限制创造新权利，因为新权利不断涌现，正如大量发行的货币将导致权利的通货膨胀。伊兹欧尼强调用权利语言表达的越来越多的需求，往往都是不合法的，这使得妥协和共识的达成变得很困难，而这些都是民主的核心。第二点强调权利意味着责任。在伊兹欧尼那里，只主张权利而不承担责任是不道德的和不合乎逻辑的，索取而不给予是一种非道德的、以自我为中心的倾向，最终是任何社会都无法容忍的。第三点强调存在一些没有权利的责任。伊兹欧尼认为人们必须认识到存在一些没有权利的责任，如人们对环境的责任就是一个很好的例子，"我们不仅要关心环境，甚至不仅仅是为了自己（尽管我们可能需要一些饮用水、可呼吸的空气和保护，因为臭氧层正在变薄）。我们有一种道德承诺，即为未来世代留下一个宜居的环境，甚至可能是一个比我们继承的环境更好的环境，当然不是一个已经枯竭的环境。**同样的观察也适用于我们对我们的道德环境、社会环境和政治环境的责任**"①。第四点是一些法律权利被解释为妨碍公共安全和健康的领域，需要重新解释，例如，美国宪法第四修正案将不合理的搜查和扣押视为非法的，什么是合理的？什么是不合理的？这些问题会随着时间的推移而改变。

作为新共同体主义的代表人物，伊兹欧尼对共同体采取何种看法？伊兹欧尼首先界定了共同体的内涵，他认为共同体包含以下三种特征：第一，共同体需要人们之间能够彼此影响的关系网；第二，共同体需要信奉一系列共同的价值、规范、意义和共同的历史，即共同体要信奉一种特殊的文化，共同体不纯粹是自由行为者的集合，而且是那些拥有共同的认同与目标的、能够作为一个整体而行动的集体；第三，共同体具有高度的回应性（responsive），能够回应其群体的真实需求。②伊兹欧尼心仪的共同体正是这种回应性的共同体，并称之为"真正的共同体"："'回应性'（responsiveness）是真正共同体的主要特征。如果共同体所促进的价值及其结构（财富的分配、权力的运用、制度的形成以及社会化的机制）不能反映其成员的需要，或者只反映部分成员的需要，那么共同体的秩序事实上就是强制性的而没有得到真正的支持。从长远看来，强制性的秩序是不稳定的（最后实际上

---

① Amitai Etzioni, *The Spirit of Community: Rights, Responsibilities, and the Communitarian Agenda*, New York: Crown Publishers, Inc., 1993, pp. 10-11.

② 参见阿米泰·伊兹欧尼：《回应性共同体：一个共同体主义视角》，史军译，载李义天主编：《共同体与政治团结》，社会科学文献出版社，2011 年版，第 43～44 页。

是混乱的），并会威胁到个体成员和亚群体的自主。”[①]伊兹欧尼认可的真正的共同体应该不断地重构自身，从而能够回应其成员的真实需要，而不是仅仅通过社会化等手段使得共同体的成员接受共同体的要求。那么，伊兹欧尼所谓的回应性的共同体是麦金太尔等人强调的“地方性的共同体”等小型共同体吗？实际上，回应性的共同体不仅指地方性的共同体，而且还指规模更大的共同体。在回答如何重建共同体这一问题时，伊兹欧尼认为那些将重建共同体作为其核心使命的共同体主义者经常被问到这样一个问题，即他们所指的是哪个共同体？是地方性的共同体，还是民族性的共同体？伊兹欧尼认为“从社会学的角度而言，正确的答案是，共同体最好被视为中国的嵌套盒，其中更小的共同体（家庭、邻里）位于更大的共同体（村庄和城镇）内部，而这些共同体又位于更大的共同体内，这些更大的共同体包括国家和跨国共同体（如崭露头脚的欧洲共同体）。此外，还有一些非地理的共同体，例如，职业性的或以工作为基础的共同体”[②]。我们在上一段引述伊兹欧尼关于如何平衡个人权利和社会责任这一问题的第三点回答中已经发现，伊兹欧尼强调当今世代应该为未来世代留下一个宜居的环境，并在其他地方也关注了这一问题，明确提出了一种“构成性共同体主义的论证”（constitutive communitarian argument）。[③]在伊兹欧尼的论证中，特殊主义的义务反映了一种道德义务，即培育人们在其中可以得到发展的社会环境，也就是所谓的“道德生态”。特殊主义的义务迫使人们将尊重自然环境的理念运用到社会领域，强调我们至少有义务不要让社会生态的状况比我们继承的更糟。

既然实现个人权利和社会责任之间的平衡是一个很好的设想，那么应该采取何种措施让人们担负起其应当担负的责任？如何构建一个美好的共同体？伊兹欧尼强调依靠道德的方式可以使得人们从内心上愿意担负各种社会责任，从而使社会向美好社会的方向迈进，“新共同体主义面对的问题是：人们要求更多的权利，承担更少的责任，从而导致社会失去了原有的秩序。对于这种社会疾病，新共同体主义者提供了他们的诊断：社会失序源于道德失序，原有的道德在不断衰落，而新的道德还没有填补留下的真

① 阿米泰·伊兹欧尼：《回应性共同体：一个共同体主义视角》，载李义天主编：《共同体与政治团结》，社会科学文献出版社，2011 年版，第 36 页。

② Amitai Etzioni, *The Spirit of Community: Rights, Responsibilities, and the Communitarian Agenda*, New York: Crown Publishers, Inc., 1993, p. 32.

③ Amitai Etzioni, “Are Particularistic Obligations Justified? A Communitarian Examination”, *The Review of Politics*, Vol. 64, No. 4, 2002, p.590.

空。基于这种诊断，新共同体主义者开出了药方：重振道德呼声，确立道德秩序，建立一个共同体主义的社会”[①]。在伊兹欧尼那里，道德呼声是一种特殊形式的动机，既可以是个人的，又可以是共同体的，虽然个人的道德呼声可以影响人们的良心和行为，但是共同体的道德呼声会影响个人的道德呼声以及强化个人的道德信念，个人可以获得共同体本身拥有的道德信念。

与伊兹欧尼只是在其共同体主义中偶尔提及未来世代不同的是，德夏里特在其共同体主义理论中明确提出了一种“跨代共同体”的理念，这种跨代共同体不仅包括当今世代，而且包括过去的世代和未来世代。在德夏里特那里，共同体代表了超越简单人群聚集的关系，通常描述的是一个实体，人们从中获得他们的文化身份和道德身份，并从中找到他们的价值观的意义。例如，人们经常声称人类从共同体主义本质中产生了一种正义感。从这个意义上来说，共同体不一定是地理上的，而是一个道德实体，同时，德夏里特还强调了共同体的精神层面的内涵，认为这种共同体指的是自我认同、道德、政治和文化关系的更具精神的层面。德夏里特认为共同体的文化、道德和政治等内容还超越了人的一生，跨代共同体的成员需要延续过去的世代的遗产，“然而，这不是跨代共同体的唯一可能的解释。跨代共同体不仅延伸到过去，而且还延伸到未来世代。因此，正如许多人认为过去是构成他们‘自我’的一部分一样，我们也同样有理由认为，我们也应该把未来视为我们‘自我’的一部分”[②]。换言之，德夏里特在此强调的是一个涵盖过去的世代、当今世代以及未来世代的跨代共同体，并以此为主要内容，构建了我们在下一节将要详述的共同体主义的代际正义理论。

以上简要厘清了共同体的内涵和共同体主义的基本理念，通过分析我们可以发现，共同体主义中的某些因素可以适用于代际关系，尤其是德夏里特和伊兹欧尼等人的新共同体主义理念倡导一个更大的共同体，而且也明确提及了当今世代对未来世代的义务。

第二节　以跨代共同体为内核的代际正义

虽然人们在探讨正义理论时诉诸共同体这一做法有着悠久的传统，但

① 姚大志：《正义与社群——社群主义研究》，人民出版社，2014 年版，第 322 页。

② Avner de-Shalit, “Community and the Rights of Future Generations: A Reply to Robert Elliot”, *Journal of Applied Philosophy*, Vol.9, No.1, 1992, p. 113.

是人们在探讨代际关系和代际正义时诉诸共同体这一做法是较为晚近的事情，柏克较早地在这方面作出了有益的尝试。在柏克那里，社会上有着各种契约，有些契约纯粹以偶然的利益为目标，这些契约是可以被随意解除的，然而，作为一种契约形式的国家不是一种为了某些不重要的利益而缔结的合伙协定，不是缔约者可以随意解除的，相反，人们应当以崇敬的心情看待国家，国家不是仅仅为了服务于一个在肉体上短暂存在的动物的生存而进行的合作，“它乃是一切科学的一种合伙关系，一切艺术的一种合伙关系，一切道德的和一切完美性的一种合伙关系。由于这样一种合伙关系的目的无法在许多代人中间达到，所以国家就变成了不仅仅是活着的人之间的合伙关系，而且也是在活着的人、已经死了的人和将会出世的人们之间的一种合伙关系。……它联系着低等的自然界和高等的自然界，连接着可见的世界与不可见的世界”[①]。显而易见，柏克所说的国家是一种代际契约，有着我们在上一章曾探讨的契约主义色彩。然而，倘若我们抛开这种契约主义色彩，柏克此时也描述了一种“跨代共同体”的理念，国家是一种神圣的跨代共同体，这种跨代共同体将过去的世代、当今世代和未来世代都涵盖在内。此后，不少学者在探讨代际关系和代际正义问题时，从柏克（以及其他学者）那里汲取了不少灵感，构建了一种以跨代共同体为内核的代际正义理论，其中的代表人物有德夏里特、希克斯和迦纳·汤普森（Janna Thompson），而德夏里特是其中最为重要的代表人物。

一、德夏里特的代际正义理论

德夏里特在构建其代际正义理论的过程中，吸收了 M.P.戈尔丁（M.P.Golding）、安妮特·拜尔（Annette Baier）和诺曼·凯尔（Norman Care）等人在 20 世纪 70、80 年代提及代际关系或未来世代的权利问题时对共同体理念的阐发。由于戈尔丁和凯尔主要对共同体主义的代际正义理论持一种批判的态度，我们将在下一节阐述他们的理论，而在此主要提及拜尔的观点。在拜尔那里，当今世代对未来世代负有义务的主要原因是过去的世代、当今世代和未来世代共处于一个跨代共同体之中，“作为道德存在物，我们扮演的关键角色作为一个跨代共同体（cross-generational community）的成员，这个共同体是一个关注过去和未来的共同体，从现在的角度解读过去，将未来视为过去的延续，并将自己视为持久的家族、国家、文化和传统的成员。也许我们可以用康德的语言来说，正是因为人是**本体**

①〔英〕柏克：《法国革命论》，商务印书馆，1998 年版，第 129 页。

性的存在物，对过去的人和未来的人的义务是相互加强的，因此，每一项义务都是作为共同价值产生和再生的持续过程中的参与者而针对人的义务”①。对拜尔来说，上述对道德共同体的时间连续性的强调，并没有否认知识的积累和权力的增加会影响到个人承担的义务，并继而指出，功利主义或契约主义等理论没有正确解释当今世代对过去的世代或未来世代的恰当态度的原因。那么，什么理论能够担此重任呢？拜尔强调，我们需要一种关于义务的共同体的观点，并强调了其中的三个方面。②第一，共同体不是一个人选择加入的共同体，而是一个人发现自己所处的共同体，并从中继承了语言和生活方式等；第二，各个世代之间的相互依赖形成了道德共同体的关系，这种关系一旦获得承认，就会产生义务。在一个相互依存的角色网络中，权利和义务属于各种角色，每个人都要依次扮演各种角色，比如那些受到抚养的孩子长大成人以后，也会照顾孩子，那些照顾他人的人自己变老了，也需要照顾，代际关系就类似于这种关系；第三，一个人发现自己所处的跨代道德共同体并不局限于那些与自己的生活方式相同的人，而是将扩展到与自己直接或间接处于依赖或者相互依赖关系之中的所有人，这种相互依存是可以传递的，例如，一个人与其特定生活方式中的早期或晚期参与者都有这种相互依存的关系。依拜尔之见，当今世代从过去的世代的行为中受益，为了回报过去的世代，当今世代应该继续过去的世代的计划。如果所有世代都对整个道德共同体负责，特别是过去的几代人，努力使事物不比他们发现的更糟，那么当今世代也有该义务。与过去的世代相比，当今世代能够更好地判断和控制什么对未来世代是有利的或有害的，因此，当今世代应该承担的义务的内容也较为明确。

德夏里特的代际正义理论关注的主要问题，是当今世代对未来世代负有义务的道德基础是什么。今天，很多人不会否认当今世代应该对未来世代负有某些义务，在德夏里特那里，哲学家、政治学家和经济学家基于不同的人口政策的影响、世代之间的资本积累和储存问题，以及当今世代和过去的世代对未来世代所处的环境造成的破坏等原因，开始探讨当今世代对未来世代所负义务的道德基础。为了解决该问题，学界提出了不同的理

① Annette Baier, *Reflections On How We Live*, Oxford University Press, 2009, pp. 8-9. 我们在此引用的观点出自该书的第一章“过去之人和未来之人的权利”，拜尔曾于 1973 年 12 月 28 日在“美国哲学协会东部分会”上宣读过同名论文。德夏里特所引用的版本是 Annette Baier, “The Rights of Past and Future Persons”, in E.Partridge (ed.) *Responsibilities to Future Generations,* Buffalo: Prometheus Books, 1981.

② 本段的下述内容参见 Annette Baier, *Reflections On How We Live*, Oxford University Press, 2009, pp. 11-15.

论主张，如有些学者分别从后果主义、契约主义和人权等立场出发，建构了不少代际正义理论，德夏里特认为这些尝试都不成功。德夏里特认为代内关系与代际关系之间的差异，给功利主义者等后果主义者在构建代际正义理论时带来了很多难题。例如，在代际关系中，很多信息是缺乏的，尽管人们可以从善的代际分配的角度看待环境政策，可以关注清洁的空气和美丽的风景等，尽管人们可能认为某种行为或政策将影响未来世代的处境，然而，人们不能确切知道其行为的后果有多严重，不知道未来世代想要什么或需要什么，什么会给他们带来幸福，受到影响的人数是多少，等等。对于契约主义的代际正义理论，德夏里特认为契约主义的基本立场是如果所有相关的人被问及某项政策，那么他们就会批准该政策，然而，谁能够参与决定代际正义原则的过程：一个人的同时代的人，所有可能的人，还是所有实际存在的人？另一个需要解决的难题是，人们当前的决定和政策也将影响未来人的身份和数量，这样的话，人们将发现自己陷入了一个恶性循环，即人们是先决定政策还是先决定参与立约各方的身份？前者将决定未来人们的身份，而后者将决定采取何种政策。[①]德夏里特除了质疑有关代际正义理论的后果主义和契约主义论证方式，还批判了不少学者从人权角度对代际正义理论的解释。罗伯特•埃利奥特（Robert Elliot）等人认为，人们可以将当今世代对未来世代负有的义务建立在未来人的权利的基础上。[②]德夏里特认可埃利奥特关于未来人是拥有权利的道德行为者这一观点，然而他认为，道德哲学家和政治哲学家关注的主要问题在于，是否可能在当今世代的权利和义务以及未来世代的权利和义务之间实现平衡。为了解决该问题，德夏里特通过分析未来人拥有的“人权”和“福利权利”概念，认为上述问题只有从福利权利的角度才能解决，当今世代对未来世代负有一种基于福利权利的义务，而不是基于人权的义务，而福利权利“只有在拥有共同体的背景下才有意义。这意味着我们必须首先考察将当今世代和未来世代包括在内的‘跨代’共同体。因此，代际正义理论不能纯粹以权利为基础。然而，通过描述跨代共同体，我认为它可以作为我们承担对未来世代的义务的道德基础”[③]。可见，依德夏里特之见，后果主义、契

① 参见 Avner de-Shalit, “Down to Earth Environmentalism: Sustainability and Future Persons”, in Nick Fotion and Jan C.Heller (ed.), *Contingent Future Persons*, Springer Netherlands, 1997, pp. 125-126.

② 参见 Robert Elliot, “The Rights of Future People”, *Journal of Applied Philosophy*, Vol.6, No.2, 1989, pp. 159-169.

③ Avner de-Shalit, “Community and the Rights of Future Generations: A Reply to Robert Elliot”, *Journal of Applied Philosophy*, Vol.9, No.1, 1992, p. 105.

约主义和权利等理论都不适合解决当今世代对未来世代所负义务的道德基础是什么这一问题，只有他言说的“跨代共同体”适合作为当今世代对未来世代的义务的道德基础。

在德夏里特那里，个人主义理论不能为当今世代对未来世代的义务提供恰当的道德依据，而共同体主义方法是一种有益的替代性选择，他强调“如果在一个世代内，一个人接受共同体的理念，这意味着对其他成员负有某些义务的原则，那么他就应该接受延伸至未来的跨代共同体概念，从而认可对未来世代的义务。我在此声称，构成性的共同体（constitutive community）跨越几个世纪，延伸至未来。正如许多人认为过去是他们‘自我’的一部分一样，他们也会认为未来是他们‘自我’的一部分。这些关系构成了跨代共同体。这是我们对未来世代承担义务的根源”[①]。当然，德夏里特的观点只能吸引那些相信共同体意识的人，而不会吸引那些否认共同体意识的人。在德夏里特的代际正义理论中，一个亟需解决的问题是，为什么人们应该感到自己是一个一直延伸至未来的跨代共同体的一部分？他们为什么要首先关心未来？德夏里特认为，对该问题有两种解答方式，一种是德夏里特拒绝的、由约翰·帕斯莫尔（John Passmore）提出的友爱（fraternity）模式，[②]另一种是德夏里特自己认可的理性的跨代共同体概念。下面我们首先简要概述德夏里特怎样批判帕斯莫尔的友爱模式。帕斯莫尔的友爱模式根据情感来解释如何将共同体延伸至未来，从而包括未来世代。他认为人们对未来世代的关切源于人们对子女的爱和关心，也就是说，人们爱自己的子女，爱自己子女的孩子，子女也将爱自己的孩子，等等。帕斯莫尔将当今世代对未来世代的义务称为“爱的链条”。德夏里特不认可帕斯莫尔的上述立场，认为仅仅以感情或爱作为义务的基础是错误的，因为爱是特殊性的，而当今世代对未来世代的义务是一种非特殊性，同时，爱不像帕斯莫尔认为的那样会传染。譬如，A 爱 B，然而，不幸的是，B 爱 C，帕斯莫尔会说 A 应该爱 C，但事实是，除非 A 是一个极端的利他主义者，否则他可能不喜欢 C，也不会关心其福利。与其他许多感情一样，爱是不会传染的。德夏里特强调，“对于我们此处正在讨论的跨代共同体来说，共同体的情感概念是不够的。事实上，我们不会对与我们同属一个共同体的未来世代有感情，而是我们理解跨代共同体及其成员，无论他们何时存在，都是我们自己和我们认同的组成部分。这是因为我们的道德价值观来自这个

---

① Avner de-Shalit, *Why Posterity Matters*, London and New York: Routledge, 1995, pp. 15-16.

② 帕斯莫尔对友爱模式的详细论述可参见 John Passmore, *Man's Responsibility for Nature*, London: Duckworth, 1974.

跨代共同体”[①]。简言之，在德夏里特那里，帕斯莫尔所谓的情感不是对未来世代采取行动和表达义务的充分动机。

德夏里特进一步阐述了自己所推崇的理性的跨代共同体概念。德夏里特首先为跨代共同体提供了一种心理学的解释，认为跨代共同体是一种基于反思的、更为自愿的共同体模式，认为人们基于下述考虑，拥有关心未来的心理动机：一方面，随着时间的推移，讨论“自我的统一”是合理的，自我的统一意味着个人一生中所有的经历、思想、期望和记忆都与同一个人有关。个人关心未来的原因不是因为有许多未来的自我，其中的一些将与现在的自我属于同一个有机体，而是因为这个人未来的自我与其现在的自我之间的关系，使其关心未来；另一方面，虽然这种统一可以因为死亡而结束，但是在某种程度上人类已经找到了克服它的方法。个人会意识到死亡，意识到死亡阻碍了人的存在的连续性，人们找寻到的克服这种恐惧的方法是，在某种程度上，人们可以而且应该使其创造性部分永垂不朽，例如，考虑有多少日记、诗集、书信集等作品在死后出版，这是人们试图留给未来世代的创造性自我的成就，从而确保自我的一部分在未来仍然存在。尸体可以埋葬、焚烧或以任何方式被处置，然而，个人的思想和想法可以存在于被毁灭的肉体以外，这样就克服了对死亡的恐惧。对德夏里特来说，上述心理学解释只是强调未来是个人的自我的一部分，然而，这不足以证成当今世代对未来世代的义务。[②]为此，德夏里特提供了一种政治和道德方面的解释，着重凸显跨代共同体的两个重要组成部分，即我们在本章第四节将提及的“与未来世代的文化互动”和“道德相似性”。

德夏里特强调，将文化互动延伸至未来是对真正的跨代共同体的规范要求，文化互动对过去的影响，正如文化互动对未来的影响一样，是非常简单的。也就是说，就像人们与过去的世代进行文化互动一样，人们也可以假设自身与未来世代进行这种互动。例如，科学就是一个典型的例子：今天的纯数学在未来可能成为应用数学，人们目前使用的几种发明在某个世代或某几个世代中仍然可以发挥作用，同样的原则也适用于人文和艺术领域，某项历史研究的一个分支可能会以一种推测性的假设开始，而这种假设在多年以后可能会被审视。虽然在代际文化互动的情况中，未来世代尚未存在，但是人们仍然可以说未来世代的回答有望到来，只是发生在遥远的未来而已。因此，即使代际之间的相互交流不是同时发生的，也存在

① Avner de-Shalit, *Why Posterity Matters*, London and New York: Routledge, 1995, p.33.

② 参见 Avner de-Shalit, *Why Posterity Matters*, London and New York: Routledge, 1995, pp.35-39.

着文化互动，这种文化互动是一个分步骤或分阶段的交流过程。道德相似性是构成德夏里特所说的跨代共同体的另一个重要组成部分，是跨代共同体内的凝聚力的关键机制。德夏里特曾非常粗略地探讨了随着时间的发展道德相似性的三个阶段，并将它们与未来联系起来：第一个阶段是某个世代内的道德相似性，对于前一两代人，人们可以假定和预测一种文化和道德相对稳定的情况，孩子们将在他们父辈的文化和价值的背景下成长起来；第二个阶段强调个人的自我来自共同体的公共生活和文化生活，个人是根据共同体的规范和价值长大的，同时，几代人共享共同体的价值观，并围绕这些价值观展开积极的和活跃的辩论；在第三个阶段中，由于自然环境、社会环境的变化以及新技术的出现等原因，未来世代的价值观会有温和的乃至激进的变化，会反思其过去的世代的价值观，当共同体成员的价值观发生巨大变化时，很多成员会发现自己与其祖先的共同体愈来愈疏远，将来人们会怀疑未来世代是否还会谈论同一个跨代共同体。德夏里特认为，未来世代不仅像当今世代那样反思自己的看法，而且亦会反思过去的世代的想法，这种反思沿着两个方向移动，一是面向过去，二是面向未来。当今世代会反思某些价值或某套价值，如果当今世代仍然接受它，那么当今世代就试图评估它对未来社会的效力。德夏里特认为，文化互动和道德相似性不仅延伸到过去，而且也延伸到未来，环境和技术等因素的变化将导致未来人的价值观发生变化，当今世代渴望看到这种变化的出现，或者未来世代会进行反思，倘若未来世代同意当今世代的准则、政策或价值观，这也是因为未来世代认为它们是好的，而不是在未加反思的情况下全盘接受的结果，这样可以使得跨代共同体能够成为一种真正的构成性的共同体。[①]总之，在德夏里特那里，文化互动和道德相似性是将各个世代联系在一起的粘合剂。

在探讨了跨代共同体的基本内容以后，德夏里特还进一步探讨了本书第一章曾提及的如何解决对当今世代的义务和对未来世代的义务之间的冲突问题。例如，当今世代需要廉价的能源，而为了尊重未来世代，臭氧层不应该被破坏，也就是说，当我们满足当今世代之利益的行为有可能伤害未来世代的利益时，我们应当在多大程度上考虑未来世代的利益呢？对于该问题，德夏里特并不认可我们在第二章曾批判过的功利主义对未来世代的利益可能采取的“折扣”方法，而是依照“消极义务”和“积极义务”

① 本段的上述论述参见 Avner de-Shalit, *Why Posterity Matters*, London and New York: Routledge, 1995, pp.41-49.

之间的区分以及当今世代和未来世代之间关系的强度来解决该问题。在德夏里特那里，当今社会中一个人可以同时属于工党、苏格兰民族和环境团体，即一个人可以同时属于多个共同体，此时这些共同体可能对这个人提出相互冲突的义务，为了解决该问题，“在其他条件相同的情况下（如每项义务要求的牺牲或多或少与共同体需要的程度相对应），答案取决于共同体关系的强度，强度的标准是个人和情感联系以及道德相似性。关系越密切，共同体施加的义务就越强”[①]。德夏里特大体上就以此种思路处理对当今世代的义务与对未来世代的义务之间的冲突问题，既强调共同体的连续性，又强调共同体的变化性。

依德夏里特之见，义务可以被分为积极义务和消极义务，我们对那些与我们关系较为密切的未来世代负有消极义务和积极义务，而对非常遥远的未来世代只负有消极义务。例如，针对那些现在存在的人，人们负有广泛的和实质性的义务，甚至可以为了他们而牺牲自己也在所不惜；针对那些在不久的将来将存在的人，人们也负有很多义务，即使这种义务的强度不如人们对同时代人的义务的强度那么高。然而，尽管只有那些从现在起生活于第三代甚至第七代的人受益于某项科学研究，这没有影响人们花费大量的税收从事该研究；对于遥远的未来世代，人们只负有较弱的义务，如人们必须避免给未来世代带来任何可预见到的伤害，即使在金钱或努力等方面需要人们付出更大的代价也应当如此。德夏里特对此总结道，跨代共同体的凝聚力不是一成不变的，“随着时间的推移，共同体的凝聚力越来越弱。因为义务源于关系和共同体意识，而且随着这些关系和共同体意识的减少，义务也就减少了。……从未来的某个阶段开始，未来世代在时间上越遥远，这些道德规则和规范的光芒就越弱，我们对跨代共同体成员的义务就越弱。该原则意味着我们对不太遥远的未来世代和当今世代的义务在财政和环境政策中具有同样的分量：各国政府应当在考虑当今世代的福利的同等程度上考虑未来世代的福利”[②]。依照德夏里特的论说逻辑，当今世代对非常遥远的未来世代的义务不可能像对较近的未来世代的义务那么多，然而，德夏里特紧接着强调说，各国政府在作出影响到未来世代的政策时，还是应该以合理的方式充分考虑到未来世代的利益，当对未来世代的某些义务与对当今世代的其他义务相抵触时，人们不应该立即偏袒当今世代，还是应该以政治的和民主的方式解决上述义务的冲突问题。

---

① Avner de-Shalit, *Why Posterity Matters*, London and New York: Routledge, 1995, p.52.

② Avner de-Shalit, *Why Posterity Matters*, London and New York: Routledge, 1995, p.58.

二、希克斯和汤普森的代际正义理论

希克斯和汤普森在批判性地继承德夏里特等人观点的基础上，也构建了自己的共同体主义的代际正义理论。希克斯主要是在环境正义的背景下阐述代际正义理论，在其中他主要关注共同体观念与人权之间的关系，将当今世代与未来世代的利益置于一个相互依赖的网络中。自亚里士多德以来，不少哲学家强调正义在某种意义上始终具有"相互性"的关系，鉴于代际关系的特殊性，当今世代和未来世代之间缺乏休谟和罗尔斯等人言说的正义的环境，很多学者认为无论当今世代和未来世代之间的关系如何，正义似乎都不存在。这些学者通常遵循休谟的论说逻辑，即正义是一种相互性的关系，它只适用于活着的人，并认为当今世代对未来世代的关注只是出自利他或人道的一般要求，而不是出自正义的要求。对于上述观点，希克斯回应道，事实上，倘若从未来世代的利益来看，当今世代和未来世代之间存在着其他形式的相互性，因而在代际之间正义也可能存在。希克斯认为这是为了我们自己的利益和未来世代的利益而提出要求时的相互性，尤其在为当今世代和未来世代的环境利益提出要求时就是这样，同时，希克斯认为这种相互性可以被称为"反射性的相互性"（reflexive reciprocity），它是"一种自我反弹的行为，以促进现在的执行者和未来的接受者的利益。简言之，保护和促进未来世代的环境权利，增强了当今世代的环境权利。因此，尊重未来世代的权利在一种虚拟的相互性中有利于我们——反过来加强了我们今天的权利"[①]。例如，无论当今世代还是未来世代，都需要清洁的空气、水和未受污染的土壤等资源，未来人的环境在很大程度上依赖于当今世代的行为，倘若当今世代采取有益于未来世代的行为，未来世代的环境权会得到保护。当然，相反的情况也是如此，当今世代的环境权也取决于对未来世代的环境权的保护，通过保护未来世代的空气、水和土壤，也能保护我们的空气、水和土壤。在希克斯那里，这种反射性的相互性既可以成为代际环境正义的基础，又使得代际环境正义成为可能。

那么，应该怎样实现代际环境正义呢？希克斯采纳了德夏里特的"跨代共同体"概念，强调在其中要保护人的环境权利这一集体权利，跨代共同体是一个延伸至未来的共同体概念，包含着人们对这个共同体的未来世代的强大义务。依希克斯之见，人们应该将未来世代的利益作为一个权利

---

① Richard Hiskes, *The Human Right to a Green Future*, Cambridge: Cambridge University Press, 2009, p. 49.

问题来考虑，从桑德尔和泰勒的意义上来说，这个共同体是个人的自我认同的重要组成部分，这种保守的共同体意识通过与未来世代的联系，构成自我认同的一部分。然而，德夏里特又赋予其新的含义，强调我们与未来世代的共同联系构成了我们今天作为公民和个人的认同，因此，在承认我们对未来世代的正义的义务时，我们是在为自己服务。在希克斯那里，德夏里特着重提及的“道德相似性”非常重要，因为人们通常言说的日常交流和文化交流只能体现一种对共同体的本能归属感，而对道德相似性的承认需要理性的反思和选择，在那时候，承认未来世代是共同体的成员，不仅是基于人道主义或情感的冲动，而且也是基于理性的自利。正是通过自利的反思，当代共同体的成员在当前作出决策时，把未来世代的成员纳入其中，并假定他们在道德上与自己相似，采用正义的原则来指导包括未来成员之福利在内的当前决定。[①]实际上，希克斯所谓“反射性的相互性”概念与德夏里特的“跨代共同体”概念是相通的，都强调当今世代在采取针对未来世代的正当行为时，实际上也是在为自己服务。德夏里特的“跨代共同体”概念也构成了希克斯的代际环境正义理论的重要基础。

希克斯在其代际环境正义理论中强调，当今世代至少在两个方面对未来世代有所了解，一是当今世代知道未来世代会拥有哪些重要的道德价值和公共价值，因为当今世代也持有同样的价值，二是当今世代和未来世代会共享一些利益，这些利益是根本利益，为当今世代及其后代创造了权利。此处希克斯部分借鉴了拜尔的观点。鉴于这些利益是至关重要的利益或根本利益，它们与权利之间的联系已经被建立起来，如果利益本身把现在的利益持有者和未来的利益持有者团结在同一个目标中，那么当今世代的环境利益和未来世代的环境利益之间就拥有一种相互性的关系。在希克斯那里，“利益”的本质足以保证未来世代享有权利，那么，这种权利是共同体主义者更加偏爱的集体权利，抑或自由主义者非常钟爱的个人权利呢？显而易见，作为一个共同体主义者，希克斯认为作为权利的生成者，反射性的相互性必然侧重于当今世代和未来世代的集体权利，未来世代的成员享有一种集体权利：“利用人权来保障未来世代的环境利益，似乎也依赖于一个特别抽象的拥有权利的群体概念，因为这些群体尚不存在。这些群体的成员显然是不确定的，如果确实可以说他们拥有权利，那么很明显，他们只是作为被定义的一组未来的群体成员这样做。……因为他们代表着我们

① 参见 Richard Hiskes, *The Human Right to a Green Future*, Cambridge: Cambridge University Press, 2009, pp. 14-15.

社会的未来，他们的身份在某种程度上是我们所知道的，尽管作为个人，我们与他们没有关系，但是他们是我们的后代，他们将继承许多政治的、制度的和文化的实践与人工制品，这些实践和制品在今天将我们界定为一个共同体和个人。”[①]希克斯在其代际环境正义理论中特别强调环境人权，这种环境人权通过提高每个共同体对其未来世代义务的意识，为真正的跨文化人权共识提供了新的基础。如前所述，这种环境人权是未来世代享有的一种独特的群体权利，因为未来世代目前毕竟还不存在，他们在本体论上只能被视为一个群体，他们的利益和权利只能被视为群体利益和群体权利的一部分，而且看起来也相当抽象。这种群体权利在世代之间也建立了一种基于共同体的相互性关系，有助于巩固当今世代与未来世代之间的关系。

总体而言，汤普森依照共同体主义的方法，在批判继承德夏里特等人立场的基础上，认为跨代政治组织（transgenerational polity）——国家是其最为重要的代表——是跨代共同体的一种重要体现，构建了一种侧重于超越终身利益的（lifetime-transcending interests）、以跨代政治组织为内核的代际正义理论。在汤普森那里，几乎没有人质疑代际关系的存在，然而，哲学家们时常为如何构想和确定代际关系感到困惑，如何理解代际关系以及代际关系会带来什么权利和义务，也就成了汤普森的代际正义理论致力于解决的主要问题。虽然自 20 世纪 70 年代以来，随着环境问题变得日益突出，人们在思考正义和责任问题时往往考虑到代际关系，然而，不少学者通常将代际关系视为一种边缘性的关系。汤普森对此曾言：“将代际关系视为一种边缘性的关系，这种做法是错误的，其原因之一是它们对大部分人民来说不是边缘性的，公民通常将自己置于一个关心过去公民行为的历史中。他们对国家的成就感到自豪，而对其失败或罪行感到耻辱，他们将自己视为一种有价值的政治传统的继承人，并想作为继承人维持这些传统。”[②]那么，如何处理代际关系和代际问题呢？汤普森反思了自由主义关于该问题的处理方式。依汤普森之见，自由主义理论的方法、概念和原则都不适宜于处理代际问题，自由主义无法处理我们在本书第六章将详述的“非同一性问题”。譬如，自由主义的正义理论往往致力于确立作为个体或社会成员的个人拥有的权利，个人的需要或利益应该得到满足。然而，那

① Richard Hiskes, *The Human Right to a Green Future*, Cambridge: Cambridge University Press, 2009, pp. 63-64.

② Jonna Thompson, *Intergenerational Justice: Rights and Responsibilities in an Intergenerational Polity*, New York and London: Routledge, 2009, p.4.

些已经逝去的人或尚未出生的人没有代理人或利益，倘若未来人的存在依赖于当今世代的有害行动，他们怎么能够声称自己的利益受到侵害呢？同时，"自由主义理论的问题不仅在于它们的概念和方法应用于未来世代或过去的世代时效果不佳。问题还在于它们的构建方式：它们以什么为中心，以及它们关于个人及共利益所作的假设"[①]。汤普森接下来继续解释道，无论是古典自由主义理论还是现代自由主义理论，都主要关注同时代人之间的关系问题，只将代际关系作为一种边缘性的关系。同时，自由主义者倾向于把个人的目标、需求和动机等利益置于中心位置，这些目标、需求和利益要么与他们目前的需求和环境有关，要么与他们在一生中想要实现什么或者享受什么的想法相关。然而，在汤普森那里，个人利益的范围不像自由主义者言说的那样只限于一生的关注，个人对善有自己的看法，这与他们对后代的希望以及对祖先的尊重息息相关。

依汤普森之见，共同体主义是一种适宜于处理代际关系和代际问题的理论，共同体主义者通常在两个方面不同于自由主义者。一方面，共同体主义者坚持认为自我本质上是嵌入在一个共同体中的，人们的自我利益和公共利益是相同的（至少是交叉的），这种认同会激励着他们的行动，创造他们的义务；另一方面，共同体主义者认为共同体成员拥有共同的善，正是这种善决定了他们之间的关系和义务，既然共同体是一个跨代共同体，那些嵌入其中的个人以及那些将共同的善作为自己的善的人会理所当然地认为自己负有一种从过去延伸到未来的义务。[②]汤普森认为德夏里特的理论提供了罗尔斯的《政治自由主义》等著作中关于代际正义的论述未能提供的东西，即代际合作存在的原因。正如德夏里特设想的那样，政治组织中的公民倾向于辩论、界定以及实现共同的善，虽然未来的公民不会直接参与这一事业，但是他们希望他们认为的善能够蓬勃发展，他们可以通过创造性的活动而永垂不朽，避免因死亡而使自己的活动受挫。对于德夏里特的观点，汤普森没有全盘接受，而是强调德夏里特理所当然地认为构成性共同体意味着人们对未来的人和现在的人都负有义务。汤普森对此回应道，德夏里特几乎没有提到这些义务是如何产生的，同时，"德夏里特关于代际合作之看法的主要问题是，代际合作在很大程度上取决于人们的看法，即从道德上讲，他们有足够的共同点，成为同一个共同体的成员。他们是

① Jonna Thompson, "Identity and Obligation in a Transgenerational Polity", in Axel Gosseries and Lukas H. Meyer (ed.), *Intergenerational Justice*, Oxford: Oxford University Press, 2009, p.27.

② Jonna Thompson, "Identity and Obligation in a Transgenerational Polity", in Axel Gosseries and Lukas H. Meyer (ed.), *Intergenerational Justice*, Oxford: Oxford University Press, 2009, p.28.

否在一个拥有多元文化的政治组织中这样做，这是令人怀疑的。现在的公民是否能够假设他们的继任者的前景会和他们自己的前景十分相似，这就更加令人怀疑了。即使在时间上相互接近的几个世代，也可以认为彼此在道德观上有着不可调和的差异”[①]。也就是说，根据汤普森的立场，我们在本节提及的德夏里特的那种侧重于道德相似性的跨代共同体理论，不像德夏里特自己认为的那样能够适合作为当今世代对未来世代的义务的道德基础。于是，汤普森就淡化了德夏里特的跨代共同体理论中的“道德色彩”，凸显了作为一种跨代共同体的跨代政治组织的重要性，更加凸显了跨代共同体的“政治色彩”。

在汤普森的代际正义理论中，超越终身的利益处于一种非常重要的地位。汤普森强调，个人所拥有的利益的范围不像自由主义者强调的那样只局限于一生的关注，实际上，个人会关心其死后发生的一些事情，对在他们死后其他人如何对待和看待他们有着自己的想法，他们也会有一些项目和有价值的东西传递给其继任者，并关心共同体的遗产是什么以及走向何处，对共同体的历史事件感到骄傲或羞愧。汤普森将上述利益称为“超越终身的利益”，认为这些利益是跨代政治组织的义务的基础，其中的义务既包括对过去世代的义务，又涵盖了对未来世代的义务。在汤普森那里，超越终身的利益既可以针对一个人生前发生的事情，又可以针对一个人身后发生的事情。例如，一个人可能希望矫正自己的国家对其他国家犯下的历史错误，也可能希望自己的理想以及自己所处的共同体能够繁荣昌盛，倘若我们假定大多数人拥有超越终身的利益是合理的话。然而，如果要证明超越终身的利益能够成为跨代政治组织中的义务的基础，那么只指出这种利益的普遍存在还是不够的。因此，汤普森提出了两种可以用来证明超越终身的利益对于个人及其身份的重要性的方法，第一种方法强调超越终身的利益对个人过上一种有意义的生活来说是必不可少的，很难想象倘若一个人没有任何超越终身的利益，他如何能够过上一种有意义的生活；第二种方法认为超越终身的利益是一个人制定合理的生活计划的先决条件，同时，拥有超越终身的利益也是一个人成为自主的行为者的先决条件。[②]当然，这不能证明所有人都必须拥有超越终身的利益，倘若某些人只关注自身当下的利益，这也是允许的。

① Jonna Thompson, “Identity and Obligation in a Transgenerational Polity”, in Axel Gosseries and Lukas H. Meyer (ed.), *Intergenerational Justice*, Oxford: Oxford University Press, 2009, p.31.

② 参见 Jonna Thompson, “Identity and Obligation in a Transgenerational Polity”, in Axel Gosseries and Lukas H. Meyer (ed.), *Intergenerational Justice*, Oxford: Oxford University Press, 2009, pp.43-45.

汤普森试图通过个人拥有的超越终身的利益来证明共同体的成员对其同时代人、过去的世代以及未来世代的义务的合理性，尤其重点探讨了作为政治组织的成员，他们是否负有跨代义务。汤普森强调，个人可能是许多不同的跨代政治组织的成员，一个政治组织可以在两种意义上被描述为跨代的。一方面，从弱的意义上来说，倘若一个政治组织支持或履行与跨代关系相关的义务，该政治组织就是跨代的；另一方面，从强的意义上而言，如果公民对自己国家的过去和未来负有义务，那么该政治组织就是跨代的。当然，各代人之间的合作不会自发地形成，这需要跨代政治组织采取某些能够确保各代人之间的合作成为可能的制度和做法，它应该采取一些政策，从而保障公民重要的超越终身的利益，维持跨代实践并履行与之相关的义务。那些担心他们的子女和孙辈的未来福祉以及未来计划能否实现的人，将会对实践和制度的持续存在产生客观的兴趣，他们也将对他们的政治组织感兴趣（如采取保护社会及其环境的长期政策），也有兴趣维持那些能够保持创造和实现超越终身利益的做法以及使这些做法蓬勃发展的条件。汤普森还指出了这些要求对一个关于公民的跨代义务理论的两种含义。一方面，它们意味着公民对他们的政治组织的过去的行为和政策负有责任，那些满足超越终身需求的有利条件能否持续下去，取决于政治组织在很长一段时间内维持制度以及追求政策和目标的能力；另一方面，它们也意味着公民对其政治组织的未来世代负有责任，那些拥有特定的超越终身利益的公民显然有理由支持确保与这些利益相关的愿望能够得到满足的政策。[①]总之，跨代政治组织是汤普森的代际正义理论最核心的内容，国家就是这样的组织。每个公民都出生在一个已经存在的、将会延续很多世代的政治组织之中，公民尊重他们所属国家的已经逝去的人，并愿意为了未来世代做出牺牲，将遗产传给未来世代。

第三节　共同体主义的代际正义理论面临的质疑

通过归纳德夏里特、希克斯和汤普森等人对共同体主义的代际正义理论的阐释，我们可以发现，德夏里特是共同体主义的代际正义理论最为重要的代表，希克斯和汤普森基本上是在继承或批判德夏里特的跨代共同体

① 参见 Jonna Thompson, “Identity and Obligation in a Transgenerational Polity”, in Axel Gosseries and Lukas H. Meyer (ed.), *Intergenerational Justice*, Oxford: Oxford University Press, 2009, pp.33-37.

概念的基础上，进一步阐发了自己的代际正义理论。与后果主义的代际正义理论和契约主义的代际正义理论引发的强烈争议一样，共同体主义的代际正义理论也面临着不少诘难。鉴于德夏里特对共同体主义的代际正义理论的生发起到的重要作用，不少学者在质疑共同体主义的代际正义理论时往往以德夏里特的代际正义理论为批判对象。这些批判大体上可以被分为两类，一类是“外部批判”，另一类是“内部批判”。前者主要是由一些不赞成共同体主义的代际正义理论的学者提出的，这些人可以被称为“非共同体主义的代际正义论者”，后者主要是由一些共同体主义的代际正义理论的支持者阐发的。

一、外部批判

非共同体主义的代际正义论者对共同体主义的代际正义理论的批判是多方面的，其中第一种批评主要认为当今世代和未来世代之间缺乏道德互动，因此在他们之间不可能存在正义（以下简称“批评 1”），这种批评意见的主要代表人物是我们在上一节提及的戈尔丁和凯尔。实际上，这种批评意见不是纯粹针对德夏里特的代际正义理论，这种批评出现在德夏里特的代际正义理论出现之前，德夏里特在构建代际正义理论时在很大程度上是为了避免或者回应戈尔丁和凯尔的质疑。戈尔丁在 20 世纪 70 年代已经在共同体的背景下探讨代际关系，对共同体主义的代际正义理论的出现有着重要影响。戈尔丁的论说方式主要有两个方面，一方面，在假设当今世代对未来世代负有义务的情况下，道德共同体包含了未来世代；另一方面，探讨当今世代对未来世代是否负有义务这一问题，戈尔丁对此持一种怀疑的态度。就第一个方面来说，在戈尔丁那里，当人们在探讨当今世代对未来世代的义务这一问题时应该明晰义务的对象、目的和类型等一般性问题，当今世代对未来世代的义务的独特之处在于其义务对象不是字面意义上与其共同生活的世代，人们对其现在的同伴以及直系后代的义务不属于对未来世代的义务的范畴，“针对未来世代的义务基本上是为未来的共同体创造——或试图创造——一种理想状态的义务，为未来世代创造良好的生活条件。我们有义务做的许多事情是建立在这种义务的基础上。倘若我们认为我们有义务将我们的文化遗产传递给未来世代，这是因为我们认为我们的文化遗产能够体现良善的生活”①。例如，保护环境就是当今世代对未来世代负有的义务之一，然而，当今世代针对未来世代的义务要归于一

① M.P.Golding, “Obligations to Future Generations”, *The Monist*, Vol. 56, No, 1, 1972, p. 86.

个尚未指明的或永远无法指明的未来的共同体，未来世代现在没有从事自愿的行为，没有向我们提出要求，他们也不可能这么做。戈尔丁考虑了人们能够构建道德共同体的方式是什么。依戈尔丁之见，当代人不仅仅是一个道德共同体的成员，可以属于各种各样的共同体，这些共同体可能对当代人提出相异的、互相冲突的义务，同时，他还依次考察了一些构建道德共同体的方式，前两种方式是通过契约或互利的方式："一个道德共同体也许是通过其成员之间的明确的契约构成的。在这种情况中，成员对彼此的特殊义务是由他们的讨价还价条款确定的。道德共同体也可以从社会安排中产生，在其中每个成员都从其他成员的努力中获益。……显而易见，由当今世代和未来世代构成的道德共同体，不能源于这种方式。我们不能与未来的共同体签订明确的契约。同时，虽然未来世代也许可以从我们这里获益，但是这些利益是无法获得回报的。"[①]也就是说，戈尔丁认为通过契约或互利的方式构建道德共同体的努力是不可行的，尤其是后一种方式强调当今世代与未来世代之间缺乏互动。

就第二个方面而言，戈尔丁强调其上述论说都是基于当今世代对未来世代负有义务这一前提。然而，当今世代对未来世代负有义务吗？戈尔丁说他不能确定这个问题是否能够得到肯定的回答，认为未来世代构成了一个当今世代不能期望与之分享共同生活的共同体。鉴于当今世代不知道他们想要什么，未来世代是当今世代的道德共同体的成员这一观点就是极其令人怀疑的。戈尔丁还通过下述例子言说了这一观点，即倘若当今世代不采取措施控制自身的基因，不良突变将会不可避免地累积。有的学者强调鉴于当今世代不知道非常遥远的未来世代的生活条件，即使在基因构成这样的问题上，当今世代也不知道对未来世代抱有什么期望，有的学者甚至强调倘若当今世代对未来世代负有义务，义务就是当今世代不为未来世代做计划，不仅当今世代不知道未来世代的生活条件是什么，甚至不知道他们是否与当今世代持有同样的或相似的关于人类良善生活的观念。戈尔丁总结道："从这个相当极端的例子中可以得出的教训是，我们关注的世代离我们越远，我们就越不可能有义务来提升他们的善。从伦理和实践上来说，我们都应该更着眼于更近的世代，也许仅仅着眼于我们的直系后代。毕竟，即使我们对未来世代负有义务，我们对直系后代的义务也毫无疑问是更加清晰的。某个世代离我们越近，我们的良善生活观更有可能与他们相关。在履行我们促进他们过上良善生活的责任方面，我们当然有足够的工作要

① M.P.Golding, "Obligations to Future Generations", *The Monist*, Vol. 56, No, 1, 1972, p. 91.

做。从伦理和实践的角度来看，寻求促进遥远的世代的利益是不明智的。”[1]戈尔丁强调未来世代是一个我们不能期望与之分享共同生活的共同体，强调当今世代与未来世代之间缺乏道德互动，并质疑当今世代对未来世代负有义务这一观点。

凯尔更加明确地强调了当今世代与未来世代之间缺乏道德互动，从而既否认道德共同体包括未来世代，又否认当今世代对未来世代负有义务。依凯尔之见，当今世代与未来世代之间面对面的接触不可能出现，“事实上，那种认为我们和未来的人是一个共同的道德共同体的整个想法可能看起来很奇怪。在这样的一个共同体中，没有相互合作，也不能以任何熟悉的方式共同参与共同的活动。我能想到的一个‘交换’是，为了给未来的人提供一个可居住的地方，我们做出了牺牲，他们会心存感激。他们至少不会轻视我们。然而，这种‘交换’几乎不是‘实物’交换，事实上，它从未到达我们手中”[2]。同时，在当今世代和未来世代的关系中，当今世代缺乏任何内疚感，这种内疚感通常是在一个人不遵循共同体的规则时产生的。凯尔接下来考察了公共政策通常要求自由社会的成员在生活方式和福祉方面为了未来世代的利益而做出重大牺牲的动机问题，除了法律或其他形式的强迫，道德动机是一个绕不开的话题。凯尔考察了其中的三种道德动机，并一一进行了批判，除了第一种关注当今世代对未来世代的“爱”或“关心”，其他两种都与本章的关键词“共同体”密切相关。下面我们看一下凯尔批判的第二种形式的动机是什么。这种动机被贴上了共同体纽带的标签，被认为可以促使人们做道德要求的事情，源于一种共有的共同体、事业或计划中的成员关系，而这种关系和归属感可能会带来团结、同志友谊、忠诚和相互信任等感觉。在凯尔那里，就像第一种以爱或关心的形式出现的动机是有条件的一样，第二种以共同体纽带的形式出现的动机也需要先决条件，即“回报”（reciprocation）。在那些被认为是共同计划的参与者之间，他们必须交流关于目标的想法。这种回报与“互利”（mutual benefit）是不同的，共同事业的共同参与往往以互利为目标，而回报的层次要比适用于互利事业的合作更深一些，“如果我们在这一点上问，以共同体纽带形式存在的动机是否可以以及可靠地支持旨在代表未来世界实现道德要求的政策，我认为答案肯定是否定的。我们（现在的人）和他们（未来的人）所处的位置不能在我们共同参与或共同忍受的任何事业的构成理

① M.P.Golding, “Obligations to Future Generations”, *The Monist*, Vol. 56, No, 1, 1972, p. 98.

② Norman Care, “Future Generations, Public Policy and the Motivation Problem”, *Environmental Ethics*, Vol. 4, 1982, pp. 205-206.

念和控制目标上相互回报。在没有这种回报的可能性的情况下，我看不出以共同体纽带形式出现的动机是如何产生的。团结或忠诚的感情基调，甚至是同心同德的感觉，对我们与未来人之间的关系（无论是什么）来说都是陌生的"①。也就是说，基于当今世代与未来世代之间缺乏道德互动，共同体的纽带这一道德动机无法支持实施针对未来世代的政策。

凯尔所考察的第三种动机形式是他所谓的"扩展的或者无限的命运共享动机"（extended or unbounded shared-fare motivation）。这种动机与前两种动机是非常不同的，它强调的是人们共同的人性的感觉，并在某种程度上包含了这样一种观念，即以一种非常普遍的方式，人类本身"属于彼此"或"生活在一起"，而不管他们之间在时间和地点上的差异是什么。一个由罗尔斯式的原初状态中的、可以处于任何时间或社会位置中的人组成的共同体，可以体现这种动机。凯尔指出了这种共同体的一些特点，例如，在这个共同体中，并非所有成员都可以相互回报，无论在多大程度上采取了何种形式的代表制，真正的共同决策不可能在其中出现。同时，在这个共同体中，并非所有成员在原则上都能分享彼此的特殊性，未来世代的成员是不露面的，共同体也没有地理方面的限制。那么，以上述方式勾勒出来的命运共享动机能够在当代人中间起到激励作用吗？凯尔认为人们能够形成一种命运共享动机是一回事，这种观念能够在人们的心目中唤起对这个共同体的情感则是另一回事。依凯尔之见，当今社会不适合培养长期的命运共享动机，其中的原因是多方面的，例如，现有的法律体系中缺乏乐善好施的规则、现有的经济生活培养的竞争的利己心理、现有的教育系统中强调的自我实现以及日常的商业和文化如此有力地支持对即时情感的奖励，这些都与上述命运共享动机的发展背道而驰。②换言之，命运共享动机的可用性和可靠性仍然存在严重的经验性怀疑，已经超出了人的能力范围。

下面我们看一看非共同体主义的代际正义论者提出的第二种外部批评。这种批判意见认为德夏里特的共同体主义的代际正义理论不能避免非"同一性问题"，没有正确地解释未来人的权利为当代人带来的义务的基础是什么（以下简称"批评 2"），这种批评意见由埃利奥特提出。对于德夏里特的共同体主义的代际正义理论，埃利奥特曾总结道，德夏里特试图通过其共同体主义的代际正义理论避免个人主义的正义观存在的问题，正义

① Norman Care, "Future Generations, Public Policy and the Motivation Problem", *Environmental Ethics*, Vol. 4, 1982, pp. 208-209.

② Norman Care, "Future Generations, Public Policy and the Motivation Problem", *Environmental Ethics*, Vol. 4, 1982, pp. 209-213.

和权利在共同体中具有特殊的意义。埃利奥特在接受德夏里特上述观点的基础上，探讨了德夏里特的代际正义理论是否能够说明当今世代对未来世代负有义务，从而避免“非同一性问题”。埃利奥特强调由于“非同一性问题”的存在，德夏里特的代际正义理论的适用范围受到了严格限制，“即使我们把我们的考虑局限于跨代共同体中的正义，也会出现一种不同的非同一性问题，因为我们所做的决定决定了未来的人是否是我们跨代共同体的成员。……不难想象，未来资源短缺的加剧会侵蚀我们对自由民主规范的承诺。结果可能是，那些在未来生活的人将不会成为我们自己的代际共同体的成员。因此，我们现在的选择可以决定我们所属共同体的时间范围。特别是，我们可以通过做出选择，确定未来的人不是我们代际共同体的成员，从而逃避共同体主义正义对未来的任何要求”①。埃利奥特紧接着指出了对此问题的两种回应，一种回应是我们永远不能确定未来的人是否是我们共同体的成员，另一种回应是在我们力所能及的范围内，确保未来人拥有一个宜居的环境。埃利奥特接下来通过一个思想实验指出上述回应的不可行性：假如我们要从 P、Q 和 R 这三种政策中选择一种政策，倘若我们选择了 P，这种政策既使得未来的人是富裕的，又是我们的代际共同体的成员；倘若我们选择了政策 Q，这种政策既使得未来的人可能是中等富裕的，并且又可能是我们的代际共同体的成员；倘若我们选择了政策 R，这种政策既使得未来的人是贫穷的，并且不会成为我们的代际共同体的成员。那么，共同体主义的代际正义理论会要求我们采取哪种政策？埃利奥特认为，共同体主义的代际正义理论会建议我们采取其中的任何一项政策。如果我们选择了 R，然后假设 R 让未来人过上了有价值的生活，那么我们就不会犯下做任何非正义的行为的错误，因为那些人不会成为我们的代际共同体的成员，对于那些认可共同体主义的代际正义理论的人来说，“非同一性问题”不仅仅是个人主义观念存在的问题。②埃利奥特还指出德夏里特的代际正义理论提供的政策背后的理由，可能是后果主义或理想的功利主义。

埃利奥特强调德夏里特在其代际正义理论中还论述了跨代认同的问题，该跨代认同强调个人的认同构成了其共同体的价值观，共同体的价值观是自我的一种表达，个人希望这些价值能够延续到未来。埃利奥特认为这似乎与正义或权利没有多大的关系，表现出某种利己主义的味道。然而，

---

① Robert Elliot, “Contingency, Community and Intergenerational Justice”, in Nick Fotion and Jan C. Heller (ed.), *Contingent Future Persons*, Springer Science, 1997, p. 167.

② 参见 Robert Elliot, “Contingency, Community and Intergenerational Justice”, in Nick Fotion and Jan C. Heller (ed.), *Contingent Future Persons*, Springer Science, 1997, pp. 167-168.

埃利奥特又强调这样看待德夏里特的观点似乎有点儿不公平，因为共同体主义的正义或根植于共同体的权利，不会穷尽对正义和权利的考虑。同时，埃利奥特还指出德夏里特的理论会带来一种后果主义的解释，倘若我们选择一种消耗资源的政策，我们可能认为不管未来人是谁，都受到了他们同时代人的非正义对待，相反，如果我们选择了一种节约资源的政策，那么我们可能认为未来更少的人会受到他们同时代人的非正义对待。此处我们面对的是不同的未来人，当前生育未来之人的愿望，可以被视为实现某些卓越理想的愿望，"从现在到未来的资源再分配，例如，通过采取节约资源的政策，是实现这一理想的手段。然而，这根本不是一种再分配，而这种再分配显然是由更正义地对待特定人群的渴望驱动的。人民是谁，实现理想的手段是什么，这并不重要。因此，将德夏里特的共同体主义理论视为复杂的后果主义或理想的功利主义似乎更准确"①。可见，依埃利奥特之见，德夏里特的共同体主义的代际正义理论没有摆脱"非同一性问题"带来的约束。

非共同体主义的代际正义论者提出的第三种批评，是德夏里特的跨代共同体的义务的强度将会以统一的速度减弱这一假设不成立，倘若德夏里特的这一假设成立，当今世代对未来世代的义务在理论上会出现没有义务的余地（以下简称"批评3"）。安德鲁·多布森（Andrew Dobson）是批评3的代表人物。多布森首先对代际正义理论提出了一种一般意义上的批评，认为虽然人们在探讨可持续发展理念时经常提及未来世代问题，但是"正义关系的一个先决条件似乎缺失了——相互性：未来世代不能伤害我们。显然，任何以相互性为基础来创造义务的正义理论都不适用于未来世代"②。多布森强调，德夏里特的跨代共同体理论的明显优势在于它可以解决当今世代可能为未来世代牺牲多少的问题。然而，在当今世代牺牲多少这一问题上，德夏里特还强调文化和道德上的相似性等将跨代共同体联系在一起的纽带。随着时间的推移将会逐渐减弱，当今世代对未来世代的义务随着纽带的减弱而消失，共同体关系的强度的标准是情感联系和道德相似性，关系越密切，共同体承担的义务就越强，反之，共同体承担的义务就越弱。多布森对此评价道，德夏里特"关于强度将以统一的速度减弱的明显假设，肯定不能成立。例如，也许根本没有下降……或者可能会非常迅速地下降，在这种情况下，我们的义务将持续很短的一段时间——短到

① Robert Elliot, "Contingency, Community and Intergenerational Justice", in Nick Fotion and Jan C. Heller (ed.), *Contingent Future Persons*, Springer Science, 1997, p. 169.

② Andrew Dobson, *Justice and the Environment*, Oxford: Oxford University Press, 1998, p. 103.

无法处理环保主义者经常关心的长期问题（例如放射性废料的衰变）”[①]。在多布森那里，德夏里特那种侧重共享文化和道德相似性的共同体使上述问题变得更加复杂，这意味着只有一系列的跨代共同体，每个当今世代的共同体都受到跨代道德和文化相似性的约束，一个完整的跨代共同体是不存在的，同时，这也意味着当今世代对未来世代的义务因地而异，可能会将核废料合法地从高的代际义务区域运往低的代际义务区域，这就引出了多布森对德夏里特的第二点批判，即“即使我们假设代际义务的表现与德夏里特希望的一样（尤其是当代际义务确实如此时）。如果这种义务以一种或多或少恒定的速度‘消失’，那么在我上面提到的那些长期问题上，理论上可能没有义务的余地。铀-235 在核反应堆中被用作燃料，其半衰期为 7.1x109 年，同时，我们可以想象，我们在道德和文化上与相关的未来世代的相似性很小，倘若不是不存在的话。（或者我们可能不会；但是这恰恰表明，试图通过引入一个变量，即道德和文化相似性的下降来计算另一个变量，即当今世代为未来世代牺牲的程度，可能是多么地不明智。）”[②]。总之，在多布森那里，德夏里特的正义的共同体概念没有很好地为代际正义的事业服务。

二、内部批判

对共同体主义的代际正义理论的内部批判，主要是一些不拒斥共同体主义的代际正义理论的人或者是一些共同体主义的代际正义论者提出的，这大体上属于共同体主义的代际正义理论的内部之争。其中第一种批评意见是由彼得·马歇尔（Peter Marshall）提出的，他认为德夏里特在回应埃利奥特的观点时体现了一种自相矛盾的立场，德夏里特的代际正义理论中的共同体主义立场是不彻底的（以下简称“批评 4”）。我们在上一节曾提及德夏里特回应了埃利奥特的下述观点，即当今世代与未来世代的关系是基于基本人权的义务，未来世代可以拥有权利，未来人的利益会对当今世代产生有约束力的义务。德夏里特认为埃利奥特的观点是有问题的，因为德夏里特强调当今世代与未来世代的关系是基于福利权利的义务，而不是基于基本人权的义务，并将当今世代对未来世代的义务建立在共同体理念

① Andrew Dobson, *Justice and the Environment*, Oxford: Oxford University Press, 1998, p. 106.

② Andrew Dobson, *Justice and the Environment*, Oxford: Oxford University Press, 1998, p. 107.

的基础上。[①]马歇尔反思了德夏里特的观点，认可德夏里特对埃利奥特的观点的批判，同意德夏里特偏爱的共同体主义（而非抽象的个人主义）。然而，马歇尔仍然质疑了德夏里特的代际正义理论。在马歇尔那里，德夏里特言说的共同体主义可以被分为两种，一种是弱共同体主义，另一种是强共同体主义。前者很难与个人主义区分开来，个人在其中是一个推理的对象，社会背景仅仅作为个人的背景在起作用，而后者似乎与个人主义完全不同，在其中推理的对象是由社会语境构成的个体，如果人们不提及社会的价值观，那么人们就无法描述推理的准则，个人是不能从其所处社会背景中抽离出来的。马歇尔认为德夏里特强调弱共同体主义而忽视了强共同体主义的发展，德夏里特"对个人主义者将当今世代对未来世代的责任建立在人权基础之上的批评，是对将个人置于共同体之上的逻辑优先性的批判。然而，在他自己试图把这些责任建立在福利权利的基础上时，却倾向于以同样的方式给予了个人以优先权"[②]。也就是说，马歇尔认为德夏里特的立场存在自相矛盾之处，即德夏里特批判埃利奥特在证成当今世代对未来世代的义务时诉诸于以个人主义为基础的人权观，然而，德夏里特在述说自己的观点时却像个人主义者一样给予了个人以优先性。马歇尔紧接着解释了德夏里特持有该立场的原因，在马歇尔那里，德夏里特持有共同体只是由一群碰巧拥有相同价值观的人构成的以及个人的身份是完全独立的观点，这就是上面所说的弱共同体主义的立场，这种立场与自由主义对抽象个体的强调是没有区别的。

马歇尔认为德夏里特关于为什么当今世代应该关心未来世代的福利的观点，恰恰反映了自由主义者关于人类后代权利的看法。他对德夏里特的代际正义理论提出的另一种批评意见是由德夏里特持有的强共同体主义立场招致的，这种强共同体主义暗示个人拥有福利权利，"然而，在德夏里特使用的共同体概念中，对分配正义的强调导致了一个奇怪的悖论。分配正义关注的是确保个人不被剥夺他们应有的权利。然而，也可以说，在一个共同体中，正是由于个人重视同样的东西，所以才会有这些利益冲突。从分配正义的角度来看，那种被认为应该保障福利权利的东西，即共同体，是福利权利所要解决的利益冲突的前提。共同体是由有着非常相似愿望的

---

① 埃利奥特和德夏里特的观点可分别参见 Robert Elliot, "The Rights of Future People", *Journal of Applied Philosophy*, Vol.6, No.2, 1989, pp. 159-169; Avner de-Shalit, "Community and the Rights of Future Generations: A Reply to Robert Elliot", *Journal of Applied Philosophy*, Vol.9, No.1, 1992, pp. 105-114.

② Peter Marshall, "Thinking for Tomorrow: Reflections on Avner de-Shalit", *Journal of Applied Philosophy*, Vol.10, No.1, 1993, p. 107.

人组成的，所以他们会有冲突”[①]。马歇尔接下来还强调倘若要克服这个悖论，人们需要从逻辑上优先考虑共同体（而不是个人）。在强共同体主义中，共同的价值观不是冲突的根源，相反，它是共同利益的基础。综观马歇尔提出的上述批评意见，我们可以发现，马歇尔的主要观点是鉴于德夏里特的共同体主义立场是不彻底的，个人主义立场在德夏里特的理论中占据更大的比重，德夏里特的立场也就无法避免上述悖论的出现。

希克斯和汤普森也曾对德夏里特的共同体主义的代际正义理论提出了一种内部批判，认为德夏里特的代际正义理论可能忽视了其他共同体中的未来世代，没有延伸至更遥远的未来世代和陌生人（以下简称“批评 5”）。希克斯首先引述了巴里对德夏里特的代际正义理论的批判。对于德夏里特的代际正义理论中的跨代共同体观念，巴里曾评价道：“它不能为富裕国家的人们提供任何理由来削减开支，从而改善其他共同体未来人民的前景。然而，在我看来，这是代际正义概念要实现的最重要的事情。……在大多数国家，基于种族、族裔、语言、宗教或其他一些特征，存在着（事实上的或法律上的）不同等级的成员。这种做法拥有强大的受益者，可以说（也是所谓的共同体主义的政治哲学家所说的）适应普遍主义的正义标准是‘无用的’，并指出根据这些标准，这种做法是不公正的。”[②]在巴里那里，共同体主义的代际正义理论只有通过忽视其他未来的共同体的福利，才能为自己特定共同体的未来世代提供基于理性的义务，并强调那种不因时间和地点的差异而区别对待人们的普遍主义理念具有巨大的吸引力。希克斯认为巴里的上述批判是重要的，共同体主义者应该是普遍主义的正义理念的倡导者，“的确，任何共同体主义理论，如德夏里特的理论，都只为每个共同体对其后代的正义辩护。如果我们假设每个民族或文化共同体的一部分，无论在其他方面有多么不同，都是其后代的共同意识，那么像德夏里特这样的代际正义理论就具有普遍的影响”[③]。可见，希克斯认可巴里对德夏里特的代际正义理论的批判。

我们在上一节曾提到，汤普森构建了一种侧重于跨代政治组织的代际正义理论，认为跨代政治组织的制度和做法将会产生跨代义务，并鼓励公

① Peter Marshall, “Thinking for Tomorrow: Reflections on Avner de-Shalit”, *Journal of Applied Philosophy*, Vol.10, No.1, 1993, p. 108.

② Brian Barry, “Sustainability and Intergenerational Justice”, in Andrew Dobson (ed.), *Fairness and Futurity*, Oxford: Oxford University Press, 1999, pp. 99-100.

③ Richard Hiskes, *The Human Right to a Green Future*, Cambridge: Cambridge University Press, 2009, p. 16.

民在跨代合作体系中发挥作用。在此过程中，汤普森也对德夏里特的代际正义理论提出了批评意见。他曾提及共同体主义的代际正义理论可能面临的一种批评意见，即当今世代的活动不仅可能伤害自己所属共同体的继承人，而且也可能伤害其他共同体的继承人等遥远的陌生人。这种反对意见还指出，对未来世代的关切必须是对地球上所有未来人的关切，而不仅是对自己所属共同体或政治组织的成员的关切。汤普森对此回应道，共同体主义者，尤其是那些接受关于所有人道德考虑的自由思想的人，不难解释政治社会及其公民如何能够获得对其他共同体的人民的责任，然而，“对遥远地区的人造成伤害的可能性所带来的问题，似乎更难克服。事实上，许多关于对未来世代的义务的解释，依赖于人们分享共同的善或者处于合作关系中，这些解释似乎只把义务留给了更直接的继承人。我们可以预期的道德差异将存在于我们和更遥远的几代人之间，这表明德夏里特对未来世代的义务的描述不会把我们带到很遥远的未来”[①]。也就是说，在当今世代和遥远的未来世代之间，尤其是在当今世代和遥远的陌生人之间，德夏里特所说的道德相似性将会逐渐减少，相反，道德差异将会逐渐增多。德夏里特的代际正义理论难以解决汤普森所说的共同体主义的代际正义理论面临的反对意见。

汤普森认为，一种化解德夏里特（以及罗尔斯）的代际正义理论的上述局限的方式是，鉴于我们目前有能力影响更遥远的未来的情况，罗尔斯意义上的家庭的代表及其对子女和孙辈的关切当然应该包括关切其后代能否拥有过上良善生活的能力。鉴于我们不知道更遥远的继任者将拥有何种道德理想，道德上较为可取的做法是假设更遥远的世代的理想与我们的理想十分相似，从而他们可以成为我们共同体的成员。汤普森认为上述方式似乎不完全令人满意，并认为他的那种侧重于跨代政治组织的代际正义理论可以延伸到更遥远的未来世代和陌生人，“我们可以合理地假设，更遥远的未来的人们会拥有超越终身的利益，会提出超越终身的要求。考虑到这些利益对人类生活的重要性，正如我们所理解的，做出这样的假设在道德上是必要的。即使遥远的世代也可以被视为继承者，是一个永无止境的关系链的参与者，在这个关系链中，每个世代都对其前任和继承者履行道德要求。遥远的未来的人民可能拥有不同的道德观念和不同的政治制度，然而，只要他们在上述意义上是我们的继任者，我们就有义务不采取可能破

① Jonna Thompson, “Identity and Obligation in a Transgenerational Polity”, in Axel Gosseries and Lukas H. Meyer (ed.), *Intergenerational Justice*, Oxford: Oxford University Press, 2009, p. 46.

坏维持其制度和追求其利益所需条件的行动”①。也就是说，汤普森认为他的代际正义理论能够延伸至更遥远的世代。

第四节　回应质疑以及共同体主义的代际正义理论的发展趋向

经由上文的论述，我们探讨了以德夏里特、希克斯和汤普森等人为代表的共同体主义的代际正义理论的基本义涵及其面临的一些外部批判和内部批判，那么，共同体主义的代际正义理论（尤其是德夏里特的代际正义理论）能够回应上述质疑吗？共同体主义的代际正义理论的发展趋向是什么？这是本章将关注的主要问题。

一、回应质疑

首先我们看一下由戈尔丁和凯尔提出的“批评 1”。这种出现于 20 世纪七八十年代的批评意见认为，当今世代和未来世代之间缺乏道德互动，因此在它们之间不可能存在正义。德夏里特在构建自己的代际正义理论时，主要也是为了回应这种批评意见。一般意义上的共同体与共同体成员之间的互动往往是联系在一起的，譬如，共同体的成员一起居住在某个地方、看着相同的电视节目、听着同样的广播、在同一所学校读书和共同抵御外敌的侵略等，这种共同体通常是一种有形的共同体。因此，当有人用跨代共同体作为当今世代对未来世代所负义务的基础时，某些学者以世代之间缺乏道德互动为由提出批判意见，就是一件非常正常的事情。针对凯尔所说的在当今世代与未来世代的关系中当今世代缺乏内疚感这一观点，德夏里特曾明确回应道：“有证据表明，否认这种感觉的存在是错误的。无论如何，大多数思考环境问题的作家都深感遗憾和悔恨地提到我们对未来世代造成的环境损害以及由此给他们带来的负担。……事实上，人们可以普遍地认为，即使人们没有互动，尤其当他们不互动时，他们也会对彼此感兴趣，例如，西方人对中国的西藏人、对他们的生活方式和宗教的迷恋就是明证。”②针对戈尔丁和凯尔的批评意见，德夏里特明晰了共同体的存在需要满足的某些条件，他认为“要使一群人成为一个共同体，必须满足三个

① Jonna Thompson, “Identity and Obligation in a Transgenerational Polity”, in Axel Gosseries and Lukas H. Meyer (ed.), *Intergenerational Justice*, Oxford: Oxford University Press, 2009, p. 47.

② Avner de-Shalit, *Why Posterity Matters*, London and New York: Routledge, 1995, p.18.

条件之一：日常生活中的互动、文化互动和道德相似性”[①]。戈尔丁和凯尔所提及的共同体是一种“面对面”的共同体，所言说的互动主要是一种可观察到的互动，例如，人们共同参与的经济生活、政治生活和日常生活等。在代际关系中，由于未来世代是尚未出生的，当今世代和未来世代之间缺乏这种意义上的互动，跨代共同体不能建立在日常互动的基础上。然而，日常生活中的互动仅仅是使得一群人成为共同体的条件之一，除了它以外，依照德夏里特所述，文化互动和道德相似性也是使得一群人成为共同体的条件，共同体除了包括“面对面”的共同体，还有其他形式的共同体。就文化互动来说，当今世代在风俗习惯方面往往继承了过去的世代的风俗习惯，例如，传统节日的仪式、结婚仪式和宗教仪式等内容。同时，当今世代学习过去的世代的文化和思维方式等内容，相应地，当今世代和未来世代之间亦存在着类似的现象。就道德相似性而言，如果未来世代持有的善观念、规范和价值观等内容，与当今世代的善观念、规范和价值观等内容大体上相似时，他们之间就具有道德相似性（当然，这不意味着未来世代不对当今世代的价值观和规范等内容进行批判性的反思）。然而，在跨代共同体中，倘若当今世代和未来世代之间存在道德相似性，我们上面提到的文化互动应该是存在的，也就是说，文化互动是道德相似性存在的一个先决条件。

埃利奥特的“批评 2”认为德夏里特的共同体主义的代际正义理论不能避免非“同一性问题”，没有正确地解释当今世代对未来世代负有的义务的基础是什么。实际上，批评 2 值得商榷。由于当今社会是一个合作体系，我们对当代人负有某些义务，在德夏里特的跨代共同体中，当今世代对未来世代也负有某些义务，其中的原因主要在于代际合作的存在以及共处于同一个共同体中。虽然埃利奥特所说的当今世代采取的不同政策（如不同的环境政策）确实会使不同的人出现，但是只要人类社会不出现难以抗拒的重大灾难，共同体仍将存在。虽然我们不能确定在未来世代中哪些人将会出生，哪些人将会死亡，但是我们知道共同体仍将存在，这体现出共同体具有连续性和继承性。后果主义者和契约主义者等在阐释代际正义理论时，通常需要首先确定未来的人（如我们在第二章中曾提及的那样，功利主义等后果主义在计算效用总和时需要知道未来世代的人口政策和未来人的身份等信息），然而在共同体主义的代际正义理论中，当今世代对未来世代负有的义务与上述信息无关，它不取决于在未来世代中哪些人将存在，

① Avner de-Shalit, *Why Posterity Matters*, London and New York: Routledge, 1995, p.22.

不需要知道未来人的确切身份。这主要是因为这种义务是与共同体联系在一起的，在未来存在的人（无论是谁），都将成为我们共同体的一员。同时，只要当今世代没有采取审慎的政策（如肆无忌惮地破坏环境），在未来世代肯定有人受到伤害，即使我们目前不能确切知道受到伤害的人是谁，不能确切知道受到伤害的人的数量。依照上述解释，德夏里特的共同体主义的代际正义理论就能够避免埃利奥特所说的“非同一性问题”带来的挑战。

德夏里特自己也明确回应过“批评 2”。在德夏里特那里，道德共同体不仅建立在价值的基础之上，而且也基于关于价值的辩论，只要这种辩论还在继续，这很可能是一个共同体。同时，那些接受共同体主义观点的人将会看到，我们确实相信未来以及未来人仍然是构成我们的一部分，我们承认至少对不太遥远的未来世代负有义务。德夏里特最后强调，当今世代不可能像埃利奥特所说的那样有可能以一种方式耗尽资源，从而使得未来人处于如此匮乏的状态并持有不同的价值，“如果一个人的动机纯粹是物质上的自私，那么埃利奥特是正确的。然而，如果一个人对未来感兴趣，这是一个与他的身份有关的兴趣，那么后者就凌驾于许多物质利益之上。换言之，根据共同体主义的代际正义理论，如果我们选择耗尽政策，那么‘如果它让人们在未来过上有价值的生活，那么我们就不会有不公平的行为，因为这些成员不会是我们的代际共同体的成员。’然而，我们不会这样做，因为倘若我们这样做了，我们将是痛苦的：我们将失去对一个人的人格如此重要的未来”①。可见，德夏里特也认为其代际正义理论能够规避埃利奥特所说的“非同一性问题”带来的挑战，实际上，这也可能是共同体主义的代际正义理论相较于其他代际正义理论而言具有的重要优势。

针对多布森的“批评 3”，希克斯的代际正义理论可以回应多布森对代际正义理论提出的一种一般意义上的批评，即鉴于当今世代和未来世代之间缺乏相互性，正义理论不适宜处理当今世代和未来世代之间的关系。实际上，相互性不局限于希克斯言说的一般意义上的相互性，当今世代和未来世代之间可能还存在另一种相互性。如前所述，希克斯在其代际正义理论中强调了“反射性的相互性”的内涵及其重要性，这种相互性认为，就环境政策而言，“不同时保护我们自己，就不能保护未来人的环境利益的质量；不保护未来人，就不能保护我们自己。因此，我们保护这些利益的行动，不仅是对未来的责任，而且也是对我们自身利益的回应，以保护它们。

① Avner de-Shalit, “Down to Earth Environmentalism: Sustainability and Future Persons”, in Nick Fotion and Jan C. Heller (ed.), *Contingent Future Persons*, Springer Science, 1997, p.133.

易言之，如果我们承认未来人的环境利益是我们同样基本的实际利益，那么我们对这些利益的保护就是在保护我们自己的利益”[①]。希克斯尤其在环境政策中强调了“反射性的相互性”的重要性。也就是说，当今世代承载着未来世代的环境利益，当今世代采取有利于未来世代的环境政策（如保护未来世代将拥有的空气、水和土壤等资源），反过来，也有利于当今世代的利益。多布森还强调“德夏里特的关于强度将以统一的速度减弱的明显假设，也肯定不能成立”，实际上，多布森此时误解了德夏里特的观点，德夏里特只是强调随着时间的推移，当今世代对未来世代的义务将会逐渐减弱。但是德夏里特没有像多布森认为的那样，强调当今世代对未来世代义务的强度将会以一种统一的速度减弱。

以上我们回顾了共同体主义的代际正义理论面临的“外部批判”，下面我们分析一下共同体主义的代际正义理论面临的“内部批判”。马歇尔在批判德夏里特的代际正义理论时认为德夏里特存在自相矛盾之处，即德夏里特在质疑埃利奥特的理论时，实际上是在质疑埃利奥特将个人置于共同体之上（即质疑个人主义），然而，当德夏里特自己试图把当今世代对未来世代的义务建立在福利权利的基础上时，却倾向于以同样的方式给予个人以优先权，并认为德夏里特持有共同体只是由一群碰巧拥有相同价值的人构成的以及个人的身份是完全独立的观点。事实上，马歇尔误解了德夏里特的观点，德夏里特在阐释共同体主义的代际正义理论时采用的是非原子论。德夏里特在强调未来世代的福利权利时，曾区分了福利权利和人权，认为“人权基本上是为了防止机构或其他人干涉个人的生活，福利权利不同于人权，不能抽象地基于个人。它们必须基于社会环境中的个人。与人权相反，福利权利不可避免地强调一个人的社会关系，而且通常是在那些处于‘制度关系’中、共同享有‘制度生活’的人的语境中被提及。换言之，这些权利——实际上是一般的规定——与成员身份以及我们作为同一共同体成员相互承认的义务有关”[②]。在德夏里特那里，福利权利来自共同体，一般而言，福利权利只有在共同体的背景下才有意义，只要国家这样的政治共同体仍然存在，非国家的成员就不可能享受由该国家提供的福利，因为福利权利是向共同体的成员提供的。可见，德夏里特没有像马歇尔所说的那样给予个人以优先权，虽然德夏里特强调福利权利的主体是个人，但是个

① Richard Hiskes, *The Human Right to a Green Future*, Cambridge: Cambridge University Press, 2009, p. 60.

② Avner de-Shalit, “Community and the Rights of Future Generations: A Reply to Robert Elliot”, *Journal of Applied Philosophy*, Vol.9, No.1, 1992, p. 110.

人是共同体中的个人，个人不可以独立于其语言、文化、历史等背景来被理解，这与个人的地位是否拥有优先权没有关联性。针对马歇尔所说的德夏里特持有共同体只是由一群碰巧持有相同价值的人所构成的观点，我们可以回想本章第一节在提及德夏里特的共同体观点时曾经提到的观点——共同体代表了超越简单人群聚集的关系，它通常描述的是一个实体，人们从中获得他们的文化和道德身份——可以由此发现，马歇尔的观点同样值得商榷，德夏里特认可的不是一种弱共同体主义，而是一种强共同体主义。倘若我们以上的回应是可行的，马歇尔在"批评 4"中提到的第二点批评就迎刃而解了。因为依照马歇尔的看法，倘若德夏里特的代际正义理论要克服马歇尔言说的悖论，人们需要从逻辑上优先考虑共同体（而不是个人）。倘若按照我们刚才所言，强共同体主义在德夏里特的代际正义理论中占据主导地位，这种悖论就可以克服。

"批评 5"强调德夏里特的代际正义理论可能忽视了其他共同体中的未来世代，没有延伸至更遥远的未来世代和陌生人。在回应希克斯和汤普森的质疑之前，我们发现希克斯在强调德夏里特的代际正义理论可能忽视了其他共同体的未来世代的处境时，存在一个自相矛盾的地方。我们在本章第二节曾提及拜尔的"一个人发现自己所处的跨代道德共同体不局限于那些与自己的生活方式相同的人，而是将扩展到与自己直接或间接处于依赖或相互依赖关系之中的所有人，这种相互依存是可以传递的"观点，希克斯对此回应道，拜尔上述根据未来人的权利做出的推断走得太远了，"从环境角度来说，的确，所有未来世代都依赖我们今天在我们社会中做出的关于空气、水和土壤的决定，但是除了我们自己社会的权利，我们并不**相互性地**依赖于任何未来世代的权利。我们今天关于环境保护的论点是由我们自己固有的权利而不是所有社会的权利强化的。这是我在这里主张的特殊的、'反射性的'相互性，它只存在于他们自己的跨代文化中"①。在希克斯那里，道德共识和关心只有在共同体内部才有可能，只有那些拥有相同道德信仰的人才能被纳入道德共同体中。可见，希克斯自己也对将某个共同体的代际正义扩大到其他共同体这一做法持怀疑态度。德夏里特真的如"批评 5"述说的那样可能忽视了其他共同体的未来世代，没有延伸至更遥远的未来世代和陌生人吗？德夏里特在《为什么后代重要》一书的最后曾强调他有一些尚未完成的工作，其中第三个问题是最紧迫的政治任务，即

① Richard Hiskes, *The Human Right to a Green Future*, Cambridge: Cambridge University Press, 2009, p. 67.

在解决环境问题的过程中如何实现国际合作，“从理论上讲，建立国际合作可能不是十分困难，因为每个人都属于几个共同体（例如，国家、政党、宗教派别、阶级、意识形态运动等等），其中许多都是国际性的。然而，不幸的是，国际合作实际上远不能令人满意，也许因为占主导地位的共同体是国家。这引起了**国际代际正义**问题（一个共同体的人对另一个共同体的未来人的义务）”[①]。也就是说，德夏里特已经意识到了对其他共同体的未来世代的义务问题，只不过德夏里特没有详述。希克斯和汤普森等人确实指出了共同体主义的代际正义理论的发展趋向。

二、共同体主义的代际正义理论亟需解决的问题及发展趋向

以上我们简要回顾了以德夏里特为代表的共同体主义的代际正义理论面临的质疑，我们可以发现，上述质疑在不少方面误解了德夏里特的代际正义理论。然而，这并不意味着德夏里特的代际正义理论就是非常完善的，它还存在一个需要解决的问题，这个问题主要与德夏里特如何解决当今世代对未来世代的义务和当今世代对同时代人的义务（尤其是对穷人的义务）之间的冲突以及如何取得平衡密切相关。我们知道，上述冲突非常常见，譬如，当今世代需要廉价的能源，核能通常被认为是一种清洁的、廉价的能源，不少国家和地区在大力建设核电站。当然，这会有利于改善当代人的处境，穷人也会以低廉的价格获得电能，然而，核能有潜在的风险和危害，倘若核设施发生爆炸或核废料处置不当，未来世代将深受其害。当那些满足当今世代之利益的行为有可能伤害未来世代时，我们应当在多大程度上考虑未来世代及其利益呢？我们在本章第二节提到了德夏里特对此问题的处理方式，简言之，德夏里特依照“消极义务”和“积极义务”之间的区分以及当今世代与未来世代之间关系的强度来化解这一问题。同时，为了解决该问题，德夏里特还有两个重要的区分，即“亲密的未来世代”和“遥远的未来世代”之间的区分，以及“正义的义务”和“人道的义务”之间的区分。德夏里特认为我们对亲密的未来世代负有积极义务、消极义务和正义的义务，而对遥远的未来世代负有消极的义务和人道的义务，正如他所言：“我们对遥远的未来世代负有某些义务，尽管它们不是基于或源自共同体关系。这是人道问题而不是正义问题。两者的区别在于正义关注所有权原则或对资源的控制，人道关注人民的福祉。它要求我们避

① Avner de-Shalit, *Why Posterity Matters*, London and New York: Routledge, 1995, p.138. 黑体字为引者所加。

免造成痛苦，并在其发生的地方减轻它。……正义的要求比人道的要求更为基本。”①显而易见，人道的义务与正义的义务是两种不同程度的义务，与那些源自人道考虑的义务相较而言，那些源自正义考虑的义务是一种更为基本的义务。笔者认可德夏里特的当今世代对亲密的未来世代负有积极义务、消极义务和正义的义务，而对遥远的未来世代负有消极的义务这一观点，不认可当今世代对遥远的未来世代负有人道的义务这一观点。实际上，当今世代对遥远的未来世代也负有正义的义务。

就代际正义理论而言，人道的义务侧重于当今世代不采取一些可能伤害未来世代的行动，正义的义务聚焦于当今世代采取的行为本身是否是正当的，如何在制度等方面真正实现代际正义。随着人类文明的不断进步以及代际关系逐渐引起人们的关注，当今世代对遥远的未来世代负有人道的义务这一观点，已经基本上获得了人们的认可。然而，人道不是一个充分的基础，未来世代的命运会建立在一个相当脆弱的基础上，这对实现代际正义来说是远远不够的。为了真正实现代际正义，我们不能仅仅止步于人道的义务，也应该关注正义的义务。正义的义务除了要求当今世代不采取一些可能伤害未来世代的行动，还要求当今世代反思自身行为正当与否，在那些有可能影响未来世代处境的政策方面采取一种更加审慎的态度。尤其在当今社会，当今世代的一些决策（如修建核电站、进行核试验、倾倒核废料、砍伐大量的森林或修建大型水库）通常会影响未来世代的处境。如果依德夏里特所言，当今世代对遥远的未来世代负有人道的义务而不负有正义的义务，那么倘若当今世代没有关注未来人民的福祉，这也是无可厚非的。显然，这对于实现代际正义是较为不利的。

为了进一步完善共同体主义的代际正义理论，正义的义务除了应当被纳入当今世代对遥远的未来世代负有的义务，共同体主义的代际正义理论至少还有两个方面的工作要做。一方面，各个共同体之间以及各种文化之间要进行对话和合作，培育更多的道德相似性，从而更好地实现代际正义。当今社会有各种各样的共同体，国家应该是其最重要的代表之一，目前一些国家的行为不会真正有利于代际正义的实现。例如，不少国家在发展的过程中非常注意保护本国的生态环境，这样有利于本国公民的后代的生存，然而，其中有些国家是以污染他国的环境或大肆消耗他国的自然资源为代价，这既表现在有些国家将污染物转移到他国，又表现在有些国家在其他国家生产可能会带来污染副产品的物品，受害的国家往往是一些贫困国家

① Avner de-Shalit, *Why Posterity Matters*, London and New York: Routledge, 1995, p.63.

（一些贫困国家通常不得不砍伐本国的森林以出口原木，并在由此产生的土地上种植农作物）。这样的话，贫困国家的公民及其后代的处境就非常令人担忧。同时，虽然有些国家非常注重保护环境，但是有些国家不在意该问题，那些采取环境保护政策的国家可能也会受到那些不注重环境保护的国家的行为带来的侵扰，因为有些污染物（如有毒气体）不会固定在某个地方，可以跨越边界，不但可以跨越政治边界，而且还可以跨越地理边界。上述两种现象，都是实现代际正义的严重障碍。因此，各个共同体之间和各种文化之间要进行对话和国际合作，以期共同应对人类面临的一些难题，例如环境污染、气候变化和核危害等问题。我们需要注意的是，为了实现代际正义，富裕的国家需要帮助贫困的国家，应当在缓解和消除全球贫困和全球不平等方面做出某些贡献，一些贫困国家为了满足自己的基本需要，有时会过度开发其资源并采取粗放型的发展策略，这种行为造成的污染有时候也会跨越国界，影响其他国家的发展。倘若富裕国家可以帮助贫困国家走向绿色发展之路，这样也会在某些方面有利于富裕国家自身的发展。

另一方面，要力图摆脱共同体主义本身的局限（即排他性的缺陷），扩大共同体的边界，实现德夏里特偶尔提及的国际代际正义理念。在此过程中，我们要推动世界伦理的建设，同时，也可以尝试构建我们国家目前倡导的“人类命运共同体”。我们在回应“批判 5”的过程中提及德夏里特有关注其他共同体的未来世代的想法，然而，德夏里特对此只是一笔带过，也就是说，希克斯和汤普森确实指出了德夏里特的代际正义理论存在的一个亟需解决的问题。虽然与我们在以上两章探讨的后果主义和契约主义对代际正义的阐释相较而言，共同体主义在阐释代际正义理论的过程中有一些优势，例如，它不是原子论的，可以更好地回应“非同一性问题”。然而，共同体主义本身的一些缺陷也给共同体主义的代际正义理论带来一些难题，这主要涉及共同体的一个重要缺陷，即它的“排他性”，正如伊兹欧尼所言：“在既定的社会生活现实中，所有的共同体就其本性而言都有一个严重的规范性缺陷：它们具有排他性。所有的共同体都在成员与非成员之间划出了界限，而且在大多数情况下，它们对待非成员不会像对待其成员那般好（存在一些例外情况，诸如，一些宗教组织和世俗的志愿团体为了照料病人和帮助穷人而牺牲其成员的利益）。”[①]我们上一段提到的两种现象都与国家这一共同体的排他性有着密切的关系。为了应对这些现象，我们

① 阿米泰·伊兹欧尼：“创造好的共同体与好社会”，史军译，载李义天主编：《共同体与政治团结》，社会科学文献出版社，2011 年版，第 352 页。

需要克服共同体主义本身的缺陷。例如，有些国家保护本国环境以及本国公民之后代的行动，不能以伤害他国的环境以及其他国家公民的后代为代价。在某种程度上超越目前共同体的边界，可以更好地应对气候变化等问题，可以更有利于实现代际正义。当然，这就需要跨越原来的共同体边界，形成新的认同，这无疑是一个巨大的挑战。在应对该挑战的过程中，“世界伦理”以及我们国家目前倡导的“人类命运共同体”理念可能是一种较好的方案。

在全球化时代，人类共同体生活如何可能？为此，我们需要建构一种世界伦理，用于规约各国以及各国人民在人类命运共同体中的共处。何谓世界伦理？1993 年 9 月 4 日由思想界和宗教界发起制定的、世界伦理的奠基性文献《世界伦理宣言》，曾为“世界伦理”下了一个经典的定义：“我们所说的世界伦理，指的是对于现存的具有约束性的价值观、不可取消的标准和个人基本态度的一种基本共识。没有这样一种在伦理上的基本共识，每个社会或迟或早都会受到混乱或独裁的威胁，而个人或迟或早也会感到绝望。”[①]当然，为了更加明确世界伦理的内涵，我们还需要强调世界伦理的基本要求。《世界伦理宣言》强调，没有世界伦理，就没有新的世界秩序，世界伦理秉承“己所不欲，勿施于人”这一黄金法则，强调每个人必须被当作人来对待，都应该获得人道的对待，也就是说，无论个人的年龄、性别、种族、民族、生理能力、心理能力、语言、宗教、政治观点或社会背景如何，都拥有不可让渡的和神圣的尊严，因此，每个人和每个国家都应当保护这些尊严，人类应当成为权利的主体，而不能成为实现他人目的的手段。世界伦理不是纯粹由西方提出并强制世界上其他国家接受的理念，而是世界各主要文化传统共同认可的理念。世界伦理观强调国与国之间、人与人之间存在一种相互依赖的关系，强调人们要将自己的命运同他人的命运、同国家等共同体的命运联系在一起，秉承“推己及人”的理念。我们当下所倡导的“人类命运共同体理念”也许是一种有益的选择，人类命运共同体思想是中国为了在全球化时代化解人类面临的全球金融危机、全球经济增长放缓、恐怖主义、重大传染性疾病、局部战争、全球贫困、全球不平等和环境危机等问题而提出的一种“中国方案”，它强调“到目前为止，地球是人类唯一赖以生存的家园，珍爱和呵护地球是人类的唯一选择。瑞士联邦大厦穹顶上刻着拉丁文铭文‘人人为我，我为人人’。我们要为当

① 《世界伦理宣言》（芝加哥，1993 年 9 月 4 日），载孔汉思：《世界伦理手册》，邓建华等译，生活 • 读书 • 新知三联书店，2012 年版，第 136 页。

代人着想，还要为子孙后代负责”[①]。“人类命运共同体”中的“共同体”应该是指基于共同利益和伦理等基础之上的一种联合体，是由地球上的所有人构成的一个大家庭，它强调各国在追求自身利益的同时，要兼顾人类作为一个整体所具有的利益，要树立一种大家庭意识，要通力塑造一种共同身份。总之，倘若我们采纳世界伦理和人类命运共同体等理念来拓展共同体主义的代际正义理论，有助于扩大共同体的边界，有助于克服其“排他性”的缺陷，更有助于塑造国际代际正义理论。

① 习近平：“共同构建人类命运共同体——在联合国日内瓦总部的演讲”，《人民日报》，2017 年 1 月 20 日。

第五章　代际正义理论如何回应未来世代权利论面临的异议？

我们在以上三章分别探讨了代际正义理论的功利主义、契约主义和共同体主义等阐释方式，并试图为共同体主义的代际正义理论进行辩护，在此过程中我们也指出了共同体主义的代际正义理论存在的一些有待克服的难题及其发展趋向。代际正义理论是一种极具争议性的理论，面临着各种批判，明晰代际正义理论面临的一些主要诘难，对于更加全面地探讨代际正义理论来说是非常必要的。代际正义理论面临的批判是多方面的，其中两种有代表性的批判是，一方面，未来世代不拥有权利，另一方面，“非同一性问题”给代际正义理论带来了难以克服的难题。我们将在本章关注第一种批判，下一章关注代际正义理论如何应对“非同一性问题”。第一种批判涉及西方政治思想史中的一个经典议题，即正义与权利之间的关系问题。正如约翰·密尔所言：“正义不仅仅意味着做正确的事情并且不做错误的事情，它还意味着某个人能够向我们提出某种要求作为他的道德权利。没有人在道德上有权利要求我们慷慨或者仁慈，因为我们对任何特定的个人都不负有践行这些美德的道德责任。……任何情况，只要存在着权利问题，便属于正义的问题，而不属于仁慈之类的美德的问题。”①正义与权利是密切相关的，保护个人权利使之免于受到伤害，应该是正义理论的重要内容。正义理论需要处理权利的归属问题，同样，代际正义理论也需要处理代际权利（intergenerational rights）问题。

我们需要注意的是，代际权利问题是一个涉及众多内容的复杂问题。克里斯汀·西沙德-弗莱切特（K. S. Shrader-Frechette）曾说，当一个人提出后代人的权利问题时，他的头脑中至少会浮现出三个问题：“首先，是否存在这么一个伦理框架，通过它能够推理出后代人是否有这样的权利？其次，假设存在这些权利，那么有可能计算或满足包括当代和后代的所有人们的

---

①〔英〕约翰·穆勒：《功利主义》，商务印书馆，2014 年版，第 62～63 页。

合法权益吗？第三，承认后代的权利会缩减满足当今人们（尤其是贫民和被剥夺公民权的人）需求的程度吗？”①在上述三个问题中，第一个问题无论在逻辑上还是在时间顺序上都具有优先性，是在处理其他问题之前需要优先回答的问题，因此，我们关注的首要问题正是未来世代是否拥有权利这一问题。当然，试图将权利赋予目前尚未出场的未来世代无疑面临着很多难题，正如特伦斯·鲍尔（Terence Ball）所言：“那些构成伦理话语和政治话语的概念——权利、义务、正义、责任——有时似乎是为了处理同时代人之间的关系和冲突而设计的；当应用于遥远的未来世代时，它们似乎常常超出了连贯性和可理解性的范围。援引诸如‘对未来世代的义务’、‘遥远的后代的权利’或‘代际正义’之类的短语，会很快将我们带入逻辑丛林和概念的沼泽。”②迈克尔·雅各布斯（Michael Jacobs）也曾说：“一些人认为，代际伦理需要一种新的方法，不同于我们在代内处理正义的方法。特别是，基于个人权利和自愿的自由主义的个人主义语言，被认为不能表达我们与祖先和后代之间独特而深刻的关系。”③未来世代是否拥有权利？将权利赋予未来世代这一做法是否会改变一般的权利概念、引发权利的“通货膨胀”、使权利变得空洞或者削弱权利的概念？这将是本章着力处理的问题。本章将首先探讨权利的内涵以及权利主体的扩展问题，归纳一些学者如何将权利赋予未来世代并促成了未来世代的权利这一新兴权利的出现。如上所述，将权利赋予未来世代这一做法引发了很多争议，被认为是一种虚妄的举动，第二节将概述贝克曼、卡尔·威尔曼（Carl Wellman）和帕菲特等人提出的质疑。未来世代权利理论的支持者（以下简称“未来世代权利论者”）也进行了回应，这是我们在第三节提及的内容。第四节将会审视上述纷争，试图指出未来世代权利论的批评者的某些观点是缺乏说服力的，并从共同体主义的立场出发为未来世代权利论进行道德辩护。

第一节　权利主体的扩展

从权利的发展史来看，权利主体处于不断扩展的过程中，“权利是通过

① 克里斯汀·西沙德-弗莱切特：《后代人及社会契约》，载〔美〕维西林、冈恩：《工程、伦理与环境》，吴晓东、翁端译，清华大学出版社，2003年版，第199页。

② Terence Ball, “New Ethics for Old? Or, How (not) to Think About Future Generations”, *Environmental Politics*, Vol. 10, No. 1, 2010, p. 89.

③ Michael Jacobs, “*Our Obligations to Future Generations*”, The Ethics Center, Sydney, 2016, p.1.

由作为人、并像人那样生存的人们的运动被提出，通过其正当性得到社会承认，而被逐渐获得、扩大、形成的”①。权利主体的扩展与正义观念的演进密不可分。例如，在历史上，女性长期以来备受歧视，不能享有财产权、选举权、自由权和受教育权等权利，然而，随着性别平等和“性别正义”观念逐渐引发人们的关注及其产生的影响，妇女逐渐获得了各种权利。在美国历史上，黑人长期以来缺乏权利，当“种族正义”获得了人们的明确承认后，黑人也慢慢获得了权利主体的资格。近年来，在环境伦理学领域中，一个引人关注的现象是雷根等人逐渐将动物视为权利的主体②，这与“种际正义”的提出有很大的关联性。可见，正义观念在不断影响着权利主体的扩展。那么，与本章的主题相关的一个问题是，随着代际正义理论的发展，未来世代能够成为权利的主体吗？在探讨该问题之前，我们首先简要回顾一下权利的内涵。

一、权利的内涵

作为一个流行的词汇，权利不但经常出现在各种学术著作和官方文件中，而且也频繁出现于人们的日常话语中，当今时代也被称为“权利的时代”。然而，人们对权利的确切含义尚未达成共识，学界对权利的概念也有着各种各样的界定，对权利的解释有“资格说”“主张说”“自由说”“利益说”“法力说”“可能说”“规范说”和“选择说”（或“意志论”）等观点。③例如，A. J. M. 米尔恩（A. J. M. Milne）是权利“资格说”的代表人物，他认为“权利概念之要义是资格。说你对某物享有权利，是说你有资格享有它，如享有投票、接受养老金、持有个人见解以及享有家庭隐私的权利。诚然，说权利就是资格，不过是换个字眼，但这种替换对于阐述权利概念却大有益处。它将注意力集中在权利的来源上”④。也就是说，一个人对某物是否拥有权利主要取决于他是否对其拥有资格，如果一个人有资格享有某物，因其他人的作为或不作为而否认他享有该物，那么这是不正当的。我们在论及权利的概念时不得不提及分析法学派的主要代表人物 W.N.霍菲尔德（W. N. Hohfeld）对权利的四重区分，这也是对权利的最具影响力

① 〔日〕岩佐茂：《环境的思想》，韩立新等译，中央编译出版社，1997 年版，第 99 页。

② 具体研究可参见汤姆·雷根、卡尔·柯亨：《动物权利论争》，中国政法大学出版社，2005 年版。

③ 对权利内涵的各种观点的归纳，可参见张文显主编：《法理学》（第五版），高等教育出版社，2018 年版，第 130 页。

④〔英〕A. J. M. 米尔恩：《人的权利与人的多样性——人权哲学》，夏勇、张志铭译，中国大百科全书出版社，1995 年版，第 111 页。

的分析之一："（1）作为一种要求的权利（claim-rights），它是一种对某人的活动或不活动而言的可实行的要求。如果某人对 X 有一种权利，那么他能要求 X 做他所应得的。（2）作为不涉及到他人的特权和自由（privileges or liberties），只有自己这方面缺少某种义务。（3）作为规范权力（normative power），即改变与另一个人的法律关系的一种合法能力，例如立遗嘱的权力。（4）作为豁免权（immunities），即能使一个人免受他人行为伤害而得到保护的权利。"①针对霍菲尔德对权利的上述区分，我们可以做进一步的阐释：第一种权利被称为"要求权"，例如，债权人有要求债务人遵守诺言（如偿还债务）的权利；第二种权利被称为"自由权"，比如在法律许可的范围内，人们拥有随意支配自己财产的权利；第三种权利被称为"权力权"，比如在某个犯罪现场，警察有要求目击者陈述其看到的情况的权利；第四种权利被称为"豁免权"，譬如，某财产的合法所有者有权使自己的财产不被他人或国家没收。在上述四种权利中，要求权具有一种支配性的意义，如果一个人有权拥有 X，那么其他人或组织就负有尊重这种权利的义务。

以上的权利概念主要关涉法学界对权利的看法，由于我们在此关心的主要是政治哲学中的权利概念，那么，在政治哲学中权利的概念是什么呢？《布莱克维尔政治思想百科全书》认为，在政治哲学中，权利主要有三种使用方式："（1）描述一种制度安排，其中利益得到法律的保护，选择具有法律效力，商品和机遇在有保障的基础上提供给个人。（2）表达一种正当合理的要求，即上述制度安排应该建立并得到维护和尊重。（3）表现这个要求的一种特定的正当理由即一种基本的道德原则，该原则赋予诸如平等、自主或道德等基本的个人价值以重要意义。"②其中，法律权利是在第一种意义上被使用的，道德权利是在第二种、第三种意义上被使用的，而人权则是在上述三种意义上被使用的。鉴于我们在此主要探讨当代政治哲学中的代际正义理论，我们在提及未来世代的权利时主要指的是道德权利。

人们在探讨权利的内涵时常会提及两种权利概念，即权利的"利益"（interest）概念和权利的"选择"（choice）或"意志"（will）概念，我们接下来将发现这两种权利概念在有关未来世代的权利的争论中时常出现，而且经常是引发分歧的重要原因。对于这两种权利概念的内涵，L.W.萨姆纳（L. W. Sumner）曾进行了清晰界定，强调"利益概念认为权利的作用是促进个体福利。这里给人的印象是，权利方从他人维护和维持义务的网络中

---

① 尼古拉斯·布宁、余纪元编著：《西方哲学英汉对照辞典》，人民出版社，2001 年版，第 886 页。

②〔英〕戴维·米勒主编：《布莱克维尔政治思想百科全书》（新修订版），中国政法大学出版社，2011 年版，第 500 页。

自然受益，只有受益者才是权利方。另一方面，选择概念认为权利的作用是促进自由或自主。权利方积极管理联系自己和他人规范关系的网络，只有具备这些管理能力的人才是权利方”[①]。权利的利益概念的代表人物是乔尔・范伯格（Joel Feinberg），他认为倘若一个存在者在逻辑上是权利的对象，他就拥有利益，也就是说，“如果一个人成为一个逻辑上拥有权利的恰当主体，那么他必须拥有利益。倘若我们考虑一下为什么仅仅纯粹的东西不能拥有权利的原因，这是可以理解的。考虑一个非常珍贵的‘纯粹的东西’——一个美丽的自然荒野或者一个复杂的装饰性的人工制品，如泰姬陵。……为了国家的骄傲和艺术爱好者的喜好，保管人可能会保护它；但是他们不会为了泰姬陵‘自身的利益’、‘自身真正的福利’或‘福祉’而让它保持良好的状态。一件纯粹的东西，不管对别人多么重要，都没有自己的利益”[②]。约瑟夫・拉兹（Joseph Raz）也曾指出，X 拥有权利的前提条件在于，在其他条件相同的情况下，X 的福祉（他的利益）是让其他人承担义务的充分理由。[③]权利的利益概念认为只有那些拥有利益的人才能拥有权利，权利的实质就是利益，倘若利益不存在，权利是不可能存在的，我们在述说某人拥有言论自由、信仰自由、婚姻自由和迁徙自由等自由权利时，通常是指这些自由权利所保护的重大利益足以将义务强加于他人，这些权利的持有者要求他者履行相应的消极义务或积极义务。

权利的利益概念往往是通过权利的对象来确定权利的性质，然而，这种立场可能面临一些反对意见，“并非每一种利益都会带来权利”就是一种常见的质疑。例如，参加赌博者的利益在于在赌桌上获胜，然而，我们通常不会说这个人有赢得赌博的权利。可能正是基于权利的利益概念有可能存在上述不足，人们提出了权利的选择或意志概念。权利的选择或意志概念往往强调权利持有者拥有某项权利的前提在于其能够以自己的选择或意志来决定另一个人的行为是什么。根据权利的选择或意志概念，权利的持有者拥有自由选择的能力并进行自由选择，这种自由选择可以通过向他者施加相应的义务而获得保护，从而实现自己的权利，这种权利概念强调的是权利的持有者所拥有的自主、自由和选择等行为使得其他人承担某种义务。也就是说，只有那些能够做出选择的人才能拥有权利。然而，这种权利概念同样也存在一些缺陷，甚至是致命的缺陷。例如，按照这种权利概

① 〔加拿大〕L.W.萨姆纳：《权利的道德基础》，李茂森译，中国人民大学出版社，2011 年版，第 44 页。

② Joel Feinberg, *Rights, Justice, and the Bounds of Liberty*, Princeton, New Jersey: Princeton University Press, 1980, p.165.

③ 参见 Joseph Raz, *The Morality of Freedom*, Oxford: Clarendon Press, 1986, p.166.

念，胎儿、婴儿、植物人和精神病患者等缺乏自主、自由和选择等能力的人，就难以拥有权利，这种观点显然有悖于道德直觉。

权利的这两种概念的共同目标是尽可能述说权利是什么以及权利的功能应该是什么，它们在本质上都强调权利是对人们所追求的社会目标的一种约束。然而，权利的这两种概念之间存在着冲突的可能性，它们的范围并不总是一致的，例如，权利的利益概念认可的权利，权利的选择概念不一定认可，反之亦然。阿克塞尔·格利斯（Axel Gosseries）对此曾有精彩的论述，认为权利的利益理论家将权利的功能视为保护重大的利益，对于权利的意志论者来说，这将是一个过于包容的解释，冒着权利膨胀的危险，以至于它们将失去自己的独特性，为了避免这种情况的出现，权利的意志理论家建议将权利视为只有那些能够行使放弃和寻求强制执行相关主张的权力的人才能享有的自由区域，"利益理论家反过来反对意志理论家的观点，认为其包容性不足。因为这将迫使我们放弃给予婴儿权利的可能性，例如，因为他们缺乏行使权利的认知能力，而这种能力是一项权利的要求所必须具备的。作为回应，意志论者认为，婴儿仍然拥有可以通过将权利直接授予那些能够行使与相关主张相关的权利的人（就婴儿而言，他们的父母）而得到保护的利益"[①]。就权利的上述两种概念来说，哪一种概念较为可行呢？虽然利益的选择或意志论者可以通过授权胎儿、婴儿、植物人或精神病患者的监护人（如他们的父母）来保护他们的利益，但是胎儿、婴儿、植物人或精神病患者恰恰缺乏自主、自由以及从事选择的能力，倘若他们享有权利，这与权利的选择或意志概念存在内在的不一致，倘若他们没有权利，这恰恰违背道德直觉，"近年来，这种以自由为基础的观点越来越不受欢迎。'选择理论'不再被人用来把握许许多多有特点的权利要求的逻辑，甚至它的始作俑者也是如此。那种认为只是自由考虑才有与权利概念联结的必要性和强制力的观念现在也不再为人所接受"[②]。虽然权利的利益概念可能会冒着权利通胀的危险，但是与权利的选择或意志概念相较而言，权利的利益概念更具有包容性。本章倾向于认可更加具有包容性的权利的利益概念，权利的利益概念面临的"并非每一种利益都会带来权利"这一批评可能误解了权利的利益概念，因为权利的利益概念没有强调所有的利益都意味着权利，而是对利益做进一步的区分，只有那些能够证明他

---

① Axel Gosseries, "On Future Generations' Future Rights", *The Journal of Political Philosophy*, Vol. 16, No.4, 2008, p. 449.

②〔英〕戴维·米勒主编：《布莱克维尔政治思想百科全书》（新修订版），中国政法大学出版社，2011年版，第503页。

者有义务通过某种方式促进的重要利益，才能够说某人拥有相应的权利。

为了更进一步阐明权利的内涵，我们可以提及一个关于权利的分析框架。萨姆纳提供了一个获得普遍认可的有关权利的分析框架。假如A借了B的笔记本电脑，并承诺在星期二归还给B。当星期二到了，B有权利要求A归还她的笔记本电脑。在这个例子中，有三个值得注意的与权利相关的要素。第一个要素是“权利的主体”，也就是权利的持有者，B就是权利的主体；第二个要素是“权利的客体”，权利的客体是相对于权利的主体而存在的，是权利针对的对象，A就是权利的客体；第三个要素是“权利的内容”，即有权利做什么或已经做了什么，也就是所有权利的要求，此时归还笔记本电脑就是权利的内容。在上述例子中，既然B有权利要求A在星期二归还她的笔记本电脑，相应的情况是，A有义务在星期二将笔记本电脑归还给B。权利的内容是某种行动，这种行动既可以源自权利的主体，又可以源自权利的客体。权利的功能之一在于对人们在追求自己的目标时施加了一种限制，划定了一种保护空间，在其中个人可以追求其计划或保护其利益，这就涉及权利的第四个要素，即“权利的强度”。显然，倘若某种权利不能和其他一个或多个对手相抗衡，该权利就不值得人们认真考虑。可见，萨姆纳构建了一个以“权利的主体、权利的客体、权利的内容和权利的强度”为核心的分析框架。[①]萨姆纳的权利分析框架对我们分析未来世代的权利问题很有启发意义，我们在此过程中主要关注权利的主体问题，即未来世代是否可以成为权利的主体，当然，我们也会间接涉及未来世代的权利的客体、内容和强度等相关问题。

二、将权利赋予未来世代的四种尝试

随着人类文明的进步以及新的正义观不断涌现，权利的主体也处于不断扩展之中。当妇女、黑人、胎儿乃至动物都成为了权利的主体时，作为人类共同体一员的“后代人”是否也可以成为权利的主体呢？这些问题是密切相关的，威尔曼曾提出了一系列相关的疑问：“胎儿是否真的享有存活的道德权利？这些声称的动物权利是否是真正的权利？后代人有权利从我们这继承舒适宜人的环境，这一命题是正确的吗？最谨慎的哲学家承认这些问题假设了一个更为基本的问题，即胎儿、动物、未来的人们是否是具有道德权利的存在者呢？”[②]未来世代的权利问题对代际正义理论来说至

① 参见L.W.萨姆纳：《权利》，载〔美〕休·拉福莱特：《伦理学理论》，中国人民大学出版社，2008年版，第334～338页。

②〔美〕卡尔·威尔曼：《真正的权利》，刘振宇等译，商务印书馆，2015年版，第154页。

关重要，“对后代人权利的承认、证明和辩护是解决本代人与后代人公平问题的基础。虽然这相对于对在场各代权利的证明和辩护要困难得多，但这个工作是非做不可的”①。这个难题引发了不少学者的思考，很多学者也对此做出了有益的尝试。

20 世纪 70 年代，环境哲学在美国蓬勃发展，未来世代是否拥有权利这一问题也逐渐获得了人们的关注，范伯格较早地探讨了该问题。1971 年 2 月，美国佐治亚大学的威廉姆·布莱克斯通（W.T.Blackstone）组织了一次关于环境问题的哲学会议，范伯格提交了论文“动物和未来世代的权利”（the rights of animals and future generations），②这篇会议论文后来成为研究未来世代的权利的一篇里程碑式的文献。范伯格在该文中提出了一个非常重要的问题，即哪类存在物能够拥有权利，能够成为权利的主体呢？范伯格的解决之道是依靠“利益原则”。范伯格在探讨动物和未来世代等存在物的权利之前，首先有一个基本的预设，即从现在起 500 年后人类将继续存在。我们通常认为正常的成年人拥有权利，并认为岩石不拥有权利，然而，“在岩石和正常的人类之间有一系列不那么清晰的案例，包括一系列令人困惑的边缘案例。将权利赋予我们死去的祖先是有意义的还是在概念上是有可能的？对个别动物呢？对所有种类的动物呢？对植物呢？对白痴和疯子呢？对胎儿呢？对尚未出生的世代呢？”③。为了解决这些问题，范伯格采取的策略是着重分析动物是否拥有权利这一问题，并试图从中得出可以用于解决其他边缘案例的重要原则。几乎所有现代学者都同意人类应该善待动物，然而，在动物是否拥有权利这一问题上，学者们纷争不已。有的学者认为能够理解什么是权利以及主动启动法律机制的能力是拥有合法权利的必要条件，并因而否认动物拥有权利。范伯格回应道，倘若如此，人类社会中的白痴和婴儿都没有任何法律权利。然而，显而易见，这两类智力不健全者都拥有法院承认并容易强制执行的法律权利，白痴和婴儿的代理人或律师可以有权以白痴和婴儿的名义发言，范伯格认为同样的情况也适用于动物，而没有必要要求动物理解正在发生的事情。在范伯格那里，动

① 廖小平：《伦理的代际之维》，人民出版社，2004 年版，第 221 页。

② 参见〔美〕纳什：《大自然的权利》，杨通进译，青岛出版社，1999 年版，第 150 页。1974 年，该会议的论文结集为《哲学与环境危机》出版。范伯格的“动物与未来世代的权利”也多次被收录于其他论文集中，范伯格后来将其收录于其下述著作并成为该书的第八章（标题被微调为“动物和尚未出生的世代的权利”），这也是我们引用的版本：Joel Feinberg, *Rights, Justice, and the Bounds of Liberty*, Princeton, New Jersey: Princeton University Press, 1980, pp. 159-184.

③ Joel Feinberg, *Rights, Justice, and the Bounds of Liberty*, Princeton, New Jersey: Princeton University Press, 1980, p. 160.

物拥有利益，是其代理人或托管人的尽职服务的受益者，许多高等动物至少有食欲、有斗争的欲望和基本目的，它们的整体满足感构成了动物的福利或利益，因此，动物可以成为权利的主体。范伯格在讨论动物权利的过程中获得了一个关键的原则，即“那些能够拥有权利的生物正是那些拥有（或能够拥有）利益的生物。我得出这一初步结论的原因有两点：（1）因为权利持有人必须能够被代表，并且不可能代表没有利益的存在物；以及（2）因为权利持有人必须能够亲自成为受益人，并且没有利益的存在物是一种不能被伤害或受益，没有自己的善或者‘目的’的存在物。因此，一个没有利益的人没有‘代表’去行事，也没有行动的‘目的’”[①]。范伯格之所以通过利益来界定权利，可能与利益的重要性密切相关，“利益，或者更准确地说，这些利益所在的事物，就是这个人健康幸福的重要来源：它们的盛衰就是他的盛衰。推动它们的发展就是有利于他、符合他的利益；阻碍它们的发展就是有损于他、不符合他的利益”[②]。

范伯格依照上述关键的原则，探讨了植物、死人、植物人和未来世代是否拥有权利。就未来世代而言，范伯格强调，我们现在有能力让我们的后代生活在一个更加污染的和更有风险的世界中，然而，我们不应该为未来世代留下一个垃圾遍地的世界。未来世代拥有权利，有些人害怕给予未来世代权利会陷入晦涩难懂的形而上学而倾向于剥夺他们的权利，范伯格对此回应道，我们尚未出生的遥远的后代在某种意义上是潜在的人，像胎儿一样拥有潜在的利益，甚至似乎比胎儿更有潜力，“我们共同的后代就像现在在母亲子宫里的任何胎儿一样，肯定会‘在正常的事件过程中’出现。从这个意义上说，人类遥远未来的存在不比已经在途的某个特定儿童更遥远。……未来世代拥有的针对我们的权利属于依情况而定的权利：当他们出现时（当然假定他们会出现），他们必然拥有的利益要求保护他们免受现在可能发生的侵害。然而，现在也不存在尚未存在的未来世代可以拥有的实际利益”[③]。鉴于未来世代拥有潜在的利益，范伯格认为未来世代可以成为权利的主体。

在范伯格论述了未来世代的权利以后，很多学者也尝试着将未来世代视为权利的主体，其中不少学者的观点明显受到范伯格的观点的影响。大

---

① Joel Feinberg, *Rights, Justice, and the Bounds of Liberty*, Princeton, New Jersey: Princeton University Press, 1980, p.167.

②〔美〕乔尔·范伯格：《刑法的道德界限》（第一卷），方泉译，商务印书馆，2013 年版，第 33 页。

③ Joel Feinberg, *Rights, Justice, and the Bounds of Liberty*, Princeton, New Jersey: Princeton University Press, 1980, pp.181-182.

体而言，学者们通常将未来世代的权利建立在跨代共同体（采用共同体主义的方法）、代际契约（采用契约主义的方法）或代际公平（intergenerational equity）等基础上。我们在前面三章中也涉及了其中的不少内容，在此我们将简要论述。首先我们看看拜尔和德夏里特是如何依照共同体主义来论述未来世代的权利的。拜尔持有一种共同体主义的立场，他认为权利和义务不是因个人的独特个性所拥有的，而是由他们扮演的角色决定的，正如我们在上一章第二节曾提及的那样，拜尔强调作为道德存在物，每个人都是跨代共同体的一员，"作为一个持续不断的共同体的成员，我们都继承了社会秩序、文化传统、空气和水。我们受益于过去世代的明智规划，或者也许是轻率但幸运的保护。就像宪法、公民自由、大学、公园和未受污染的水等继承的公共善是由过去的世代故意带给我们的一样，我们继承这些物品不是作为唯一的受益者，而是能够将这些善分享给后代人"[①]。在拜尔看来，我们与过去世代和未来世代之间存在一些依赖关系，其中有些因素决定了未来世代拥有权利以及我们对未来世代负有义务，这些因素大概包括：与大多数过去的世代相较而言，我们拥有相对优越的地位，我们对过去世代的依赖以及我们这一代人的努力，我们影响未来世代的能力以及我们对我们的政策的长期影响有着比较广泛的理解等。拜尔认为，赋予未来世代权利不会有什么概念上的错误，"有些人认为未来世代在存在论上的不稳定是不承认他们的任何权利的一个理由，这种不稳定并不比现在人的未来状态的不稳定大多少。在这两种情况下，对未来细节的无知，或者对那些将从当前履行义务中获益的人在未来可能不存在的无知，都不会影响我们的义务"[②]。因此，拜尔认为未来世代拥有权利。

德夏里特对未来世代的权利的论述，主要体现在他进一步反思埃利奥特有关未来世代的权利的论述。埃利奥特认为未来世代拥有权利，我们可以将当今世代对未来世代的义务建立在未来世代的权利的基础之上。[③]大体而言，德夏里特主要从两个方面反思了埃利奥特的上述观点，一方面，虽然德夏里特承认埃利奥特关于未来世代拥有权利这一观点，但是他认为未来世代拥有的是"福利权利"，而不是"人权"；另一方面，当今世代对未来世代的道德义务不是以权利为基础，而是以跨代共同体为基础。就第一点反思而言，德夏里特认为在讨论代际正义问题时人权理论显得苍白无

① Annette Baier, *Reflections On How We Live*, Oxford University Press, 2009, p. 4.

② Annette Baier, *Reflections On How We Live*, Oxford University Press, 2009, p. 5.

③ 参见 Robert Elliot, "The Rights of Future People", *Journal of Applied Philosophy*, Vol.6, No.2, 1989, pp. 159-169.

力，“人权基本上是为了防止机构或其他人干涉个人的生活，福利权利不同于人权，它不能抽象地基于个人。它必须基于社会环境中的个人。与人权相反，福利权利不可避免地强调一个人的社会关系，而且通常是在那些处于‘制度关系’中、共同享有‘制度生活’的人的语境中被提及。换言之，这些权利——实际上是一般的规定——与成员身份以及我们作为同一共同体成员相互承担的义务有关”①。实际上，人权属于自由主义的话语体系，这种话语体系对代际义务的描述既不是充分的，又与德夏里特笃信的共同体主义相悖，福利权利更加契合于德夏里特的共同体主义立场；就第二点反思来说，德夏里特强调跨代共同体（而非权利）是当今世代对未来世代负有道德义务的基础，当我们将未来世代的人权作为当今世代对未来世代的义务的基础时会遇到一些难题，例如，人权在多大程度上能够证成我们直觉上认为我们应该遵循的为未来世代提供服务的政策是正当的，这是令人怀疑的。例如，就人权而言，人们可以为防止饥荒的政策辩护，人权此时与再分配有关，然而，人们不能以饱腹感这一人权为由而在两个远远超过贫困线的人之间重新分配物品，“关键的地方是，我们的直觉告诉我们，我们对未来世代负有的义务超越了源于人权的义务。当我们讨论代际正义问题时，我们想到的是物品的分配，即使它们是奢侈品（例如，享受令人赏心悦目的风景）。人权的概念还不够深入，因此，对这一讨论没有帮助”②。虽然德夏里特承认未来世代拥有权利，但是他更加倾向于将当今世代对未来世代的道德义务建立在我们在上一章曾重点强调的跨代共同体的基础之上。

罗尔斯和弗莱切特将未来世代的权利建立在代际契约的基础之上，并依照契约主义方法为未来世代的权利进行了辩护。罗尔斯依照公正契约论构建了一种以“正义的储存原则”为内核的代际正义理论。罗尔斯认为我们不能设想一个将过去的世代、当今世代和未来世代涵盖在内的代际原初状态，原因在于“以这些方式的任何一种来理解原初状态都不免要深深地陷入幻想，从而使这一观念将不再是直觉的自然向导”③。罗尔斯认为虽然缔约者对自己所处世代的发展水平一无所知，但是他们知道自己是同一个世代的人，罗尔斯称之为“当下时间进入解释”。随之而来的问题是，既然

① Avner de-Shalit, “Community and the Rights of Future Generations: A Reply to Robert Elliot”, *Journal of Applied Philosophy*, Vol.9, No.1, 1992, p. 110.

② Avner de-Shalit, “Community and the Rights of Future Generations: A Reply to Robert Elliot”, *Journal of Applied Philosophy*, Vol.9, No.1, 1992, p. 108.

③〔美〕约翰•罗尔斯：《正义论》，中国社会科学出版社，1988 年版，第 138 页。

缔约者知道自己属于同一个世代，那么通过何种方法能够确保缔约者选择“储存”而不是消费呢？缔约者极有可能通过拒绝储存而有利于自己这一代，因此，对缔约者而言，不储存是一种理性的选择。如果这种考量与罗尔斯曾将缔约者设定为“相互冷淡的”这一设想叠加在一起，那么未来世代的处境就更加难以获得关心，正义理论也因此会面临更大的挑战。为解决这一难题，罗尔斯放弃了早先持有的相互冷淡的动机假设，而是将缔约者设想为会关心其后代处境的家长，并称之为“家族模式的动机假设”。依罗尔斯之见，通过调整有关缔约者的动机假设，就能确保缔约者选择正义的储存原则，“没有哪一代比其他世代具有更强烈的要求。处在原初状态的人们在试图估计公平的储存率时，提出了紧邻两代的成员在每一发展水平上能合理地互相期望的东西是什么的问题。他们试图制定一个正义的储存方案，其方法是使在每一阶段上他们为了自己紧邻的后代所愿意储存的数量和他们感到对自己的前一代有权利要求的数量之间达到平衡”①。在罗尔斯那里，代际契约的存在能够为未来世代的权利提供保障。当然，罗尔斯上述对代际权利的论说引起了不少争议，正如克劳斯·迪尔克斯梅尔（Claus Dierksmeier）所言：“罗尔斯为了给自己的政治理论提供论证依据，运用了社会科学的经验主义方法、微积分和博弈论。对于当代读者来说，这种方法的运用，严重影响了他的后代人权利理论，因为未来世代（即尚未出生的人）就其定义而言，只不过是一个形而上学的主题。”②我们已经在第三章详述了罗尔斯的代际正义理论引起的其他纷争，在此不再赘述。

明确将未来世代的权利建立在代际契约的基础之上这一任务，是由弗莱切特完成的。弗莱切特主要回应了J.B. 斯特恩斯（J. B. Stearns）和我们接下来将提及的戈尔丁对未来世代权利的质疑，即既然遥远的未来世代无法与我们共享任何形式的道德共同体，那么我们不能认为他们拥有建立在社会契约或社会安排之上的权利。③弗莱切特认为通过回应下述三个问题，可以确认未来世代确实拥有权利：“首先，像戈尔丁和其他人所说的那样，两代人之间的互惠关系真的不可能存在吗？其次，显式互惠关系是所有利己主义社会契约的必要条件吗？第三，我们确实不知道未来人们是否对幸福生活持有同我们一样的理解，由此就说他们不能拥有立足于我们的责任

①〔美〕约翰·罗尔斯：《正义论》，中国社会科学出版社，1988年版，第290页。

② Claus Dierksmeier, “John Rawls on the Rights of Future Generations”, in Joerg Tremmel (ed.), *Handbook of Intergenerational Justice*, Edward Elgar, 2006, p.72.

③ 参见 J. B. Stearns, “Ecology and the Indefinite Unborn”, *The Monist*, Vol. 56, No.4, 1972; M. P. Golding, “Obligations to Future Generations”, *The Monist*, Vol. 56, No.4, 1972.

之上的权利，这种推理难道不是似是而非的吗？”[①]就第一个问题而言，弗莱切特认为代际互惠可能存在，对此有各种想法，其中一种重要的想法是“既然我们的祖先在许多方面造福于我们，那么对后代我们也有相应的责任。换句话说，这种社会契约的假设不是：A 代造福 B 代，B 代反过来造福 A 代；而是：A 造福于 B，B 造福于 C，C 造福于 D，如此延续下去”[②]。日常生活中有很多例子体现了这种理念，例如，我们经常说“前人栽树，后人乘凉”。依弗莱切特之见，这种代际互惠可以使得我们承认当今世代和未来世代共享同一个社会契约，从而承认未来世代拥有权利；倘若这一点不能获得承认，弗莱切特回应了第二个疑问，他引述我们在上面提及的罗尔斯的观点，认为社会契约可以不建立在互惠关系之上，而是可以建立在合理性、自身利益或公平等基础上，同时，契约的一方也可以主动接受义务，例如，在父母亲与孩子的关系中，孩子在来到人世间之前没有被询问他是否愿意出生，但是父母把这视为理所当然的义务，这也体现出两者之间已经存在一种契约；针对第三个疑问，弗莱切特继承了范伯格的观点，认为范伯格的观点的好处在于确认了未来世代拥有我们可以影响的利益和权利，因此我们有责任保护他们，同时，弗莱切特还认为当今世代对未来世代的具体福利的无知状态，使我们没有理由设想他们的利益与我们的利益有所不同，有好几个理由可以使人们相信，我们不能因为对未来世代的某些无知就断言未来世代不拥有权利，“尽管我们确实不知道什么是后代的利益所在，但我们确实知道有些东西对他们会十分有害。例如，我们知道钚和 DDT 都具有长期的毒性。……因此，至少在某些情形下，现有的关于有毒物长期后果的知识足以使我们认为，后代不会愿意接受癌症和遗传损害的高发病率。而且，如果他们在这点上与我们有一致意见，那么可以想象，至少在这个意义上，未来人们和我们都是同一道德共同体的成员，在保护自己免受类似伤害上有同等的权利”[③]。总之，在弗莱切特那里，当今世代和未来世代之间的代际契约使得未来世代可以成为权利的主体。

魏伊丝将未来世代的权利置于“代际公平”的基础之上。当今世代在开发和利用地球的自然资源和文化资源的过程中，一个不可避免的棘手问

---

① 克里斯汀·西沙德-弗莱切特：《后代人及社会契约》，载〔美〕维西林、冈恩：《工程、伦理与环境》，清华大学出版社，2003 年版，第 201 页。

② 克里斯汀·西沙德-弗莱切特：《后代人及社会契约》，载〔美〕维西林、冈恩：《工程、伦理与环境》，清华大学出版社，2003 年版，第 201 页。

③ 克里斯汀·西沙德-弗莱切特：《后代人及社会契约》，载〔美〕维西林、冈恩：《工程、伦理与环境》，清华大学出版社，2003 年版，第 206～207 页。

题是当今世代和未来世代之间的财富分配问题，例如，在当今世代污染环境的过程中，未来世代的权利和利益会受到损害吗？这一问题涉及未来世代是否拥有权利的问题。对于该问题，魏伊丝首先继承了我们曾多次述说的柏克将国家视为一个由死去的人、活着的人和将要出生的人构成的伙伴关系这一立场，认为在这种伙伴关系中，没有哪个世代事先知道什么时候会是活着的一代人，它将拥有多少成员，甚至最终会有多少个世代，各个世代希望地球像以前一样完好无损，并像过去的世代那样有机会利用地球。在这种情况下，“这就要求每个世代都不要让地球在比它所接收到的更差的条件下继续存在，并提供公平获取其资源和利益的机会。因此，每个世代都是地球的受托人，有义务照顾它，也有权利使用它。代际公平要求各代人之间的平等，因为每个世代都有权继承一个强健的星球。总的来说，这个星球至少与前几代人所处的星球一样好。这意味着所有世代都有权利至少享有第一代人所拥有的健康的地球”①。为了实现代际公平理论所包含的代际正义，承诺将代际公平原则作为代际权利和代际义务的基础是非常重要的。魏伊丝的代际公平理论还深深地根植于国际法之中，如《联合国宪章》《世界人权宣言》《公民权利和政治权利国际公约》和《儿童权利宣言》等。②这些权利宣言显示了人类社会所有成员的尊严以及时间和空间上的权利平等的基本信念，当未来世代成为活生生的一代时，他们拥有使用和爱护这个地球的权利和义务，其中的权利和义务可以相互加强。

第二节　贝克曼和帕菲特等人对未来世代权利论的诘难

权利真的可以像范伯格和魏伊丝等未来世代权利论者设想的那样可以扩展到未来世代吗？未来世代真的拥有权利吗？贝克曼、威尔曼和帕菲特等人对此提出了不同的观点，在不少方面质疑了未来世代权利论者的观点。

一、未来世代是否拥有利益以及其利益是否足以证成未来世代拥有权利

如上所言，未来世代权利论者在将权利赋予未来世代时都曾受到范伯

① Edith Brown Weiss, “Our Rights and Obligations to Future Generations for the Environment”, *The American Journal of International Law*, Vol. 84, No. 1, 1990, p. 200.

② 具体论述参见〔美〕爱蒂丝·布朗·魏伊丝：《公平地对待未来人类：国际法、共同遗产与世代间衡平》，法律出版社，2000 年版，第 30～37 页。

格的“利益原则”的影响，然而，也有不少学者质疑这一做法，认为未来世代拥有的利益不足以证成未来世代拥有权利（以下简称“批评 1”）。贝克曼和威尔曼等人是该批评意见的主要代表，贝克曼也是质疑未来世代权利论的最主要的代表之一。贝克曼回应了我们在上一节提及的由范伯格援引的一些边缘案例，认为死去的祖先或尚未出生的世代不属于边缘案例的范畴，小孩或残疾人可能在物理上不能要求权利或将权利委托给他人，而一个遥远的未来世代的成员在逻辑上不可能这样做，同时，针对范伯格等未来世代权利论者往往基于未来世代拥有利益从而为未来世代的权利进行辩护这一做法，贝克曼将其归纳为“未来世代将拥有利益，他们现在必须拥有权利”，并提出了两点反对意见：第一，拥有利益充其量只是拥有权利的必要条件，而非充分条件，例如，许多人在观看他们支持的赛马比赛时都会拥有利益，但是他们无权获得这样的结果，事实上，如果他们坚持这样做，那么这种做法将是自相矛盾的；第二，未来世代在未来将会拥有利益，在未来很可能拥有权利，但是这并不意味着他们在今天（即在他们出生之前）就能拥有利益，同时，很可能拥有某些利益意味着拥有某些权利，然而，正如政治家们喜欢说的那样，未来世代在这个时候没有任何利益。[①]在提出了上述反对意见后，贝克曼还回应了未来世代权利论者或其他人可能做出的回应。

针对上述“未来世代将拥有利益，他们现在必须拥有权利”这一论点的弱点，贝克曼强调未来世代权利论者不能因为断言环境压力团体在当下代表他们的权利或利益而被消除，让未来世代把对他们的权利的维护委托给今天活着的人这一做法，不仅在逻辑上不可能，而且在实际上也不可能。尚未出生的人不能代表任何东西，就像他们不能在现在时态上代表任何东西一样，然而，这不意味着我们不给未来世代留下任何东西，“总的来说，我们能够留给未来世代的最宝贵遗产将是以正义的机构和尊重国际公约列举的基本人权为特征的正派社会。然而，我们不是说通过倡导这些政策，我们代表了未来世代的‘权利’，更不用说我们仅仅是倡导就表明了未来世代今天可以拥有权利。事实上，拥有‘权利’的一个特点是，它赋予人们一定程度的自由和权力，根据自己的观点来决定自己的生活，即什么才是

① 参见 Wilfred Beckerman and Joanna Pasek, *Justice, Posterity, and the Environment*, Oxford University Press, 2001, p.21. 虽然此书是贝克曼和帕塞克（Pasek）合著的，但是此处的内容是由贝克曼完成的，因为此处的内容与贝克曼在下述独立署名的论文中的内容基本相同：Wilfred Beckerman, “The Impossibility of a Theory of Intergenerational Justice”, in Joerg Chet Tremmel (ed.,) *Handbook of Intergenerational Justice*, Edward Elgar, 2006, pp. 53-71.

值得过的生活，换言之，他们获得了一种选择和自由，去追求自己选择的目标”[①]。因此，贝克曼不认可范伯格等学者从利益的角度出发为未来世代的权利进行辩护。

威尔曼也同样质疑范伯格从利益原则出发为潜在的权利进行辩护，强调范伯格将其持有的权利的利益概念与权利的意志概念混淆在一起，牺牲了其内在的一致性。威尔曼在探讨婴儿是否可以成为权利的持有者的过程中质疑了范伯格的观点，着重回应了我们在上一节曾提到的范伯格在讨论动物权利的过程中归纳的、用于为未来世代的权利进行辩护的关键原则：“那些能够拥有权利的生物正是那些拥有（或能够拥有）利益的生物。我得出这一初步结论的原因有两点：（1）因为权利持有人必须能够被代表，并且不可能代表没有利益的存在物；以及（2）因为权利持有人必须能够亲自成为受益人，并且没有利益的存在物是一种不能被伤害或受益，没有自己的善或者‘目的’的存在物。因此，一个没有利益的人没有‘代表’去行事，也没有行动的‘目的’。”[②]威尔曼认为接受范伯格的“那些能够拥有权利的生物正是那些拥有（或能够拥有）利益的生物”这一观点在逻辑上有些困难，并紧接着质疑了范伯格提出的两点原因：

第一，针对范伯格提出的权利持有者必须能够被代表，且代表一个没有利益的存在者是不可能的这一观点，威尔曼认为，在范伯格自己的权利理论中，拥有道德权利的主要资格是有能力拥有自己应当获得的一些事物，只有在这种能力缺乏（如婴儿）时，通过诉诸代表来扩展权利持有者的范围才是可能的，人们尚不清楚代表没有利益的存在者为什么是不可能的。虽然范伯格曾努力指出存在着多种代表形式，但是他没有给出理由来证明每一种代表形式预设被代表的存在者必须享有或能够享有利益，“为什么代表的不是能动性（agency）而是某一存在者的利益呢？当然，它可能实际上是正确的。我相信仅是有利益的存在者才能是道德行为主体（agent）的观点是真实的，但是这将留下这个关键的问题尚未解决，即到底是利益的代表还是能动性的代表（预设的利益）才是享有道德权利的必要条件”[③]。

第二，针对范伯格假定的权利持有者必须亲自成为受益者这一观点，威尔曼回应道，虽然律师经常说权利的持有者必须亲自成为受益者，但是

---

① Wilfred Beckerman and Joanna Pasek, *Justice, Posterity, and the Environment*, Oxford University Press, 2001, p.22.

② Joel Feinberg, *Rights, Justice, and the Bounds of Liberty*, Princeton, New Jersey: Princeton University Press, 1980, p.167.

③〔美〕卡尔·威尔曼：《真正的权利》，商务印书馆，2015年版，第173页。译文有改动。

法哲学家不能不加辨别地接受上述观点，不能假定适合法律的总是适合道德的。一个人可能基于下述理由为这种假设辩护，即权利必定会得到弥补，倘若权利持有者缺乏获得利益的方式，对权利的持有者补救任何犯错的行为都是不可能的，“但是，如果有一种不能被杀害的权利，那么至少有一种对它的暴力行为没有补救措施的权利。当然，任何充分的权利目的论以某种方式假定权利的持有者必须能够亲自成为受益者，这可能是正确的。但范伯格仍然没有解释为什么会是这样”[①]。威尔曼还认为范伯格混淆了权利的意志概念和权利的利益概念，威尔曼强调这种混淆确实没有带来逻辑上的冲突，这两种权利概念是对两个不同问题的回答，人们如何构想权利是一回事，而使一个存在者有资格成为一个设想的权利的持有者是另一回事，然而，“哲学家更多地需要理论逻辑上的一致性。哲学必然是系统的，所以人们要设立一套符合自洽体系的理论。这就需要能够超越自我矛盾这一缺陷的共同体支持者。我认为当范伯格试图混合权利本质的意志理论和潜在权利支持者的利益理论时，他就牺牲了一致性”[②]。威尔曼对范伯格的质疑是否具有说服力，我们接下来将会探讨。

二、未来世代当下的不存在

未来世代是目前尚未出场的世代，也就是说，未来世代在当下是不存在的。将权利赋予目前尚不存在的世代这一做法很容易引起的一种批评是，因为未来世代在目前是不存在的，所以未来世代不拥有权利（以下简称“批评 2”）。贝克曼、里查德·德·乔治（Richard De George）和达玛托（D’Amato）等人就持有这种批评意见，其中最著名的批评者是贝克曼。贝克曼在批判代际正义理论时曾明确强调未来世代不拥有任何权利（贝克曼主要讨论的是道德权利而非法律权利），其中的原因在于未来世代目前不存在。贝克曼的论证可以被归纳为下述三段论：“（1）未来世代——尚未出生的人——不能说拥有任何权利。（2）任何连贯的正义理论都意味着赋予人们权利。因此，（3）未来世代的利益不能在任何正义理论的框架内得到保护或促进。”[③]需要注意的是，贝克曼在此谈及的尚未出生的未来世代，与当今世代不存在世代重叠的情况，这样就排除了因为感情的纽带而倾向于将某些东西留给自己的孩子或他们的后代，也不会从情感的角度衍生出对未

① 〔美〕卡尔·威尔曼：《真正的权利》，商务印书馆，2015 年版，第 174 页。

② 〔美〕卡尔·威尔曼：《真正的权利》，商务印书馆，2015 年版，第 176 页。

③ Wilfred Beckerman, “The Impossibility of a Theory of Intergenerational Justice”, in Joerg Chet Tremmel (ed.,) *Handbook of Intergenerational Justice*, Edward Elgar, 2006, pp. 53-54.

来世代的义务。贝克曼重点分析了命题（1），分析了对某物拥有权利的两个必要条件，第一个必要条件是权利主体必须存在。贝克曼强调，诸如“X是Y”或“X拥有Z”或“X偏好A而不是偏好B”等命题，只有X存在时才有意义。如果X不存在，那么上述命题都是无意义的。如果一个人说“X拥有一个很棒的CD集”，人们问这个人“X是谁”，这个人回答“其实X不存在”，那么人们会认为这个人已经丧失了理智，“因此，未来世代不能拥有任何东西（包括权利）这一普遍命题源于动词‘拥有’的现在时态的含义。尚未出生的人根本不能拥有任何东西。他们不能有两条腿，不能留长发，也不能喜欢莫扎特”[①]。也就是说，在上述例子中，X拥有Y这一命题有效的前提条件在于权利的主体X必须存在。

对某物拥有权利的第二个必要条件是在原则上必须有可能提供Y（对于命题X拥有Y来说）。贝克曼在具体分析这一观点时，提到了一种已经灭绝的渡渡鸟[②]，当我们说我们这代人有看到渡渡鸟的权利时，其中的一个条件是不满足的，即虽然我们是存在的，但是渡渡鸟目前已经不存在了。在17世纪时，渡渡鸟是存在的，然而，我们当时不存在，由此可以看出，如果在我们存在之前我们就有看到渡渡鸟的权利这一说法是不可信的，那么目前尚未出生的未来世代现在就有权继承任何特定资产的权利这一说法也同样是不可信的，“因此，无论社会多么广泛地希望划定未来世代将享有的权利的边界，他们现在不能享有任何权利。当他们存在时，他们将拥有的权利也不能包括对不再存在的东西（例如，灭绝的物种）的权利”[③]。贝克曼紧接着还考虑了一个更加具体的例子，例如，一个淘气的男孩A拿走了B的渡渡鸟玩具，然后烧掉它，大多数人都会认为A做了一件错事，应该受到惩罚。然而，当B提出他有权利拿回自己的那一个渡渡鸟玩具时，人们可能认为这是不可能的，解决措施只能是A的父母给B买一个新的渡渡鸟玩具，来替代已经化为灰烬的渡渡鸟玩具。

依贝克曼之见，当今世代对未来世代负有义务，然而，这不意味着未来世代拥有权利。这涉及贝克曼对权利和义务之间关系的看法，他认为所有权利都意味着义务，但是所有义务不一定意味着权利。譬如，如果你邻

---

① Wilfred Beckerman, “The Impossibility of a Theory of Intergenerational Justice”, in Joerg Chet Tremmel (ed.,) *Handbook of Intergenerational Justice*, Edward Elgar, 2006, p. 55.

② 渡渡鸟是一种生活在印度洋毛里求斯岛上不会飞翔的鸟，于1681年灭绝。这种鸟在被人类发现后200余年的时间里，由于人类的捕杀和人类活动的影响而惨遭灭绝，被认为是除恐龙以外最知名的已经灭绝的动物之一。

③ Wilfred Beckerman, “The Impossibility of a Theory of Intergenerational Justice”, in Joerg Chet Tremmel (ed.,) *Handbook of Intergenerational Justice*, Edward Elgar, 2006, p. 55.

居家的电话或厕所出了故障，你可能允许他使用你家的电话或厕所，然而，你不会认为他有权利这么做，你这样做可能只是出于仁慈。也就是说，权利的存在是义务存在的充分条件，然而，权利的存在不是义务存在的必要条件。例如，“假设有人准备在200年后引爆一枚核弹，或者把一些放射性核废料埋在一个不安全的地方。这将伤害许多尚不存在的人。然而，倘若我们说他们不受伤害的权利受到了侵犯，那就错了。因为当延时炸弹被放置时，他们不存在，所以不能说他们有任何权利。当然，对任何人来说，这仍然是一件非常邪恶的事情。一个人有道德义务不要做出可能对他人造成严重伤害的行为，无论他们在时间上或空间上离我们多遥远。然而，违反这一道德义务不意味着侵犯了某人的权利”①。可见，贝克曼以未来世代目前的不存在为由，推断出未来世代不拥有权利。

乔治和达玛托也基本上依照上述思路质疑了将权利赋予未来世代的做法。对于未来世代的权利，乔治曾言：“根据定义，未来世代目前不存在。因此，他们现在不能成为任何事物（包括权利）的现在持有者或主体。因此，他们不能在下述意义上拥有权利：目前存在的实体可以说拥有这些权利。这是从对动词‘to have’的现在时态形式的简要分析中得出来的。”②在乔治那里，未来世代目前不存在，这也使得我们不欠未来人任何东西，他们对我们也没有合法的要求，“只有当一个存在物存在时，它才有需求、欲望和利益。它仅有权获得其在孕育时可以获得的待遇或物品”③。依照乔治的论说逻辑，未来世代享有的不受污染的空气、水和土壤之权利的前提条件在于，当未来世代存在时，不受污染的空气、水和土壤是存在的。乔治随后举例解释道，我们没有权利看到已经灭绝的动物（如恐龙），未来的人也将无权使用天然气、石油或煤炭，倘若这些物品在他们出现时已经不再存在，“假定我们假设所有的未来世代都有和我们一样的使用石油的权利，并且假设由于石油是一种不可再生的资源，所以它会被一些未来世代耗尽。接下来的一代呢？我们是否应该说，既然这一代人不能在不侵犯其石油使用权利的情况下被孕育出来，他们可以不被孕育出来？当然不会。或者我们应该说，倘若他们被孕育出来，他们的一项权利必然受到侵犯，

① Wilfred Beckerman and Joanna Pasek, *Justice, Posterity, and the Environment*, Oxford University Press, 2001, p.18.

② Richard De George, “The Environment, Rights and Future Generations”, in Kenneth Goodpaster and K. M. Sayre (ed.), *Ethics and Problem of the 21st Century*, Notre Dame: Notre Dame University Press, 1979, p.95.

③ Richard De George, “The Environment, Rights and Future Generations”, in Kenneth Goodpaster and K. M. Sayre (ed.), *Ethics and Problem of the 21st Century*, Notre Dame: Notre Dame University Press, 1979, p.96.

同时，所有后代的权利也同样必然会被侵犯？可以这样说；但是这样做至少会让人困惑，最糟糕的是使权利主张变得空洞，从而破坏整个权利概念”[①]。达玛托在批评未来世代的地球权利的过程中，引用了帕菲特的著名悖论，并将其与新的混沌理论结合起来，他认为，未来世代不能拥有权利，因为他们是由尚不存在的个人组成的，我们今天为保护环境而采取的每一项干预措施都会影响这些未来人的构成，都会剥夺未来世代的一些潜在成员的权利。[②]实际上，达玛托在质疑未来世代的权利过程中提出了两种批评，第一种批评认为未来世代不能拥有权利，因为权利只有在存在可识别的利益以及能够识别出那些有利益保护需要的个人时才会发生，然而，当下我们不知道未来人是谁，因此，未来世代不可能成为权利的主体。第二种批评与我们将提及的“批评 3”相关，我们在此不做分析。

从未来世代目前尚不存在的角度对未来世代权利论进行的批判，是未来世代权利论者需要着力解决的最激烈的批判之一，将权利赋予未来世代这一做法面临的一些其他批判，或多或少都与这种批判有一定的关联性。我们先简要提一下贝克曼和威尔曼从未来世代在当下不存在衍生出的一些批判。贝克曼质疑了我们在本章第一节述及的魏伊丝和拜尔的观点，针对魏伊丝从《世界人权宣言》的序言中得出的“对人类家庭所有成员的提及具有时间维度，这将所有世代都纳入其范围之内”这一观点，贝克曼回应道，未来世代不是人类家庭的成员，他们不是任何家庭的成员，不是任何网球俱乐部或国家立法机构的成员，也不是任何组织的成员，他们并不存在，在没有全球灾难的情况下，人类大家庭的成员在未来也会存在，但是他们现在是否能享有权利的问题，不能像魏伊丝试图做的那样简单地回避，贝克曼接下来强调，这一反对意见同样适用于拜尔对未来世代的权利的看法，“事实上，拜尔错了。至于未来会有多少人，根本没有什么不确定的。的确，在未来可能会有许多人（事实上，反对给予尚未出生的人以权利的一个理由是，他们太多了）。然而，根据定义，未来人还没有到来。尚未出生的人可以拥有权利的观点就像把尚未出生的人想象成某个特殊阶层的人，他们在羽翼中等待进入舞台并扮演他们的角色。但是没有尚未出生的

① Richard De George, “The Environment, Rights and Future Generations”, in Kenneth Goodpaster and K. M. Sayre (ed.), *Ethics and Problem of the 21st Century*, Notre Dame: Notre Dame University Press, 1979, p.97.

② 转引自 Edith Brown Weiss, “Our Rights and Obligations to Future Generations for the Environment”, *The American Journal of International Law*, Vol. 84, No. 1, 1990, p. 204. 帕菲特的著名悖论是指我们在下一章将要探讨的“非同一性问题”。

人这一类人”[1]。如我们在上一节中所言，拜尔认为权利不是因个人的独特个性拥有的，而是由他们扮演的角色决定的，并强调死者和未来人都是跨代共同体的一员，也是权利的持有者。

威尔曼主要从两个方面质疑了拜尔的上述立场。第一，对某种权利的拥有，不需要以拥有某一共同体的成员资格为前提条件，“在忽略隐含义务的场合，授予实施适当行为的权力的对象不需要具有社会成员资格，甚至拥有法律权利也不需要这一资格。例如，一个根据某一美国公民的遗嘱应该获得一定数量美金的外国人，有权力在财产处置人错误或拒绝将这份遗产交给权利持有者时提起诉讼”[2]。在威尔曼那里，即使某一共同体的成员资格是其拥有权利的必要条件，也绝不是充分条件。第二，质疑了某人的社会角色赋予某人拥有某种特定的权利这一立场，并具体回应了死者能够拥有道德权利是因为他们的社会角色存在于一个持续许多代的共同体中这一观点。为此，威尔曼主要分析了“角色”的内涵是什么，“《牛津英语词典》将‘角色’（role）定义为‘某人所承担、从事或必须扮演的戏份（part）或人物（character）。主要说来指在社会或生命中一个人所精心打扮而出演的那部分。’这充分表明角色在本质上就包含了一些行为模式。任何社会角色必然预设了这一角色的拥有者和他人之间交往的多种模式。因为死者不再‘表演’他活着的时候表演的那个角色，所以看起来死者必然不可能拥有与他们的角色相关的道德权利”[3]。虽然威尔曼此时主要是探讨死者是否拥有道德权利的问题，但基于同样的论说逻辑，在威尔曼那里，拜尔从跨代共同体的角度出发对未来世代的权利的论说同样是不成立的。

三、由“非同一性问题”带来的挑战

将权利赋予未来世代面临的另一种很强的批判是当今世代的行动可能会影响在未来世代中谁将存在以及存在者的同一性，倘若如此，未来世代甚至不能说受到了伤害，未来世代更不可能拥有权利（以下简称“批评3”）。帕菲特将这种问题创造性地称为“非同一性问题”，杰斐逊·麦克马汉（Jefferson McMahan）也是该批评意见的代表人物。虽然对“非同一性问题”的详细探讨将是下一章的主要内容，但是在探讨未来世代是否拥有权利时，“非同一性问题”仍然是一个绕不开的问题。作为未来世代权利论

---

① Wilfred Beckerman and Joanna Pasek, *Justice, Posterity, and the Environment*, Oxford University Press, 2001, p.19.

②〔美〕卡尔·威尔曼：《真正的权利》，商务印书馆，2015 年版，第 221 页。

③〔美〕卡尔·威尔曼：《真正的权利》，商务印书馆，2015 年版，第 223～224 页。

的坚定捍卫者，格利斯在探讨“非同一性问题”时提出的一个常见的思想实验——“错误的生育”（wrongful birth）案例和“错误的生命”（wrongful life）案例——有助于我们更好地理解“非同一性问题”。假如未来的父母正在询问一名医生，如果他们决定怀孕，那么他们所拥有的某种疾病是否会遗传给他们的孩子。医生的回答是否定的，然后父母决定怀孕。然而不幸的是，孩子还是遗传了这种病，父母最终发现医生给他们提供了错误的信息。人们很可能认为该医生因为其犯下的错误而伤害了父母，而医生应该意识到遗传的风险。这个案例被称为“错误的生育”案例，许多法律实际上也以错误的生育为由而给予父母损害赔偿。然而，另一个相关的问题是，医生是否也伤害和错误地对待了这个患有遗传病的孩子呢？这个案例也被称为“错误的生命”案例。格利斯假设尽管这个孩子有残疾，但有着值得过下去的生活。在该案例中，医生的错误是该残疾儿童存在的必要条件，如果医生没有犯下这个错误，那么父母就会决定不怀孕，这个孩子也不可能存在。①我们也可以设想另一个思想实验来说明“非同一性问题”。假如某个地区奉行大力发展核电站的政策，由此产生的电能促进了当地的经济发展，人口增长较快，核废料被储存在该地区的一个已经废弃的矿井中，虽然在200年内核废料不存在泄露的可能性，但是这不能保证核废料永远不会溢出。假如200年后，由于地震的缘故，核废料泄漏了，很多人的生命和生活质量受到了严重的影响。倘若我们说在这个思想实验中这些人没有受到伤害，这肯定有违道德直觉，因为这些人的生命和生活质量明显受到了影响。那么，这些人能够抱怨过去的世代采取的大力建设核电站的政策吗？这些人能够说自己的权利受到侵犯吗？这些人之所以能够存在，与以前采取的建设核电站的政策密切相关，倘若过去的世代采取了其他政策，这些人可能根本就不会存在。由此也可以看出，未来人的存在依赖现行政策，未来世代是否存在是不确定的，具有偶然性，倘若当今世代采取其他政策，某些未来人也许根本就不存在。

对于上述难题，帕菲特认为不能通过诉诸于权利加以解决，同时否认未来世代拥有权利。帕菲特设想了一个思想实验，假如人们正在两个社会或经济政策——消耗资源的政策或保护资源的政策——之间做出抉择，在某种政策下出生的人，不同于在另一种政策下出生的人。同时，鉴于不同的政策会对人们的生活产生不同的影响，在不同的政策下人们会遇见不同

① Axel Gosseries, “Constitutionalizing Future Rights?” *Intergenerational Justice Review*, No. 2, 2004, p.10. 类似的思想实验，亦可参见 Joerg Chet Tremmel, *A Theory of Intergenerational Justice*, Earthscan, 2009, p.36.

的人，与不同的人结婚，也会生育不同的人。倘若人们选择了消耗资源的政策，生活质量在下两个世纪中比选择保护资源的政策所带来的生活质量要略微高一些，但是那些后来生活在许多世纪中的人们的生活质量比倘若人们选择了保护资源的政策要低得多。那么，那些生活质量下降的人们比他们本来不存在会更糟吗？帕菲特认为，“我们的答案必定是否定的。接着假设我们的确假定使某人存在能够带来益处。既然这些未来人的生活将是值得过的，而且如果我们选择了保护，他们根本就不会存在的话，那么，对这些人而言，我们选择消耗非但不是更糟，反而是**有益于**这些人。……我们知道，即使它极大地降低了数个世纪的生活质量，我们的选择对任何一个活着的人都将不是更糟的”[①]。帕菲特的观点很容易面临的一个反驳是，每一代人都有权享有平等的机会或同等的生活质量，倘若选择消耗资源的政策，那些生活在两个多世纪后的人们将拥有的机会比那些生活在早些或晚些世纪中的人们的机会要少，而且生活质量要低。帕菲特对此回应道：“那些生活在两个多世纪之后的人们根本不会享有更大的机会或者更高的生活质量。如果我们作了别的选择的话，这些人们可能根本就不会存在。既然他们的权利不会得到实现，我们就不可能侵犯到他们的权利。”[②]对于类似的疑问，麦克马汉认为，“如果在两项政策之间做出选择，其中一项政策要求现在做出较小的牺牲，以便在未来维持高质量的生活，而另一项政策现在提供较小的好处，代价是将未来的生活质量降低到略高于规定的最低水平，如果我们选择后者，那么没有人会变得更糟，没有人的权利会受到侵犯”[③]。可见，在帕菲特和麦克马汉那里，诉诸于权利不能解决“非同一性问题”，虽然我们现在的行为可以影响未来人的生活质量以及哪些人存在，但是那些生活质量受到影响的未来人不能抱怨，他们的权利也没有受到侵害，他们没有拥有获得更好对待的权利。

我们可以发现，帕菲特和麦克马汉持有上述立场的主要原因有两方面：一方面，不同的选择将意味着不同的人存在。在许多情况中，倘若我们采取了有利的行动（如保护资源的政策），那些将存在的人无论在数量上还是在同一性上将不同于在我们采取了不利行动（如消耗资源的政策）时将存在的人，虽然人员的数量有些许相同的可能性，但是所存在的人将不可能是相同的；另一方面，权利只有在权利持有者能够行使或放弃权利的情况下才可能存在以及有效。在上述到底是采取资源的消耗政策抑或采取

---

① 〔英〕德里克·帕菲特：《理与人》，上海译文出版社，2005 年版，第 518～519 页。

② 〔英〕德里克·帕菲特：《理与人》，上海译文出版社，2005 年版，第 522 页。

③ Jefferson McMahan, “Problems of Population Theory”, *Ethics*, Vol. 92, No.1, 1981, p.124.

资源的保护政策的思想实验中，如果人们采取了资源的保护政策，那么那些在资源的消耗政策下权利可能受损的人根本就不会存在，社会上存在的人将是其他人。

在格利斯的“错误的生命”案例中，依照帕菲特和麦克马汉的论说逻辑，那个孩子的权利没有受到损害，因为这个孩子的存在依赖于医生向其父母传达的错误信息，倘若医生做出了正确的判断，这个孩子本来就不会存在。对未来世代权利论者而言，“非同一性问题”是一种非常激进的挑战，倘若该问题得不到有效解决，人们很可能不得不放弃未来世代拥有权利这一想法。

四、从当今世代对未来世代没有义务的角度进行批判

有些学者从当今世代对未来世代没有义务的角度来反驳未来世代拥有权利这一观点（以下简称“批评 4”），乔治和托马斯 • 施瓦兹（Thomas Schwartz）等人就持有该立场。“批评 4”涉及权利与义务之间的关系问题。关于权利与义务之间的关系，一种常见的观点是，权利总是意味着义务，反之则不成立。例如，倘若一个人拥有生命权，这意味着其他人有不伤害其生命的义务，虽然处于饥寒交迫中的另一个人有获得他人援助的义务，但是这不意味着这个人有权利获得帮助。通常说来，权利是一种比义务更强的诉求，那些认为当今世代对未来世代不负有义务的人，是不可能认为未来世代拥有权利的，因为倘若这些人认为未来世代拥有权利，根据我们对权利和义务之间关系的阐述，这些人一定要认为当今世代对未来世代负有义务，这就与其原初立场相悖。如上所言，乔治认为，未来世代目前是不存在的，这就使我们不亏欠未来人任何东西，他们对我们也没有合法的要求，“只有当一个存在物存在时，它才有需求、欲望和利益。它仅有权获得其在孕育时可以获得的待遇或物品”①。也就是说，当今世代对未来世代不负有义务。施瓦兹曾批判下述观点：我们欠子孙后代某些东西，无论是较近的后代，还是较远的后代，这些东西包括充足的自然资源供应、清洁的环境、健康多样的基因库、丰富的文化遗产以及对人口规模的限制。相反，施瓦兹认为“无论我们欠我们自己或我们的后代什么，我们都没有义务无限期地，甚至向我们的极其遥远的后代提供任何广泛的、持续的利益。

---

① Richard De George, “The Environment, Rights and Future Generations”, in Kenneth Goodpaster and K. M. Sayre (ed.), *Ethics and Problem of the 21st Century*, Notre Dame: Notre Dame University Press, 1979, p.96.

相反的主张基于一种可以识别的谬误之上”①。施瓦兹进而强调，我们没有义务为我们的遥远后代限制人口增长，假如一个社会采取了自由放任的人口政策，遥远的未来世代的生活将会因此受到极大影响，倘若X是他们中的一员，一种肯定出现的情况是，在限制性的人口政策下，X将不会存在，因此，X不会享有在任何限制性政策下将享有的任何利益。

除了乔治和施瓦兹强调的一些理由，人们也可以从其他方面述说当今世代对未来世代并不负有义务。例如，我们刚刚提及的“非同一性问题”不仅可以被用于直接否定未来世代拥有权利，也可以被用于反对当今世代对未来世代的义务。在帕菲特那里，不同的人将因不同的政策和选择而存在，人们在为针对未来世代的义务辩护的过程中，不能通过诉诸当今世代的行为是如何影响未来世代中的特定个人来证明这些义务是合理的。我们刚才提到的施瓦兹的立场，与帕菲特的立场就非常契合。未来世代权利论的支持者弗莱切特也曾提出一些人可能会基于下述理由反对当今世代对未来世代负有义务：（1）我们无法预测未来的进程，因此，我们也无法预测我们行动的后果。（2）我们无法确保我们的后代的需要能够得到满足，因为中间的世代可能没有考虑到这些需要。（3）作为个体，未来人对我们来说是不确定的或不可知的。（4）未来人的存在是偶然的，而不是实际的。（5）我们不知道未来人的需求或愿望。（6）我们不知道未来人口的数量，因此无法对他们的效用进行计算。（7）我们无法确定未来人是否分享我们的社会理想或成为我们的道德共同体的成员。（8）我们不确定我们是否与未来人共享社会契约，因为我们与他们没有相互性的关系，我们可能会影响他们的福利，但是他们不会影响我们的福利。②弗莱切特提到的一些反对未来世代权利论的理由，我们以上曾或多或少地提到过一些，因篇幅所限，我们在此只对（7）和（8）展开论述。戈尔丁应该是（7）这一批评意见的代表人物——一些未来世代权利论者也明确回应了戈尔丁的立场。依戈尔丁之见，未来世代所处的共同体是“一个我们不能期望与之分享共同生活的共同体。在我看来，这个共同体的成员越遥远，我们对他们的义务就越成问题。他们是我们的道德共同体的成员这一观点极其令人怀疑，因为我们大概不知道他们想要什么。……有人甚至可以说，如果我们对遥远的未来世代负有义务，那么这种义务就是我们不为他们做计划。不仅我们不知

① Thomas Schwartz, “Obligations to Posterity”, in R.I. Sikora and Brian Barry (ed.), *Obligations to Future Generations*, Philadelphia: Temple University Press, 1978, p. 3.

② 参见 Kristin Shrader-Frechette, *Environmental Justice: Creating Equality, Reclaiming Democracy*, Oxford : Oxford University Press, 2002, p.101.

道他们的生活条件，我们也不知道是否他们将保持和我们一样的（或相似的）对人类良善生活的观念”[①]。J.布伦顿·斯特恩斯（J. Brenton Stearns）曾提及了（8），质疑一些生态学家假定的对未来世代负有一些义务这一做法，认为“这种义务无论是义务论还是功利主义类型的理论都难以解释的。为什么要对未来世代负有义务？我们没有对他们做出承诺。我们没有与他们签订任何社会契约。……传统的社会契约观念似乎在为未来世代的义务辩护方面没有任何用处。有可能承担向未来的人提供某种服务的义务，但是未来的人现在当然不能成为契约或承诺的当事人。同样，我们也不能因为未来人过去的成绩或工作而对他们负有义务”[②]。可见，戈尔丁和斯特恩斯都对当今世代对未来世代负有义务这一观点持一种怀疑态度。

针对弗莱切特提到的上述理由，我们大体上可以用“不确定性”加以概括，易言之，鉴于未来世代生活在遥远的未来，关于他们的很多信息往往是不可知的和不确定的。这种不确定性除了弗莱切特言说的八点可能的理由，某些未来世代权利论的批评者言及的当今世代对未来世代负有的义务是模糊的这一观点，也应该是不确定性的另一个重要体现。未来世代权利论的批评者不仅质疑义务的正当性，而且也可能对承担何种义务以及由谁来承担义务提出质疑。就义务的正当性来说，有些人认为未来世代面临的不利处境不是由当今世代的所有成员造成的，只是由当今世代的某些成员造成的。就承担何种义务来说，有些人认为这种义务的内涵和种类是不确定的，在未来世代权利论的批评者看来，未来世代权利论者不能清楚地告诉我们通过履行何种义务就能保障未来世代的利益。同时，未来世代权利论的批评者也可以认为，即使在义务拥有正当性以及能够确立何种义务的情况下，义务的承担者也是不确定的，当然，人们可以笼统地说当今世代应该承担义务，然而，当今世代中的哪些成员应该承担义务呢？

五、在实践上缺乏可行性

将权利赋予未来世代这一做法面临的另一种批评是“在实践上缺乏可行性”，这一批评意见大体上包含三点：第一，那种将无法实现的权利归于他人的做法是一种空洞的做法；第二，未来的人现在既不能行使其权利，又不能授权现在的人代替其行使权利；第三，将权利赋予未来世代这一做法可能造成集体的自我毁灭（以下简称“批评 5”）。下面我们将依次简述

① M. P. Golding, “Obligations to Future Generations”, *The Monist*, Vol. 56, No, 1, 1972, pp. 97-98.

② J. Brenton Stearns, “Ecology and the Indefinite Unborn”, *The Monist*, Vol. 56, No. 4, 1972, p. 613.

这三种观点。乔治持有第一种观点。乔治通过举例阐述自己的观点，假如有一对夫妇，由于某种原因，倘若女性怀孕了，她孕育的孩子将会患有痛苦的、由基因带来的疾病，那么，这个孩子有不患病的权利吗？乔治认为答案是否定的，这既因为在孩子生下来之前，权利持有者是不存在的，又因为当孩子被生下来之后，他的基因就是确定的，如果他拥有一个不会患病的基因，那么他就是另一个孩子。易言之，那种认为孩子拥有不患病的权利这一说法是空洞的。乔治接下来又再次举例说明："史前穴居人无权使用电灯或人工肺，因为他们的时代没有这些东西，我们也没有权利欣赏已经灭绝的动物。声称对不可用和不能得到的东西有一种权利，就是一种空洞的说法。因此，未来的人将无权使用天然气、石油或煤炭，倘若这些物品在他们出现时不再存在。"[①]也就是说，在乔治那里，穴居人确实没有使用电灯和看到灭绝的动物的权利，那种认为穴居人有使用电灯和看到灭绝的动物的权利的说法是空洞的和荒谬的。

第二种观点是权利的意志理论家对未来世代权利论提出的主要批评之一，希勒尔•施泰纳（Hillel Steiner）是这种观点的代表人物。施泰纳在思考权利问题时曾经提到，我们确实对我们同时代人及其遥远的后代负有义务，然而，当今世代对未来世代的义务是一种正义的要求吗？未来的人拥有我们要保护的权利吗？这些权利是否是一种要求我们强制保护的权利？为此，施泰纳详细考察了拥有权利到底意味着什么。他认为拥有权利是指拥有放弃或要求并强制履行其相关义务的能力，当然，拥有这种权利并不意味着权利持有人实际上能够行使这种权力。例如，他可以将这些权利授予他人行使，然而，这种权利只能由权利持有人自己授予。这种关于权利的看法不适用于未来世代的情况。施泰纳明确强调，无论在物理上还是在经验上，未来世代都不可能拥有权利，"未来的人必然不能放弃或要求现在的人服从，或者阻止现代人的不服从或惩罚他，因为根据以前的假设，这类人缺乏任何当代元素。这种必要的当代元素的缺乏也意味着未来的人在逻辑上不可能授权现代人行使这些权力。因此，这种要求和强制执行不可能被视为对行使附属于未来人的权利的权力。他们对在场的人没有任何权利，因此也没有任何在场的人为他们储存或保存任何东西的权利"[②]。这是施泰纳在思考权利问题时偶尔对未来世代权利论的反思，他在其他专门探讨代际正义理论的文章中也从自由至上主义的角度进一步批评了未来世

① Richard De George, "The Environment, Rights and Future Generations", in Kenneth Goodpaster and K. M. Sayre (ed.), *Ethics and Problem of the 21st Century*, Notre Dame: Notre Dame University Press, 1979, p.97.

② Hillel Steiner, *An Essay on Rights*, Oxford: Blackwell, 1994, p. 261.

代权利论。

在施泰纳那里，所有人都同意现在的行为者拥有权利，然而，人们对死者和未来的人是否拥有权利这一问题有着不同的意见。歧见主要源自我们在本章第一节提及的关于权利的两种不同概念。第一种是权利的选择概念，认为权利保护选择的能力，只有能够做出选择的人才能够拥有权利，第二种是权利的利益概念，认为权利保护个人的利益，只有那些拥有利益的人才能拥有权利。对于这两种权利概念，施泰纳认为："从历史上看，自由至上主义一直以选择和保护的理念为基础。此外，这一概念几乎总是被理解为意味着在任何给定的时间里，只有那些能够做出选择的人才拥有权利。因此，那些最终能够像成年人一样做出（理性而稳健的）选择的正常幼儿被认为在年幼时没有权利。按照这种观点，在特定的时间，无论是死者还是未来人都没有权利。"[①]依施泰纳之见，没有一个自由至上主义者会认可权利的利益概念，这种权利概念的"一个主要问题是，如此理解的权利甚至可能要求其他人违背自主行为者的意愿而对其使用武力，而这是为了他自己的利益（如强行阻止某人吸烟或强迫其他人参加锻炼项目）。很少（倘若有的话）有自由至上主义者赞同这一观点。由此产生的自我所有的概念太弱了"[②]。作为一名左翼自由至上主义者，施泰纳肯定认可权利的选择概念，进而对未来世代权利论持一种否定的态度。"批评5"暗含的第三种观点强调赋予未来世代权利的行为可能会造成集体的自我毁灭，该观点意味着，倘若当今世代的某些行为侵害了未来世代的权利，未来世代权利论的批评者可能会回应说，只要未来世代不存在，当今世代的行为就不会侵犯未来世代的权利，也就是说，阻止未来世代的权利受到侵害的一种方法是阻止未来人的存在，这种疯狂的想法肯定会造成集体的自我毁灭。当然，这种想法是一种疯狂的、有违道德直觉的想法，几乎没有人认可。

第三节　未来世代权利论者的回应

上文简要概括了未来世代权利论面临的五种有代表性的批判意见，尤其前三种批评是一些非常强的批判，倘若不能对它们进行有效回应的话，

① Hillel Steiner and Peter Vallentyne, "Libertarian Theories of Intergenerational Justice", in Axel Gosseries (ed.), *Intergenerational Justice*, Oxford: Oxford University Press, 2009, p. 55.

② Hillel Steiner and Peter Vallentyne, "Libertarian Theories of Intergenerational Justice", in Axel Gosseries (ed.), *Intergenerational Justice*, Oxford: Oxford University Press, 2009, p. 56.

它们既有可能从根本上摧毁未来世代权利论，又有可能从整体上瓦解代际正义理论。未来世代权利论者没有坐以待毙，而是在多个方面捍卫了自己的立场。

我们先看一下学者们怎样回应“批评 1”。未来世代拥有利益这一观点没有引起太大的争议，人们争议的地方主要在于未来世代拥有的利益是否足以证成未来世代拥有权利。权利的利益概念在学界有很大的影响，很多学者在论述未来世代的权利时通常不自觉地使用这种权利观。例如，西蒙·卡尼（Simon Caney）在论及气候变化问题时强调我们应该将气候变化视为对人权的威胁，卡尼在述说这一观点时就使用了权利的利益概念，认为“人们享有言论自由、结社自由和信仰自由等活动的权利，因为这些权利保护的重要利益足以将义务强加于他人”①。埃利奥特、贾丁斯和格雷戈里·卡夫卡（Gregory Kavka）等人回应了“批评 1”。为了回应一些学者从利益角度对未来世代权利论的挑战，埃利奥特在继承范伯格观点的基础上，将权利分为我们在下文将重点提到的“强式权利观”（the Non-concession View）和“弱式权利观”（the Concession View），这两种权利观分别强调：“第一，不存在不排除拥有权利，未来的人不会因为不存在而被排除拥有权利。这涉及拒绝一种形而上学的主张，即不可能存在其持有者尚不存在的权利。第二，承认形而上学的主张，但是认为在未来可以拥有权利的事实，为未来的人和现在的人之间的规范性同构提供了基础。”②在埃利奥特那里，这两种权利观都能够获得辩护，尽管与强式权利观相较而言，弱式权利观的争议性要更少一些。埃利奥特在为弱式权利观辩护的过程中曾言：“很明显，现在的行动和政策会影响到未来存在之人的利益。人们将来拥有的权利取决于他们当时拥有的利益。因此，如果我们能对他们的利益产生负面影响，那么我们就能侵犯他们的权利。这种侵权行为的表现形式可能不会发生在当下，但是那些导致侵权行为的行动或政策确实出现了。”③为了更加清晰地说明上述观点，埃利奥特通过下述思想实验进行了论说。假如 C 在某个时间胶囊上设置了一个陷阱，无论谁打开它，都会受到该陷阱带来的严重伤害。事实上，一个尚未出生的人打开了它。C 现在的所作所为似乎侵犯了那个人的权利，尽管该权利不是目前存在的权利。倘若未来出现这种情况，这种侵权现象会出现于未来。为了表明这一点，人们需要

① Simon Caney, “Human Rights, Climate Change, and Discounting,” *Environment Politics*, Vol. 17, No.4, 2008, p. 538.

② Robert Elliot, “The Rights of Future People”, *Journal of Applied Philosophy*, Vol.6, No.2, 1989, p. 160.

③ Robert Elliot, “The Rights of Future People”, *Journal of Applied Philosophy*, Vol.6, No.2, 1989, p. 162.

接受的是，某个未来事件可能会使当下发生的情况（如在时间胶囊上设置陷阱）侵犯未来人的权利。人们不必承认侵权行为发生在权利存在之前，只是人们现在的行为会导致未来的侵权行为的出现。如果人们承诺避免和尽量减少侵犯权利的行为，那么人们就应该避免采取有害的行动。

在贾丁斯那里，虽然未来的人目前不存在，这使谈论其权利是很困难的，但是人们可以通过权利的功能来加以解决。权利可以被理解为对重大利益的保护，权利的功能在于限制他人的行为，从而保护权利持有人拥有特定的重要利益。同时，权利的存在依赖于道德团体对重要利益的承认，我们接受未来世代的利益对我们行为的限制，"我们有很好的理由相信未来后代将要存在，他们也会有我们现在可理解的和可预计的重要的利益。也即我们有充分的理由将权利赋予未来后代。举证的责任就落在那些说未来后代似乎不存在，或由于他们的需要和利益与我们的如此不同以至无法预测他们会怎么样的那帮人身上"①。依贾丁斯之见，倘若我们接受上述观点，赋予未来世代权利的做法是否可行就取决于未来世代拥有的需要和利益。

如上所述，贝克曼在质疑未来世代权利论时曾反复强调拥有利益充其量只是拥有权利的必要条件（而非充分条件），依照埃利奥特和贾丁斯等人观点的内在立场，他们不可能否认贝克曼的上述观点。然而，他们也没有认为所有利益都意味着权利，只是强调未来世代拥有的重要利益足以使得未来世代拥有权利。那么，当今世代应该如何对待未来世代的利益呢？在当今世代的利益与未来世代的利益之间出现冲突时当今世代可以漠视未来世代的利益吗？这些问题对于解决未来世代的权利问题来说非常重要。卡夫卡为一个更加温和的结论辩护，即倘若人们有义务为现在贫困的陌生人作出牺牲，人们也有义务为未来的人作出牺牲。卡夫卡是反驳基于"未来人的时间位置、我们对他们的无知以及他们存在的偶然性"等原因而没有给予未来人的利益与现代人的利益以同等的考量。鉴于我们接下来将涉及对未来世代的无知和未来人存在的偶然性这两种观点，我们在此只关注未来人的时间位置。卡夫卡认为："现代人和未来人之间的最主要的差异是未来的人目前还不存在。这种时间位置上的差异本身是否构成了一个使得我们倾向于现代人的利益而不是未来人的利益的原因呢？事实似乎并非如此。一个人所处的空间位置不是一个决定他是否值得考量或帮助的道德上的相关特征，为什么时间上的位置会有所不同呢？"②也就是说，在卡夫卡

① 〔美〕戴斯·贾丁斯：《环境伦理学》（第三版），北京大学出版社，2002 年版，第 89 页。

② Gregory Kavka, "The Futurity Problem", in R.I. Sikora and Brian Barry (ed.), *Obligations to Future Generations*, Philadelphia: Temple University Press, 1978, p. 188.

那里，未来人所处的时间位置本身不是一个可以“折扣”未来人的利益的恰当理由。

“批评 2”主要从未来世代在当下的不存在出发质疑未来世代权利论，未来世代权利论面临的一些重要批判往往是从这个批判衍生出来的。贝克曼是“批评 2”的最主要的代表人物之一，特雷梅尔既重点回应了贝克曼的这种质疑，又将贝克曼视为未来世代权利论的最著名的批评者。如前所言，贝克曼从不存在的角度对未来世代权利论的质疑主要体现在“(1) 未来世代——尚未出生的人——不能说有任何权利。(2) 任何连贯的正义理论都意味着赋予人们权利。因此，(3) 未来世代的利益不能在任何正义理论的框架内得到保护或促进”这个三段论中。特雷梅尔质疑了大前提 (1) 和小前提 (2)，认为如果 (1) 和 (2) 都不成立，那么 (3) 也就不成立。在特雷梅尔那里，贝克曼的未来世代不能拥有任何东西（包括权利）这一普遍命题源自动词“拥有”的现在时态，贝克曼的未出生的人不能拥有任何东西（如两条腿和长头发等）这一论点“是正确的，但是无关紧要。它提醒我们应该用将来时态而不是现在时态，也就是说，用‘未来世代将拥有权利’取代‘未来世代拥有权利’。当我们提到未来人的特征和属性、他们的权利，甚至他们的鼻子时，我们通常使用将来时态，这是正确的。然而，贝克曼的论点不能被用于谴责‘权利’一词，也不能用‘公正的要求’‘需要’‘利益’‘愿望’等代替‘权利’。如果未来世代没有‘权利’，那么他们也就没有利益，等等。他们会有利益，就像他们会有权利一样”①。依特雷梅尔之见，虽然 (1) 通常被认为是很重要的实质性问题，但是它并不重要，只需要澄清一些语义学上的问题即可，也就是说，只要用将来时态（即“未来世代将拥有权利”）取代现在时态（即“未来世代拥有权利”）就可以成功地回应 (1)。

特雷梅尔还回应了贝克曼的小前提 (2)，命题 (2) 涉及我们在本章开篇曾提及的正义与权利之间的关系问题。特雷梅尔通过考察正义和权利的观念史，发现正义的概念在古希腊就出现了。然而，伟大的古希腊哲学家从未谈到个人或人权，人权话语的语言产生于启蒙时代，直到 17 世纪和 18 世纪，人权才成为霍布斯、洛克和卢梭等人的重要概念。对于命题 (2)，特雷梅尔回应道，我们“只要记住正义理论早在权利概念被发明（或发现）之前就存在，就足以证明贝克曼三段论中的第二个陈述（‘任何连贯的正义理论都意味着赋予人们权利’）是站不住脚的。代际正义理论或任何其他类

---

① Joerg Chet Tremmel, *A Theory of Intergenerational Justice*, Earthscan, 2009, p.49.

型的正义理论不一定要使用某种权利语言”①。在特雷梅尔那里，依照亚里士多德的看法，正义理论可以被分为相互性的正义理论和分配正义理论，贝克曼似乎过于关注第二种正义理论，忽视了第一种正义理论，而特雷梅尔主要关注相互性的正义理论，贝克曼的命题“（2）是不成立的。正义理论也可以基于义务。贝克曼不必将其‘正义’的概念局限于‘分配正义’的概念上”②。特雷梅尔还着重回应了贝克曼关于权利和义务之间关系的看法。如上所述，在贝克曼那里，权利总是意味着义务，但反之并不成立，未来世代不拥有权利，但是当今世代对未来世代负有义务。特雷梅尔回应道：“如果没有权利就没有义务，没有义务就没有权利，因为它们只是硬币的两面，那么贝克曼显然是错误的。贝克曼显然可以辩称，他对‘权利’一词的定义是正确的，而所有其他人的定义都是错误的，然而，如果要证明这一点对他来说是极其困难的，倘若不是不可能的话。”③也就是说，特雷梅尔不认可贝克曼关于权利和义务之间关系的看法。针对贝克曼言说的一个人有义务让家中的电话或厕所坏了的邻居使用自己的电话或厕所，而邻居并非有权利这样做这一观点，特雷梅尔反问道，这些真的是道德上的义务吗？倘若如此，人们不如说我们有道德义务给每个乞丐一枚硬币，贝克曼对道德义务的界定是不能令人接受的，即使就法律权利和法律义务之间的关系而言，法律权利意味着法律义务，反之亦然。

埃利奥特明确回应了乔治对未来世代权利论的质疑。乔治从不存在的角度对未来世代权利论的批判与贝克曼的批判有相似之处，都强调不能从“拥有”的现在时态来述说未来世代拥有权利。埃利奥特在回应乔治的质疑的过程中主要继承了范伯格的观点，认为范伯格的“未来人们拥有的权利是一种依情况而定的权利，它们取决于未来人的存在，道德权利要求以真正的利益为基础”这一观点可以做两种理解。一种理解认为未来的人现在就拥有权利，尽管这种权利只是依情况而定的权利，尽管我们现在不知道谁将拥有这些权利，除非我们知道谁将存在；另一种理解认为未来的人只有在未来才拥有权利，尽管除非我们知道谁会存在，否则我们也不知道谁将拥有这些权利。埃利奥特分别将这两种理解称为我们刚才提到的“强式权利观”和“弱式权利观”。埃利奥特依照强式权利观，回应了乔治的质疑，

① Joerg Chet Tremmel, *A Theory of Intergenerational Justice*, Earthscan, 2009, p.50.

② Joerg Chet Tremmel, “Is a Theory of Intergenerational Justice Possible? A Response to Beckerman”, *Intergenerational Justice Review*, No. 2, 2004, p. 7.

③ Joerg Chet Tremmel, “Is a Theory of Intergenerational Justice Possible? A Response to Beckerman”, *Intergenerational Justice Review*, No. 2, 2004, p. 7.

认为“权利现在已经存在了，它的现在存在取决于在将来那个将成为权利持有者的某个人的存在。这个未来的人将是这项权利的主体，他的利益将受到权利的保护。要接受这一点，需要接受这样一个事实，即可能存在现在没有承担者的权利。这似乎并非不可能。它们当然会有未来的承担者，因此，未来世代的权利将不会脱离主体。它们将是特定人的权利。它们是否存在取决于这些特定的人是否存在”[①]。埃利奥特强调，未来人的权利是存在的，倘若将来会有一个人成为权利的持有者。他还通过一个思想实验来论说这一观点。假如D提议将一枚导弹发射到一个遥远的岛屿上。有人建议D不要这样做，因为这可能会侵犯岛上居民的权利。D反驳说，岛上可能没有人，因此，权利受到侵犯的情况不会出现。是否有这种权利是一个依情况而定的问题，这取决于岛上是否有人。如果岛屿上有人，那么D的导弹发射行为将侵犯岛上居民的权利。这两种情况的区别在于，后者涉及目前存在的权利持有人，而前者涉及未来存在的权利持有人。这种差异不会损害未来人的权利的归属，这是一种反映了权利的依情况而定这种情况的两个稍微不同的来源的差异。[②]依照埃利奥特的思路，在该思想实验中，倘若岛上有人，他们的权利就会受到侵害，然而在另一种情况下，倘若未来人在将来存在，他们的权利也会受到侵犯。埃利奥特根据弱式权利观进行的回应，我们在本节第一部分已经提及，在此不再赘述。

对于达玛托对未来世代权利论的两种批评，魏伊丝作出了回应。魏伊丝认为达玛托的第一种批评只是假定传统的权利概念框架是可识别的个人的权利，他在《公平对待未来世代》中提出的地球权利或代际权利不是个人拥有的权利，相反，它们是世代的权利，各个世代把这些权利作为与世代——过去的世代、当今世代和未来世代——相关的权利，“评估由地球权利代表的利益是否得到充分保护，并不取决于了解在任何特定的未来世代中最终可能存在的个人的数量或种类。这些代际权利的实施由作为一个群体的未来世代的监护人或代表来适当完成，而不是由必然不确定的未来个人执行。虽然权利持有人可能缺乏提出诉讼的能力，因而取决于代表是否决定这样做，但是这种能力没有影响权利的存在或与之相关的义务”[③]。由于达玛托的第二点批评涉及“非同一性问题”，我们接下来将看到魏伊丝是

① Robert Elliot, “The Rights of Future People”, *Journal of Applied Philosophy*, Vol.6, No.2, 1989, p. 161.

② 参见 Robert Elliot, “The Rights of Future People”, *Journal of Applied Philosophy*, Vol.6, No.2, 1989, pp. 161-162.

③ Edith Brown Weiss, “Our Rights and Obligations to Future Generations for the Environment”, *The American Journal of International Law*, Vol. 84, No. 1, 1990, p. 205.

如何回应达玛托的这种质疑的。

“批评 3”是一种针对未来世代权利论的非常强的批评，倘若这一批评不能被有效回应，它至少危及我们对“批评 1”的回应。帕菲特和麦克马汉是“批评 3”的主要代表人物，对于他们的观点，弗莱切特曾言：“帕菲特和麦克马汉的思维方式的主要问题是，同一性问题不应该像范伯格和其他人认为的那样影响对一个行为的伦理评价。例如，如果有人被谋杀，或者无辜的人在没有做出挑衅的情况下被杀害，那么，无论受害者的身份如何，我们都知道该行为是错误的。同时，未来世代的成员是谁，不应该影响我们对针对他们的行为的道德评价。那些为我们的鲁莽行为承担后果的人，不管他们是谁，都有理由抱怨。”①也就是说，虽然某种行为所伤害的对象为谁是不确定的，但是这不会影响对其作出的道德评价。我们下面看看魏伊丝如何回应上述达玛托的第二个批判意见。这个批评意见认为我们今天为保护环境而采取的每项干预措施都会影响这些未来的个人的构成，都会剥夺未来世代的一些潜在成员的权利，因此该批评意见直接涉及“非同一性问题”。魏伊丝回应道，由于未来世代的权利只是作为世代的权利而存在，个人是谁或者他们可能有多少人，这并不重要，只有在个人出生后并成为当今世代的成员时，世代的权利才被赋予个人。事实上，政府和企业的每一项决策都会影响未来世代的组成，当今世代对未来世代的地球义务是对地球上所有未来人的义务，不管他们是谁。这需要我们考虑代际公平原则，代际公平原则可能会限制我们的行动，但是这种限制应该非常严格地加以适用，以免未来世代的权利发展成为一个万能俱乐部，来压制所有的变革提议。然而，长期的环境破坏无疑不是一个良好的开端，未来世代确实有权得到保证，我们不会污染地下水，不会向湖底排放有毒废物，不会灭绝栖息地和物种，也不会急剧改变地球气候——除非有极其令人信服的理由这样做，这些理由不仅仅是纯粹的盈利。②可见，魏伊丝主要是通过强调群体权利来回应“非同一性问题”，群体权利并不取决于未来世代中最终可能存在的个人的数量或种类。

我们在上面论及“批评 3”时，曾引述了由格利斯阐发的“错误的生育”案例和“错误的生命”案例这些在探讨“非同一性问题”时经常被提到的思想实验。格利斯也对“非同一性问题”进行了更加详细的回应，他

---

① Kristin Shrader-Frechette, *Environmental Justice: Creating Equality, Reclaiming Democracy*, Oxford: Oxford University Press, 2002, p.101.

② 参见 Edith Brown Weiss, “Our Rights and Obligations to Future Generations for the Environment”, *The American Journal of International Law*, Vol. 84, No. 1, 1990, pp. 205-207.

主要采取在世代重叠情况下的“传递战略”。在“错误的生命”案例中，那个患有遗传病的孩子受到“伤害”了吗？格利斯为此强调了一种反事实的损害概念，即每当我们依赖一个伤害概念时，我们将一个特定的人（此处是患有遗传病的孩子）的当前状况与她在没有所谓的有害行为的情况下可能出现的状况进行比较，每当前者的情况比后者的情况更糟时，这个人就受到了伤害。然而在“错误的生命”案例中，“这种比较被证明是不可能的，因为倘若没有所谓的有害行动，受害者根本就不会存在。一旦我们承认不存在不能被视为一个人的状态，我们必须得出结论，不能说婴儿受到了医生的错误的伤害”①。

为了解决上述难题，格利斯通过另外一个思想实验以及传递战略来加以解决。②假如一位父亲在选择到底是用汽车还是用自行车作为上下班的交通工具，如果这位父亲选择了开汽车上下班，那么这会产生两种后果，一是对大气的目前和未来状态产生负面影响，对现代人和未来人的健康也产生重大影响，二是对孩子的同一性产生影响，因为比骑自行车更早或更晚地到家，会影响其与妻子生育的时间。假如这位父亲的女儿在 17 岁时成为了一名绿色活动家，她问她的父亲：“你为什么不选择骑自行车而是开车呢？今天的空气会干净很多！”这位父亲可能回答道：“尽管如此，如果我这样做了，那么你就不会在这里了。既然你在这样污染的环境中生活仍然是值得的，为什么要怪我？我当然没有伤害你，我侵犯了你的哪项权利？”虽然权利的意志概念实际上可能比权利的利益概念更不容易受到“非同一性问题”的挑战（因为前者不那么直接依赖利益概念和潜在的可损害性假设），但是格利斯认为他在此使用的是权利的利益概念。为了应对上述非同一性挑战，格利斯假设应该在每个人的生命终结时评估其是否履行了遗留清洁环境的义务，只要父亲支持汽车的选择是其女儿存在的必要条件，这仍然无可非议。因此，当涉及对女儿所谓的伤害时，他的先前行为不受道德评价的影响。然而，一旦女儿降生之后，父亲的所有后续行为就不再属于非同一性背景的范围。我们应该期望父亲在怀上女儿以后尽快赶上来，以便在他生命的最后阶段能够最终履行他要承担的义务。虽然父亲已经带来了不可逆转的影响，但是这并不意味着他不可能赶上。因此，他应该采取行动，通过替代措施（如用新的节能技术）补偿这种负面影响。上述论

① Axel Gosseries, “Constitutionalizing Future Rights?” *Intergenerational Justice Review*, No. 2, 2004, p.10.

② 本段的下述内容参见 Axel Gosseries, “On Future Generations' Future Rights”, *The Journal of Political Philosophy*, Vol. 16, No.4, 2008, pp.460-463.

点依赖于世代重叠的存在和传递战略，考虑一个有三代人（G1、G2 和 G3）的世界。G1 和 G2 重叠，但是不与 G3 重叠，G2 与 G3 重叠。对于属于非“同一性问题”范围内的所有行动，G1 对 G3 没有义务，因为他们的所有行为都是 G3 被孕育的前提条件。尽管如此，G1 仍对 G2 负有义务。在 G1 对 G2 的这些义务中，可能有 G2 对 G3 的义务，此处的义务不是对 G3 的成员的，这并不是说从 G1 的角度来看，G3 的成员在道德上不如 G2 的成员重要。然而，如果事实证明 G1 的行动对 G3 成员的长期影响迫使 G2 做出额外努力以确保 G2 履行其对 G3 的义务，那么 G1 实际上可能违反其对 G2（而非 G3）的义务。这种传递方法预先假定损害的概念将在世代重叠时使用，并依赖于特定类型的伤害（即由于 G1、G2 担负的成本增加了）。该方法还假定 G2 对 G3 的义务的性质不完全基于因果责任的概念，否则，G2 就不会因为 G1 的行动而有额外的义务。同样，我们的代际正义理论必须是这样的，即 G2 对 G3 的义务不仅仅是根据它从 G1 得到的东西来界定的。因为在这种情况下，G2 只需要向 G3 转移它从 G1 获得的一样多的东西，而无需 G2 部分补偿 G1 直接强加给 G3 的成本。代际正义的一些间接相互性理论可能会遇到这样的问题。相比之下，恰当的代际正义的分配理论对这一问题的反应会有所不同，因为它们往往出于它们之间平等的关切而界定 G2 对 G3 的义务，而不是仅仅根据 G1 转移给 G2 的东西。这就是传递方法的工作原理。在刚刚设想的情况中，G2 不应该完全补偿 G3 由于 G1 的行为而造成的不利，因为 G2 对 G1 的行为没有因果责任。然而，作为分配正义的问题，G2 可以被期望进行一些代际再分配，这样的话，G3 不会比 G2 的情况更糟，就像一个人在道德上被期望帮助另一个面临不利条件的人，例如地震造成的不利，而他们两人都不能对此负责。

欧内斯特·帕特里奇（Ernest Partridge）和弗莱切特等人回应了“批评 4”。“批评 4”主要从当今世代对未来世代没有义务的角度来反驳未来世代拥有权利，不少学者也对此进行了回应，并为当今世代对未来世代负有的义务进行了辩护。“非同一性问题”既可以被用于否认未来世代拥有权利，又可以被用于否认当今世代对未来世代负有义务，帕特里奇通过回应施瓦兹的观点来回应上述立场。施瓦兹等人往往从那些试图改变遥远未来的行为会导致不同的人生活在未来这一立场出发，认为没有人能够从我们改善遥远的未来生活条件的努力中受益，以及我们没有义务采取改善这些条件的政策。帕特里奇对此回应道，虽然施瓦兹的那些旨在改变遥远未来条件的政策将在几代人的时间里导致不同人群的出现这一前提似乎是无可辩驳的，但是这不能得出施瓦兹所说的我们对任何将成为我们遥远后代的人都没有义务采用某种政策,"尽管未来人的遗传的偶然性和知识论上的不确定性免除了我们作为个人'代表'他们行动的义务，但是这种道德赦免并不意味着允许我们完全忽视我们政策的遥远后果。由于相关的道德原则将我们与一般人联系在一起，而不是与特定的个人联系在一起，因此我们仍然有义务改善最终出现的任何个人的生活前景"[①]。

帕特里奇还通过一个"挥霍父母的案例",指出施瓦兹的观点会带来道德上令人厌恶的结论,即父母没有义务为婴儿的未来提供某种保障。例如,詹姆斯是一个两个月大的男孩理查德的单亲爸爸。詹姆斯得到了一笔遗产，他可以把这笔遗产存入信托基金来支持理查德的教育。然而，他没有这样做，而是买了一艘游艇，进行了为期一年的环球旅行。理查德最终被一个贫困的家庭收养了。这使得理查德缺乏上大学的机会，不得不在高中时辍学并去养活自己和他的养父母。如果詹姆斯没有购买游艇，并保持对他儿子的监护权，那么理查德会去医学院读书，并享受一个繁荣和充实的医生生活。事实上，在以后的人生道路上，理查德将是一个贫困的、没有技能的劳动者。从直觉上而言，对理查德来说詹姆斯的行为是非常不公平的，因为在这种情况下，詹姆斯违反了其对理查德应当担负的责任。帕特里奇对上述例子进行了施瓦兹式的分析，得出的结论是倘若詹姆斯履行了他的职责，真正的理查德就不会存在，詹姆斯的自私是理查德存在的必要条件。帕特里奇认为这足以证明施瓦兹的对遥远的后代不负有道德义务的观点是站不住脚的,"繁荣和持续共同体的成员通常认为,他们同时代人和继任者的生活条件和前景以及他们关心自己的生活条件和前景是个人关心的问题，也就是说，他们通常不仅关心自己，而且关心其他人、事物、地方、机构和理想等。事实上，正如许多人争论的那样，缺乏这种'超越自我的关注'的能力,可以被视为一种可怜的、不值得羡慕的精神病理学"[②]。因此，正如詹姆斯让理查德处于不利的环境和前景中是错误的一样，让未来世代走向一个期望值下降的道路也是错误的，当今世代不能对未来世代的前景漠不关心。

弗莱切特不仅概括了上一节提及的那种认为当今世代对未来世代不负有义务的八个理由，他还具体回应了其中的一些理由。例如，他认为声称我们不能预测未来是错误的，尽管无可否认，未来的许多精确方面是不

---

① Ernest Partridge, "Should We Seek a Better Future?" *Ethics and the Environment*, Vol. 3, No.1, 1998, p. 81.

② Ernest Partridge, "Should We Seek a Better Future? " *Ethics and the Environment*, Vol. 3, No.1, 1998, p. 90.

确定的，然而，我们可以预测未来的人可能需要干净的空气和水。一些反对当今世代对未来世代负有义务的论点也失败了，因为它们违背了我们已经持有的伦理原则。譬如，我们认为谋杀是错误的，不管受害者是否是我们认识的，或者她是否和我们有同样的需求和兴趣。因此，如果了解受害者作为一个人或了解她的嗜好和兴趣不是认定谋杀罪的必要条件，那么了解这两个特征同样也不是谴责影响到未来世代的成员的环境不公正的必要条件。正如把一个未知的活着的人置于可能的危险中在伦理上是不恰当的，在所有条件相同的情况下，把一些未知的未来人置于可能的危险中也同样是不恰当的。[①]可见，弗莱切特在此就回应了其提到的（1）、（3）和（5）等质疑当今世代对未来世代的义务的理由，认为这些理由是不成立的。我们在上一节第四部分曾提到，在否认当今世代对未来世代负有义务时，有一种理由是以戈尔丁为代表的一些学者言说的："我们无法确定未来的人是否会分享我们的社会理想或成为我们的道德共同体的成员。"卡夫卡曾回应道，"我不认为这种观点是令人信服的。因为根据一个人如何理解良善生活的概念，这个论点似乎要么违背了我们关于人类平等的根深蒂固的信念，要么未能确立戈尔丁得出的结论。"[②]为了更加明晰这一观点，卡夫卡思考了所有人都是平等的，都值得获得平等的考量这一观点。在卡夫卡那里，当我们言说所有人都是平等的时候，我们是在断言所有人在某些重要的方面是相似的。然而实际情况是，人们并不是相似的，在其文化实践、政治意识形态、宗教信仰和价值观等方面往往大相径庭，大部分人的相似之处在于他们拥有某些非常重要的特征，诸如易于遭受痛苦和死亡、他们的自我意识、他们与他人的合作能力等，这些普遍特征使人类能够与他人建立道德关系并从中受益。卡夫卡紧接着指出，在人类的道德共同体中，成员没有程度不同之分，道德共同体的成员资格不是依赖于对良善生活有任何实质性的概念，"我们认为具有其他文化、民族、政治信仰和生活方式的现代人的特点与我们自己是平等的，这些是相当普遍的特点，将来的许多代人肯定拥有这些特点。这些人的道德地位和我们提升他们的利益的原因，并不依赖于他们拥有与我们共同的大量的良善生活观念。……因此，我们对未来世代将在多大程度上分享我们良善生活的实质性概念的无知，似乎不是偏爱现代人而不是未来的陌生人的合理理由，更不是在我们的规

---

① 参见 Kristin Shrader-Frechette, *Environmental Justice: Creating Equality, Reclaiming Democracy*, Oxford: Oxford University Press, 2002, pp.101-102.

② Gregory Kavka, "The Futurity Problem", in R.I. Sikora and Brian Barry (ed.), *Obligations to Future Generations*, Philadelphia: Temple University Press, 1978, p. 190.

划和实践中忽视除了下几代人之外的所有世代的福祉的理由”[①]。易言之，戈尔丁言说的当今世代对未来世代不负有义务这一观点是不成立的。在帕特里奇、弗莱切特和卡夫卡等人那里，既然当今世代对未来世代仍然负有义务，“批评 4”就是不成立的。

在本节最后，我们看一下未来世代权利论者如何回应“批评 5”。“批评 5”强调将权利赋予未来世代这一做法在实践上缺乏可行性，埃利奥特、古丁和特雷梅尔等人对此进行了反驳。埃利奥特主要回应了乔治的穴居人确实没有使用电灯和看到灭绝的动物的权利，以及将无法实现的权利归于他人的做法是一种空洞的做法这两个观点。埃利奥特考虑了乔治的穴居人的例子，认为穴居人确实没有使用电灯的权利，因为这种权利的归属是空洞的，然而，穴居人的例子和其他类似的例子并没有与关于未来人的权利的主张——诸如我们看到已灭绝的物种的权利——相对应。穴居人获得电灯的权利是空洞的，这些权利由于他们贫困的环境而无法得到满足，然而这并不意味着某些积极的权利也是空洞的。埃利奥特接着强调，正如乔治所说的那样，声称我们有权看到恐龙是荒谬的，恐龙的灭绝与人类的活动是无关的，它们的灭绝在特殊意义上是一种自然现象。我们可以有一些理由说，如果我们周围有恐龙，那么这看起来是一件好事（也许是因为我们喜欢看到它们），然而，如果说我们的某些权利因为恐龙的不存在而受到侵犯，那么这就是错误的。已经灭绝的物种并不仅限于恐龙，“想象一下，蓝鲸被猎杀到灭绝。这种灭绝将是人类行为的直接后果，本可以通过采取保护主义政策来避免。在这里，提出我们有权看到蓝鲸并不荒谬，这一权利因蓝鲸的灭绝而遭到侵犯。这是因为我们现在可以做一些事情来确保这一特定的权利在未来不会受到侵犯。在未来使权利得到满足的资源对未来人来说是可以得到的，因为我们有能力保护它”[②]。也就是说，乔治的我们并不拥有看到已经灭绝的动物的权利这一观点是难以成立的，倘若某种动物的灭绝（如恐龙）是一种自然现象，人类确实不拥有看到它的权利，然而，如果该动物的灭绝（如蓝鲸）是人为因素所致，那么这确实侵犯到了人们看到该动物的权利。

埃利奥特紧接着回应了乔治的将无法实现的权利归于他人的做法是一种空洞的做法这一观点，认为“将灭绝物种的案例与另一个案例进行比较，在这个案例中，一个人的意愿是对证明费马最后定理的人提供物质奖

① Gregory Kavka, “The Futurity Problem”, in R.I. Sikora and Brian Barry (ed.), *Obligations to Future Generations*, Philadelphia: Temple University Press, 1978, p. 191.

② Robert Elliot, “The Rights of Future People”, *Journal of Applied Philosophy*, Vol.6, No.2, 1989, p. 166.

励。几十年后，事实证明了这一点。与此同时，遗产被贪污和挥霍。尽管这一权利无法得到实现，但是定理证明者有权获得奖励，这并非不可信、不连贯或者（道德上）空洞。这个人可以合法地说，侵权者侵犯了他或她的权利”[①]。一个类似的例子是，一群人拥有如此有限的资源，不是所有人都能生存下来。这是否意味着，以并非所有假定的权利都能获得满足为由，将生命权赋予每一个人都是空洞的？当然，对每个人来说，只要其他人的生命没有被拯救，他或她的生命是可以被拯救的。然而，一旦资源被分配，有些人的生命就无法被挽救。我们是否应该说这些人没有生命权，因为在他们的情况中，生命权无法得到满足？埃利奥特认为我们不应该。可见，乔治以可用性为由对未来世代权利论的反驳是无效的。

针对施泰纳的未来人因为无法行使权利从而不拥有道德权利这一立场，古丁进行了回应。古丁回答说："施泰纳认为未来世代不能拥有权利，因为他们在逻辑上无法行使权利所要求的各种选择。就我的目的而言，我们仅仅对未来世代负有义务就已经足够了，但我在施泰纳的论点中没有看到任何理由在逻辑上剥夺未来世代享有权利的资格。毕竟，法院指定的监护人行使婴儿和白痴的权利，尽管这些权利和未来世代行使权利的选择一样无能为力。"[②]鉴于施泰纳在批判未来世代权利论时主要采用了权利的选择概念，这种权利概念本身就是极具争议性的，下面我们看看特雷梅尔是如何回应的。特雷梅尔在探讨可以按照何种逻辑标准赋予个人权利时曾强调，人们普遍认为，个人在成为权利持有者之前必须拥有利益，利益的基础是需求，这就是为什么我们可以把权利赋予动物甚至外星人，而不是岩石或像泰姬陵这样的人工制品，利益必须以某种方式由利益组合而成。权利人必须能够以自己的身份成为受益人，没有需求的客体不能受到伤害或受益。显而易见，未来的人现在不能放弃他们的权利，然而，这同样适用于许多当代人，这不意味着他们没有权利。例如，"婴儿或昏迷的人不能放弃他们的权利，但是根据广泛的共识，他们仍然拥有权利，例如生命权。如果一个饥饿的人太虚弱无法表达自己，那么他绝不会丧失获得食物的权利……因此，假定放弃权利的能力是赋予权利的先决条件是错误的。理解什么是权利并主动启动法律机制的能力，也不是拥有权利的先决条件。譬如，婴儿的权利通常由指定的律师或公共机构进行主张和捍卫。因此，尚

① Robert Elliot, "The Rights of Future People", *Journal of Applied Philosophy*, Vol.6, No.2, 1989, p. 166.

② Robert E. Goodin, *Protecting the Vulnerable: A Reanalysis of Our Social Responsibilities*, Chicago: The University of Chicago Press, 1985, p.170.

未出生者的（未来）权利可以由有权以其名义发言的代理人或律师代表”①。也就是说，依照特雷梅尔的逻辑，施泰纳的权利的选择概念问题重重，这样的话，他对未来世代权利论的质疑就不成立。

第四节　从共同体主义出发为未来世代权利论进行辩护和审视纷争

以上探讨了未来世代权利论的批判者和赞成者各自的立场，通过分析我们可以发现，人们之所以对未来世代权利论产生诸多纷争，与未来世代权利论的批判者和赞成者到底是在谈论未来世代中的“个人”，还是在谈论作为“集体”的未来世代这一问题有关。未来世代是否拥有权利？我们接下来将依次对以上纷争进行审视，并在此过程中试图从共同体主义出发为未来世代权利论进行道德辩护。如果在讨论未来世代是否拥有权利这一问题时，我们指向的是未来世代中的个人，那么未来世代中的个人在目前的确不存在，我们既不可能知道他们的名字，又不可能熟悉他们的面孔，这确实使得我们在谈论未来世代的权利时会面临很多难题。然而，如果我们换一种思路，谈论的是作为一个“集体”的未来世代，那么我们可以从共同体主义的立场出发，为未来世代权利论提供一种道德辩护，同时，未来世代的权利是作为一种群体权利而存在的。

倘若我们在上一章对共同体主义的代际正义理论的辩护是可行的，当我们从共同体主义的视角出发时，我们可以将人类社会视为一个“跨代共同体”，这种共同体并不纯粹只包括当今世代，已经退场的过去的世代和尚未出场的未来世代也是其重要组成部分。跨代共同体从“过去”一直延伸至“未来”，是当今世代无法与之完全断绝关联性的共同体。跨代共同体不是一个简单的聚合体，而是一个将关注点置于过去、现在和未来的共同体。在其中，当今世代与过去的世代和未来世代有一定的关系，各个世代拥有道德相似性，进行文化互动，直接或间接地处于一种相互依赖的关系网络

① Joerg Chet Tremmel, *A Theory of Intergenerational Justice*, Earthscan, 2009, pp.51-52.省略号处的内容是特雷梅尔引述的比尔巴彻（D. Birnbacher）的观点：“由于逻辑的原因，未来的主体不能主张他们对当今世代可能拥有的任何权利，而当代的主体可能由于偶然的原因而不能这样做，这一事实不能合理地证明否认前者的道德权利是正当的，但是否认后者的道德权利是正当的。”参见 D. Birnbacher, *Verantwortung für zukünftige Generationen*, Reclam, Stuttgart,1988, p.98.

中，这些世代在一起构成了整个人类共同体。在跨代共同体中，各个世代之间形成了一种相互依赖的角色网络，各个世代扮演着各种角色，例如，各个世代既要承担相应的义务，又拥有一定的权利。就义务而言，当今世代应该秉承“我们希望别人怎么对待我们，我们就应该怎样对待别人”这一原则，也就是说，倘若当今世代希望以前的世代能够对他们担负起应当承担的义务，当今世代对未来世代也应该如此。就权利而言，未来世代的权利是本章关注的核心，未来世代拥有的重要利益将使得未来世代可以成为权利的主体。只要我们承认在人类社会不发生不可抵御的重大灾难的情况下，按照人类社会目前的发展规律，未来世代将会顺利来到世间。只要未来世代存在，未来世代就将拥有一些值得当今世代尊重的利益。正如我们在第七章将会重点提及的那样，未来世代的利益包含的内容众多，诸如不受污染的环境、健康的身体等都是未来世代的重要利益。这些利益是至关重要的，与权利之间可以建立某种联系。从未来世代拥有利益这一立场出发，我们可以将未来世代视为权利的主体，只要未来世代作为一个集体将在未来存在，未来世代就拥有潜在的利益，就有其作为整体而拥有的一些利益和权利。

第一，我们先来看看“批评 1”。通过分析我们可以发现，虽然贝克曼述说的拥有利益只是拥有权利的必要条件（而非充分条件）这一立场是无可厚非的，很多未来世代权利论者也没有否认这一立场，但是对于未来世代是否拥有利益这一问题，贝克曼持一种自相矛盾的态度。我们在描述“批评 1”时曾提及，贝克曼认为虽然未来世代在未来将会有利益，但是这不意味着他们在今天就能有利益，也就是说，贝克曼强调未来世代在当下没有利益。然而，贝克曼在其他地方论述相关问题时曾明确强调未来世代在当下拥有利益。贝克曼在论及未来世代的嗜好和偏好时，没有认为未来世代的嗜好和偏好与当今世代的嗜好和偏好有所不同，而是认为“我们也很愿意假设他们会有一些偏好，这些偏好在本质上可能与我们的偏好相似，这样他们也会有一些利益，这些利益在一定范围内是我们可以预见的。我们现在采取的政策也确实会以这样或那样的方式影响他们的利益。我们认为，考虑到我们的政策将在多大程度上做到这一点，这足以使我们承担道德义务。但是这不等于说，这种道德义务必须建立在未来世代可能被认为拥有的任何‘权利’的基础上”①。由上可见，贝克曼明确承认未来世代拥

① Wilfred Beckerman and Joanna Pasek, *Justice, Posterity, and the Environment*, Oxford University Press, 2001, p. 23.

有利益，这与我们在描述“批评 1”时曾提到的贝克曼对未来世代的利益的否认是不一致的，也就是说，贝克曼此时存在自相矛盾之处。不仅如此，贝克曼还从未来世代的利益出发，进一步论说了当今世代对未来世代将担负的义务，即使贝克曼此时不是在代际正义理论的框架内论说的。我们将在反思“批评 4”时提到贝克曼对这种义务的阐述。

我们在第一节中曾经提到，权利的利益概念和权利的选择（或意志）概念之间的纷争是关于权利概念的重要争议之一，我们在贝克曼、威尔曼以及“批评 5”中看到了施泰纳等人在质疑未来世代权利论时经常诉诸权利的选择（或意志）概念，他们只认可权利的选择（或意志）概念，不同意范伯格等人从权利的利益概念的角度为未来世代的权利进行的辩护。虽然权利的利益概念和权利的选择（或意志）概念之间孰优孰劣的问题是一个极其令人困惑、法学界长期以来纷争不休、至今尚未有定论的问题，对该问题的解决亦超出了本书的范围以及笔者的能力，但是笔者认为权利的利益概念要更可取一些，“利益概念认为自由或自主是一种特殊（更高）的利益，所以利益概念往往把选择概念认定的一切都看作是权利，选择概念不会这么认为；利益概念还往往认为（必要的）自主者也是受益者，选择概念不会这么认为。因此，把权利的概念认定为保护利益要比认定为保护选择，能够更广泛地分配权利”[①]。虽然权利的利益概念可能会使权利面临着“通胀”的危险，可能使一些不应该拥有权利的主体获得了权利，但是权利的选择（或意志）概念的缺陷可能要更多、更明显一些，它经常面临的一个批判是它可能会剥夺胎儿、精神病患者和智障人士的权利，因为这些人恰恰缺乏权利的选择（或意志）概念着重强调的自由、自主、理性和选择的能力，这肯定有违道德直觉。也就是说，权利的选择（或意志）概念将带来一些有违道德直觉的后果，预设了一个明显具有争议性的主张。倘若如此，贝克曼、威尔曼和施泰纳等人对未来世代权利论的质疑就会问题重重。

针对“批评 1”，霍尔姆斯·罗尔斯顿（Holmes Rolston）的回应是很有启发意义的。在罗尔斯顿那里，虽然现实存在的我们不知道怎样在我们的利益与潜在的未来人的利益之间做出裁决，未来权利的持有者是模糊不清的，太多地依赖我们的各种假定，“但是，如果我们把生命看作是一个整体性的‘流’，这些模糊性就消失了，因为此时已有了未来之可能性的现实的载体。这个未来不再属于一些抽象的、设想出来的别人，而是我们自己的

① 〔加拿大〕L.W.萨姆纳：《权利的道德基础》，中国人民大学出版社，2011 年版，第 44 页。

未来。这个未来是由我们现在存在着的人承载和传递着的。它不是从虚无中硬造出来的，而是由我们贯穿起来的。它是我们这一代的未来，是由我们生发出来的未来，是我们生命之河的下游。我们是在实在中涉及到潜在，而且是很实在的潜在"[①]。换言之，虽然未来世代在当下的不存在确实会给将权利赋予未来世代这一做法带来很大的挑战，未来世代的权利缺乏实在的、能够被清晰地辨识的拥有者，但是罗尔斯顿给出的生命之流的说法可以很好地回应这个疑惑。只要将来不发生人类难以抗拒的灾难，人类将会继续存在下去，未来世代是当今世代的延续，未来世代作为当今世代的延续会行使自己的权利，履行自己的义务。

第二，以未来世代在当下的不存在为由而质疑未来世代权利论的"批评 2"也是不成立的。未来世代现在根本不存在这一事实确实使得人们可以很自然地对能否谈论未来世代的权利产生疑惑，然而，既然贝克曼说不能使用"拥有"的现在时态来述说未来世代拥有权利，特雷梅尔主张通过使用"拥有"的将来时态来言说未来世代的权利从而回应质疑的做法就是较为恰当的。格利斯曾仔细回应了以未来世代在当下的不存在为由对未来世代权利论的批判，强调将权利赋予未来的人是非常重要的，原因有两点："第一，权利是一个重要的标签。将利益提升到权利的地位是其特殊重要性的标志，就像将一项权利宪法化一样。它表明了与之相关的义务的重要性。第二，将一项义务与一项权利联系起来，可以告诉我们这种义务的目的。因此，使用权利的语言在数量上（重要性）和质量上（目的）都很重要。这就是为什么我们不应该简单地咬紧牙关，而是应该检查未来人的权利是否能够从不存在的挑战中被拯救出来。"[②]然而，这无疑面临着很多挑战，人们能否认为权利现在就存在，同时这项权利的存在取决于某个人的存在呢？在格利斯那里，这种做法并不可行，他采取的策略是试图证成赋予未来的人未来的权利（而不是现在的权利）这种做法是恰当的。格利斯采取了权利的利益概念，认为权利的选择概念会剥夺婴儿等无能力者的权利，未来的权利属于未来的人，权利的持有人本身也是主要的利益持有人。同时，"未来的权利还取决于另外两个前提：第一，由于因果关系的方向，目前的行动可能会对将来产生影响。这使得有可能拥有与将存在的权利相关的义务。……第二，未来人的未来权利选项只有在未来很可能有人的情况

① 〔美〕霍尔姆斯·罗尔斯顿：《哲学走向荒野》，刘耳、叶平译，吉林人民出版社，2000 年版，第 97 页。

② Axel Gosseries, "On Future Generations' Future Rights", *The Journal of Political Philosophy*, Vol. 16, No.4, 2008, p. 453.

下才有效。无论未来人的数量和构成如何，预计在不久的将来不会消失”[①]。格利斯进而指出无论是权利的利益概念的支持者抑或权利的意志概念的支持者，都应该认真对待未来世代的权利，这种权利实际上体现在实际的立法之中。例如，对婴儿食品的监管就是一个很好的例子，我们可以想象有一种保质期较长的婴儿食品，在该食品被装入瓶子中时，其未来的消费者还尚未出生，甚至还没有开始被孕育，倘若食品生产商不小心污染了食品，他就侵害了作为未来消费者的婴儿的权利，他就需要承担相应的责任。

如前所述，虽然未来世代目前尚不存在，但是他们是跨代共同体的重要一员，他们担负的角色就赋予其权利和义务。譬如，作为某国家的公民，就具有相应的权利和义务，作为一个孩子，就拥有针对父母的权利和义务。作为一个共同体主义者，拜尔依照这种方式为未来世代权利论辩护，并认为“未来人的不存在，我们不知道他们究竟是谁，我们不能确定他们有多少人，都不能排除承认他们的权利是适当的。他们现在不能向我们要求他们的权利，这一事实使他们处于一种与现在拥有权利的死者没有什么不同的地位——即依赖于这一代人中的某些代表，某些有权代表他们说话的人”[②]。也就是说，我们在谈论未来世代的权利时不会在概念方面犯错误，未来世代的不存在不会妨碍他们拥有权利。虽然未来世代目前尚未存在，但是作为一个整体，他们的利益有可能受到损害。我们可以通过一个思想实验说明这一点。倘若有人不知出于何种目的，将一个定时炸弹放置在一个一百年后还会存在的公园里，该炸弹一百年后会爆炸，有人会受到伤害。尽管在一百年后受到定时炸弹伤害的人今天还不存在，然而，这一方面不会妨碍这种放置炸弹的行为是邪恶的，另一方面不会妨碍我们说那些受到炸弹伤害的人这一未来世代的成员的权利和利益受到了侵害。这一思想实验与我们刚才提到的生产不安全的婴儿食品的例子较为相似，日常生活中的很多行为都与这个思想实验相似，例如，随意将核废料和其他有毒的化学危险物品放置在某一个地方，这些有毒物品随时都有溢出的可能。通过上述例子我们想强调的是，我们应该避免做出伤害他人的行为，即使我们可能伤害到的人目前不存在以及我们可能不知道他们是谁。同时，未来世代在当下的不存在也不妨碍未来世代拥有权利，未来世代在本体论上所处的劣势地位不是不承认他们的权利的一个可靠理由。

---

① Axel Gosseries, “On Future Generations' Future Rights”, *The Journal of Political Philosophy*, Vol. 16, No.4, 2008, p. 456.

② Annette Baier, *Reflections On How We Live*, Oxford University Press, 2009, p. 5.

第三，我们曾多次强调，“批评3”（非同一性问题）既是对未来世代权利论的重要挑战，又是对当今世代对未来世代负有义务这一观点的重要挑战，这种批评同样值得商榷，通过诉诸群体权利可以在某种程度上克服由“非同一性问题”带来的挑战。我们首先看看格利斯的回应是否妥当。一如上述分析指出的那样，格利斯在回应“非同一性问题”给未来世代权利论带来的挑战时，主要诉诸世代重叠和传递战略。实际上，格利斯的这种做法的有效性令人怀疑，因为人们在探讨代际正义问题时，通常有两种不同的预设，一种预设是存在世代重叠，另一种截然不同的预设是不存在世代重叠。倘若格利斯的回应是可行的，他也只能解决在世代重叠时存在的情况，并不能解决在没有世代重叠时出现的情况。然而，大部分关于代际正义理论的讨论通常都假设不存在世代重叠。除了上一节第三部分提到的弗莱切特和格利斯对“非同一性问题”的回应，贾丁斯等人进行的回应也有助于我们有力地应对由“非同一性问题”带来的挑战。在贾丁斯那里，倘若我们知道所有的人现在有且将来也有某些利益需要保护，我们今天的行为可能已经侵犯了未来人的权利，这样的话，如果我们继续严重污染空气，那么“我们不是通过使他们的处境更糟伤害了他们，而是剥夺了他们的权利。……无论他们是谁，他们的利益都受到了损害，不是因为他们可能在另外一个可能的未来生活得更好，而是在未来他们确实有自身的利益（如健康），而这种利益因我们的行为受到了伤害。在这方面，我们的义务不是针对任何具体的未来人，而是对未来人的利益，不管他们是谁。这些利益不随决策的不同而消失殆尽”[①]。贾丁斯在应对“非同一性问题”时主要诉诸于群体权利，这与魏伊丝的回应是较为契合的，正如魏伊丝所言：“代际地球权利可以被视为群体权利，不同于个人权利，因为各个世代将这些权利视为与其他世代——过去的、现在的和未来的——相关的群体权利。无论每个世代的人数和同一性如何，这些权利都是存在的。”[②]魏伊丝在其代际正义理论中不懈地为代际地球权利这种群体权利辩护。

当然，未来世代目前尚未出场，未来世代拥有的权利不可能是一种个体权利。权利的类型多种多样，根据权利主体的不同，我们可以将权利分为“个体权利”和“群体权利”。由于在未来生活的个人的身份及数量是不确定的，未来世代的权利只是一种群体权利，这种权利是指作为一个整体

---

① 〔美〕戴斯·贾丁斯：《环境伦理学》（第三版），北京大学出版社，2002年版，第81～82页。

② Edith Brown Weiss, “Our Rights and Obligations to Future Generations for the Environment”, *The American Journal of International Law*, Vol. 84, No. 1, 1990, p. 203.

的未来世代所拥有的权利。例如，未来世代应该不受到当今世代的任意伤害，应该拥有良好的生态环境，应该拥有能够有利于自身发展所必需的资源，应该与当今世代一样享有文明的成果以及人类文明的遗产，等等。对于这种群体权利，我们可以从两个方面理解。一方面，这种权利是相对于个体权利而言的一种权利，为未来世代的每个成员享有，这种权利是未来世代作为整体而享有的权利，并不能被视为在未来生活的每个人的权利的简单集合；另一方面，这种权利源于未来世代作为人类的跨代共同体的一员，只要未来世代是跨代共同体的一分子以及拥有利益这一说法可以被接受，未来世代就可以成为权利的主体。群体权利与共同体主义的代际正义理论密切相关。我们在上一章曾强调共同体主义的代际正义理论可以在某种程度上避免源自“非同一性问题”的挑战，虽然当今世代的政策选择确实会使不同的人出现，确实会使未来人的同一性和数量发生变动，但是人类共同体仍将存在，倘若当今世代严重污染环境以及对有毒物品没有采取审慎的处理策略，在未来世代肯定有人会受到伤害，这将是一个不争的事实，这种伤害行为的后果及其应当获得的道德评价与受到伤害的人的同一性以及数量是没有关联性的。

倘若未来世代拥有的权利是一种群体权利这一观点可行，未来世代拥有的权利是针对谁的呢？伯特伦·班南（Bertram Bandman）对此曾有论述。在班南那里，未来世代拥有权利，因为现在活着的我们拥有权利，未来世代是我们自己的延伸物。然而，未来世代拥有的权利与我们拥有的权利是不相同的。为此，班南借助于法哲学家对权利的类型划分，将权利分为“相对权”（in personam rights，又被称为“对人权”）和“绝对权”（in rem rights，又被称为“对世权”）。前者是针对特定的个人或团体提出的，例如，债权人相对于债务人的权利，这种权利与确定的个人的特定义务相关联；后者没有针对具体的个人，而是针对整个世界的，事故受害者获得援助的权利意味着任何碰巧有能力帮助的人有伸出援手的义务，这种权利是一种绝对权。班南认为，未来世代拥有的权利是一种绝对权，这意味着“他人负有相关的义务。我们也许可以使用康德在完美的义务和非完美的义务之间进行的区分。前者是无条件的，不容许有任何回旋的余地；对非完美的义务来说，有回旋的余地。溺水者有获得帮助的权利，但是由于它是针对‘整个世界’的权利，这种权利意味着一种非完美的义务。这些权利是非完美的，因为我们能够帮助他人的资源、能力和意愿是有限的。然而，一旦意识到遥远的未来世代的权利的有条件性，他们的绝对权并不难界定，因为它们也许被认为类似于现在活着的、匿名的人因饥饿而对食物的权利”[①]。可见，未来世代拥有一种针对当今世代的权利，这也意味着当今世代有关心和保护他们的利益的相应义务。

第四，很多否认当今世代对未来世代负有义务这一观点的理由是不成立的。相较于前三种批判，“批评 4”是一种较弱的批评，当今世代对未来世代负有义务已经获得了很多人的认可，即使未来世代权利论的最主要的批评者贝克曼也明确承认当今世代对未来世代要负有一些义务。很多否认当今世代对未来世代的义务的理由值得商榷，例如，就“我们无法预测未来的进程，因此我们也无法预测我们行动的后果”这一理由来说，在工业革命以前，这种观点可能成立。然而，随着科技革命的发展，人类依靠手中已经掌握的技术已经可以大体上预测自己行动的后果，例如，核废料的影响周期，塑料的分解年限，有毒气体对环境和人的身体的影响，等等。如果我们将这些可以预见到的风险强加给目前尚不在场的、极其脆弱的未来世代，那么这种做法是非常不道德的。这样的话，当今世代更应该对未来世代担负起应当承担的义务。当今世代应当秉承“我们希望别人怎么对待我们，我们就应该怎样对待别人”这一黄金法则，也就是说，倘若当今世代希望过去的世代能够对他们担负起应当承担的义务，当今世代对未来世代也应该如此。另外，未来世代的脆弱性也向我们施加了某些义务。

就“我们不知道未来的人的需求或愿望”这一理由而言，有些人认为当今世代不了解未来人的嗜好，不了解他们的善观念和他们需要什么等信息。实际上，虽然当今世代不可能确切知道有关未来世代的上述信息，但是至少有一些需求或愿望是显而易见的，例如，未来世代肯定希望拥有一个健康的体魄，需要未受到污染的环境，需要一个有利于身心健康的环境，不希望核废料和危险化学物品溢出。有很多学者曾对此表达了看法。巴里曾经说过：“当然，我们不知道我们的遥远的后代的确切嗜好是什么，然而，他们不可能喜欢皮肤癌、土壤污染或者冰盖融化导致所有低洼地区被淹没。同时，在其他条件相同的情况下，我们给后代留下更多的选择（而不是更少的选择），不会损害他们的利益。”[②]罗尔斯顿也曾言：“我们也许没有责任向我们的后代提供石油或木材；他们对这些东西的需要也许不会像我们所需要的那么多。但是，水、空气、土壤、基因甚至地表不属于这

① Bertram Bandman, “Do Future Generations Have the Right to Breathe Clean Air? A Note”, *Political Theory*, Vol. 10, No.1, 1982, p. 99.

② Brian Barry, “Justice Between Generations”, in P. M. S. Hacker and J. Raz (ed.), *Law, Morality and Society*, Oxford: Oxford University Press, 1977, pp. 274～275.

类资源，因为它们是人们永远都需要的，而且，一旦失去，就不可能失而复得。它们支撑着地球上所有的生命，并且没有替代品。”[①]在罗尔斯顿那里，我们应该给未来世代留下一个同我们所发现的世界同样美好的世界，而不是一个满目疮痍、垃圾遍地的世界。

布伦达·阿尔蒙德（Brenda Almond）既考察了当今世代对未来世代所负义务的基础，又述说了当今世代对未来世代负有何种义务。阿尔蒙德认为当今世代可以基于三种可能性而对未来世代负有义务：第一种可能性是公平享用原则，也就是说，如果某些人自己独占某种东西而没有给未来世代留下任何东西，那么这代人占有的份额就超出了公平的份额；第二种可能性是感激原则，这种原则认为在代际关系中，我们可以从祖先那里获得不少遗产，然而，我们不能为祖先做任何事情，我们只有怀着这份感激，认真对待自己的后代；第三种可能性是罗尔斯所提出的正义原则。阿尔蒙德强调上述原则可以被概括为下述两个更基本的原则：“1.不限制下代人的选择自由。例如不要使资源枯竭，不进行不可逆转的改变，或者不使重要的物种减少。2.最大限度地扩大未来的选择自由。优先保证人类最基本的生存条件，如清洁的空气、水和能源。这两个原则可以概括为：保护选择的自由、保护质量、保持增长”[②]。当然，当今世代对未来世代负有的义务的内容是多种多样的，并不限于阿尔蒙德所强调的上述内容。我们刚才曾言，即使未来世代权利论的坚定批评者贝克曼也主张当今世代对未来世代负有义务。在贝克曼那里，我们不能说未来世代拥有权利，他们的利益也不能在任何代际正义理论中得到体现，但是这不意味着当今世代对未来世代没有道德义务，这可能反映了不同的动机，甚至排除了那些由重叠的世代之间的情感纽带产生的动机，“我们对未来世代的最重要的义务是给他们留下一个‘正派的社会’。‘正派的社会’的主要特征是尊重基本人权、个人自主和身份，排除了任何形式的制度羞辱，容忍对良善生活观的差异以及民主制度和传统，使人们能够和平解决不可避免的冲突，而不必担心受到压迫和迫害”[③]。可见，从当今世代对未来世代没有义务的角度批评未来世代权利论，这种做法是不可行的。

---

①〔美〕霍尔姆斯·罗尔斯顿：《环境伦理学》，中国社会科学出版社，2000年版，第378页。

②〔英〕布伦达·阿尔蒙德：《探索伦理学：通向善恶王国的旅行》，刘余莉、杨宗元译，中国社会科学出版社，2002年版，第244页。

③ Wilfred Beckerman and Joanna Pasek, *Justice, Posterity, and the Environment*, Oxford University Press, 2001, p.117.

第五，未来世代权利论在实践上并不缺乏可行性，已经被很多国家的法律和国际法提及或付诸实施。这种批评意见（尤其是施泰纳的观点）在很大程度上主要依赖于权利的选择概念，我们在上面已经回应了这种权利概念，在此不再赘述（我们也曾概括了特雷梅尔对施泰纳立场的回应）。我们先来看看埃利奥特对乔治的下述回应是否可行，即乔治的未来世代没有看到灭绝的动物的权利这一例子是不恰当的。虽然当今世代无法看到已经灭绝的恐龙，但这没有使得人们的权利受到侵害，因为恐龙早在人类出现之前的很长一段时间内就已经灭绝了，它的灭绝不是人力所为，完全是一种与人类无关的自然现象。然而，一些稀有物种的灭绝完全是由人类的活动造成的，倘若如此，这就伤害到了未来世代看到该物种的权利。“批评5”以未来的人现在不能行使权利为由来拒斥未来世代权利论，针对这一观点，我们可以通过区分“权利的享有”和“权利的行使”来加以回应。前者是指某人拥有某项权利，它没有以权利主体拥有某些行为能力或明确的意思表示为前提条件，例如，植物人拥有财产权、通信自由权；后者是指某人可以行使权利，它以权利的主体拥有某些行为能力和明确的意思表示为前提条件，譬如，一个健康的成年人可以给他人写信，从而行使自己的通信自由权，虽然植物人不能行使这一权利，但是这并不意味着植物人没有通信自由权。同样的情况是，虽然未来人在当下不能行使权利，但是这不意味着他们不能成为权利的主体，不意味着他们不能拥有权利。

尚未出场的未来世代在当下无法表达自己的意愿以及无法行使自己的权利，他们能够授权现代人代替其行使权利吗？监护人可以代表未来世代行动吗？克里斯托弗·斯通（Christopher D. Stone）曾对这个问题进行了有益的论述。他提到，在1992年，为了筹备里约地球首脑会议，马耳他代表团的筹备委员会提交了一份提议，即国际社会应该超越国际文件中日益频繁出现的对未来世代的模糊责任，并通过官方监护人来代表未来世代的利益，正如传统法律制度通常为婴儿、精神障碍者和其他不能充分为自己说话的人提供代表权一样，国际秩序也应当规定可以授权监护人在各种国际论坛上代表未来世代，代表未来世代讨论可能影响到未来世代利益的问题，“不管后代是否对我们拥有道德权利，也不管我们对他们是否负有道德责任，在国际法律体系内建立一个未来人的监护者是可以获得捍卫的，而不超出目前活着的人的福利范围。具体说来，设想大多数活着的人将把确保未来人的福祉视为一种积极的公共利益（在他们自己的福利职能方面）。换言之，正如人们从确保他们的家不会被抢劫中获得好处一样，他们也从确保他们的后代的安全中获得好处”[①]。当然，斯通在此不是否定未来世代拥有道德权利或者当今世代对他们负有道德义务，而是避开关于未来世代的最令人困惑的哲学难题来探讨关于为未来世代设立监护人的想法是否可行。我们在此需要强调的是，在当今世代，未来人可能缺乏提出诉讼的能力，然而，这种能力的缺乏不会影响他们的权利的存在，不会影响当今世代对他们的义务。

将权利赋予未来世代这一做法已经被付诸实践，很多国家的法律以及国际法都在这方面做出了努力。未来世代是否拥有权利，并不纯粹是一个理论性的问题，也可以成为一个实践性的问题。不少国家的宪法序言和宪法正文都提到了未来世代的权利，例如，《捷克王国宪法》的“第 110 条之二”强调，“每一个人享有有利于身体的环境权以及获得生存力和多样性得以维护的自然环境。自然资源应当基于全面长远的考虑予以利用，并保证后代享有这样的权利”。《日本国宪法》的第 11 条强调，“国民享有的一切基本人权不能受到妨碍。本宪法所保障的国民的基本人权，作为不可侵犯的永久权利，赋予现在以及将来的国民”。《南非共和国宪法》的第 24 条强调，“每一个人皆有，为了现世及后代子孙的利益，经由合理的立法及其他措施保护环境，以防止污染及生态恶化的权利、促进环境保护的权利以及在实现合理的经济与社会发展的同时，确保自然资源和生态环境永续发展和可持续使用的权利”[②]。另外，德国、希腊、法国等国的宪法也有类似的规定，浏览各国宪法对未来世代的权利的保护条款可以发现，各国宪法要么是在涉及保护本国人民的权利时规定该条款同样适用于未来人民，要么是在涉及环境和财政等问题时强调要保护未来人民的权利。国际法也涉及未来世代的权利问题。特雷梅尔曾经强调，国际法从霍布斯主义向康德主义的转变，是制定保护未来世代的利益的法律条款的重要里程碑，自此以后，在国际法领域，未来世代的权利备受重视。例如，1972 年，在斯德哥尔摩，第一次联合国环境保护会议就明确强调“人类享有自由、平等和适当生活条件的基本权利，生活在一个有尊严和幸福生活的环境中，负有为当今世代和未来世代保护以及改善环境的庄严责任”，后来很多国际宣言都提到了未来世代的需求，包括 1992 年在里约和 2002 年在约翰内斯堡通过的宣言。[③]尤其是 1998 年，联合国欧洲经济委员会在丹麦的奥尔胡斯通过

① Christopher D. Stone, *Should Tress Have Standing?* Oxford: Oxford University Press, 2010, p. 105.

② 相关宪法条文分别参见孙谦、韩大元主编：《公民权利与义务：世界各国宪法的规定》，中国检察出版社，2013 年版，第 135 页、第 13 页、第 243 页。

③ 参见 Joerg Chet Tremmel, *A Theory of Intergenerational Justice*, Earthscan, 2009, p.60.

的《在环境问题上获得信息公众参与决策和诉诸法律的公约》(也被称为《奥尔胡斯公约》,2001 年生效),对未来世代权利的保护具有里程碑式的意义,它是一份明确承认未来世代享有权利的国际文件,其第一条明确强调:“为促进保护今世后代人人得在适合其健康和福祉的环境中生活的权利，每个缔约方应按照本公约的规定，保障在环境问题上获得信息、公众参与决策和诉诸法律的权利。”可见，未来世代的权利实际上也在逐渐被付诸实施，随着人类文明的进步和环境问题日益引起人们的关注，未来世代的权利可能在更多国家的宪法以及国际法中得到体现，并进而获得保障。

总之，本章处理了未来世代是否拥有权利这一非常有争议性的话题。依照权利的利益概念，我们为未来世代权利论进行了辩护，当然，将权利的主体扩展到未来世代身上，这可能挑战了人们对权利的传统看法。没有人怀疑，一旦未来世代目前存在或实际存在，他们将拥有权利，人们争议的焦点在于他们是否现在确实拥有权利。通过上面的分析可以看出，未来世代权利论的批评者所提出的一些质疑，在某些方面是不成立的，不能从根本上否认将权利赋予未来世代这一做法。未来世代所处的时间位置，不会影响到未来世代拥有权利，未来世代所拥有的权利绝不因为他们生活在未来而不存在或不重要，对未来世代的权利的承认和尊重是对当今世代的权利的承认和尊重的一种重要体现。不过，未来世代拥有的权利是作为一种群体权利而存在的，这种群体权利源于在跨代共同体中，未来世代作为一个整体拥有的利益。虽然未来世代在当下尚未存在，但是当今世代的一些行为可能伤害到未来世代的利益。未来世代拥有的权利可以对当今世代追求的目标施加一种限制，对当今世代产生一种具有约束力的义务。

第六章　代际正义理论如何应对“非同一性问题”？

代际正义理论除了面临一些学者通过质疑未来世代权利论而提出的挑战，还面临着另一个更加棘手的问题，即我们曾反复强调的、由帕菲特等人述及的“非同一性问题”带来的挑战，该挑战强调不同的代际选择可能导致世界由不同的人组成，我们很难断定这些代际选择是正确的抑或错误的。非同一性问题不仅强调未来世代不拥有权利，而且还强调当今世代对未来世代不负有义务，由非同一性问题引发的“非同一性悖论”被一些学者视为用于挑战当今世代对未来世代负有义务这一立场的最强有力的论点。鉴于非同一性问题非常抽象，我们可以用一个例子来进行论说。假如一名女性在准备怀孕时到医院进行检查，医生告诉这名女性其身患某种疾病，倘若这名女性现在怀孕，她的孩子将会有某种残疾，倘若这名女性听从医生的建议进行治疗并等待三个月后怀孕，她将生育一个健康的孩子。这名女性没有听从医生的建议，生下了一个残疾的婴儿。当这名婴儿长大后，能够说她的母亲伤害了她吗？我们在直觉上通常认为该孩子的母亲做了错事，伤害了她的孩子，然而，如果这个女性等待三个月后再怀孕，那么这名女性生下的就是一个健康的孩子，残疾的孩子就不存在了。也就是说，这名女性立刻怀孕的行为是这名残疾的孩子存在的必要条件，残疾的孩子怎么能说他的母亲伤害了他呢？对于类似的案例，帕菲特曾言：“我们不能够主张说，这个女孩的决定对其孩子而言是更糟的。对她的决定的诘难是什么？这个问题之所以产生，是因为在不同的后果中出生的人会不同。因而我将此称为**非同一性问题**。”[①]也就是说，帕菲特之所以用“非同一性问题”称呼这种问题，原因在于在那些使得不同的人存在的选择中，在一种结果中可能存在的人与在另一种可能的结果中存在的人在同一性（identity）和数量上可能是不同的。

---

①〔英〕德里克·帕菲特：《理与人》，上海译文出版社，2005 年版，第 513 页。

虽然上述生育选择只会影响某个人，貌似与代际正义之间的关系不大，但是我们可以简单设想一个与代际正义关系更为密切的例子。倘若某个社会对气候变化不采取任何应对措施，虽然生活在其中的人们要饱受一些痛苦（如极端天气频发、传染病经常出现），但是他们的生活仍然是值得过的。如果这个社会采取应对气候变化的策略，大幅度减少碳排放，那么这些人根本就不会存在（因为在不同的政策下人们会有不同的就业模式，会与不同的人相遇，从而会与不同的人结婚和生育后代）。从道德直觉上看，某些行为（如污染环境）是错误的，但是这些行为确实是某个人存在的必要条件，这些行为是被允许的吗？我们如何证明该道德直觉是正确的？非同一性问题主要关注那些决定未来人存在的某种行为在道德上是否被允许，认为那些其存在依赖于看似有害行为的人不能认为其受到了这种行为的伤害。非同一性问题侧重于在某些行为将会影响将来谁会存在（即个人的同一性受到影响）的情况下，那些道德上错误行为的错误原因问题。虽然非同一性问题非常棘手，但是它又是一个我们不得不面对的难题和挑战，否则，我们对代际正义理论的构建和辩护就是不完整的，莫尔根对此曾言，非同一性的挑战“仍然困扰着当代西方的代际正义理论”[①]。基于此，本章试图处理代际正义理论如何应对非同一性问题这一难题。需要在此说明的是，自 20 世纪 70 年代由帕菲特等人提出非同一性问题这一深奥的、令人感到困惑的问题以来，学界关于非同一性问题的研究产生了大量的文献，对于如何解决非同一性问题，目前尚没有形成共识，我们只是试图提出一些解决办法。简单地说，本章将在简要回顾非同一性问题的提出及其对代际正义理论的挑战的基础上，在第二节着重探讨关于非同一性问题的两种有代表性的解决思路，即帕菲特等人提出的后果主义思路和雷曼等人提出的契约主义思路。实际上，后果主义和契约主义不是解决非同一性问题的可行思路，在第三节展示了为何后果主义和契约主义不能解决非同一性问题后，我们在第四节将试图为一种解决非同一性问题的义务论思路辩护，这种思路既强调未来世代拥有权利，又强调当今世代对未来世代负有义务。

① Tim Mulgan, “Neutrality, Rebirth and Intergenerational justice”, *Journal of Applied Philosophy*, Vol. 19, No. 1, 2002, p.8.

第一节 “非同一性问题”的提出及其对代际正义的挑战

本章的开篇只简要论及了什么是非同一性问题，非同一性问题的具体内涵是什么？它是怎样出现的？它对代际正义理论提出了哪些挑战？下面将进行详述。

一、何谓“非同一性问题”？

虽然非同一性问题在当代政治哲学和道德哲学等领域中是一个非常重要的问题，但只是从20世纪70年代开始，一些哲学家才开始探讨非同一性问题，帕菲特、施瓦兹、卡夫卡和罗伯特·亚当斯（Robert Adams）[①]等人基本上独立地发现了这一问题，然而，在这些学者中，帕菲特的贡献是最大的，正如有论者所言：“帕菲特几乎以一己之力开创了关于未来人的新的伦理领域，在过去的三十年中，这个领域对所有关于人口政策、生育伦理、气候变化和法律中的错误生命案例的辩论都产生了巨大影响。”[②]帕菲特随后在其具有广泛影响的著作《理与人》中给上述问题起了一个极具影响力的名字——“非同一性问题”，并对它进行了迄今为止最全面和最有深度的研究。在此以后，关于非同一性问题的文章和讨论日渐增多，帕菲特后来还在其他文章中回应了其观点面临的一些批判，尤其在其著作《论重要之事》（第二卷）中再次论及了非同一性问题。[③]帕菲特清楚地阐述了非同一性问题，并且表明了非同一性问题的重要性及其带来的挑战。鉴于此，帕菲特对非同一性问题的相关论述也将是本章关注的重点。

---

① 相关的论述参见 Derek Parfit, “On Doing the Best for Our Children.” In Michael Bayles, (ed.), *Ethics and Population*, Cambridge, MA: Schenkman, 1976, pp. 100-115; Derek Parfit, “Rights, Interests and Possible People.” In Samuel Gorovitz, (eds.), *Moral Problems in Medicine*. Englewood Cliffs, NJ: Prentice-Hall, Inc., 1976, pp. 369-375; Thomas Schwartz, “Obligations to Posterity.” In R.I. Sikora and Brian Barry (ed.), *Obligations to Future Generations*, Philadelphia: Temple University Press, 1978, pp. 3-13; Gregory Kavka, “The Futurity Problem”, in R.I. Sikora and Brian Barry (ed.), *Obligations to Future Generations*, Philadelphia: Temple University Press, 1978, pp. 186-203; Robert M. Adams, “Existence, Self-Interest, and the Problem of Evil.” *Noûs*, vol. 13, 1979, pp. 53-65.

② David Heyd, “Parfit on the Non-Identity Problem, Again”, *Law & Ethics of Human Rights*, Vol. 8, No.1, 2014, p. 1.

③ 具体研究可参见 Derek Parfit, *Reasons and Persons*, Oxford: Oxford University Press, 1984; Derek Parfit, “Comments”, *Ethics*, Vol. 96, No. 4, 1986. pp. 832-872; Derek Parfit, *On What Matters*, Oxford: Oxford University Press, 2011.

何谓非同一性问题？为何非同一性问题会逐渐成为一个重要问题？这与我们在第一章曾经强调的代际关系的特质有着密切的关联性。如前所述，代际权力是不平等的和不对称的，当今世代可以对未来世代施加某种影响，例如，当今世代可以大量开采石油资源、大量砍伐森林、污染空气、污染水源以及随意处置核废料等，未来世代对此无能为力，正如当今世代无法对过去的世代施加影响一样，无论过去世代的行为是有利于还是有害于当今世代的处境。当今世代的种种行为可以影响未来世代的生存处境，进而影响未来人的生存，这在人类的生育领域体现得尤为明显。譬如，如果当今世代采取严格控制人口增长的政策，那么未来世代的人口数量肯定少于宽松人口政策下存在的人口数量。大多数对生物学知识有所了解的人都意识到，精子和卵子结合在一起可以产生胚胎，如果孕育某个人的精子和卵子在某个时刻没有结合在一起，那么这个人就永远不会存在，正如帕菲特的“时间依赖的主张”所强调的那样：“如果任何一个特定的人当他事实上成胎的时候还没有成胎的话，他本永远不会存在这一点事实上是真的。”[①]同时，人类基因技术的发展，可以使得人们对越来越多的遗传疾病进行筛查，准父母们可以在孕前和产前决定是否筛查由某些遗传疾病带来的特定风险，从而决定是否继续受孕，并决定是否让某个孩子出生。也就是说，随着科学技术的不断发展，当今世代的行为不仅可以影响到未来人的数量及其同一性，而且还可以影响到未来人是否存在。未来世代的存在与否取决于当今世代的行为，当今世代采取的某些“不当”行为恰恰是未来世代存在的必要条件，未来世代能够抱怨当今世代采取的这种行为吗？如本章开篇提到的那名女性的情况，那名女性立刻怀孕的行为（而不是三个月后怀孕）导致了其生育的孩子是残疾的。我们在直觉上通常认为这名女性的行为是错误的，伤害了其孕育的孩子，然而，如果那名女性听从医生的建议并在三个月后怀孕，那名女性生下了一个健康的孩子，那么那个残疾的孩子就永远不会存在。如果我们假定一个人的“存在”（即使身有残疾）比“不存在”要好，那么我们怎么能够说那名女性伤害了其孩子呢？不给这个残疾孩子带来伤害的行为似乎有悖于这个孩子的利益，其中的原因在于，如果那名女性的看似有害的行为没有发生，那么一个不同的孩子（而不是那个身有残疾的孩子）就会出生。此时就会出现卡夫卡在探讨一个社会采取的不同人口政策时出现的“未来人的悖论”（the paradox of future individuals）。

---

①〔英〕德里克·帕菲特：《理与人》，上海译文出版社，2005年版，第501页。

卡夫卡认为，一个似乎合理的假设是，那些旨在促进未来世代拥有更好生活条件的人口控制政策或资源保护政策被实施后，全世界的受孕条件就会发生改变，人口政策或资源政策在全球范围内将直接或间接影响受孕行为（即谁与谁结婚，何时决定生育以及是否生育等），这将导致不同的人在未来出现。倘若不实施人口控制政策或资源保护政策，未来的人们就不会生活得那么差，倘若他们从来没有存在过会更好。卡夫卡紧接着问道，当今世代是否有义务实行人口控制政策或资源保护政策，为未来人带来更好的生活条件？一种回答是倘若当今世代采取自由放任政策，我们不会伤害任何人，因为如果当今世代采取了人口控制政策或资源保护政策，那么那些在自由放任政策下存在的人就不会存在，因此，在一个人的存在不比从未存在更糟的情况下，自由放任政策没有使任何人变得更糟，不会做任何错事，"我们在道德上没有必要为了促进未来人的福祉而采取受到控制的增长政策。这个论点提出了一个悖论。它沿着一条正确的路线从关于生物学、人格同一性和道德义务的看似可行的前提，走到了一个与直觉截然相反的结论。我把这称为未来人的悖论"[①]。卡夫卡述说的"未来人的悖论"就是帕菲特言说的"非同一性问题"，该问题侧重于那些可以决定未来人存在的某些行为在道德上是否被允许，也就是说，某人是否因为某种行为而错误地对待了另一个人，而这个行为总的来说不比任何其他行为给这个人带来更糟糕的后果。

非同一性问题强调当今世代的行为不仅影响未来世代的生活条件和生活质量，而且还影响在未来将有哪些人存在。当今世代的行为对未来世代的人口的影响，大体上可以被分为两个方面，一是当今世代可以影响未来世代的同一性，也就是说，在未来谁将存在？二是当今世代可以影响未来人的数量，也就是说，在未来将有多少人存在？这也是帕菲特在探讨当今世代的行为对未来世代的影响时重点提到的两个容易引起困惑的问题。我们根据帕菲特的相关论述，[②]通过表 6-1 展示当今世代的行为对未来世代的人口的同一性和数量产生影响的可能性。这种可能性可以被分为三种：第一，当今世代的行为对未来人的同一性没有产生影响，当然，这也不会

---

① Gregory Kavka, "The Paradox of Future Individuals," *Philosophy and Public Affairs*, Vol. 11, No.2, 1982, p. 95.

② 参见 Derek Parfit, *Reasons and Persons*, Oxford: Oxford University Press, 1984, pp.355-356. 帕菲特采取树状图的形式来表示这三种不同的情况，中译文参见〔英〕德里克·帕菲特：《理与人》，上海译文出版社，2005 年版，第 508 页。中译文在此处有不妥之处，译者不应该将"相同数目的人们会生活在这两种结果中吗？"指向"同一些人的选择"和"不同的一些人的选择"的中间位置，应该指向"不同的一些人的选择"。

影响未来人的数量，帕菲特称这种选择为“同一对象的选择”（Same People Choices）。第二，当今世代的行为对未来人的同一性产生了影响，这种影响又包括两种，一是影响未来人的同一性，但是没有影响未来人的数量，我们称这种选择为“不同对象相同数量的选择”（Same Number Choices），二是对未来人的同一性和数量都产生了影响，我们称这种选择为“不同对象不同数量的选择”（Different Number Choices）。

表 6-1　当今世代的行为对未来世代的人口的同一性和数量产生影响的可能性

未来世代的同一性	未来世代的数量	
	没有受到影响	受到影响
没有受到影响	同一对象的选择	—
受到影响	不同对象相同数量的选择	不同对象不同数量的选择

我们从中可以发现，“同一对象的选择”对未来人的同一性和数量都没有产生影响，“不同对象相同数量的选择”只影响了未来人的同一性，但是对未来人的数量没有产生影响，而“不同对象不同数量的选择”既影响未来人的数量，又影响未来人的同一性。上述三种选择是帕菲特在思考非同一性问题时经常涉及的概念。由于非同一性问题本身是一个非常抽象的问题，我们可以用帕菲特的四个经典思想实验进一步述说。

我们先看看同一对象的选择。事实上，目前人们的很多道德思维都与同一对象的选择密切相关，然而，同一对象的选择的数量不像人们设想的那样多，我们作出的许多选择对未来人的数量和同一性都会产生影响。在同一对象的选择中，无论人们当下作出了什么选择，未来人的同一性都不会发生变化，也就是说，这种选择不会影响哪些人在未来生活。帕菲特用一个“丢弃碎玻璃的例子”（以下简称“例 1”）说明了同一对象的选择：“假设我在一个森林的林下植物中丢弃了一些碎玻璃。100 年后，这些玻璃划伤了一个孩子。我的行动伤害到了这个孩子。如果我安全地埋掉了这些玻璃的话，这个孩子本会毫发无损地穿过这个森林。我所伤害到的那个孩子现在还不存在这一点会造成道德上的一种差异吗？”[①]这显然是一种同一对象的选择，因为丢弃碎玻璃这一行为不会影响那个将被伤害到的孩子的存在，那个将被伤害的孩子的存在与否与丢弃碎玻璃的行为是没有关系

① 〔英〕德里克·帕菲特：《理与人》，上海译文出版社，2005 年版，第 509 页。

的。有些人可能认为，那个将被伤害到的在未来存在的孩子与当今世代之间缺乏相互性，因此，这个孩子受到的伤害不具有道德重要性，或者有些人可能会“折扣”那个将被伤害到的孩子的利益。对于这两种做法，帕菲特都不认可，他认为“时间上的遥远性本身并不比空间上的遥远性更为重要。假设我向森林的遥远深处射出一支箭，伤到了那里的某个人。如果我本该知道在这个森林中或许有人的话，我为这严重的疏忽而感到负罪。因为这个人太远，我不能辨明我所伤害的那个人。但这绝不是理由。这个人离得太远也不是什么理由。有关对于那些时间上遥远的人们的影响，我们应当持同样的主张”①。可见，依照帕菲特的基本立场，时间和空间因素不会影响射箭伤害某个人这一行为的错误性，同样，即使那个将被伤害到的孩子目前尚未存在，丢弃碎玻璃这一行为亦是错误的。当然，这两种选择都是同一对象的选择，严格说来，它们不处于非同一性问题关注的范围之列，这两种选择的错误性显而易见，基本上没有争议。难以处理的选择是我们下面提到的两种不同对象的选择。

帕菲特的第二个例子是“14 岁女孩的生育选择的例子”（以下简称“例 2”）：“**那个 14 岁大的女孩**。这个女孩选择生一个孩子。因为她还太小，她提供给她的孩子一个糟糕的人生起点。尽管在这个孩子的一生中这将产生糟糕的影响，但可以预测的是他的生活是值得过的。如果这个女孩再等待数年的话，她本会有一个不同的孩子，她本可以为他提供一个更好的人生起点。”②例 2 是一种关于生育选择的思想实验，在有关非同一性问题的讨论中是极为常见的思想实验。在提出并讨论该思想实验之前，帕菲特提出了一个对非同一性问题非常关键的前置性问题，即倘若一个人以后将有着值得过的生活，这个人的“存在”和“不存在”相比，哪种情况更好？那种使某个人存在的行为能够有益于这个人吗？在帕菲特那里，当考虑未来人的处境时我们需要回答两个问题，一个问题是倘若我们使某个人存在，这个人将有一种值得过的生活，我们能够有益于这个人吗？另一个问题是倘若我们的某个行动是这个人存在原因中的一个遥远但必需的部分，我们还有益于这个人吗？帕菲特强调，虽然人们可以对上述两个问题给予否定的回答，但是他仍然认为可以给予上述两个问题以肯定的回答。③换言之，根据帕菲特的基本立场，倘若一个人有着一种值得过的生活，其存在要比不存在更好，同时使得这个人存在能够给这个人带来益处。现在我们回到

① 〔英〕德里克·帕菲特：《理与人》，上海译文出版社，2005 年版，第 510 页。
② 〔英〕德里克·帕菲特：《理与人》，上海译文出版社，2005 年版，第 512 页。
③ 参见〔英〕德里克·帕菲特：《理与人》，上海译文出版社，2005 年版，第 511～512 页。

例 2 中来。假设 14 岁的女孩的名字是玛丽，她在 14 岁时生育的孩子是汤姆，倘若她采取了另一种选择，等到成年后生育的孩子将是杰克。按照我们的道德直觉，由于玛丽是一个未成年人，她不应该生孩子，倘若玛丽选择在 14 岁时生孩子，这不仅可能给玛丽的身心带来不利影响，而且还可能给汤姆带来不利影响，例如，汤姆的身体可能不健康，汤姆很难拥有一个有利的人生起点，因为他的母亲此时不能为他提供一个较好的家庭环境和教育等。我们可以用戴维·波恩（David Boonin）的一个例子来说明这一点。2013 年 3 月，纽约市发布了一系列旨在劝阻少女怀孕的公共服务报告，在一个特别令人印象深刻的例子中，一个小男孩带着悲伤的表情，泪水顺着他的脸庞缓缓流下，直视着观众，旁边的文字写道：“我高中不毕业的可能性是你的两倍，因为当你是一个青少年时生下了我。”这场运动引发了一场激烈的争论，争论的焦点是它是否不恰当地羞辱了十几岁的父母以及他们的孩子。这个小男孩的抱怨似乎意味着，如果他的母亲等到长大后再怀孕，那么他高中毕业的机会将会更大，然而，如果他的母亲等到长大后再怀孕，那么这个可爱的小男孩就永远不会存在。[①]在例 2 中，假如我们劝说玛丽等待几年再生孩子，我们提出的理由是如果你现在生下孩子，那么你以后肯定会为此感到后悔，倘若你现在生下他，他将有一个糟糕的处境，而如果你以后生下你的孩子，那么你的孩子将会有一个更好的生活起点。按照帕菲特的立场，我们不能说服玛丽，其中的原因在于倘若玛丽以后再怀孕，汤姆不会存在，杰克将会存在，尽管汤姆拥有一个糟糕的生活起点，但是他的生活是值得过的。换言之，汤姆没有理由抱怨他的母亲在 14 岁时生下自己，玛丽的决定对汤姆来说不是更糟的，我们也没有理由认为玛丽的决定是错误的。这与我们的 14 岁的女孩不应该生孩子这一道德直觉是相悖的。此时非同一性问题就出现了，玛丽的行为到底错在何处以及我们应该怎样解决这一问题，是很多学者一直在思考的问题，我们将在下文探讨。

例 2 涉及的选择是一种“不同对象相同数量的选择”，因为玛丽在 14 岁时是否生育这一决定，只会影响其孩子的同一性，不会影响其孩子的数量（我们没有假定玛丽以后会生多胞胎），即她是决定在 14 岁生下汤姆，还是等待几年后生下一个不同的孩子杰克。“不同对象相同数量的选择”不是我们在非同一性问题中遇到的最复杂的选择，在非同一性问题中，“不同对象不同数量的选择”比“不同对象相同数量的选择”要复杂很多。帕菲

① 参见 David Boonin, *The Non-Identity Problem and the Ethics of Future People*, Oxford: Oxford University Press, 2014, p.vii.

特通过关于“能源政策”的例子（以下简称“例 3”）展示了“不同对象不同数量的选择”：“**消耗**。作为一个共同体，我们必须选择是消耗还是保护某些种类的资源。如果我们选择消耗，生活质量在下两个世纪中比倘若我们选择了**保护**的话会有略微的提高。但是生活质量在后来的许多世纪中会比倘若我们选择了**保护**的话要低得多。这会是因为在这个时期之初，人们会不得不为我们所消耗掉了的资源寻找替代品。”[①]在例 3 中，一个共同体采取的不同的能源政策，影响到在未来将有哪些人存在。鉴于不同的能源政策对人们的生活产生的影响，在不同的能源政策下将会有不同的人存在，因为不同的能源政策会影响人们到何处工作，与谁相遇，与谁结婚等行为，即使对一对夫妻而言，他们在不同的时刻也将会孕育不同的孩子。联系到例 3 中的情况，在一个选择了消耗政策的共同体中存在的人的同一性和数量，将不同于当其选择了保护政策时存在的人的同一性和数量。假如某共同体选择了消耗政策，一个常见的问题是这种选择对任何人而言是更糟的吗？当该共同体选择了消耗政策，很多未来人的生活质量将会低于倘若选择了保护政策下的生活质量。消耗政策下所存在的未来人的生活是值得过的，倘若选择了保护政策，消耗政策下存在的人将不复存在。当我们没有假定使某人存在能够带来益处时，我们不会认为，倘若一些人的生活是值得过的，对这些人而言这并不比他们本来不存在更糟。当我们假定使得某人存在能够带来益处以及未来人的生活值得过时，如果选择了保护政策，在消耗政策下存在的人将不存在，那么，对于在消耗政策下存在的人而言，该共同体采取的消耗政策非但对他们来说不会更糟，反而有益于他们，因为存在比不存在要好，倘若选择了保护政策，这些未来人就不存在了。也就是说，该共同体采取的消耗政策对这些未来的人来说将不是更糟的，即使消耗政策会造成几个世纪后人们的生活品质急剧下降，消耗政策没有伤害他们，反而有利于他们。这与我们的直觉也是背道而驰的，因为我们在直觉上通常认为该共同体应该采取保护政策，可见，我们从例 3 中所得出的结论再次与我们的直觉相悖。

帕菲特还提出了“不同对象不同数量的选择”的更加复杂的版本，并用“冒险政策”的例子（以下简称“例 4”）进行论述：“**冒险政策**。作为一个共同体，我们必须在两个能源政策之间作出选择。在至少 3 个世纪之内两者都完全是安全的，但是其中的一个在更遥远的未来会有某些潜在的危险。这个政策涉及在这样一些区域填埋核废料，在接下来的为数不多的世

① 〔英〕德里克·帕菲特：《理与人》，上海译文出版社，2005 年版，第 517 页。

纪中这些区域没有发生地震的危险。但是，鉴于这种废料在长达数以千计的年份里都具有放射性，在遥远的未来将有一些危险。如果我们选择这个**冒险政策**，下个世纪中的生活水准将会高一些。我们的确选择了这个政策。结果，许多世纪之后出现了一场灾难。由于地球表面发生地质变化，一场地震造成核废料的核辐射泄漏，数以千计的人因此丧生。这些人本将享有值得过的生活，但是这场灾难造成他们的罹难。我们可以假定，这场核辐射只影响到那些在核辐射泄漏之后出生的人们，而且令他们身患不治之症，将会在他们大约 40 岁的时候夺去他们的生命。这种疾病在夺去人的生命之前不会产生什么后果。”[①]与例 3 一样，该共同体对核废料采取的不同处理政策将影响以后人们的生活细节，从而影响未来人的同一性和数量。倘若该共同体采取了冒险政策，多年以后，数以千计的人将在 40 岁时丧生，然而，倘若该共同体采取了安全处理核废料的措施，这些在 40 岁时丧生的人将不会存在。依照例 3 中的论说逻辑，尽管冒险政策造成了一场可以被预见的灾难，冒险政策将不会对任何人来说是更糟糕的，尤其对那些在冒险政策下将丧生的数以千计的人来说，这种冒险政策对他们反而是有利的，因为他们能够存在的必要条件恰恰是冒险政策。显然，这种结论并不契合我们的直觉。可见，我们从例 3 和例 4 中得出的结论意味着，我们采取的消耗政策和冒险政策对未来人来说不是更糟的，反而有益于他们，这样的话，我们不应该采取保护环境的政策，这种结论既与我们的直觉相冲突，又严重挑战当今世代对未来世代负有义务这一立场。

二、“非同一性问题”的诡异性及其对代际正义的挑战

当我们面对非同一性问题中的诸多例子时，我们难免产生这样一种疑惑，即到底是我们的道德直觉出错了，还是我们从非同一性问题中推导出的结论是错误的？从直觉上而言，诸如 14 岁的女孩玛丽怀孕、对能源的肆意消耗和不安全地储存核废料等行为在道德上是不被允许的，然而，鉴于不同的行为导致不同的人出现，上述行为的替代性行为（如玛丽放弃怀孕、对能源的保护政策和安全地储存核废料等）会导致上述行为下存在的人不复存在。倘若一个人的生活是值得过的（即使身患残疾、处境较差等）以及其存在要比不存在好，上述在道德直觉上缺乏合理性的一些行为非但没有伤害这些特定的人，反而对这些人来说是有益的。这就是非同一性问题的诡异之处，倘若我们想解决非同一性问题，我们必须找出这个 14 岁的女

---

①〔英〕德里克·帕菲特：《理与人》，上海译文出版社，2005 年版，第 531～532 页。

孩怀孕、对能源的肆意消耗和随意处置核废料等行为在道德上不被允许的道德理由或道德基础是什么。非同一性问题给代际正义理论带来了巨大的挑战，尤其影响了当今世代对未来世代是否负有义务的思考，特雷梅尔对此曾言：“自 20 世纪 70 年代以来，通过思考关键词‘非同一性问题’或‘未来人的悖论’，一个特殊的问题被提出来了。根据乌纳施塔尔（Unnerstall）的看法，这个问题是如此重大，以至于在 20 世纪 80 年代，关于我们对未来世代的义务的哲学讨论逐渐减少。”①可见，非同一性问题对代际正义理论的挑战是巨大的。

非同一性问题不仅是一个重要的、值得研究的哲学问题，而且也是一个重要的实践问题。非同一性问题尽管看起来很深奥，然而，它与我们在日常生活中面临的许多道德困境密切相关。它除了出现在我们上面提到的帕菲特的三个思想实验中，也出现在我们的日常生活中。接下来我们将简要探讨生育控制技术、司法界常出现的诸多“错误的生命”问题、气候变化和历史上的非正义等问题中存在的非同一性问题，这既可以使我们进一步了解为什么学界会给予非同一性问题那么大的关注度，又有助于我们探讨非同一性问题给代际正义理论带来的挑战。

非同一性问题是对道德理论提出的重要的形而上学挑战之一，这种挑战的出现是晚近的事情，以前的道德理论主要适用于同一对象的选择。然而，伴随着科技进步而来的当今世代的行为影响未来世代的处境的能力的增强，不同对象相同数量的选择和不同对象不同数量的选择不断增多，以前的道德理论的解释力逐渐减弱，非同一性悖论就是其不得不面临的挑战之一。生育领域中的非同一性问题是较为常见的，这与现代社会中生育控制技术的日益发达有关。人类现在已经拥有避孕、节育、基因筛查和克隆等技术，每一种技术手段都可以影响未来人的同一性，这些技术也使生育成了一种自由选择的、人为控制的问题。例如，基因技术正在极大地增加我们获取那些对个人处境至关重要的信息的可能性，允许我们对越来越多的遗传疾病进行筛查，这些技术目前已经被用于孕前和产前的检查，在可预见的将来，这种技术将会获得大量运用，准父母们未来面临的抉择将是在对其将生育的孩子的遗传信息有所了解的情况下，决定是否怀孕、继续受孕以及决定终止妊娠等。例如，一对夫妻在产检过程中发现他们的胎儿双目失明的可能性较大，他们经过慎重考虑，决定生下这个孩子，这是因为他们一方面抱有侥幸的心态，认为他们孩子的视力将是正常的，另一方

① Joerg Chet Tremmel, *A Theory of Intergenerational Justice*, Earthscan, 2009, p.35.

面，即使他们孩子的视力不正常，他们也认可这一结果。结果，他们生育了一个双目失明的孩子，这个孩子以后会抱怨他的父母、认为他的父母伤害了他吗？倘若这个孩子的生活是值得过的，按照非同一性问题的逻辑，这个孩子不会抱怨他的父母，因为他的父母的决定是他存在的必要条件，倘若他的父母选择了堕胎，他就不会存在。

我们还可以以“基因编辑婴儿事件”①为例简要说明由基因编辑技术的巨大威力所引发的非同一性问题。2018 年 11 月 26 日，南方科技大学副教授贺建奎对外宣布，一对名为露露和娜娜的基因编辑婴儿已经出生，这对双胞胎的一个基因经过了修改，她们在出生后就能够抵抗艾滋病毒。2019 年 1 月 21 日，卫计委发布的关于“基因编辑婴儿事件”的调查结果表示，该事件严重违反国家法律法规和伦理准则，是一起实施国家明令禁止的以生殖为目的的人类胚胎基因编辑活动。这对基因编辑婴儿露露和娜娜目前的身体状况如何，我们不得而知。假如她们的生活是值得过的，倘若她们的身体以后出现了某种问题，她们能够声称贺建奎团队伤害了她们吗？依照非同一性问题的内在逻辑，她们不能够这样做，倘若贺建奎团队没有从事这种基因编辑活动，她们就不会来到世间。通过克隆技术生育的人也面临着类似的问题，现有的对动物（包括哺乳动物）的克隆研究表明，经由克隆产生的许多动物（倘若这种技术应用于人的身上，克隆人就可能出现）会有严重的身体残疾，克隆人可能还会面临更为严重的心理困境，例如，他们来自哪里？他们有父亲或母亲吗？倘若不实施克隆技术，这些通过克隆技术产生的人就不会存在。克隆人会抱怨克隆技术伤害了他们吗？

与人类生育控制技术密切相关的一个问题是司法领域中常见的由“错误生育”引发的“错误生命”问题，这一问题经常引发司法诉讼。当生下身患残疾的儿童以后，有些人有时会将医生及其所在医院告上法庭，声称医生及其所在医院伤害了他们和他们的孩子。例如，唐氏综合征是一种常见的残疾，年龄超过 35 岁的孕妇通常被视为高龄产妇，这类孕妇生育的子女患有唐氏综合征的概率较大，目前的医疗技术还无法有效地治疗这一疾病，因此产前筛查的意义就显得颇为重大。医生应该建议年龄超过 35 岁的孕妇进行唐氏儿筛查，然而，并不是所有的医生都会这么做。梅林达·罗伯茨（Melinda A. Roberts）和戴维·沃瑟曼（David T. Wasserman）的一个思想实验就涉及这一问题。假如一名医生未告知一名妇女其很有可能生下

① 相关报道参见王攀、肖思思、周颖：《聚焦‘基因编辑婴儿’案件》，《人民日报》，2019 年 12 月 31 日。

患有唐氏综合征的孩子，也未告知她可以通过羊膜穿刺术或其他形式的基因检测从而决定是否继续妊娠，如果这名妇女后来生下的孩子身患残疾，那么医生的行为就导致了一个残疾孩子的出生。然而，医生的行为对孩子来说有害吗？孩子可以声称医生伤害了他吗？倘若医生尽职尽责地告诉这名孕妇，另一个健康的孩子将会出生，而不是这名残疾的孩子出生，“父母可能因为错误的生育而对医生有正当的要求。父母可能会提出这样的论点，他们受到了伤害，或者他们的生育自主权受到了损害，这是由于医生的疏忽导致了他们生育一个他们不想要的孩子，并迫使他们承担照顾孩子的不必要的费用和责任。但是根据非同一性问题的逻辑，孩子声称受到了伤害，这本身并没有什么价值”[①]。当然，罗伯茨和沃瑟曼不是真的认为医生的行为没有错误。在通常关于类似例子的探讨中，该父母的生育通常被称为“错误的生育”，而这个残疾的孩子通常拥有一种“错误的生命”。在该例子中，虽然医生的疏忽导致了“错误的生育”的出现，父母受到了伤害，但是根据非同一性问题的逻辑，该孩子不能抱怨自己受到了错误对待。

我们在下一章着力探讨代际义务问题时提及的气候变化问题也与非同一性问题密切相关，我们通常会在气候变化的背景下探讨代际正义理论。当今世代正在以人类历史上前所未有的速度开发着这个地球，人类的生活在日渐便利的同时，地球遭受的创伤也在不断增多，例如，地球的温度正在上升，各种自然灾害频发，等等。倘若人类不改变目前的生产方式和消费方式，地球将会继续变暖，变暖的速度将会加剧。这种气候变化无疑影响着未来世代的生存处境（我们称此时存在的群体为 A），从道德直觉上而言，我们有应对全球变暖的义务。然而，倘若我们采取措施推迟全球变暖，这种选择将导致在未来存在另一群人（我们称此时存在的群体为 B），B 将不同于倘若我们不采取推迟全球变暖的措施时存在的 A，因为那种用于推迟全球变暖的措施将会影响人类的生育状况并导致不同的人出生。也就是说，如果我们不采取推迟全球变暖的措施，那么 A 将会从中受益，而我们采取的用于推迟全球变暖的政策将导致 A 不存在，既然存在比不存在要好，这种行为将伤害到 A。此时非同一性问题将出现。

我们以上提及的例子基本发生于现代或未来，非同一性问题在历史上也会出现，“历史上的非正义”（historical injustice）就与非同一性问题紧密相关。作为人类历史上的一种普遍现象，历史上的非正义包含的内容非常

---

① Melinda A. Roberts and David T. Wasserman, “Harming Future Persons: Introduction”, in Melinda A. Roberts and David T. Wasserman (ed.), *Harming Future Persons: Ethics, Genetics and the Nonidentity Problem*, Springer, 2009, p. xvi.

广泛，例如，欧洲人曾将大量黑人贩卖至美洲、大量印第安人被任意杀害、纳粹分子对犹太人的肆意屠杀、帝国主义列强对一些国家的殖民活动、“二战”时期日本人发动的南京大屠杀、一些国家出现的大规模的政治镇压等都属于历史上的非正义现象。这些历史上的非正义现象是否应该得到矫正？例如，那些在历史上长期殖民他国的国家目前是否应该对其曾经的殖民地进行补偿？美国是否应该补偿印第安人的后代？道歉通常是一种对历史上的非正义现象进行补偿的方式之一，然而，这种道歉会引发“道歉悖论”和非同一性问题，尼尔·利维（Neil Levy）曾经提到迦纳·汤普森（Janna Thompson）所说的“道歉悖论”。当一个美国人为奴隶制道歉时或者一个德国人为大屠杀道歉时就会出现这种悖论：“对某一行为的真诚道歉或表示悔恨，意味着道歉的人希望该行为没有发生。因此，在为奴隶制道歉时，美国人暗示他们宁愿他们的国家没有参与这个不道德的制度。然而，道歉的人往往把自己的存在归功于他们道歉的行为。如果奴隶制不存在，那么美国目前人口的很大一部分（奴隶的后代、奴隶主的后代和那些根本没有参加蓄奴的人的后代等）就不会存在。”[①]几乎所有的美国人，包括奴隶、奴隶主和那些根本没有参加蓄奴的人的后代等，都很高兴地活着，这样的话，道歉就显得很不真诚。人们予以道歉的历史上的非正义现象恰恰是其存在的必要条件，倘若人们真诚地予以道歉，道歉人就不会存在，此时，非同一性问题也会出现。

非同一性问题不仅对传统的法律和公共政策带来挑战，而且也会对道德哲学和政治哲学带来挑战，它给代际正义理论带来的挑战至少体现在三个方面。

第一，质疑了未来世代权利论，并认为未来世代不拥有权利，我们在第五章已经提到了这一点。在我们刚才述及的“错误的生育”和“错误的生命”案例中，依照非同一性问题的内在逻辑，身患唐氏综合征的孩子不能宣称自己的权利受到侵犯，这个孩子的权利没有受到损害，因为这个孩子的存在依赖于医生向其父母传达的错误信息，倘若医生作出了正确的判断，这个孩子本来就不存在。如前所述，当今世代的行动可能会影响到未来世代的同一性，基于此，未来世代不能说自己受到了伤害，更不可能拥有权利。

第二，给当今世代对未来世代负有义务这一立场带来了严重的挑战。

---

① Neil Levy, “The Apology Paradox and the Non-Identity Problem”, *The Philosophical Quarterly*, Vol. 52, No. 208, 2002, p. 358.

我们通常认为，当今世代对未来世代负有一定的义务，即使那些否定未来世代权利论的人也基本上认可当今世代对未来世代负有某些消极义务，例如，不污染空气、不污染地下水以及不大肆砍伐森林等。与未来世代权利论引发的争议的激烈性相比，虽然当今世代对未来世代负有义务这一立场引发的争议性没有那么强烈，但是非同一性问题仍然威胁到了当今世代对未来世代负有义务这一立场，使得我们在思考当今世代对未来世代的义务的性质和内容时产生了许多困惑。依照非同一性问题的内在逻辑，人们通常认为的某些看似“有害”的行为没有伤害通常所认为的受害者，因为如果这些看似有害的行为不存在，这些所谓的受害者就不存在，这样的话，当今世代对未来世代负有义务这一立场也就很难成立。有些学者认可这一观点，例如，施瓦兹就持有这一观点。针对有些人所说的我们欠未来世代一些东西，如充足的自然资源供应、清洁的环境以及丰富的文化遗产等，施瓦兹不同意上述观点，而是认为“无论我们欠我们自己的后代什么，我们都没有义务无限期地，甚至向我们极其遥远的后代提供任何广泛的、持续的利益。相反的主张基于一种可以识别的谬误之上。……我们没有义务为我们的遥远的后代严格控制人口增长”①。在施瓦兹那里，一个人没有正当的理由抱怨某些行为错误地对待了他，除非该行为使他比在没有实施这种行为的情况下的处境更糟，而非同一性案例中的某些行为恰恰是人们存在的必要条件，这样的话，当今世代对未来世代就没有义务。

第三，关于非同一性问题的种种争论给我们在思考与未来世代相关的各种问题时设置了一个可怕的道德陷阱，他们不能抱怨那种导致他们存在但是也会给他们带来相应伤害的行为，同时，非同一性问题甚至可以威胁到代际正义理论本身，我们在回答何种代际正义理论是可能的之前，必须试图回应由非同一性问题带来的挑战。这在下一章以气候变化为例来探讨代际义务问题时会体现得非常明显。依照非同一性问题的内在逻辑，我们没有必要处理气候变化（以及历史上的非正义现象）等问题，显然，这有悖于我们的道德直觉。当本章对非同一性问题提出一种非后果主义的解决思路后，我们在探讨气候变化问题时往往假定非同一性问题已经被解决了，不会影响我们对代际义务的讨论。

可见，无论从个人的角度来看，还是从社会政策的角度来看，当今世代的行为都会影响未来世代的数量、同一性以及是否存在，依照非同一性

① Thomas Schwartz, “Obligations to Posterity”, in R.I. Sikora and Brian Barry (ed.), *Obligations to Future Generations*, Philadelphia: Temple University Press, 1978, p. 3.

问题的内在方式，除非未来世代存在，否则我们根本没有考虑他们的利益或福祉的必要性。从这种观点出发，我们既会得出当今世代对未来世代没有义务的结论，又会从根本上否认构建一种代际正义理论的必要性。倘若我们不能解决非同一性问题，为了子孙后代的利益我们不应该污染环境以及我们应该保护地球等言论，往往会被视为一种情绪化的表达而缺乏坚实的道德基础。

第二节　后果主义、契约主义和“非同一性问题”

虽然非同一性问题是一个非常深奥的问题，具有诡异性，但是它并没有影响人们研究非同一性问题的热情，反而激发了人们给予非同一性问题以极高的关注度。后果主义和契约主义是两种研究非同一性问题的重要方式——尤其后果主义是处理非同一性问题最常见的方式，我们先来看看它如何处理非同一性问题。

一、后果主义的处理方式

通过后果主义来处理非同一性问题的最为重要的代表人物非帕菲特莫属，同时，莫尔根也试图以规则后果主义处理非同一性问题。我们在探讨帕菲特如何以后果主义的方式解决非同一性问题之前，先看看帕菲特是如何批评关于非同一性问题的权利和功利主义处理方式。帕菲特认为诉诸权利并不能完全解决非同一性问题，当他在解释我们为何不能通过权利的思维方式解决我们在本章第一节提到的“例 2”和“例 3”中的非同一性问题时，他采取的思路基本上是相同的，一是强调这种权利无法实现，二是强调未来人可能会放弃权利。

在例 2 中，14 岁的女孩生下了一个孩子，这使得孩子拥有了一个糟糕的人生起点，有人可能对此提出诘难说，这个女孩侵犯了她的孩子享有良好生活起点的权利。帕菲特对此提出的回应是：“即使这个孩子有这个权利，也根本不会实现。等到这个女孩是成熟女性的时候，她根本不会有**这个**孩子。一些人会主张说，既然这个孩子的权利根本不会实现，不能说这个女孩侵犯了他的权利。”①按照我们在例 2 中的描述，14 岁女孩玛丽的不同选择会影响其生育的孩子的同一性，当她等待几年再生育的话，她生下

①〔英〕德里克·帕菲特：《理与人》，上海译文出版社，2005 年版，第 520 页。

的就是另一个不同的孩子（即杰克）。帕菲特继续说道，诘难者可能不会满意这种回应方式，而是会回应道，倘若我们知道某个人将拥有一种无法得到实现的权利而还让这个人存在，这种行为就是错误的。这种反驳能够指出为什么玛丽决定在14岁时生育的决定是错误的吗？帕菲特此时提出了他的第二种回应方式，即弃权观点。帕菲特这时引入了一个具体的案例，即多年前，有一位英国政治家对前一年青少年怀孕减少的情况表示欢迎，此时有一位中年男子满怀愤怒地给《泰晤士报》写了一封信，并在其中表示，他的母亲在14岁时生下了他，虽然由于其母亲在太年轻时生下了他，他的早年生活和他母亲的生活都相当艰难，但是他现在的生活非常值得过。那位英国政治家的观点是在暗示，倘若他根本没有出生的话会更好吗？这个年轻人显然无法认可该暗示。对于这个案例，帕菲特强调，虽然这个年轻人的母亲等待几年再生孩子的话会更好，但是这并不意味着这个年轻人拥有一种无法实现的权利。此时帕菲特又采取了一种类比论证的方式，假如我拥有隐私权，我请求你与我结婚，倘若你接受了我的请求，你的行为不会因侵犯我的隐私权而是错误的，既然我对你的行为感到非常高兴，我会放弃我的隐私权。帕菲特强调同样的主张也适用于上述给《泰晤士报》写信的年轻人，假如这个人享有一种生自成熟女性的权利，他的母亲给他一种不能实现的权利，"但是这个人的书信表明，他生活得很好。他否认他的母亲之所以行动错误是因为她对他的所作所为。如果我们主张说，因为他享有一种不能实现的权利，她的行动错误的话，他就会说，'我放弃这个权利。'这会从根本上瓦解我们对他母亲的诘难"①。这个论证通常被称为"弃权观点"，引起了很大的争议，我们在第三节中会详细分析。在帕菲特那里，基于权利的解决方式不能解决由不同对象相同数量的选择带来的非同一性问题。

在例3中，倘若某共同体选择了消耗政策，两个多世纪后，该政策下存在的人的生活质量比倘若采取保护政策下存在的人的生活质量要低得多，但是那时人们的生活质量几乎与21世纪人们的平均生活质量相当。当我们在反驳该共同体采取的消耗政策时，我们可以说该政策下存在的人的权利受到侵害了吗？人们可以提出各种诘难，例如，这些人有权享有被该共同体消耗掉的那些资源中的份额，帕菲特认为，即使该共同体消耗掉了某些资源，后代缺乏这些资源，但是该共同体可能发明了一些新技术，这些技术能够为后代提供新的机会，因此，这种主张不足以说明权利的解决

---

①〔英〕德里克·帕菲特：《理与人》，上海译文出版社，2005年版，第521页。

方式是合理的。帕菲特强调，最可能提出的一种诘难是每一代人有权享有平等的机会或同样的生活质量，倘若该共同体选择了消耗政策，那些在两个多世纪后生活的人的生活质量将会低于保护政策下存在的人的生活质量。对于这种诘难，帕菲特采取了与例 2 中的同样的解决方式。一方面，这种权利无法得到实现。既然不同的政策选择会影响到未来存在的人的同一性，“那些生活在两个多世纪之后的人们根本不会享有更大的机会或者更高的生活质量。如果我们做了别的选择的话，这些人们可能根本就不会存在。既然他们的权利不会得到实现，我们就不可能侵犯到他们的权利”①。另一方面，那些在消耗政策下存在的人们会放弃自己的权利。在帕菲特看来，如果那些生活于消耗政策下的人们知道倘若选择了保护政策的话他们将不存在这一事实，那么他们不会痛惜该共同体采取的消耗政策，“如果他们高兴地活着的话，他们的反应可能就会像那位给《泰晤士报》写信的人一样。他们可能会放弃他们的权利。但是，既然我们不能够假定这就是他们所有人的反应，那么，诉诸他们的权利可能提供了某种对我们的选择的诘难”②。同时，在例 4 中，既然这些人的生命值得活下去，倘若选择了保护政策，他们就永远不会出生，因此，他们不会对自己出生的事实感到遗憾，他们不会后悔该共同体选择了冒险政策。例 3 和例 4 涉及的选择是一种不同对象不同数量的选择，帕菲特同样强调权利的解决方式无法解决由这种选择带来的非同一性问题。当然，上述帕菲特的“但是，既然我们不能够假定这就是他们所有人的反应，那么，诉诸他们的权利可能提供了某种对我们的选择的诘难”这一观点，显示了帕菲特不能假定所有人都会采取弃权观点，那么，这也显示了帕菲特对非同一性问题的权利解决方式的拒斥是不彻底的，他自己也明确强调“诉诸权利不能够完全解决非同一性问题”，这凸显了帕菲特对非同一性问题的权利解决方式的矛盾之处。

非同一性问题的权利解决方式往往涉及特定的个人，如例 2 中的汤姆和杰克、例 3 中的消耗政策下存在的人和保护政策下存在的人，由于不同的选择会影响到不同的人存在，这样的话，正如第五章曾提到的，将权利赋予目前尚不存在的人这一做法可能会引起一些异议。非同一性问题的功利主义解决方式可以避免这种问题，它主要强调我们要尽可能地增加快乐或福祉，减少痛苦，这不涉及特定的个人。帕菲特不认可这种解决方式，认为它会带来我们在第二章曾提及的“令人讨厌的结论”。帕菲特在批评非

①〔英〕德里克·帕菲特：《理与人》，上海译文出版社，2005 年版，第 522 页。
②〔英〕德里克·帕菲特：《理与人》，上海译文出版社，2005 年版，第 522 页。

同一性问题的功利主义解决方式存在的问题之前，提到了一种我们接下来将详述的、帕菲特认可的用于解决非同一性问题的Q原则，然而，在帕菲特那里，Q原则只适合解决例2等涉及的由不同对象相同数量的选择带来的非同一性问题。那么，功利主义能否解决由不同对象不同数量的选择带来的非同一性问题呢？

帕菲特所批判的非同一性问题的功利主义解决方式与人口政策紧密相关，人口政策涉及人口的数量和人的生活质量，一个社会有多少人是合适的？人口越多越好、越少越好还是适中较好？在一个社会中，人口增长会对现有人的生活质量产生影响，当人口增长降低了现有人的生活质量时，人口增长就违背了现有人的利益，当然，也可能存在其他情况。帕菲特通过一个思想实验述说了人口数量的多寡对人的生活质量的影响。假设某共同体可以选择不同的人口增长率，倘若它选择了较低的人口增长率，我们称此时的共同体为A，倘若它选择了较高的人口增长率，我们称此时的共同体为B，当然，没有人能够同时生活在A和B中，B中的人数是A中的人数的两倍，与A中生活的那些人相较而言，B中生活的那些人的生活质量只有A中生活的人的生活质量的一半多的程度。在接下来的分析中，帕菲特采取了我们在第二章曾详述的“平均功利主义”和“总体功利主义”之间的区分，认为倘若我们更加重视人均的幸福，“那么相信这一点的人们时常诉诸**非个人的平均原则**（The Impersonal Average Principle）：如果在其他事情上是同等的，那么最好的结果就是人们的生活平均来说最好的生活”①。帕菲特不认可这一原则，强调它会带来一些荒谬的结果，现存之人中的一些生活质量较低的人被杀掉会更好。倘若人们更加重视幸福的总量，这就会被引向总体功利主义，帕菲特认为此时会出现“非个人的总量原则”（The Impersonal Total Principle）。这个原则有两个版本，一是快乐主义的版本，即“如果在其他事情同等的情况下，最好的结果是那个会有最大量的幸福——减去苦恼后幸福的最大净值——的结果”。二是非快乐主义版本，即“如果在其他事情同等的情况下，最好的结果是其中使生活值得过的任何一种东西的量最大化的那个结果”②。帕菲特又进一步拓展了其上述思想实验，假如在不同的人口增长率的情况下，除了出现A和B，还有C、D……Z，依照这种非个人的总量原则，B比A要好，C比B要好，以此类推，由于Z中的人口是最多的，Z是最好的，即使其成员的生活与那些生

①〔英〕德里克·帕菲特：《理与人》，上海译文出版社，2005年版，第550页。译文有改动。

②〔英〕德里克·帕菲特：《理与人》，上海译文出版社，2005年版，第551页，第552页。

活不值得过的水准相比高不了多少，这种非人称的总量原则蕴含一种“令人讨厌的结论”：“对人人享有很高生活质量的至少多达100亿人口的任何一个可能的人口而言，必定有某个可想象的更大的人口，如果在其他事情同等的情况下，这个更大的人口的生存会更好一些，即使其成员只具有勉强值得过的生活。”[①]可见，不同数量的选择会引发这样一个问题，即人们的生活质量方面的所失是否会被幸福总量的增多压倒。依照帕菲特的基本立场，我们有充分的理由拒斥非人称的总量原则，其中的原因可能是依照总体功利主义的内在逻辑，当越来越多的人出现时，总体效用会越来越多，然而，这些人中的每个人获得的效用会越来越少，他们遭受的痛苦没有因为总体效用的增加而减少，这些人的生活也是不值得过的。

虽然功利主义属于后果主义的范畴，帕菲特不认可有关非同一性问题的功利主义处理方式，但是帕菲特仍然主张后果主义的思维方式能够解决非同一性问题，并认为非后果主义的主张不能解决非同一性问题。帕菲特的后果主义解决方式主要侧重于不同选择对未来世代产生的后果如何，来决定哪种选择较好，而不考虑某种选择下存在的人是谁。帕菲特对非同一性问题的后果主义解决方式大体上分为两部分，一是通过Q原则解决由不同对象相同数量的选择带来的非同一性问题，二是通过善行原则或帕菲特一直苦苦追寻的X理论，解决由不同对象不同数量的选择带来的非同一性问题。然而，X理论的具体内容是什么，帕菲特没有给予明确的说明，X理论仍然是一种有待构建的理论。

现在我们回到例2，即玛丽生孩子这一思想实验。帕菲特通过如何解释其中的非同一性问题提出了Q原则。对玛丽在14岁时生育这一选择的诘难是，对她的孩子而言，这一选择很可能更糟，如果她等待的话，那么她可能为他提供一个更好的人生起点。此处“她的孩子”应该指玛丽事实上生育的孩子（即汤姆），而不是她以后生育的孩子杰克。在帕菲特那里，这一诘难可能是真的，但是它不诉诸人们熟悉的道德原则，“按照我们所熟悉的那些原则中的一个原则，如果某个人的选择对另外任何一个特定的人而言更糟，或者有悖于另外任何一个特定的人的利益，就是对这个人的选择的诘难。如果我们主张说这个女孩的决定对她的孩子而言更糟，那么，我们就不可能是在主张它对某个特定的人而言更糟”[②]。对玛丽事实上生育的孩子汤姆来说，我们不能说玛丽在14岁时生育孩子的决定对汤姆来说更

①〔英〕德里克·帕菲特：《理与人》，上海译文出版社，2005年版，第553～554页。
②〔英〕德里克·帕菲特：《理与人》，上海译文出版社，2005年版，第514页。

糟，因为按照不同的选择中有不同的人出生这一原则，如果玛丽在 14 岁不打算生育孩子，而是推迟生育，那么汤姆就不存在，存在的孩子可能是杰克。因此，诉诸一些常见的道德原则，我们不能解释为什么上述诘难可以被接受。帕菲特认为，上述诘难可以通过另一种原则来加以回应，即 Q 原则："**相同数量下的质量主张**（The Same Number Quality Claim），或曰 Q 主张：如果在两种可能的结果中相同数量的人都会生活着，如果那些生活着的人变得更糟，或者所具有的生活质量比那些本来会生活在其中的人们的生活质量低的话，就会是更糟的。"①

为了较为准确地理解 Q 原则，我们需要注意的是该原则的一个重要前提，即"如果在两种可能的结果中相同数量的人都会生活着"，这意味着该原则只适用于由不同对象相同数量的选择带来的非同一性问题，也就是说，这些选择只会影响未来人的同一性，而不会影响未来人的数量。例 2 中玛丽的决定就属于这种类型的选择，玛丽的决定只会影响到她是现在生育汤姆，还是以后生育杰克，她生育的孩子的数量都是 1 个。帕菲特强调，我们可以通过 Q 原则解释例 2 中的情况，依照 Q 原则，玛丽在 14 岁时不应该生育，因为玛丽在 14 岁时生育的孩子汤姆的处境可能会比她以后生育的孩子杰克的处境要差，倘若她推迟几年生育，她那时生下的孩子杰克会拥有一个较高的生活品质。Q 原则意味着倘若玛丽等待几年再生育，这本来会更好。当然，这不意味着汤姆的存在是糟糕的或者在道德上是不可取的，这只是意味着既然后来出生的孩子杰克本来很可能会有一种比汤姆的生活更好的生活，那么倘若汤姆的母亲等待几年再生育以及后来生育了杰克的话，这种情况本来会更好。同时，汤姆也不会拒绝 Q 原则。Q 原则能否解释例 3 中的非同一性问题？当然，例 3 中的非同一性问题是一种由不同对象不同数量的选择带来的非同一性问题，我们可以对例 3 稍加改变，假设在例 3 中，不同能源政策只会改变未来人的同一性，不会改变该共同体中的人口的数量，这样的话，例 3 中的非同一性问题就成为了一种由不同对象相同数量的选择带来的非同一性问题。倘若那些在消耗政策下存在的人的生活质量比那些在保护政策下存在的人的生活质量较差，根据 Q 原则，保护政策是一种较好的选择。因此，根据对例 2 和例 3 中存在的非同一性问题的分析，Q 原则似乎可以解决由不同对象相同数量的选择引发的非同一性问题，并说明为什么玛丽在 14 岁时不应该生育以及为什么要选择能源保护政策而不是能源消耗政策。

---

①〔英〕德里克·帕菲特：《理与人》，上海译文出版社，2005 年版，第 515 页。译文有改动。

通过分析帕菲特对 Q 原则的论述我们可以发现，Q 原则的主要特点有两个，一是其中蕴含的后果主义思维，Q 原则主要以不同选择带来的生活质量的好坏来决定哪一种选择较为可取，然而，它不关心不同选择下未来人的生活细节。在例 2 中，玛丽以后生育的杰克的生活质量从总体上而言好于她在 14 岁时生育的汤姆的生活质量，此时 Q 原则没有考虑那些受到不同选择影响的对象的具体身份如何，这样可以部分避免将权利赋予尚未存在的人带来的一些困境；二是它是一种比较性的原则。显而易见，Q 原则也依赖于对不同选择下存在的人的生活质量的比较。例如，在例 2 中，比较玛丽 14 岁时生下的汤姆的生活品质，和玛丽等待几年后将生育的杰克的生活品质，在这两种状态下，推迟几年生育对玛丽自身的身心状况以及当她成熟后生育的杰克而言，都是一种比较好的选择。对稍加改变的例 3 中的情况也同样如此。

虽然帕菲特解释了 Q 原则的吸引力，但是他仍然认为 Q 原则不能完全解决非同一性问题，如上所述，Q 原则只适用于由不同对象相同数量的选择带来的非同一性问题，除了由不同对象相同数量的选择带来的非同一性问题，由不同对象不同数量的选择带来的非同一性问题是一种更加常见、更加棘手的问题，如果一种原则不能解决这种棘手问题，那么它的解释力就非常有限，对于此问题，帕菲特强调我们可以通过 X 理论加以解决：“因为 Q 受到限制，可以用不同的方式证明其正当性。有数个原则蕴含 Q，但是当应用于不同数目选择的时候，却有冲突。我们需要决定，这些原则中的哪一个，或者哪一组，我们应当予以采纳。我们应该予以采纳的被称为 X 理论。X 理论将解决不同数目选择中的非同一性问题。而且 X 理论告诉我们 Q 应当如何得到正当性证明，或者如何得到更充分的解释。”①然而，我们需要注意的是，虽然帕菲特后来进行了种种复杂的分析，但是他没有确切告诉我们那种能够充分解决非同一性问题的 X 理论的具体含义。帕菲特强调他所谓的 X 理论包含一种善行原则（the Principle of Beneficence），该原则强调倘若某种选择否定了一种大得多的利益，我们有理由拒绝这种选择，诉诸善行原则可以部分解决诉诸权利不能解决的非同一性问题，当然，倘若完全解决的话，需要 X 理论，“我们需要一种对善行的更好说明，或者我所称的 X 理论。我们道德理论的一个部分诉诸善行；另一个部分诉诸人们的权利。因而我们不应当期待诉诸权利能够填补我们不充分的善行

① 〔英〕德里克·帕菲特：《理与人》，上海译文出版社，2005 年版，第 516 页。

原则中的空白。……诉诸权利不能完全解决非同一性问题”[①]。我们下面还要提一下帕菲特的两个非常重要的概念，即“无差异观点”（The Non-Difference View）和“影响人的观点”（The Person-Affecting View）。帕菲特曾言：“我们也许能够记得，曾几何时我们关心那些对未来的世世代代的影响，但却忽略了非同一性问题。我们可能想过，一个像消耗这样的政策会有悖于未来的人的利益。当我们看清此为假的时候，我们变得较少关心对未来的世世代代的那些后果了吗？当我看清楚该问题的时候，我并不变得较少关心起来。对其他许多人而言情况亦然。我将说，我们接受**无差异观点**。”[②]按照无差异的观点，倘若有甲和乙两种情况，这两种情况之间的唯一区别是前者是由不同对象的选择导致的情况而后者是由相同对象的选择导致的情况，甲和乙之间没有任何道德差异，即我们作出道德判断的依据与我们假设后代的人格同一性未发生变化时是一样的。在这种情况下，对于由不同对象相同数量的选择带来的非同一性问题，可以诉诸 Q 原则和无差异观点加以解决。帕菲特还提到了“影响人的观点”：“**对人产生影响的观点**或曰 V **观点**：如果人们受到变得更糟的影响的话，这就将是更糟的。”[③]这种 V 原则是一种适用于在同一对象的选择下对行为后果进行比较的原则。在帕菲特那里，在同一对象的选择中，Q 原则与 V 原则是一致的，此时我们诉诸哪个原则都不会带来差异，然而，在不同对象相同数量的选择中，这两个原则会产生冲突，当这种情况发生时，我们应该选择 Q 原则而不是选择 V 原则，此时 X 理论将蕴含 Q 原则。

莫尔根也探讨了其规则后果主义与非同一性问题之间的关系，并对非同一性问题提出了一种规则后果主义的解决方案。在提及莫尔根如何对非同一性问题提出一种规则后果主义的解决方案之前，我们简要地重复一下我们在第二章提到的部分内容。在莫尔根那里，任何一种可以被接受的道德理论都必须尊重的两个判断是两个决定性的直觉即“基本的错误直觉”和“基本的自由直觉”，前者强调无缘无故地生育一个生活中除了痛苦什么也没有的孩子是错误的，后者强调人们没有生孩子的义务，也没有不生孩子的义务。莫尔根还提到了两个原则，这两个原则在某种程度上都有悖于人们的直觉：“简单的影响人的原则：只有当某个特定的人的情况比倘若其他情况发生其所处的处境更糟时，一个行为才可能是错误的。简单的后果

①〔英〕德里克·帕菲特：《理与人》，上海译文出版社，2005 年版，第 524 页。

②〔英〕德里克·帕菲特：《理与人》，上海译文出版社，2005 年版，第 524～525 页。

③〔英〕德里克·帕菲特：《理与人》，上海译文出版社，2005 年版，第 529 页。

主义：在任何情况下，正确的行为都是产生最有价值的状态的行为。”[①]依照莫尔根之见，简单的影响人的原则是有问题的，它违反了基本的错误直觉，其中的原因在于：如果不同的行动带来了不同的人存在，那么无论我们选择什么行动，我们都无法知道比他或她处境更糟的人是谁。如果我们不能比较一个人的存在和该人从未存在过的状况，那么我们也就无法理解一个人比其从未存在过的情况更糟的情况，这样的话，简单的影响人的原则就不能谴责任何生育选择，无论其带来的生活多么可怕。莫尔根提出可以以后果主义来替代简单的影响人的方法，如第二章所述，莫尔根将后果主义分为“简单的后果主义”和“规则后果主义”。莫尔根对简单的后果主义持一种批判的态度，认为这种后果主义虽然能够尊重基本的错误直觉，但是它明显违背了基本的自由直觉，简单的后果主义总是迫使人们做那些能够实现善的最大化的事情。莫尔根还批评了与简单的后果主义密切相关的无差异观点，认为“无差异的观点是从简单的后果主义的一个更普遍的特征中自动产生的……简单的后果主义必须支持无差异的观点。如果我们拒绝这种观点，那么我们必须拒绝简单的后果主义。为什么我们拒绝无差异的观点？主要原因是这种观点与一系列直觉上的不对称相冲突”[②]。莫尔根此时提及的一些直觉上的不对称是很常见的，如我们通常认为，我们没有义务生育孩子，即使这些孩子会非常快乐，然而，我们有义务不生育那些生活不值得活下去的人。莫尔根批判了简单的后果主义，并为规则后果主义进行了不懈的辩护，我们在第二章曾提到，这种规则后果主义强调规则的被内化和被接受，强调在其道德准则中包含对特定的人的一系列义务，为此，就需要人类共同遵守一些规则，那些可以教授给人类的最佳规则包括信守承诺和帮助朋友的义务、禁止谋杀和盗窃等一系列常识性的道德规则。莫尔根强调，在应用于不同对象的选择时，上述规则背离了简单的影响人的原则，并且产生了比任何包含该原则的规则更好的结果，当用规则后果主义解决非同一性问题时，“对非同一性问题的回应有两个关键的特征：自由和影响人的原则”[③]。莫尔根在其规则后果主义中非常强调自由的重要性，例如，倘若人们能够为自己作出主要的生活选择，从人类福祉的

① Tim Mulgan, “Rule Consequentialism and Non-identity”, in Melinda A. Roberts and David T. Wasserman (ed.), *Harming Future Persons: Ethics, Genetics and the Nonidentity Problem*, Springer, 2009, p. 117.

② Tim Mulgan, “Rule Consequentialism and Non-identity”, in Melinda A. Roberts and David T. Wasserman (ed.), *Harming Future Persons: Ethics, Genetics and the Nonidentity Problem*, Springer, 2009, pp. 120-121.

③ Tim Mulgan, “Rule Consequentialism and Non-identity”, in Melinda A. Roberts and David T. Wasserman (ed.), *Harming Future Persons: Ethics, Genetics and the Nonidentity Problem*, Springer, 2009, p. 129.

广义角度来看，事情会变得更好，对生育自由来说也同样如此。同时，莫尔根还非常强调规则的内化，认为规则后果主义可以借鉴影响人的道德理论，因为这些道德理论提供了道德规范内化的证据，然而，规则后果主义没有因此成为一种影响人的理论，规则后果主义的基础仍然是坚定的后果主义。

二、契约主义的应对之策

契约主义也是一种重要的应对非同一性问题的方式，雷曼和库玛尔等人分别依照罗尔斯和斯坎伦的契约主义方法阐述了如何以契约主义来解决非同一性问题。在面对非同一性问题时，雷曼为一种常识性的判断（即我们上述反复提到的道德直觉）辩护，即在选择某种消极政策时，一个人错误地对待了那些受到消极影响的未来人，即使替代性的选择会导致这些人根本不存在，同时，未来人民的权利也受到了侵犯。为了完成这一任务，雷曼一方面批判了帕菲特对非同一性问题的解决之道，另一方面，根据罗尔斯的原初状态工具推导出未来世代拥有权利、依据人的“属性”（properties）和“特性”（particular）之间的区分等来解决非同一性问题。雷曼认为帕菲特的 Q 原则不能告诉人们在例 2、例 3 和例 4 中，玛丽、那些选择消耗政策的人和那些选择冒险政策的人对哪个未来人做了错事，这种情况带来的结果是，根据 Q 原则，虽然这些人做了错事，但是不需要为自己的行为负责，Q 原则的解释力是有限的，只适用于由不同对象相同数量的选择带来的非同一性问题，雷曼试图提出一种能够解释由不同对象相同数量的选择带来的非同一性问题和由不同对象不同数量的选择带来的非同一性问题。同时，雷曼也不赞成帕菲特所说的对权利的诉诸不能解决非同一性问题以及帕菲特的弃权观点。①

为了解决非同一性问题，雷曼借鉴了罗尔斯的原初状态设计，我们在第三章中论及罗尔斯的代际正义理论时已经论及了原初状态理念，在此没有必要赘述，只是强调在罗尔斯的原初状态中，无知之幕屏蔽了个人的很多信息，各方除了不知道其在社会中的地位、阶级出身、自然禀赋和善观念等内容，还假定“各方不知道这一社会的经济或政治状况，或者它能达到的文明和文化水平。处在原初状态中的人们也没有任何有关他们属于什么世代的信息。这些对知识的广泛限制所以是恰当的，部分是因为社会正

① 参见 Jeffrey Reiman, “Being Fair to Future People: The Non-Identity Problem in the Original Position”, *Philosophy and Public Affairs*, Vol. 35, No.1, 2007, pp. 74-76.

义的问题既在一代之中出现，也在代与代之间出现，例如，恰当的资金储存率和自然资源及自然环境的保护问题”[①]。雷曼认为罗尔斯的这一设计至关重要，原初状态中的各方代表了所有人，而且只有那些从此刻起将永远存在的人（即现在活着的人，目前尚不存在但总有一天会存在的人），“这是有道理的，因为那些存在的人拥有利益，那些从不存在的人不会拥有利益。因此，原初状态是能够识别未来人针对当前活着的人的权利以及当前活着的人对未来人的相关义务的一种工具。罗尔斯用原初状态来确定世代之间的正义的储存原则，这一事实证明了这一点：‘每个世代不仅必须保持文化和文明的成果，保持已经建立的正义制度的完整，而且还必须在每一段时间里留出适当数量的实际资本积累。’由于这是一项正义原则，它有效地阐明了未来人的权利以及目前活着的人对他们的义务”[②]。雷曼随后将原初状态的思想实验应用到基因干预等问题上，强调对原初状态中的各方来说，同意活着的人有保障未来世代能够生活的一般义务似乎是合理的，并假定“原初状态中的各方将商定一项原则，规定目前活着的人有义务根据他们的需要、权利和其他道德义务，尽他们的合理能力，确保未来的人能够过上拥有正常预期寿命和正常发病率的生活。如果这是当代人对未来人的义务，那么未来人就拥有与当代人的努力相关的权利。我将总结说，未来的人们有权利正常运作”[③]。可见，雷曼此时通过当今世代对未来世代负有的义务推导出未来世代拥有权利。雷曼认为在例 2、例 3 和例 4 中，那些受到不利影响之人的权利受到了侵犯，因此被错误对待了，即使每种情况下的替代方案都意味着那些被错误对待的人根本不存在。雷曼此时提及他所认为的足以解决非同一性问题的依据，他认为，为了回答这个问题，“让我们首先考虑为什么原初状态会导致孕前错误残障，即残疾儿童受到了错误对待，即使替代方案是没有怀孕。回想无知之幕剥夺了原初状态中的各方对他们代表的人民的个人特征的了解。这将一直延续到特定的个体，他们将拥有哪个生日和基因组。因此，未来的人在原初状态中被描绘成未来将存在的人，无论他们最终拥有什么样的个人特征，事实上，无论他们最终会成为什么样的人。由此可见，我们对未来人民的亏欠不在于他们将成为什么样的人。我们之所以亏欠他们，仅仅是因为他们将是人，就好像

① 〔美〕约翰·罗尔斯：《正义论》，中国社会科学出版社，1988 年版，第 136 页。

② Jeffrey Reiman, “Being Fair to Future People: The Non-Identity Problem in the Original Position”, *Philosophy and Public Affairs*, Vol. 35, No.1, 2007, pp. 79-80.

③ Jeffrey Reiman, “Being Fair to Future People: The Non-Identity Problem in the Original Position”, *Philosophy and Public Affairs*, Vol. 35, No.1, 2007, p. 81.

他们将是哪个特定的个体是无关紧要的”[①]。为了进一步说明这一问题，雷曼还引入了他的一个关键区分，即对人的“属性”和“特性”的区分。

在雷曼那里，人们在两个方面是不同的。一方面，人们的“属性”是不同的，有的人高而有的人矮，有的人拥有强健的体魄而有的人体弱多病，个人的命运往往取决于其拥有的属性，而不取决于其是什么样的人；另一方面，人们拥有不同的“特性”，这种特性恰恰可以将人们彼此区分开来，例如，即使两个双胞胎拥有完全相同的属性（如完全相同的身高、体重和相貌等），但是他们毕竟不是同一个人，拥有不同的特性。这种区分对解决非同一性问题非常重要，雷曼强调，未来人拥有道德上相关的利益，这些利益可能受到当今世代的影响，“这些是尚未作为特定个体存在的人的利益，但是它们已经在道德上受到重视，因为我们可以影响他们的命运，因此对他们负有道德义务。他们道德上相关的利益是我们现在能做什么来改善或恶化他们的未来生活的一个功能。这是一个他们生来拥有的属性问题，而不是他们与之相分离的特殊之处，因为他们还不是特殊的个体。这使得我们把未来人的利益视为人民的利益是恰当的，就好像他们是哪个特定的个体是无关紧要的”[②]。当我们回到非同一性问题上可以发现，未来世代拥有的各种属性可以深受当今世代的行为的影响，如他们的身体健康程度和所处环境的优劣等，但是当今世代无法影响未来世代的特性，如在例 2 中，玛丽只会考虑她生育的孩子的属性，考虑其未来孩子是否拥有负面的属性，考虑其未来孩子的利益，而不会考虑她的孩子是哪个特定的孩子，也就是说，她不会考虑她孩子的特性，她也没有能力精确地考虑其孩子的特性（如汤姆或杰克的性格和禀赋等），例 4 中的情况也同样如此，当某共同体在冒险政策和安全政策之间做出抉择时，它只考虑其决定会导致这两项政策带来不同的属性，而不考虑它的决定将会导致哪一个特定的未来人出现。基于此，雷曼强调未来世代拥有权利，当今世代负有相关的义务，当今世代必须为自己的行为对未来世代的属性带来的负面影响负责，不管这些后代究竟拥有哪些特性。在雷曼那里，非同一性问题之所以会出现，很大程度上是因为人们混淆了人的属性和特性。雷曼通过指出人的属性和特性之间的差别所在，为解决非同一性问题提出了一条较为独特的思路。我们在上文中曾强调，代际权力的非对称性和非平等性促使了非同一性问题的出现，

① Jeffrey Reiman, “Being Fair to Future People: The Non-Identity Problem in the Original Position”, *Philosophy and Public Affairs*, Vol. 35, No.1, 2007, p. 82.

② Jeffrey Reiman, “Being Fair to Future People: The Non-Identity Problem in the Original Position”, *Philosophy and Public Affairs*, Vol. 35, No.1, 2007, p. 85.

而雷曼所采用的罗尔斯的原初状态的思想实验可以屏蔽代际权力的这种特点，原初状态不允许各代所处的时间位置的差异影响各代的权力，通过消除各方对所处世代的相关信息的了解，无知之幕有效地消除了那些已经出生的人和将要出生的人之间因为时间不对称造成的不公平问题。原初状态将权利赋予每个未来的人，不管这个人是谁，在例 2、例 3 和例 4 中，某些人被错误地对待，不是像帕菲特所强调的那样他们的境况比本来要糟，而是因为他们的权利受到了侵犯。

库玛尔和伊丽莎白·芬纳隆-伯恩斯（Elizabeth Finneron-Burns）等人也试图通过契约主义方法来解决非同一性问题，不过，他们采取的是斯坎伦的契约主义方法。与罗尔斯一样，斯坎伦也是当代契约主义理论的重要代表，同属康德式的契约主义阵营，他的契约主义与罗尔斯的契约主义的主要区别在于斯坎伦不像罗尔斯那样强调在无知之幕背后进行选择，他要求各方在相互知情的情况下进行商讨。在斯坎伦那里，一个行为当且仅当它能够向其他人证明其是正当的这一观念获得了很多人的认可，即使功利主义者等非契约论者也能够接受，而其“契约主义的独特之处在于，它在两个方面把可证明正当性的观念当作基础：它既为关于正当和不正当的道德提供了规范基础，还为其内容提供了最为普遍的特征。根据契约主义，当我们集中精力于正当和不正当的问题时，我们试图要判定的首先是，某些原则是否没有人（如果被恰当的动机驱动的话）能有理由拒绝的原则”[①]。斯坎伦本人很少将其契约主义方法用于讨论代际问题，只是偶尔提到，任何人，“不管他们是现在存在，或者仅存在于过去或将来，都构成了一种观点，与之相关，正当性证明的问题就是有意义的，并且，我们也有理由重视我们的行为对这些人——也就是说，对那些已经死去或尚未诞生以及我们的同时代人的可证明正当性”[②]。库玛尔依照斯坎伦的契约主义方法试图解决非同一性问题，伯恩斯在进一步发展库玛尔的观点的基础上，也提供了一种针对非同一性问题的契约主义解释。

库玛尔在根据契约主义方法解决非同一性问题时强调了“伤害”和“错误对待”之间的区别，认为当契约主义强调错误对待（而非强调伤害）时，非同一性问题不会出现，因为依照契约主义，某种行为伤害一个人不一定是错误的，同时，未来的人没有受到那种导致他们存在的行为的伤害这一事实，并不意味着他们没有受到该行为的错误对待。库玛尔强调，我们需

①〔美〕托马斯·斯坎伦：《我们彼此负有什么义务》，人民出版社，2008 年版，第 205 页。
②〔美〕托马斯·斯坎伦：《我们彼此负有什么义务》，人民出版社，2008 年版，第 201 页。

要思考的一个问题是，倘若那些被错误对待的人依赖错误的行为（如例 4 中的在 40 岁时死亡的人）时，那些做出错误行为的人（如那些选择冒险政策的人）没有恰当地考虑谁呢？在库玛尔那里，依照契约主义，可以询问现在的人如何向未来的人证明自身的行为是正当的，即使未来的人目前尚未存在以及他们的同一性将取决于目前的行为，对于该问题，库玛尔认为当我们思考我们亏欠别人什么时，我们不是在考虑具有特定身份的个人，而是考虑其所属的“类型”（type）。正如某种情况的类型不是一种实际的、完全确定的情况一样，一个人的类型也不是一个特定的、完全确定的人，指的是一组具有规范意义的特征，这些特征可以恰当地描述他们所处实际环境中某些实际的特定个人。例如，当一个雇主在解雇其雇员时必须考虑员工的业绩，而不是考虑某一特定雇员应该得到什么，同样的情况是，现在的人也不能考虑未来的特定的人。①库玛尔还认为他通过诉诸斯坎伦的契约主义方法以及关于风险的本质的某些观点，可以为一种具有说服力的直觉辩护，即冒险政策面临的反对意见是，对冒险政策的采用会错误地对待那些生活在未来的人，目前活着的人与那些生活在未来的人之间的关系，与目前活着的人之间的关系没有什么不同。②库玛尔认为通过这种方式可以回应非同一性问题。

依伯恩斯之见，斯坎伦的契约主义方法可以为非同一性问题提供一种解决方案，这种契约主义要求我们以没有人能够合理拒绝的理由为原则进行辩护，这指出了契约主义的两个方面本质上是同一枚硬币的两面，“首先是思考一人如何向另一个人证明原则的正当性，也就是说，他们能够提出什么理由来支持一项特定的原则，这些理由可以被接受吗？第二个问题是问另一个人是否有可接受的理由反对所讨论的原则，后者被称为契约主义的抱怨模型”③。为了给非同一性问题提供一种契约主义的解决方式，伯恩斯思考了两个问题，一是一项原则会创造一个人或一些特定的人这一事实是否是不赞成这项原则的理由？二是一项原则导致一个人或一些人的存在这一事实是否意味着没有理由拒绝它？为了回答第一个问题，伯恩斯进一步发展了库玛尔的观点。伯恩斯认为，他同意我们上述提及的库玛尔关于

① 参见 Rahul Kumar, “Wronging Future People: A Contractualist Proposal”, in Axel Gosseries and Lukas H. Meyer (ed.), *Intergenerational Justice*, Oxford University Press, 2009, pp.258-261.

② 参见 Rahul Kumar, “Risking Future Generations”, *Ethical Theory and Moral Practice*, Vol. 21, 2018, p.247.

③ Elizabeth Finneron-Burns, “Contractualism and the Non-Identity Problem”, *Ethical Theory and Moral Practice*, Vol. 19, No.5, 2016, p. 1154.

非同一性问题的论述策略及最终结论，但是库玛尔忽略了一个反对意见，这个反对意见是，虽然库玛尔对类型的强调向正确解决非同一性问题迈出了重要一步，但是一个人的“存在”应该被视为个人的重要利益之一，人们对存在有着强烈的利益。对于这种反对意见，伯恩斯进行了仔细回应，我们在下一节还会提及，在此只是强调在伯恩斯那里，“存在根本不是一种利益，一个可能的人不会因为不存在而处于不利地位。存在不是利益本身，而是拥有利益的必要条件”①。这一观点会对非同一性问题产生重要的影响，如在例 3 中，我们可以问当前人们选择消耗政策的理由是否合理。如前所述，消耗政策会导致某些人的存在，有人可以为消耗政策进行辩护，其中的理由是消耗政策会导致那些人的存在，然而，政策选择者选择消耗政策的理由是为了自身的理由，而不是在未来使得某人存在。根据伯恩斯的基本立场，对人们所采取的政策的评估不能基于这些政策导致特定的人的存在，一项原则会创造一个人或一组特定的人这一事实并不是赞成这项原则的理由。伯恩斯还进一步回答了上述第二个问题，他试图为一个人可以合理地拒绝一个原则，即使该原则导致了其存在这一立场辩护。伯恩斯认为，“事实上，未来的人可能有个人的理由拒绝一个让他们过上有价值生活的原则，倘若这个原则给他们带来其他负担。假设一个人不能合理地拒绝导致他们存在的原则，那就是将存在置于所有其他事物之上。想象一个导致一个孩子有着严重残疾、生活几乎不值得活下去的原则。假设存在超过所有其他考虑因素，也就是说，如果未来的人能够存在的唯一方式是有残疾，那么有残疾是符合他们的利益的。……然而，存在或有残疾不符合一个可能的人的利益，因为他们没有利益”②。基于此，伯恩斯强调一项原则导致一个人或一些人的存在这一事实并不意味着这个人或这些人没有理由拒绝该原则。可见，伯恩斯指出了契约主义方法如何通过排除一个人的存在作为向他人证明一项原则的理由，以及如何拒绝一项原则导致一个人或一些人的存在从而这个人或这些人没有理由拒绝它这一立场，来试图避免非同一性问题。

① Elizabeth Finneron-Burns, “Contractualism and the Non-Identity Problem”, *Ethical Theory and Moral Practice*, Vol. 19, No.5, 2016, p. 1157.

② Elizabeth Finneron-Burns, “Contractualism and the Non-Identity Problem”, *Ethical Theory and Moral Practice*, Vol. 19, No.5, 2016, pp. 1160-1161.

第三节　为何后果主义和契约主义无法解决“非同一性问题”？

上文探讨了一些学者对非同一性问题提出的后果主义和契约主义等解决方式，这些解决方式能够像其倡导者认为的那样部分解决或解决非同一性问题吗？

一、为何后果主义无法应对“非同一性问题”？

为了解决非同一性问题，帕菲特主要倡导一种 Q 原则，这种原则只适用于由不同对象相同数量的选择带来的非同一性问题，对于由不同对象不同数量的选择带来的非同一性问题，帕菲特强调我们可以通过 X 理论进行解决，至于 X 理论的具体内容是什么，仍然是一个悬而未决的问题。帕菲特并不主张通过非后果主义的方法解决非同一性问题，而是试图通过那种将善行原则（帕菲特对善行原则进行了各种复杂的理解）包括在内的 X 理论从根本上解决非同一性问题。事实上，虽然帕菲特通过深入和细致的分析试图为非同一性问题提供一种后果主义的解决方式，但是这种解决方式仍然存在不少有待解决的问题。

第一，帕菲特将“伤害”的标准设定得过低，我们无法确切地知道什么样的生活是一种勉强值得过的生活，同时，帕菲特混淆了“伤害某个人”和“错误对待某个人”，这两种情况之间实际上是存在区别的。帕菲特在提及例 2、例 3 和例 4 等案例中的非同一性问题时通常有一种说法，即只要生活是值得过的，玛丽在 14 岁怀孕的决定、采取消耗政策和采取冒险政策等行为导致存在的人的状况优于其不存在的状况，只要由这些行为带来的人的生活没有到不值得活下去的程度，我们就不能认为这些人受到了伤害。也就是说，帕菲特设定了一种值得活下去的生活需要满足的最低阈值，即该生活至少是勉强值得过的，这种观点是帕菲特思考非同一性问题的重要前提之一。对于帕菲特的这种观点，我们至少可以提出两点批评意见。一方面，帕菲特将“伤害”的标准设定得过低。帕菲特将一种值得活下去的生活需要满足的最低阈值设定得过低，这种生活至少是勉强值得过的，虽然那种能够达到这种阈值上限的生活是一种较好的生活，应该是值得过的，但是那种接近这种阈值下限的生活几乎已经到了不值得过下去的程度。如果由这些行为带来的生活只要没有到不值得过下去的程度，我们都不能认为这些人受到了伤害，那么这种“伤害”标准的设定就过低了；另一方面，即使我们认可帕菲特所说的一种值得活下去的生活需要满足的最低阈值，我们也无法知道什么样的生活是一种勉强值得过的生活。什么样的生活是勉强值得过的呢？在人类历史上有很多“身残志坚”的故事，例如，司马迁在遭受宫刑的情况下仍然含垢忍辱地活了下去，最终完成了《史记》的写作，这本书也被誉为“史家之绝唱”；张海迪在5岁患脊髓病、高位截瘫的情况下，仍然坚持学习、自强不息，成为很多人的学习楷模；类似的故事还有很多，如贝多芬、霍金等人为人们耳熟能详的故事。按照帕菲特的标准，这些人的生活应该是不值得过的。然而，在很多人看来，虽然这些人在身体上有某种缺憾，但是这些人的生活仍然值得过，仍然值得尊敬和颂扬。

在探讨例2、例3和例4等案例的非同一性问题时，帕菲特都在为这样一种观点辩护，即玛丽在14岁怀孕的决定、采取消耗政策和采取冒险政策等选择是错误的，这些选择下存在的人的生活质量低于替代性选择下可能存在的人的生活质量，这些选择下存在的人受到了伤害。但是这些选择没有错误对待任何人，其中的原因在于，倘若作出了替代性的选择，原初选择下存在的生活质量较低的人就不会存在，因此，他们不会因这种选择而变得更糟。帕菲特主要侧重于行为的后果，如果某行为的后果使得某人相较于此行为未被实施时的后果更好，那么该行为有益于他，反之，该行为会对这个人造成伤害。帕菲特此时混淆了“伤害某个人”和“错误对待某个人”。实际上，“伤害某个人”和“错误对待某个人”之间存在区别，当我们在思考某种行为是否“伤害某个人”时，我们通常关注该行为的“后果”，而当我们在探讨某种行为是否“错误地对待某个人”时，我们通常关注该行为本身，如该行为背后的意图或该行为的目的是什么，一个行为是否错误（或正当）应该有独立的标准。换言之，“伤害某个人”主要侧重于行为的后果，而“错误对待某个人”主要侧重于行为本身。

事实上，某种行为是否“伤害某个人”与该行为是否“错误地对待某个人”之间不存在必然的对应关系，一方面，虽然某种行为没有伤害某个人，但是它错误地对待了这个人。我们可以引用詹姆斯·伍德沃德（James Woodward）的一个经典例子加以说明。假设黑人史密斯试图购买某一航班的机票，而该航空公司因为种族歧视的原因拒绝向史密斯出售机票。不久之后，这架飞机因某种原因坠毁，飞机上的所有人都遇难了。显而易见，航空公司拒绝售票给史密斯的行为导致史密斯的处境比他本来的处境要好。如果出售或不出售机票给史密斯是航空公司唯一可以采取的相关行动，那么不出售机票给史密斯比航空公司可能采取的任何其他行为都更好。尽管如此，航空公司错误地对待了史密斯这一说法是显而易见的。这一判断在很大程度上是基于这样一种观点，即当一个人声称航空公司的行为是错误的时候（因为它是一种种族歧视的行为），他就声称该行为违反了史密斯在避免种族污名化或不平等对待方面的某种特定的利益。[①]倘若该航空公司出售机票给史密斯，史密斯将会死亡，而该航空公司事实上没有出售机票给史密斯，这一行为导致史密斯阴差阳错地逃过了这一劫难，依照帕菲特的伤害标准，活着比死亡要好，史密斯的处境不会比他本来的处境更糟，史密斯没有受到该航空公司的行为的伤害。然而，我们通常认为史密斯受到了航空公司的错误对待，航空公司对史密斯做了一件在道德上不能获得许可的错事。航空公司基于种族歧视的原因而拒绝将机票出售给史密斯的行为本身就是错误的，侵犯了史密斯的权利，不管这种拒售机票的行为如何影响史密斯的其他利益以及整体利益，不管这种拒售机票的行为事实上是否使史密斯免于死亡，事实上是否伤害了史密斯。

另一方面，虽然某种行为伤害了某人，但是它没有错误地对待这个人。我们可以在帕菲特对伍德沃德的回应那里发现相关的例子，帕菲特曾言："假如在一场车祸中，你已经失去了知觉。外科医生切除了你的手臂，因为这是拯救你的生命的唯一办法。这个外科医生的做法对你来说比任何可能的选择都要好一些。然而，依照伍德沃德这样的观点看来，他可能做错了。相关的比较可能是他既拯救了你的生命又保留了你的手臂这一不可能的替代性选择。我们应该如何陈述伍德沃德的观点以便它谴责冒险政策（即例4——引者注），但不谴责这位外科医生的行为呢？"[②]我们通常认为，该外科医生的行为伤害了那个车祸受害者，侵犯了那个车祸受害者的身体自主权，因为医生切除了一个暂时失去意识的车祸受害者的手臂，然而，我们不会认为外科医生错误地对待了车祸受害者，这也体现出有些伤害他人的行为没有错误地对待这个人。回到帕菲特对伍德沃德的回应上来，我们发现帕菲特此时误解了伍德沃德的观点，因为按照帕菲特的说法，伍德沃德会认为外科医生的行为伤害了车祸受害者，实际上，伍德沃德并不认为外科医生的行为错误地对待了车祸受害者。可见，帕菲特混淆了"伤害某个人"和"错误对待某个人"，他只关注行为的后果，而忽视了行为本身，他

① 参见 James Woodward, "the Non-Identity Problem", *Ethics*, Vol. 96, No. 4, 1986, pp.810-811.

② Derek Parfit, "Comments", *Ethics*, Vol. 96, No. 4, 1986, p. 855.

只是从行为的后果出发判断该行为是否伤害了某个人，而没有考虑该行为本身是否是错误的。

第二，帕菲特在批判针对非同一性问题的权利解决方式时言说的“弃权观点”令人怀疑。如上所述，帕菲特在探讨为什么用权利方式解决非同一性问题是不可行的时候，除了强调这种权利是无法实现的，还重点强调了未来人可能会放弃权利。这种弃权观点强调那些其存在依赖于看似有害行动的人不可能受到这些有害行动的伤害。鲁道夫·舒斯勒（Rudolf Schuessler）曾经专门探讨了帕菲特的弃权观点，认为弃权观点缺乏说服力。为了探讨弃权观点是否可行，舒斯勒认为未来世代权利论的支持者在回应弃权观点时，可以假设产前护理是一项不可剥夺的权利，并反思残疾人是否真的会放弃他们接受产前护理的权利，而这两个方面都涉及如何向残疾的孩子展示残疾和不存在之间的抉择。在舒斯勒那里，有两种方式可以采用。一是采取“童话故事”的方式，这种方式涉及一个残疾人回过头来回答她是否愿意永远都不存在，而不是现在的残疾。例如，有一个现存的残疾儿童，假设一个仙女出现，当一个因疏忽而被孕育的残疾人被问及她是否放弃自己的针对父母的权利时，如果这个人声称她更喜欢不被孕育，那么仙女就会向她吹一口气，这个人就毫无痛苦地消失在空气中，而如果这个人更喜欢她的残疾生活，那么仙女就会消失，也就是说，如果这个孩子在上述测试中选择了残疾的存在，那么她对父母就没有正当的不满。舒斯勒认为这种方式的优点是它假设了一个现有的人，从而避免了仅仅用假设的人进行思想实验的担忧，假如绝大多数受试者更喜欢残疾的存在，而不是消失在空气中，那么它是否足以免除父母怀上残疾儿童的责任呢？依照舒斯勒之见，那些因疏忽而孕育孩子的父母创造了一种叫作生命的产品，这种产品在疼痛、悲伤、过早死亡和其他方面是有缺陷的，“如果讨价还价的各方的立场过于不对称，那么弃权问题可能会被视为无效。父母和残疾儿童的立场似乎就是如此。童话中的孩子面临着一个真正困难的抉择，即她要么选择残疾的生活，要么选择不复存在。相比之下，父母面临的抉择只是是否推迟一段时间受孕。如果以不对称的讨价还价的事例为由拒绝弃权是合理的，那么在童话故事中拒绝弃权也应该是合理的”[①]。根据舒斯勒的观点，童话不适合作为弃权观点的思想实验，而且也是不公平的。

另一种方式是采取“产前契约”的方式，这种方式涉及一种假想的测

① Rudolf Schuessler, “Non-Identity: Solving the Waiver Problem for Future People's Rights”, *Law and Philosophy*, Vol. 35, 2016, p. 95.

试，在怀孕前询问一个人是否愿意保护自己的权利，而不是作为残疾人存在。例如，一个虚拟的人（或孩子）被预期性地与潜在的父母签订契约，这种方式假设那些孕育残疾儿童的父母可能会问自己，他们的孩子是否可能与他们签订产前的怀孕契约，倘若孩子或其法定代表人放弃产前护理的权利，该合同将由父母签署，否则，孩子就不被孕育。舒斯勒认为产前契约是关于想象一个人在出生前会选择什么，该思想实验可能被认为是逻辑上不一致的，因为不存在的人不可能进行选择。对此，舒斯勒认为可以用罗尔斯式的契约论来解释这一问题，决策者被认为不属于任何世代，然而，舒斯勒强调任何对产前契约中的孩子放弃其权利的期望将必然引起争议，同时，舒斯勒还将产前契约同上述帕菲特的外科医生的例子进行对比，认为我们可以假设外科医生例子中的理性的人宁愿活下去，尽管在这个过程中，他会失去一条胳膊或一条腿，然而，在产前契约中，我们没有充分的理由认为弃权将是具有代表性的理性决策者的唯一反应。[①]可见，按照舒斯勒的观点，无论是“童话故事”的方式（在此方式中，一个人被问及他是否更喜欢被错误对待的方式，而不是从未出生），还是“产前契约”的方式（在这种方式中，一个想象中的人必须考虑他是否想放弃一项权利从而能够生存下来），都不适合作为为弃权观点进行辩护的方式，弃权观点也是不成立的。当然，有人可能对此回应道，舒斯勒只提到并反驳了两种可以为弃权观点进行辩护的方式，这并不能证明弃权观点是错误的。我们接下来做进一步的分析。

我们在上一节曾提到，帕菲特在为其弃权观点进行辩护的过程中，主要依赖于一种类比论证，也就是说，他认为那位向某女士求婚成功的人和那位给《泰晤士报》写信的人会放弃自己的权利，这使得他认为非同一性问题中的某些所谓的受害者会放弃自己的权利。事实上，这是两个不同的问题，它们之间缺乏可比性。因为那位向某女士求婚成功的人和那位给《泰晤士报》写信的人都是现实存在的人，当事人是存在的，他们可以清晰地表达自己的观点，即放弃自己的权利。而在非同一性问题中，很多当事人不存在，我们不能推测他们将放弃自己的权利，还是会坚守自己的权利。即使在我们上面提及的错误的生育案例中，某些当事人已经存在，他们会起诉医生，认为医生侵犯了他们的权利，这些人没有放弃自己的权利。例如，近年来，我国司法界常常出现一种由错误的生育引起的诉讼行为，某

---

① 参见 Rudolf Schuessler, “Non-Identity: Solving the Waiver Problem for Future People's Rights”, *Law and Philosophy*, Vol. 35, 2016, pp. 97-101.

些提供孕前检查的医疗机构及其医务人员因疏忽或技术等原因，没有检查出胎儿的缺陷或没有如实告知父母其胎儿的确切情况，父母在误以为其孩子健康的情况下将一个残疾的孩子生下来，父母作为原告或者当孩子长大后作为原告向医疗机构请求损害赔偿，认为医疗机构侵犯了其孩子或自己的权利。即使在一些非同一性问题的案例中，那些受害者也可以对伤害自己的行为感到遗憾，例如在例 4 中，即使那些在冒险政策下存在的一些在 40 岁时将死去的人有一种值得过的生活，这并不意味着他们不能对冒险政策表示遗憾。即使这些人对自己的存在不感到后悔，这也不意味着他们对冒险政策的选择不表示遗憾。我们还可以对帕菲特的弃权观点提出另一种批评。我们在第二节曾提到，帕菲特强调那些例 2 和例 3 中的所谓受害者会放弃他们的权利，否则这些人就会不存在。实际上，即使例 2 和例 3 中的所谓的受害者放弃他们的权利，这也是他们在受到威胁的情况下同意的，因为倘若他们不同意，他们将不会存在，因此，在受到不存在的威胁的情况下做出的放弃权利的行为缺乏约束力和说服力。与此同时，我们也可以适当地扩展上述帕菲特的外科医生的案例，看看能否为弃权观点进行辩护。假如在上述外科医生的案例中，该外科医生给一个昏迷的病人进行手术，该手术是挽救那个病人的唯一方法，但是这个人会失去手臂。外科医生进行了手术，该病人得救了，但是失去了自己的手臂，我们可以假设当这个病人苏醒后得知各种情况后会放弃自己的身体不受伤害的权利。我们可以用同样的逻辑为帕菲特的弃权观点进行辩护吗？事实上，我们不能这样做。因为经过扩展后的外科医生的案例与非同一性问题截然不同，在外科医生的案例中，这是一种追溯性的弃权行为，也就是说，该病人被问及他是否同意以失去手臂为代价而被挽救生命，否则的话，他将失去自己的生命，而在非同一性问题中，这种向前追溯的同意是不存在的。

实际上，帕菲特本人对“弃权观点”的立场不是非常坚定，因为我们在上一节提及的帕菲特对非同一性问题的权利解决方式的批判中，曾经强调某些人可能像那位给《泰晤士报》写信的人一样，“他们可能会放弃他们的权利。但是，既然我们不能够假定这就是他们所有人的反应，那么，诉诸他们的权利可能提供了某种对我们的选择的诘难”①。帕菲特此时已经承认在非同一性问题中不是所有人都会放弃自己的权利，可见，帕菲特承认其弃权观点不会获得普遍的认可，这也从一个侧面体现出，他对非同一性

①〔英〕德里克·帕菲特：《理与人》，上海译文出版社，2005 年版，第 522 页。类似的观点亦可参见该书第 537～538 页。

问题的权利解决方式的批判是不彻底的，我们在下一节会为这种解决非同一性问题的方式进行辩护。另外，我们需要注意的是，帕菲特及一些学者之所以认可弃权观点，是因为他们认为在一定的条件下一个人存在的利大于弊，实际上，为证成这种观点，需要面临着很多的压力，这是我们接下来就要提到的问题。

第三，帕菲特推崇的用于解决由不同对象相同数量的选择所带来的非同一性问题的 Q 原则是一种比较性的原则，这本身是无可厚非的，然而，Q 原则依赖于对不同选择下存在的人的生活质量的比较，致力于比较某种选择下的一个人的“存在”和替代性选择下的一个人的“不存在”，这种比较是不可能的。同时，帕菲特不断强调的一个人的“存在”优于“不存在”这一假设本身不能令人信服。Q 原则是一种比较性的原则，它依赖于与一个人没有受到伤害的状况进行比较（即依赖对伤害的“反事实描述”），将焦点聚集于对不同选择和政策下出现的整体后果进行比较，譬如在例 2 中，Q 原则侧重于比较玛丽在 14 岁时生下的汤姆的生活质量与玛丽等待几年后将生育的杰克的生活质量。在人格同一性的情况下，对不同生活质量和不同行为的后果进行比较非常容易进行。假设一个人（P1）开车时闯红灯，撞伤了正在通过斑马线的 P2，P2 身受重伤，那么，我们认为 P1 闯红灯的行为伤害了 P2，P1 错误地对待了 P2。其中的原因在于，如果 P1 遵守交通规则，没有闯红灯，那么 P2 就不会身受重伤。这种比较可以进行的前提条件在于，由 P1 的行为影响到的 P2 这一对象是同一个人，也就是说，受影响者是在人格同一性的情况下，人们才可以对其两种状态进行比较。然而在非同一性问题中，人格同一性这一假设是不成立的。帕菲特认为其 Q 原则可以用来解决由不同对象相同数量的选择带来的非同一性问题，例 2 就属于这种问题。在例 2 中，玛丽在 14 岁时的生育行为使得汤姆来到世间，但是汤姆拥有一个较差的人生起点，倘若玛丽在 14 岁时不生育，汤姆就不会存在。此时不但汤姆的生活质量受到玛丽的不同选择的影响，而且其人格同一性也会受到影响。我们能够通过比较玛丽的不同选择下存在的人（即汤姆和杰克）的生活质量，通过比较某种选择（即玛丽在 14 岁时生育）下的一个人（即汤姆）的“存在”和替代性选择（即玛丽在 14 岁时不生育）下的一个人（即杰克）的“不存在”，来判断玛丽 14 岁时的生育行为是有利于汤姆，还是会伤害汤姆？在人格非同一性的情况下，我们不能进行这种比较。

在一个人的生活至少值得勉强过下去这一情况下，一个人的“存在”优于其“不存在”这一假设本身能够令人信服吗？卡夫卡的“奴隶儿童”

这一著名的思想实验可以用来反思该假设。假如在一个奴隶制是合法的社会中，一对夫妇本来不打算生孩子，但是此时有一个奴隶主答应只要他们同意生孩子并将孩子给他，这对夫妇将获得5万美元。由于这对夫妇需要一笔钱买游艇，这对夫妇应该签订协议、生下孩子和接受5万美元吗？[①]在作为一个奴隶存在要优于从未存在这一假设可行的情况下，按照非同一性问题的内在逻辑，这对夫妇并没有伤害他们的孩子，因为如果他们拒绝了奴隶主的建议，他们从来不打算生育孩子，那么那个作为奴隶而存在的孩子就不会存在。然而，作为一名奴隶的存在要优于其不存在，这一假设显而易见是不成立的。奴隶通常是指那些失去人身自由并被奴隶主任意驱使、买卖或杀害的人，丧失了人身自由和独立自主的能力。奴隶的生活是勉强值得过的吗？显然，我们任何人都不想拥有奴隶般的生活，如果奴隶的生活是勉强值得过的，那么勉强值得过的生活所需要满足的最低阈值也太低了，已经到了令人难以忍受的地步，可以说已经到了"生不如死"的地步。虽然我们经常听到有人说"好死不如赖活着"，但是我们也听到人们常言"生不如死"。我们可以设想，倘若让一个人在作为奴隶存在着和不存在之间进行抉择，很多人会选择不存在，虽然此处可能有人仍然认为奴隶般的存在也要优于不存在。一个人的"存在"要优于"不存在"这一假设往往与一个人的"存在"优于"死亡"这一假设有关。在通常情况下，"存在"确实优于"死亡"。然而，不存在不会带来任何的损失，不存在与死亡是不同的，因为死亡意味着一个人本来是存在的，因为某种原因自己的生命终结了，失去了自己曾经拥有的生命，而不存在的人根本没有体验到活着是一种什么感觉，也就谈不上自己有何损失。我们还可以通过引述海德的观点来进一步佐证我们的观点。在帕菲特等人那里，"不存在"要比"有严重残疾的存在"要好，海德曾经回应了这种观点。帕菲特等人之所以认可上述观点，在于他们认为，不存在对人的价值为零，而有某些严重缺陷的生命为负值，因为零比负值要好，所以不存在对人来说比生活在严重残疾中要好。海德认为"这种分析的问题是，不存在被赋予一个值（零），尽管没有人可以把它归因于它。不存在对任何人来说既不是好的又不是坏的，也不是中立的，因为好的和坏的只能归属于形而上学上可识别的个体。然而，零是好与坏之间的平衡点。我们不能说没有银行账户的人可以被认

① 参见 Gregory S. Kavka, "The Paradox of Future Individuals", *Philosophy and Public Affairs*, Vol. 11, No.2, 1982, p.100.

为拥有零余额"[①]。因此，我们无法认可"存在"要优于"不存在"这一观点。

第四，帕菲特对非同一性问题的后果主义解决思路回避了非同一性问题，没有真正解决非同一性问题，Q 原则（和帕菲特一直在追寻的 X 理论）没有关心未来人的具体细节，未涉及特定的人。非同一性问题恰恰涉及特定的人，它强调的是倘若某个特定的人的存在依赖于看似有害的行为，我们不能说看似有害的行为伤害到了那个特定的人，因为倘若看似有害的行为没有发生，这个特定的人就不会存在，没有人可以同时出现在两种不同的选择带来的结果中，这在例 2、例 3 和例 4 中体现得非常明显。为了真正解决非同一性问题，我们必须解释为什么例 2、例 3 和例 4 中的特定的人受到了伤害和被错误对待，必须解释为什么那个看似有害的行为是不被允许的。我们可以以例 4 为例进行说明。倘若某共同体采取了冒险的政策，许多世纪后出现的一场地震导致核废料的核辐射泄漏了，很多人身患重病并在 40 岁时死去。按照非同一性问题的内在逻辑，虽然如此，这些人的生活仍然值得活下去，因为倘若该共同体选择了安全政策，这些人将不会存在。从我们的道德直觉上而言，冒险政策是错误的。一个能够真正解决非同一性问题的方法是告诉我们为什么那些在 40 岁时逝去的人被错误对待了，要解释为什么冒险政策在道德上是不被允许的。这些人受到的错误对待与他们是否享受到了那种值得活下去的生命的好处是没有关系的。

帕菲特的 Q 原则（和 X 理论）没有指涉具体的对象。在帕菲特那里，Q 原则强调我们不应该污染环境，因为在污染环境的情况下那些活着的人比那些在环境没有遭到污染的情况下本来活着的人的处境更差，这是更糟糕的。Q 原则只是通过比较在两种不同的选择中哪个结果更优，如果某种选择（如玛丽在 14 岁时的生育行为）导致其生育的孩子（即汤姆）比她等待几年后生育的孩子（即杰克）更差，那么这种选择就不被允许。也就是说，Q 原则没有涉及具体的对象。一个没有指涉具体对象的 Q 原则试图解决一个指涉具体对象的非同一性问题，其可行性令人怀疑，虽然我们不能完全拒绝 Q 原则解决由不同对象相同数量的选择带来的非同一性问题的可能性，但是它至少面临很多困难，可以说，帕菲特只是通过某种方式回避了非同一性问题，并没有真正解决非同一性问题。

另外，帕菲特的 Q 原则带有明显的功利主义风格，它是否能够避免以

---

① David Heyd, "The Intractability of the Nonidentity Problem", in Melinda A. Roberts and David T. Wasserman (ed.), *Harming Future Persons: Ethics, Genetics and the Nonidentity Problem*, Springer, 2009, p. 15.

及怎样避免帕菲特自己曾明确指出的非同一性问题的功利主义解决方式本身面临的“令人讨厌的结论”(即那种拥有最多福祉的结果就是最好的结果，人口数量的充分增加可以补偿人们的生活质量方面的任何损失),这是不确定的。依照帕菲特的后果主义思路，倘若有人认为人们应该最大化自身的行为对人产生的积极影响，并最小化其消极影响，我们应该发现这种思路带来的结论也可能是令人讨厌的。这为我们在下文寻找一种针对非同一性问题的非后果主义解决方案提供了很好的理由。

二、为何契约主义无法解决“非同一性问题”？

雷曼、库玛尔和伯恩斯等人通过契约主义方法为非同一性问题的解决提供了一种较为可行的方法吗？虽然笔者认为雷曼通过契约主义解决非同一性问题所得出的结论（未来世代拥有权利）是可行的，这也是我们在下一节将提到的观点，但是雷曼等人通过契约主义方法解决非同一性问题时存在一些值得商榷的地方。

首先，雷曼、库玛尔和伯恩斯所提出的针对非同一性问题的契约主义解决方式，面临着契约主义的代际正义理论面临的一些问题。第三章的最后曾言，代际权力的不平等问题是契约主义的代际正义理论需要着力解决的最重要的问题之一，由于未来世代目前尚不存在，未来世代与当今世代就不可能处于一种真正平等的状态，这也是雷曼在通过契约主义方法解决非同一性问题时存在的急需解决的问题。上文曾经提到，雷曼在借鉴罗尔斯的契约主义方法时强调，为了使得各方能够在一个公平的条件下讨价还价，无知之幕掩盖了他们的很多信息，如他们的很多个人信息，然而，这没有掩盖他们已经存在或将要存在的事实，这可以从雷曼的“处于原初状态中的各方代表了所有人，而且只有那些从此刻起将永远存在的人（即现在还活着的人,目前尚不存在但总有一天会存在的人)”这一观点体现出来。也就是说，立约各方没有真正处于一种平等的状态，这也是代际权力的不平等的一种重要体现。同时，海德认为，雷曼的契约主义观点是存在问题的，因为“罗尔斯的契约只为实际的人创造权利，这些人要么已经活着，要么将要生活在未来，也就是说，他们的同一性是固定的。人们有权生来健康或有正常能力的想法前后不一致，因为没有一个立约者会选择一种导致其他人将代替其出生的正义原则(即使那个人的处境更好)。创造拥有良好属性的孩子可能是一个崇高的目标，但是它只能建立在非个人的（而不是契约性的）正义的概念之上”[①]。按照海德的看法，罗尔斯式的立约者是特定的个人，而不是抽象的、同一性不固定的人，雷曼误解了罗尔斯的契约主义方法。库玛尔和伯恩斯等人在依照斯坎伦的契约主义方法为针对非同一性问题的契约主义方法进行辩护时，同样面临着由代际权力的不平等带来的问题，雷曼还试图借鉴罗尔斯的无知之幕来确保各方处于一种平等的地位，而库玛尔和伯恩斯等人所采取的斯坎伦的契约主义方法要求契约中的各方在相互知情的情况下进行选择，那些被描述为知情的、自由的和负责任的人在类似欲望的驱使下，为自己的目的、行为和期望等进行辩护，这种做法不能保证各方关注未来世代的利益。

其次，雷曼在通过契约主义方法解决非同一性问题的过程中所采取的从当今世代对未来世代的义务推导出未来世代拥有权利的做法是不可行的。我们在上一节曾提到雷曼的“如果这是当前人民对未来人民的义务，那么未来人民就拥有与当前活着的人的努力相关的权利。我将总结说，未来的人们有权利正常运作”这一观点，从中体现出雷曼除了依照罗尔斯式的契约主义方法为未来世代的权利辩护，还试图从当今世代对未来世代负有的义务中推导出未来世代拥有权利。虽然我们在上一章和本章下一节都为未来世代权利论辩护，但是雷曼此处的做法值得商榷。就权利和义务之间的关系而言，从权利中可以推导出义务，然而，从义务中不一定能推导出权利。具体来说，当我们说人们拥有生命权、自由权和财产权等权利时，这意味着其他人或组织有不侵犯人们的生命权、自由权和财产权等权利的义务，有提供某些措施或手段从而保障人们的生命权、自由权和财产等权利的义务。我们可以再次通过辛格的“拯救落水儿童”的思想实验来进一步探讨从义务中能否推导出权利。辛格确立了两个不会引起异议的基本原则：第一个基本原则是，由于缺乏食物、住所和医疗保障等原因所遭受的苦难和死亡是坏的；第二个基本原则是，如果预防某些坏的事情的发生是我们力所能及的，并不会因而牺牲任何具有类似的道德重要性的东西，那么从道德上而言，我们就应该那么做。辛格设想假如 A 在经过一个非常浅的池塘旁时，发现一个小孩不小心掉进去了，并意识到这个小孩有被淹死的危险。倘若 A 伸出援手去拉那个小孩，那个小孩会得救，即使这会弄湿 A 的衣服或者耽误他的一场重要的演讲；倘若 A 不救那个小孩，那个小孩

---

① David Heyd, “The Intractability of the Nonidentity Problem”, in Melinda A. Roberts and David T. Wasserman (ed.), *Harming Future Persons: Ethics, Genetics and the Nonidentity Problem*, Springer, 2009, p. 13.

将会被淹死。辛格认为根据上述两个原则，A 应该救那个小孩。[①]在上述思想实验中，A 有援助落水儿童的义务，倘若他不施以援手，这种行为不仅受到他人的谴责，而且他自己在良心上也会谴责自己。然而，这个孩子并不一定拥有获得援助的权利。换言之，人们不能从义务中直接推导出权利。

再次，如前所述，为了解决非同一性问题，雷曼引入了一个关键的区分，即对人的“属性”和“特性”的区分，并认为当今世代的行为不会影响未来世代的特性，只会影响未来世代的属性。这种思路表面上看有一定的道理，实际上存在不少问题。这种思路表面上的合理性在于，非同一性问题的出现在很大程度上与人们对属性和特性的混淆存在一定的关联性，倘若我们能够较为清晰地区分那些受到当今世代的行为影响的属性和那些不会受到当今世代的行为影响的特性，雷曼的思路确实可以在某种程度上解决非同一性问题。然而，我们能够满足这一前提条件吗？我们在上一节提到，雷曼强调个人的身体健康程度和身高等因素属于一个人的属性，而个人的性格和禀赋等因素属于个人的特性。实际上，我们不能清晰地区分一个人的属性和特性，在非同一性问题中受到貌似有害行为影响的个人都是一个完整的个体，其各个组成部分不能被清晰地区分开。在某个世代内，个人的属性的界定是较为容易的，然而，在代际背景下，要对属性进行界定存在某些困难。正如杨士奇所言，由于当今世代和未来世代所处社会、环境、文明水准和科技发展等外在条件不在同一个基点上，对属性会产生不同的理解，“而瑞曼所谓‘人的属性’——诸如瑞曼自己所提示之体型或健康等生理的属性条件，似乎在不同的时代中，会有不同的判准与要求。那么，我们该如何在不同的世代之间，针对相关条件属性的呈现，作出公平的判准呢？特别是，在当代科技如此发达的情况下，后代受到前代所影响的范围，远远超越过去的人们所能想象——从外在的生存环境恶化、乃至于透过基因科技更动后代的内在天赋条件等——那么，我们如何能确切无误地指认：五十年前的人们与五十年后的人们之相关属于人的道德属性或利益，全然无所变动？或者，这些属性与利益，将因时代的变迁而有所更改”[②]。鉴于属性和特性的区分在雷曼的论证过程中起到了至关重要的作

① 参见 Peter Singer, “Famine, Affluence, and Morality”, *Philosophy and Public Affairs*, Vol. 1, No.3, 1972, pp. 231-233. 相似观点可参见〔澳〕彼得•辛格：《实践伦理学》，东方出版社，2005 年版，第 224～225 页；〔澳〕彼得•辛格：《一个世界——全球化伦理》，应奇、杨立峰译，东方出版社，2005 年版，第 159 页；Peter Singer, *The Life You Can Save*, New York: Random House Trade Paperbacks, 2010, p.3.

② 杨士奇：《论代间正义：一个罗尔斯式的观点》，台湾政治大学博士学位论文，2008 年，第 72 页。杨士奇在此提到的“瑞曼”即我们提到的“雷曼”。

用，雷曼对属性和特性之间的区分面临的质疑必然影响雷曼针对非同一性问题提出的解决方式的说服力。同时，雷曼的当今世代的行为只会影响未来世代的属性（而不会影响到未来世代的特性）这一观点也值得商榷，因为有些影响未来世代的属性的行为有时也会影响未来世代的特性，虽然有时只是间接影响而不像对属性产生一种直接的影响。例如在例 4 中，倘若某共同体采取了一种冒险政策，其中人们的身高和身体健康程度受到了很大的影响，这种影响也会间接传递到人们的特性上去。

最后，与上述缺陷紧密相关的是，雷曼在属性和特性之间的区分绕过了非同一性问题，并没有真正解决非同一性问题，这与帕菲特的解决之道一样存在着以回避非同一性问题的方式来解决非同一性问题这一缺陷。即使我们承认雷曼成功地区分了个人的属性和特性，这也不能证明雷曼针对非同一性问题的解决方式是可行的，更加显得雷曼的解决方式是在回避非同一性问题。我们在本节第一部分曾提到，非同一性问题是一个涉及特定的人的问题，指涉特定的对象，它涉及的核心问题是，如果某个特定的人的存在依赖于某种看似有害的行为（如例 3 中的消耗政策和例 4 中的冒险政策），那么人们在没有进行仔细辩护的情况下，就不能说上述看似有害的行为伤害了那个特定的人，其中的原因在于，倘若该共同体没有选择消耗政策或冒险政策，那些所谓的消耗政策或冒险政策的受害者就根本不会存在，既然所谓的受害者的存在要优于不存在，受害者就没有理由抱怨那些看似有害的行为。雷曼强调当今世代的行为只会影响未来世代的属性（而不会影响未来世代的特性），当今世代必须为其损害未来世代的属性方面的利益承担责任，雷曼提出的针对非同一性问题的解决方式主要侧重于人的属性问题，然而，按照雷曼对个人的属性和特性的区分以及将各个人真正区分开来的是其特性（而非属性），非同一性问题主要侧重于人的特性，这样的话，雷曼的上述解决方式与非同一性问题的侧重点就不在同一个水平线上，雷曼为解决非同一性问题提出的策略就绕过了非同一性问题真正侧重的问题，没有真正解决非同一性问题。

第四节　一种义务论的尝试

倘若我们在上一节对针对非同一性问题的后果主义和契约主义的解决方式的质疑可以为人们接受，我们接下来将试图为非同一性问题提供一种非后果主义的解决方式，即“义务论”的解决方式。那么，义务论的基本理念是什么？义务论通常被认为是一种与后果主义针锋相对的理论，它们都是与人的行为相关的伦理理论，只不过它们的侧重点有所不同。与后果主义只侧重于行为带来的后果以及它不断申述的行为的对错只取决于它是否可以带来最好的后果这一立场形成鲜明对照的是，义务论关注行为本身的道德性质，强调不管某种行为可能带来的效用或总体利益是什么，某些行为本身就是错误的。后果主义和义务论在“正当”(right)与“善”(good)的关系上也是不同的，罗尔斯对此曾言，“功利主义是一种目的论的理论，而作为公平的正义却不是这样，那么，按照定义，后者就是一种义务论的理论，一种不脱离正当来指定善；或者不用最大量地增加善来解释正当的理论”[①]。可见，在正当与善的关系上，义务论强调正当优先于善，一个行为的正当性不依赖其是否实现了行为所带来的善的最大化，主要依赖于它是否符合义务或规则带来的限制，而后果主义等目的论持有相反的立场，认为善优先于正当，一个行为是否是正当的主要取决于它是否实现了善的最大化，主要与该行为带来的收益有关。在义务论者那里，无论某些行为的后果如何，这些行为在本质上都是错误的，其中的错误性与某些行为发生的时间及其被实施的具体环境无关，这一立场显示出义务论有可能成为一种解决非同一性问题的可行方式。

义务论涉及很多与义务相关的问题，其中较为基本的问题有两个，一是倘若行为者在做出某一行为时受到义务和原则的约束，这些约束的依据和基础是什么？权利是否是一个可行的基础？二是人类应当担负哪些基本的义务？当这些不同的义务之间出现了冲突，应该如何处理其中的冲突？哪种义务应该具有优先性？当我们试图为非同一性问题提出一种义务论的解决方式时，我们也应该回答与上述问题相关的两个问题，一是那种针对非同一性问题的基于权利的解决方案是否可行？二是当今世代对未来世代是否负有义务？这些义务的基础是什么？这些将是我们要涉及的问题。

一、基于权利的解决方案

按照我们的道德直觉，非同一性问题中的某些行为错误地对待了某些人，将对未来的人产生预期的不利影响。然而，依照非同一性问题的内在逻辑，这种行为却是某些人存在的必要条件，貌似没有伤害这些人。倘若如此的话，未来世代没有必要抱怨当今世代的污染环境的行为，因为这些污染环境的行为恰恰是未来世代存在的重要前提。我们在直觉上肯定认为

---

① 〔美〕约翰•罗尔斯：《正义论》，中国社会科学出版社，1988 年版，第 29 页。

污染环境的行为是错误的，我们在解决非同一性问题的过程中，一个关键的问题是非同一性问题中涉及的某些行为的令人反感之处是什么？这些行为到底错在何处？那种用于解决非同一性问题的方案应该能够解释我们的这种直觉，基于权利的解决方案是一种重要的方式。虽然我们已经回应了帕菲特针对非同一性问题的基于权利的解决方案所提出的批判，尤其重点回应了帕菲特的“弃权观点”，但这只是部分证明了针对非同一性问题的基于权利的解决方案的可行性。为了进一步增强针对非同一性问题的基于权利的解决方案的说服力，我们还需要对有关非同一性问题的基于权利的解决方案进行否定性的论述和肯定性的论述。

对有关非同一性问题的基于权利的解决方案的否定性的论述，主要涉及进一步回应除帕菲特的“弃权观点”以外的一些对有关非同一性问题的基于权利的解决方案的批判。我们先来看看未来世代权利论的支持者范伯格对有关非同一性问题的基于权利的解决方案提出的批评，考虑到范伯格本人是未来世代权利论的坚定捍卫者，这种批评就显得尤为重要。

第一，范伯格认为那种声称人们在生育行为等非同一性案例中有合法的投诉和抱怨这一做法是没有依据的。假如母亲生育的孩子身有残疾，母亲是否错误地对待了其孩子呢？范伯格认为只要这个孩子承认他的残疾生活比根本不存在要好，他就不能对其母亲提出诉讼，因为如果他声称其母亲的生育行为伤害了他，那么他就会认为他母亲的义务是不做任何事情，他就不会存在了，这样的话，结果就更糟了。也就是说，母亲确实做错了，但是这并不意味着她的错误行为错误地对待了任何人，她必须被指责肆意将某种邪恶带入这个世界，而不是伤害或侵犯一个人的权利，“无论如何，让她承担责任（至少就伤害因素而言）就像让救助者为自身对一个濒临死亡的人造成的伤害承担责任一样，而这些伤害对拯救那个人的生命是必要的。他可能在救援行动中导致了被拯救者的手臂被折断，但让我们假设另一种选择是让他死去。因此断臂原告的手臂受到了伤害，但是进行救援的被告并没有造成总体上有害的状况，这种状况被救援所带来的压倒一切的利益抵消了，因此，他根本没有伤害原告”[①]。范伯格在为其观点进行辩护的过程中采取的方法，与帕菲特为弃权观点进行辩护时采取的方法是一样的，即都是“类比论证”的方法。范伯格采取的策略是从救援案例中的被救援者的权利没有受到侵犯，从而推导出非同一性问题的生育行为中不存

① Joel Feinberg, “Wrongful Life and the Counterfactual Element in Harming”, *Social Philosophy and Policy*, Vol. 4, No.1, 1986, p. 169.

在侵犯权利的现象。范伯格的这种类比方法和推论是存在问题的，救援案例与母亲生育残疾孩子的案例至少在两个方面存在重要差异。一方面，被救援者与身有残疾的孩子有很大的区别。被救援者是一个已经独立存在的个体，他的存在不依赖于救援者的行为，而身有残疾的孩子是否能够存在取决于他母亲是否生育的行为，也就是说，他不是一个独立存在的个体，而是一个处于依赖地位的人。另一方面，救援行为与生育行为对它们分别影响到的对象的必要性和后果是不同的。救援者的救援行动对被救援者来说是必要的，倘若救援者不实施施救行为，被救援者就会死亡，将处于一种更糟的状态，而生育行为对身有残疾的孩子来说不是必要的，倘若母亲不生育，身有残疾的孩子就不会出生，也不会处于更糟的状态。这种差异有着重要的道德意义，我们对这些案例也有着不同的道德反应，虽然被救援者的手臂断了，但是我们不会认为被救援者的权利受到了侵犯，倘若救援行为没有发生，被救援者的处境就会更糟。然而，在非同一性问题中的生育行为中，不生育对身有残疾的孩子来说不会更糟。可见，鉴于救援案例和非同一性问题中的生育行为之间存在着重要差异，范伯格不能通过与救援案例中的行为进行类比的方式，来反驳针对非同一性问题的基于权利的解决方案。

第二，根据范伯格的立场，一些微不足道的伤害并不足以成为一个人可以声称自己的权利在非同一性案例中遭到侵犯的充分理由。范伯格认为，倘若我们坚持认为“帕菲特例子中的婴儿受到他母亲的伤害，这可能会产生一个不幸的后果，那就是将错误的生命诉讼合法化，适用于诸如非婚生、丑陋、智力低于平均水平等有害状态，所有这些都是‘有害状态’，但是由于所有这些都比不存在更为合理，所以总体上不会受到伤害。因此，如果一个作者提倡一种特殊的‘伤害’感，仅仅是为了允许像帕菲特这样的错误的生命诉讼被伤害原则合法化，那么这个建议将会建立在这些伤害相对微不足道的其他例子上。轻微伤害可以判给相对较小但适当的赔偿，法院将挤满原告，他们对父母提供不利的环境或不良的遗传基因表达想象中的‘不满’”[①]。实际上，如果一些相对微小的伤害就成为一个人声称自己的权利受到侵犯的充分理由，那么我们也会与范伯格一样认为，针对非同一性问题的基于权利的解决方案是值得商榷的，然而，在思考能否为非同一性问题提供一种基于权利的解决方案的过程中，我们提到的伤害不是这种微

① Joel Feinberg, “Wrongful Life and the Counterfactual Element in Harming”, *Social Philosophy and Policy*, Vol. 4, No.1, 1986, p. 173.

不足道的伤害，而是一些严重的伤害，例如在例 3 和例 4 中，那些受害者的生命都有遭到严重侵犯的可能性。

除了范伯格对有关非同一性问题的基于权利的解决方案的批评，贾斯汀 · 帕特里克 · 麦克布雷（Justin Patrick Mcbrayer）也通过一个思想实验对非同一性问题的基于权利的解决方案提出了批评。例如，在某非同一性案例中，一名妇女在服用她知道可能导致出生缺陷的药物时故意怀孕，即使该妇女侵犯了由此生育的孩子的某些权利，她似乎没有伤害他，毕竟他的生活比不存在要好，孩子没有因为母亲的行为而变得更糟，是什么使得该妇女的行为出错了呢？麦克布雷认为，根据基于权利的解释，这种行为是错误的，因为它在道德上伤害了孩子，他的权利无缘无故地受到了侵犯，他也受到了伤害，这种违反个人义务的行为和随之而来的伤害解释了这名妇女的行为为什么在道德上是错误的，个人对某人负有与相关权利相关的义务，“然而，基于权利的解释显然不能令人满意；毕竟，避免残疾的唯一方法是放弃怀孕——这种结果对孩子来说比身有残疾更糟糕。很难看出母亲是如何伤害她的孩子的”[①]。在上述案例中，麦克布雷对有关非同一性问题的基于权利的解决方案的关键批评，是一个孩子的不存在比其身有残疾来说更糟糕，即一个残疾的存在要优于不存在的状况。实际上，这种说法缺乏说服力，我们在上一节已经批评了这种说法，一个人的“存在”（尤其是残疾的存在）不一定优于“不存在”，同时，“存在”不像麦克布雷（和帕菲特）等人设想的有那么大的道德权重，至少其权重不应该使我们认为，那些显而易见的有害行为造成未来世代的存在这一事实，可以使未来世代无论如何都不能声称他们受到了那些做出有害行为的决策者的伤害或者不能声称他们的权利受到了侵犯（倘若他们拥有权利这一观点成立）。

上述对有关非同一性问题的基于权利的解决方案的质疑是不成立的，这使得我们有可能为非同一性问题提供一种基于权利的解决方案，下面我们将对有关非同一性问题的基于权利的解决方案进行一种肯定性的论述。我们在上一章曾为未来世代权利论进行了辩护，在接下来的论述中我们假定未来世代拥有权利这一立场是可以被接受的。对非同一性问题的基于权利的解决方案认为某些行为是错误的，因为他们侵犯了一个人的权利。例如在例 3 和例 4 中，那些将在消耗政策或冒险政策下存在的人是一些潜在的人，他们拥有潜在的利益，虽然我们在此不是强调在消耗政策或冒险政

① Justin Patrick Mcbrayer, “Rights, Indirect Harms and the Non-Identity Problem”, *Bioethics*, Vol. 22, No. 6, 2008, p. 300.

策下存在的人的所有利益都意味着权利，而是强调他们拥有的重要利益足以使得他们拥有权利。当他们的重要利益受到侵犯时，他们作为人拥有的权利就受到了侵犯。伍德沃德对有关非同一性问题的基于权利的解决方案有着重要的论述，他主要以例 4 为例来进行说明，并将例 4 中那些将在 40 岁时死去的人称为“核人民”。伍德沃德对比了帕菲特的 Q 原则和他自己的基于权利的解决方案，认为 Q 原则关注的是核人民的处境和那些将生活在安全政策下的人民的处境之间的差异，正是这种差异的程度决定了当选择冒险政策时的损失。然而，这种损失不是发生在任何人身上的损失，当核灾难发生时，核人民很可能不会抱怨所谓的损失，他一直在探索的“那种分析通过关注核政策选择下的核人民的状况（当他们被杀害、受伤等）和一种（无法达到的）核人民存在、他们的权利没有受到侵犯之间的差异，来解释核政策选择的错误性。这种差异代表着一种损失，人们可以一致地认为这种损失发生在核人民身上。在关注这一损失的过程中，我一直在探讨的分析试图使人们理解非同一性案例的各种常识性特征，而这些特征在 Q 原则上似乎是不透明的：选择核政策错误对待了核人民，核人民最自然倾向于抱怨的是（与他们的存在以及权利没有受到侵犯相比较而言，他们的权利受到侵犯，而不是他们失去的机会）他们有**资格**抱怨的错误”[①]。伍德沃德的回应至少可以避免我们在上一节曾经指出的帕菲特的 Q 原则存在的缺陷，即帕菲特的 Q 原则（和 X 理论）没有指涉具体的对象，而非同一性问题恰恰涉及了特定的人。有关非同一性问题的基于权利的解决方案不像 Q 原则那样考虑行为带来的一些后果，而是侧重于行为本身来评估行为的道德性。在例 4 中，倘若该共同体明确知道冒险政策会侵犯未来世代的权利，该共同体就有一个重要的理由不选择冒险政策。类似的情况是，在例 2 中，如果玛丽知道她将无法履行对其孩子的各种义务或者无法避免侵犯其孩子的权利，那么她确实有理由不生育汤姆。

我们在第二节曾提到，帕菲特认为例 4 中那些因冒险政策而存在的人不会对自己出生的事实感到遗憾，不会悔恨其所处的共同体选择了冒险政策，因为倘若该共同体选择了安全政策，他们将永远不会存在。真的如此吗？即使那些因冒险政策而存在的人拥有值得活下去的生命，这不意味着他们没有理由为自己的存在感到遗憾，也不意味着他们不能对其所处共同体采取的冒险政策表示悔恨。这些人可以强调，虽然自己拥有一种值得活下去的生活，但是他们的生活仍然缺乏某些重要的善，其福祉仍然没有达

① James Woodward, “the Non-Identity Problem”, *Ethics*, Vol. 96, No. 4, 1986, p.817-818.

到某一阈值。依照义务论的基本立场，“作为‘道德行为者’的人拥有某些道德上不可剥夺的‘权利’——例如，生活的基本条件或人类共同享有的‘善’——这些权利是不能被剥夺的，除非有道德上的侵犯。请注意，‘人’作为道德行为者的概念在这里适用，不管他是现在的人还是未来的人”①。按照通常的标准，无论一个人的身份如何，只要其想过上一种良善的生活，有一些善是必不可少的，例如，基本的衣食住行、充足的营养、健康的身体、基本的教育、基本的关爱、清洁的空气和水等。倘若某种行为导致一个人缺乏这些善，我们就会说这种行为错误地对待了这个人。例如在例 2 中，玛丽在 14 岁时怀孕的行为，导致汤姆缺乏健康的身体、基本的教育和充足的营养等基本善，在例 3 和例 4 中，那些因消耗政策或冒险政策而存在的人缺乏健康的身体、清洁的空气和水等基本善。这些人仍然可以抱怨早育、消耗政策或冒险政策等选择，使得他们的生活中缺乏一些重要的、对他们能够过上良善生活必不可少的善，带来了道德伤害，即使他们的生活是值得过的，即使倘若这些行为没有被实施，他们不会存在。

在非同一性问题中，人们在抱怨某些行为错误地对待他们时除了诉诸一些重要的善，还可以诉诸那些对于人们的存在必不可少的行为使得他们的福祉没有达到某一阈值。对于这一阈值，我们既可以强调通过采取某些积极措施确保人们的福祉水平不低于某一阈值，又可以禁止采取某些措施从而确保不会危及人们福祉的某一阈值。倘若某个行为使得某个人的生活质量低于某一阈值，这种行为在道德上就是错误的，即使这个人的生活是值得活下去的也是如此。例如，在例 4 中，虽然那些在冒险政策下存在的人在 40 岁前快乐地生活着并且在 40 岁时会毫无痛苦地死去，但是冒险政策仍然错误地对待了这些人，因为按照目前人类的正常寿命标准，40 岁的寿命肯定低于人类社会现有的平均寿命，仍然没有达到人类寿命的基本阈值。这一观点可能面临的反对意见是这种阈值是如何被设定的？如何避免在设置阈值的过程中存在任意性？虽然我们在设置人的寿命的阈值时面临的困难可能要少一些，但是我们在设置有关人类福祉的其他阈值时可能会面临更多的挑战。我们可以引用克尔斯滕•迈耶（Kirsten Meyer）的“义务论的平等主义”来避免这种缺陷。迈耶的这种义务论的平等主义强调“我们应该把这个星球传给未来世代，而不是让它的状况变得比我们发现的更糟。这里的‘地球的状况’指的是自然资源的状况，如煤炭、原油以及未

① Jere Paul Surber, “Obligations to Future Generations: Explorations and Problemata”, *The Journal of Value Inquiry*, Vol. 11, No. 2, 1977, p. 107.

受污染的空气、水，未受辐射污染的土地、可承受的温度、生物多样性等。简而言之，它指的是我们星球上所有不受人类影响的事物。所有这些都是人们珍视的东西。这样做的一个主要原因是，它们有助于我们的福祉。该原则不要求我们确保未来人享有同等数量的福祉。它要求我们把同样宝贵的自然资源或同样宝贵的'地球的状况'传给未来世代。衡量其价值的标准是它对人类福祉的贡献"①。迈耶此处提到的平等主义原则与我们在上一章提到的魏伊丝的观点较为相似，即每个世代都不要让地球在比它继承的更差的条件下继续存在，并提供公平获取其资源和利益的机会。当然，迈耶等人不是认为当今世代不要消费煤炭、天然气和石油等自然资源，而是强调我们要为未来世代留下同样宝贵的自然资源，强调我们至少让未来世代生活在和我们一样好的环境中，这也是我们对未来世代负有的义务。

二、对义务的诉诸

我们在本节论述的针对非同一性问题的义务论解决方式主要包括两个方面，既强调上述的未来世代拥有权利这一立场，又强调当今世代对未来世代负有义务。基于义务的分析可以成为解释非同一性问题中的我们的道德直觉的可接受性以及有害行为的不可接受性的另一种方式。与未来世代权利论引发的激烈纷争相较而言，基于义务的分析面临的争议应该少一些，正如我们在上一章曾提到的那样，即使在一些未来世代权利论的批评者那里，他们也不否认当今世代对未来世代应该负有某些义务。与我们在上面没有触及未来世代的权利的具体内容一样，我们在此也不会触及当今世代对未来世代的义务的具体内容。

我们通常认为当今世代对未来世代负有义务，然而，这一观点不是显而易见的，需要进一步的辩护，否则我们没有必要回应由非同一性问题带来的挑战。那么，当今世代对未来世代负有的道德义务的义务论根据是什么？虽然这是我们在下一章将要关注的主要问题，但是我们在此可以事先指出，根据义务论的基本立场，我们至少可以找到三点基本依据。第一，未来世代所拥有的权利。从规范的意义上来说，人人生而平等，人拥有某些道德上不可被褫夺的权利，任何一个人作为人拥有的道德平等地位与其拥有的社会地位、家庭背景、财富水平、教育程度、性别、民族和种族等因素是没有关系的。同时，一个人所处的空间位置和时间位置也不应该影响人所拥有的道德平等地位，例如，按照世界主义的基本理念，所有人的

① Kirsten Meyer, "The Claims of Future Persons", *Erkenntnis*, Vol. 83, No.1, 2018, p. 54.

地位都是平等的，无论其属于哪个共同体，按照代际正义理论的基本理念，未来的人必须被视为与现在的人具有相同意义的人，未来的人也可以成为权利的主体，当今世代对未来的人负有某些义务。

第二，即使我们抛开未来世代权利论，当今世代对未来世代负有义务这一观点也可以建立在一种康德式的观点的基础上，非同一性问题中的一些所谓的错误行为恰恰违背了这一点。为了解决非同一性问题，卡夫卡引入了两个重要因素，一是受到限制的生命（a restricted life），二是修正的绝对命令。前者是指在一个或多个主要方面都有很大缺陷的生命，而这些方面通常使人的生命有价值和值得活下去，例如，上述卡夫卡奴隶儿童案例中的奴隶因为缺乏自由，其生命就是受到限制的。后者是指禁止把理性的存在物或他们的创造物仅仅作为一种手段，而不是目的本身。在奴隶儿童的案例中，那对渴望游艇的夫妇为了获得游艇，将生下的孩子卖作奴隶，他们的错误在于他们滥用了他们的生育能力，把自身生育的孩子作为达到自身目的的手段。[①]当我们用卡夫卡的观点来分析一些非同一性问题时，可以发现为什么一些行为是错误的。例如在例 4 中，卡夫卡所说的修正的绝对命令解释了为什么该共同体选择冒险政策是错误的，该共同体中的某些人为了自己能够过上一种更加方便的生活，选择了冒险政策，没有审慎地处理核废料。那些因冒险政策而存在的人在 40 岁时会死去，他们的生命是一种受到限制的生命，仅仅是他人获得更方便的生活的一种手段，这违背了卡夫卡所说的修正的绝对命令，冒险政策在道德上是不被允许的。

第三，代际权力的不平等也意味着当今世代要对未来世代承担某些义务。我们至少在道德上有义务避免实施某些在我们已知的范围内会带来负面影响的行为，以及避免采取本质上错误的行为。我们曾反复强调，代际权力是不平等的和不对称的，当今世代的行为可以决定未来世代中存在的人的同一性、数量以及是否存在，未来世代对当今世代的行为是无能为力的。多兰 · 斯莫尔金（Doran Smolkin）曾经强调，那种能够决定谁将诞生的特殊力量，对由这些理由导致存在的人产生了特别强的义务。这种观点可以用一个思想实验加以说明："想象一个科学家试图通过人工方法创造一个人。当然，在这种情况下，我们认为科学家有更大的责任，而不仅仅是确保创造的生命不会比没有更糟。直觉上，我们至少认为科学家创造人类生命的惊人力量赋予了她确保创造的生命（从某种意义上说）是美好的责

① 参见 Gregory S. Kavka, "The Paradox of Future Individuals", *Philosophy and Public Affairs*, Vol. 11, No.2, 1982, pp.105-109.

任，如果她没有尽到这一责任，那么她所创造的生命受到了错误的对待。同样，我们可能认为以前的人，当他们的行为方式影响了未来人的同一性时，不仅仅是有责任确保他们的生活不会比一无所有更糟，而是以前的人有责任确保依赖者的生活（从某种意义上说）是好的。”①鉴于对经验的总结以及对科学技术的应用，人类知道倘若人们要过上一种良善的生活，人们需要什么样的必不可少的东西，然而，当今世代在明显知道自己的行为将产生不利影响的情况下仍然不审慎地采取行动，这肯定是错误的。当今世代所拥有的特殊力量，使得当今世代应该承担一些针对未来世代的义务，否则，未来世代可以抱怨当今世代的行为侵犯了他们的权利或者背离了应当对他们承担的一些显见的义务。例如，在处理类似于例 2 这样的例子时，我们通常认为父母有义务为他们的孩子提供一些必不可少的善，如基本的衣食住行和基本的医疗、教育等，由于玛丽过于年轻，不可能履行对其在 14 岁时生下的汤姆的义务，这应该是我们在道德直觉上认为玛丽不应该在 14 岁时生下汤姆的一个重要原因。当玛丽在 14 岁时生下汤姆以及没有履行对汤姆的基本义务时，汤姆可能对玛丽 14 岁时的生育行为提出抱怨的理由不会被自动消除，这也是一个反对玛丽在 14 岁时生下汤姆的重要理由。

未来世代在当下的不存在，并不影响当今世代对未来世代负有一定的义务，如我们在第四章中曾言，当今世代和未来世代同处于一个跨代共同体中，无论在未来存在的人是谁，都将成为跨代共同体的一员。按照这种思维模式，我们在思考当今世代的行为可能对未来世代的影响时，不需要首先确定未来的人的身份如何，只需要关注当今世代的行为本身是否在道德上是可取的，以及关注当今世代在此过程中是否履行了自身的义务。无论当今世代的行为是否是未来世代存在的必要条件，这不会影响当今世代侵犯未来世代的利益的可能性，只要当今世代采取了错误对待未来世代的行为，当今世代就要为此带来的负面影响承担责任。

总之，当今世代的行为可以影响到未来世代的同一性、数量及其是否存在，这引发了人们思考那些决定未来人存在的某种行为在道德上是否被允许、那些其存在依赖于看似有害行为的人能否认为其受到了这种行为的伤害或错误对待等一系列问题。帕菲特创造性地将这些问题称为“非同一性问题”。非同一性问题是我们在探讨代际正义理论的过程中不得不面临的一个重要挑战。对非同一性问题进行充分的回应，既有利于构建代际正

① Doran Smolkin, “The Non-Identity Problem and the Appeal to Future People's Rights”, *The Southern Journal of Philosophy*, Vol.17, 1994, p. 326.

义理论，又可以为解决与非同一性问题相关的社会、政治和环境政策相关问题奠定理论基础。帕菲特为解决非同一性问题提出了一种影响深远的后果主义解决思路，雷曼和库玛尔等人分别依照罗尔斯和斯坎伦的契约主义方法阐述了如何以契约主义来解决非同一性问题。本章在分析为何后果主义和契约主义不能解决非同一性问题的基础上，试图为解决非同一性问题的义务论方式进行辩护。鉴于非同一性问题本身的复杂性，义务论也只是一种可能的解决路径。

第七章　代际正义、代际义务与气候变化

人们在探讨代际正义理论的过程中，经常涉及当今世代对未来世代的义务问题，该问题可以被简称为“代际义务问题”。在提及代际义务问题时，人们通常认为当今世代对未来世代负有义务（虽然有极少部分学者否认代际义务），并将这视为一个自明之理，也就是说，代际义务的道德理据相对不发达。然而，为了更加深入地探讨代际正义理论，我们不能对代际义务问题采取这种简单的处理方式，而是需要进一步追问：为什么当今世代对未来世代负有义务？当今世代对未来世代负有何种义务？代际义务应当怎样分配？鉴于代际义务问题是一个非常抽象的问题，我们将遵循从理论到实践的分析方式，以“气候变化的应对”为例进行探讨。

气候变化不仅涉及气候科学、地理学、经济学、社会学，而且也涉及道德哲学和政治哲学，气候变化与代际正义之间的关系极为密切。一方面，气候变化是一个非常紧迫的代际问题，涉及当今世代与过去的世代、未来世代之间的关系，非常适于作为处理代际义务问题的例子。日益加剧的气候变化将深刻影响未来世代的处境，也违反了当今世代对未来世代的义务；另一方面，我们在思考气候变化问题时，也需要引入代际正义的分析视角。气候变化问题是代际正义理论不能回避的重要问题，安雅·卡尔宁（Anja Karnein）对此曾言：“一个令人信服的代际正义理论……必须对气候变化问题提供一个关于气候变化的错误之处的可信解释。这是因为我们不应对气候变化从直觉上说是——也许是——代际非正义的典型案例。如果气候变化无论从哪个方面来说都是错误的，那么那些可能受到最严重影响的未来世代似乎是最明显的受影响对象。”①气候变化问题已经成为代际正义理论关注的重要问题之一，“规范性政治理论中关于代际正义的辩论焦点发生了有趣的转变，从关于未来人的权利可能存在或不存在的问题，转向对人

---

① Anja Karnein, “Climate Change and Justice Between Nonoverlapping Generations”, *Global Justice: Theory Practice Rhetoric*, Vol. 8, No.2, 2015, p. 49.

为气候变化造成的问题的关注。大量学术研究以正义和公平的方式来处理气候变化的代际成本的分配问题，以及哪些规范性原则和哪些政策工具最适合减缓气候变化，同时满足平等主义的代际正义的要求”[①]。从表面上来看，气候变化是一个自然科学问题，但是关于怎样应对气候变化，有些是自然科学可以回答的，有些则是自然科学难以回答的。自然科学回答的是实然问题，我们在此思考的是应然问题，也就是说，当气候变化发生时，我们应当做什么。我们在分析的过程中有一些基本预设，即气候变化已经发生，气候变化主要是由人为因素造成的以及气候变化会给未来世代造成伤害。本章将首先阐述关于气候变化的一些事实及其引发的代际正义（以及全球正义）问题，这是我们下面分析的基础。第二节将会处理当今世代为何对未来世代负有义务这一问题，试图为代际义务提供道德辩护，第三节将探讨当今世代对未来世代负有何种义务，最后将处理如何践行代际义务。

第一节　气候变化及其引发的正义问题

气候正在不断发生变化，其中既有非人为因素的影响，又有人为因素的影响，总的来说，气候变化在很大程度上是人为的。由非人为因素带来的气候变化是一个自然事实，不会引发正义问题——当然，社会制度如何处理源于非人为因素的气候变化将关乎正义问题。然而，由人为因素带来的气候变化现象会触发正义问题，例如，这种气候变化将引发代际正义（以及全球正义）等正义问题。

一、日趋严重的气候变化问题

气候是人类赖以生存和发展的不可或缺的基础，气候变化是人类社会面临的最严峻挑战之一，无论是2004年上映的、描述世界末日的灾难片《后天》，还是2006年上映的、由美国前副总统戈尔讲解的、讲述全球气候变暖和环境恶化所带来的灾难性影响的环保纪录片《难以忽视的真相》，都揭示了气候变化给人类社会带来的挑战。何谓“气候变化”？联合国政府间

---

① Fabian Schuppert, “Climate Change Mitigation and Intergenerational Justice”, *Environmental Politics*, Vol. 20, No.3, 2011, p. 303.

气候变化专门委员会（IPCC）[①]曾给气候变化下了一个具有影响力的定义："气候变化是指可识别的（如使用统计检验）持续较长一段时间（典型的为几十年或更长）的气候状态的变化，包括气候平均值和/或变率的变化。气候变化的原因可能是自然的内部过程，或是外部强迫如太阳周期、火山爆发，或者是人为地持续改变大气组成成分和土地利用形式。"[②]作为世界上首个全面控制二氧化碳等温室气体排放、应对气候变化给人类社会带来不利影响的国际公约，《联合国气候变化框架公约》也给气候变化下了一个经典定义，认为气候变化是指除在类似时期内所观测的气候的自然变异之外，由于直接或间接的人类活动改变了地球大气的组成而造成的气候变化。与联合国政府间气候变化专门委员会关于气候变化的定义相较而言，《联合国气候变化框架公约》明确区分了由人为因素引起的气候变化和由非人为因素引起的气候变化。由人为因素引起的气候变化是本章关注的重心。

气候变化是怎样出现的？我们可以在此简要介绍一些关于气候变化的背景知识。众所周知，作为一颗宇宙中的行星，地球绕太阳运行。作为一颗离地球最近的恒星，太阳成为地球的光热之源，正是因为太阳的存在，地球上才存在着独特的、种类繁多的生命。人类目前居住的地球被大气包围着，"围绕着地球的厚层气体，称大气。它形成了一个连续的圈层，称大气圈。大气圈中存在着各种物理过程，如辐射过程、增温冷却过程、蒸发凝结过程等。这些过程形成风、云、雨、雪、雾、霜、冰等千变万化的各种物理现象。地球大气的这些物理过程和物理现象，不仅与人类活动息息相关，而且与自然地理环境的其他圈层相互影响、相互制约，形成某地区特有的天气和气候现象"[③]。大气层的存在对人类的生存和发展至关重要，大气层允许太阳光辐射进来，这会使得地表和低层大气的温度升高，然而，一些气体将地球反射出去的太阳热量牢牢地困住，太阳光不会以同样的程度反射出去，这就引发了"温室效应"的出现。地球大气中起着温室作用的气体通常被称为"温室气体"，温室气体主要包括二氧化碳、臭氧和甲烷等，温室气体的多寡会影响到地球上的气候。温室效应的存在对维持地球

---

① 联合国政府间气候变化专门委员会是世界气象组织和联合国环境规划署在1988年联合建立的一个政府间机构，在气候变化领域有着非常重要的影响，于2007年获得"诺贝尔和平奖"。该机构的主要任务是评估气候变化科学知识的现状、气候变化对经济和社会的潜在影响，以及"适应"（adaptation）气候变化和"减缓"（mitigation）气候变化的一些政策。该机构定期发布关于气候变化的评估报告，分别于1990年、1995年、2001年、2007年和2014年发布了五次评估报告。

② 秦大河主编：《气候变化科学概论》，科学出版社，2018年版，第1页。

③ 国家气候变化对策协调小组办公室/中国21世纪议程管理中心：《全球气候变化——人类面临的挑战》，商务印书馆，2004年版，第8页。

的生命来说是必不可少的，大气中的二氧化碳等温室气体使得地球像一个大大的暖房，实现保温和升温的作用，使得地球表面的平均温度保持在适宜人类生存的幅度内（地球表面的平均温度通常为 14℃）。如果温室气体不存在，那么地球表面的平均温度将会急剧下降，地球也将不适宜人类的生存。然而，随着人类大量燃烧化石燃料等活动，向空气中排放的温室气体日益增多，大气中的温室气体的浓度会逐渐提高，这促使了地球的平均气温逐渐升高等气候现象的出现。

最近几十年，全球气候呈现变暖的趋势，这已经成为一个不争的事实，可以从目前全球平均气温上升、大范围的冰川融化以及海平面的上升等现象中发现端倪。气候科学家的研究表明，在过去的一个世纪中，全球的平均温度在不断上升，“全球地表温度每年的波动是几十分之一摄氏度，因此，只有对平均温度进行长期的关注，才能发现变化的趋势。在 1930 年之前的 10 年里，地表平均气温缓慢地升高了 0.3℃，从 1930 年到 1940 年则升高了 0.2℃，而从 1940 年到 1950 年则下降了 0.2℃。特别是在南半球，这次变暖期的时间与第二次世界大战有关，而且仍然存在第二次世界大战是否改变了数据收集模式的问题”[①]。虽然在 20 世纪 70 年代以前，全球变暖的趋势不是非常明显，但是自 20 世纪 70 年代以来，全球变暖的趋势愈发明显，有学者指出最近几年的全球变暖情况，“对全球三个常规地面观测资料数据集和两个再分析资料数据集的分析表明，2017 年是有记录以来全球三个最暖年份之一，并且是明显未受厄尔尼诺影响的有记录以来最暖年份。另外两个分别是 2015 年（第三暖年）和 2016 年（最暖年），全球平均气温比工业化前水平（1850-1900 年）高 1.1±0.1℃。全球九个最暖年份都出现在 2005 年以后，五个最暖年份出现在 2010 年以后。2013—2017 年的五年平均温度也是有记录以来的最高值，比 1981—2010 年平均值高了 0.4℃，比工业化前高了 1.0℃”[②]。多年冻土温度的上升和冰川融化也是全球气候变暖的另一个非常有力的佐证。科学家的研究显示，自 20 世纪 80 年代以来，大多数地区的多年冻土的温度呈现逐渐升高的趋势。南极和北极的冰川非常脆弱，极易受到气温上升的影响，世界上很多冰山已经出现了松动、融化的迹象，《第三次气候变化国家评估报告》曾强调，“全球冰川总体处于持续退缩状态，21 世纪以来的退缩较前几十年更为显著。但是由于气候

① 马丁·曼宁：“气候变化、科学与社会”，载〔英〕戴维·赫尔德等主编：《气候变化的治理》，谢来辉等译，社会科学文献出版社，2012 年版，第 31 页。

② 陈迎等，“十年气候前行路，历经风雨见彩虹”，载谢伏瞻、刘雅鸣主编：《应对气候变化报告（2018）：聚首卡托维兹》，社会科学文献出版社，2018 年版，第 4 页。

的区域差异性和地形因素的影响，有些地区冰川退缩不明显，甚至有的冰川保持稳定或呈前进状态，如喀喇昆仑山地区。两大冰盖——南极冰盖和格陵兰冰盖均为负的物质平衡状态，其中格陵兰冰盖物质净损失量近十年来明显增加，南极冰盖 20 世纪末为微弱的负物质平衡，21 世纪以来负平衡值增大明显，不过其定量性相对较差”[①]。冰川加速退却的趋势目前已经基本上势不可挡，冰山融化成的水将注入大海，海平面将会持续上升。科学家的研究显示，如果人类社会目前不采取有效的减缓气候变化的措施，那么预计到 2100 年，海平面将上升 1 米左右。

为何全球气候会呈现变暖之势呢？在人为因素和非人为因素中，哪种因素对气候变化起着主要的作用？通常认为，全球变暖的趋势乃多因一果，除了部分自然因素的影响，全球变暖等气候变化现象在很大程度上是人为因素造成的。然而，有部分怀疑论者对此持不同的态度，认为全球变暖是自然因素造成的，而非人类活动造成的，“1988 年 6 月詹姆斯 · 汉森在美国参议院的证词将人为原因导致全球变暖问题提上美国公共议程，不久后就出现了各种有组织的力量来否认这一现象的真实性及重要性，这反映在次年全球气候联盟（一个产业导向的前沿组织，成立的目的是对全球变暖提出质疑）组织的成立上。这些为否认全球变暖以及更普遍的人为引发的气候变化所做的努力在接下来的 25 年内仍持续进行，参与的人数在源源不断地增加”[②]。虽然围绕气候变化的主要起因有一些争议存在，但是大部分学者认为人类活动对全球气候变暖起着主导作用，联合国政府间气候变化专门委员会的报告越来越支持这一观点。

在工业革命以前，人类影响气候的能力非常有限，自工业革命以来，尤其是在最近一百年中，人类影响气候的能力正在不断扩大。工业革命以来二氧化碳等温室气体的增加主要是由人类的工业生产和生活等活动造成的，人类的活动正在不断地改变大气的组成和促进气候变化的发生，联合国政府间气候变化专门委员会的报告有力地支撑了上述观点，“联合国政府间气候变化专门委员会在 2001 年的《第三次评估报告》中得出结论认为，有新的更强有力的证据表明，至少在过去 50 年中观察到的大多数变暖都是人类活动造成的。这一关键结论得到了 2005 年科学院联合声明和 2006 年

① 《第三次气候变化国家评估报告》编写委员会编著：《第三次气候变化国家评估报告》，科学出版社，2015 年版，第 9 页。

② 赖利 · E.邓拉普、亚伦 · M.麦克莱特：“挑战气候变化——否定性反向运动”，载〔美〕赖利 · E.邓拉普、罗伯特 · J.布鲁尔主编：《穹顶之下的战役：气候变化与社会》，洪大用等译，中国人民大学出版社，2019 年版，第 282 页。

美国气候变化科学报告的支持。在最近的一次报告中，联合国政府间气候变化专门委员会强化了其先前的主张：‘自《第三次评估报告》发布以来，人们对人为因素给气候带来的变暖和变冷的影响的认识有所提高，这使得各方对自1750年以来全球人类活动的平均净效应一直是变暖的这一说法有很高的信心（这意味着至少90%的可能性是正确的）’”[①]。联合国政府间气候变化专门委员会于2014年发布了《第五次评估报告》，辛格在引述该报告时强调，有确凿的证据表明，自20世纪50年代以来，大气和海洋已经暖化，冰川开始消退，地表平均温度在不断上升，“气候变化中有多少影响是由人类活动导致的，又有多少可以通过自然变化来解释？《第五次评估报告》发现：‘人类的影响极有可能是20世纪中期以来观察到的暖化现象的主要原因。’（在报告所使用的词汇中，‘极有可能’意为95%～100%的可能性。）我们这些在评估气候变化及其原因的科学方面并无专长的人，面对绝大多数这方面的专家都赞同的观点，很难保持一种置之不理的态度”[②]。《第五次评估报告》是在总结历次评估报告的基础上，增加了《第四次评估报告》发布以来五年间累积的最新研究数据而形成的，是800多名科学家的共同成果，较为全面地反映了主流科学家在气候变化方面的观点。关于气候变化的相关科学事实是人们通过规范研究无法解决的问题，与辛格一样，本章认可联合国政府间气候变化专门委员会提出的大多数全球变暖是人类活动造成的这一观点，这是本章最重要的假设之一。

有论者强调，“人为产生的二氧化碳、甲烷、一氧化二氮和卤代化合物加剧了温室效应，这是一个共识。煤炭、石油和天然气的燃烧和森林采伐产生的二氧化碳，对温室效应加剧的‘贡献’最大。从前工业化时代开始，大气中二氧化碳的浓度已经上升了大约30%，并且每年上升0.4%。结果，地球的平均温度上升了0.7℃（1.26℉），这似乎不是很大，但是它意味着比14℃的平均温度上升了5%”[③]。还有论者强调，人类以两种方式增加了大气中温室气体的浓度，一方面，燃烧化石燃料释放了大量的温室气体，另一方面，人类砍伐了可以吸收二氧化碳的大量森林，森林的减少意味着大

① Marc D. Davidson, *Arguing about Climate Change*, Amsterdam University Press, 2008, p.4.

②〔澳〕彼得·辛格：《如何看待全球化》，沈沉译，北京联合出版公司，2017年版，第22页。科学在某些方面确实充满了不确定性，《第五次评估报告》对“人类的影响是20世纪中期以来观察到的暖化现象的主要原因”这一观点没有100%的把握，这也可能意味着《第五次评估报告》的上述观点是错误的，然而，倘若在有95%及其以上可能性的情况下，人们仍然否认人类的影响是气候变暖现象的主要原因，这将会冒着极大的风险。

③〔澳〕大卫·希尔曼、约瑟夫·韦恩·史密斯：《气候变化的挑战与民主的失灵》，武锡申、李楠译，社会科学文献出版社，2009年版，第27页。

气中游离的二氧化碳就越来越多，这使得“自工业化开始以来，二氧化碳的浓度从 280ppm 增加了 35%以上。这远远超过了过去 65 万年的自然波动。近几十年来，排放量一直在不断增加，因为人类的人口正在增长并变得越来越富裕，因此产生了越来越多的排放量。最著名的结果是温度升高。这一趋势还在继续，如果不进一步努力减少排放，那么预计 2100 年气温将比 19 世纪下半叶上升 2.5℃至 7.8℃”[①]。可见，人类的工业生产等行为所带来的排放活动，尤其是二氧化碳的排放，很大程度上要为全球气候变化负责。

二、源于气候变化的正义问题

表面而言，气候变化、火山喷发和地震都是自然现象，然而，气候变化这种“自然现象”与火山喷发和地震这两种自然现象又貌似有所不同。人类的活动不会影响火山喷发和地震（由核试验引发的少数轻微地震除外）等现象的出现，倘若本节上一部分的分析是可行的，最近一百年来的气候变化在很大程度上是人为因素造成的，我们在对待气候变化、火山喷发和地震等现象时就不能采取同样的态度。火山喷发和地震等自然现象不会引发正义问题，我们不需要思考有关火山喷发和地震等自然现象的道德问题，然而，我们需要思考有关气候变化的道德问题，气候变化会引发不少正义问题。

气候变化之所以会引发不少正义问题，一方面与在促进气候变化出现的因素中人为因素占很大的比重有重要的关联性，另一方面与气候变化的负面影响有很大的关系。卡尼主要从气候变化的后果的角度来述说为什么气候变化会引发许多正义问题，“气温上升、海平面上升以及与气候变化相关的恶劣天气，都将对人类生活和非人类生活带来可怕影响。譬如，气候变化危及许多人获得食物的机会。气温上升将导致荒漠化和农作物歉收，同时，海平面的上升也将破坏农业。气候变化也将给人们的健康带来灾难性的影响：它将导致由食物传染的、水源传染的、媒介传染的疾病以及其他传染病的蔓延。在某些情况下，它将使得很多人死亡（如由于热应激和疾病）。恶劣的天气事件将严重破坏人们的家园、生计和基础设施。在应对这些挑战时，我们面临着许多分配正义问题”[②]。为了更加全面地分析气候

① Dominic Roser and Christian Seidel, *Climate Justice: An Introduction*, Lodon and New York: Routledge, 2017, p.3.

② Simon Caney, “Climate Change”, in Serena Olsaretti (ed.), *The Oxford Handbook of Distributive Justice*, Oxford: Oxford University Press, 2018, p. 664.

变化引发的正义问题，我们还需要思考哪些人为因素促使了气候变化的出现。人们在制定应对气候变化的政策的过程中，需要思考哪些行为者的人为因素对气候变化问题的生发产生了重要影响，谁将受到气候变化的伤害以及在应对气候变化的过程中谁应该承担其中的负担等问题。

大体而言，我们可以从“空间”和“时间”两个维度分析气候变化引发的正义问题。气候变化在全球领域和代际领域引发了前所未有的正义问题，为了应对气候变化，人们制定的应对气候变化政策也将成为人类历史上最重要的再分配政策之一。当从空间的维度分析由气候变化引发的正义问题时我们将发现，气候变化会带来全球正义问题。全球正义问题已经成为当代政治哲学和道德哲学中的重要问题，很多政治哲学家和道德哲学家都曾或多或少关注过该问题，例如，罗尔斯、贝兹、博格、阿玛蒂亚·森（Amartya Sen）和玛莎·纳斯鲍姆（Martha C. Nussbaum）等人就曾深入研究过全球正义问题。[①]全球正义问题之所以成为人们关注的一种焦点问题，在很大程度上与全球化背景下全球贫困和全球不平等问题的日益加剧密切相关。人类社会目前在高度发达的生产力和科学技术的推动下，已经创造了巨额的财富。然而，与此形成鲜明对照的是，全球贫困和全球不平等的状况非但没有改善，反而在逐渐恶化。这种极端贫困的恶果就是那些死于饥饿和可以预防的疾病的人数超过在全球范围内直接由暴力带来的死亡和伤害的人数。这些有关全球贫困和全球不平等的事实，使得人们不得不思考应当采取什么措施缓解乃至消除全球贫困和全球不平等。那些处于相对富裕社会中的居民对全球贫困者负有什么义务呢？贝兹对此曾言：“那些相对富裕社会中的居民有基于正义之上的义务去同其他贫困地区的人分享他们的财富吗？当然，那些有能力帮助他人的人有基于人道主义原则之上的再分配义务，对他人施以援手，那些人倘若不能获得援助，将会毁灭。然而，在帮助穷人时，正义的义务也许比人道主义的义务要求人们做出更大的牺牲，有时甚至是不同类型的牺牲。”[②]同时，全球正义除了要求富裕国家及其公民对全球贫困者提供援助，还要求真正消除世界上存在的贫困和极端不平等的根源。气候变化加剧了穷人和富人之间的不平等，加剧了

① 我们在第一章曾提到罗尔斯、贝兹和博格等人有关全球正义理论的相关文献，在此不再赘述。森和纳斯鲍姆的相关研究可参见：〔印度〕阿玛蒂亚·森：《正义的理念》，王磊、李航译，中国人民大学出版社，2012 年版；〔美〕玛莎·C·纳斯鲍姆：《正义的前沿》，朱慧玲、谢慧媛、陈文娟译，中国人民大学出版社，2016 年版。

② Charles Beitz, “Justice and International Relations,” *Philosophy and Public Affairs*, Vol.4, No.4, 1975, p.360.

“南北矛盾”，使得社会不平等现象在全球范围内蔓延。气候变化的后果就属于全球正义需要缓解和消除的全球贫困和全球不平等的重要根源之一，我们可以从气候变化的实际影响的分布情况和气候变化的人为触发因素的分布情况这两个方面进行述说。

其一，气候变化的实际影响在各个国家之间的分布是不均衡的，在穷国和富国之间以及在穷人和富人之间会带来不同的影响。通常认为，气候变化会引发干旱（这将导致土地的荒漠化和农作物产量的减少，进而引发粮食安全和饥荒等问题）、洪水、冰川融化、海平面上升（这会导致很多国家的土地被淹没，尤其是那些海拔较低的岛国）、各种疾病的泛滥以及风暴的密度和频率的增加等后果。然而，有些国家会暂时从气候变化中获益。例如，一些处于寒带地区的国家的某些土地，本身不适宜于耕作，当气温上升以后，这些土地可能非常适宜于耕作。但这毕竟是少数现象，即使这种少数现象也通常出现在大多处于北半球的发达国家中。很多发展中国家和贫困国家处于南半球，南半球的气候相对于北半球的气候要相对温暖一些，更易受到气候变化的影响。就气候变化的负面影响而言，贫困国家可能比富裕国家遭受更多的损失，这是因为世界上遭受碳排放影响最严重的地区通常是贫困地区，“穷国通常位于世界上炎热的地区，在那里，这些变化的效应完全是消极的。此外，穷国往往比富国更加倚赖于农业，这就意味着，它们在面对任何程度的变化时都比富国更为脆弱。最后，穷国无法像富国那样易于适应环境，因为它们缺乏资源。非洲显得最为脆弱——尽管非洲以外的小岛和低洼地区，譬如孟加拉国也是危机四伏。南亚和东南亚（尤其是印度）也是危机重重”[①]。一些发展中国家和贫困国家的经济主要依赖于农业或渔业，这些行业对气候变化的影响更加敏感。同时，这些国家的基础设施较差，应对气候变化的财力、物力和技术等方面的资源极为有限。发达国家在这方面就处于相对优越的地位。一方面，发达国家的经济对农业或渔业的倚重度相对较低，发达国家有着较为发达的工业和商业，对气候变化的敏感度较低；另一方面，发达国家适应气候变化的负面影响的能力相对较强，有适应气候变化的负面影响所需的一些资源和技术。

其二，那些造成气候变化的人为因素的分布也是不均衡的。任何国家的发展或任何人的生存都必须排放温室气体，这是国家的发展或个人的生存必不可少的，但是有些国家或个人的温室气体排放较少，有些国家或个

①〔美〕埃里克·波斯纳、戴维·韦斯巴赫：《气候变化的正义》，李智、张键译，社会科学文献出版社，2011年版，第19页。

人的温室气体排放相对较多。爱德华·佩奇（Edward A.Page）对此曾指出："尽管**所有**国家都排放温室气体，但是从各国或人均的角度来看，排放责任在世界范围内不是平均分配的。发展中国家在后果和脆弱性方面受到的影响最为严重，它们对过去 200 年积累的温室气体浓度承担的责任最小。《第二次评估报告》估计，截至 1988 年，工业化世界（北美、欧盟和其他欧洲国家、俄罗斯、日本和大洋洲）约占所有人为二氧化碳排放量的 2/3，这一数字与世界资源研究所最近对累积排放量的研究大体一致。"①可见，发达国家的工业化是温室气体不断累积的主要原因。虽然在最近几十年中，中国、印度等发展中国家的经济和人口在持续增长，温室气体排放量在日渐增加，但是中国、印度等发展中国家的人均温室气体排放量远远低于发达国家的人均温室气体排放量。源自人为因素的气候变化目前在所有国家和地区都能感受到，其影响不会局限于那些温室气体排放量相对较多的国家和地区，它会跨越地理边界，影响那些温室气体排放量相对较少的国家和地区，并给这些国家和地区带来更严重的影响，遭受打击最严重的国家和地区往往是这些国家和地区。总之，一些国家在成长为发达国家的过程中，排放了大量的温室气体，从中获得了巨大的收益，并有着较强的应对气候变化的技术和实力。虽然一些发展中国家和贫困国家的工业生产较为落后，其温室气体排放量远远少于发达国家的排放量，但是这些发展中国家和贫困国家却要承担与其温室气体排放量不相称的负面影响，而缺乏应对气候变化所需的技术和实力，这是全球非正义的重要体现，也是全球正义理论亟须解决的难题。

气候变化带来的道德问题不仅涉及全球正义问题，而且还关涉代际正义问题，这正是我们从时间的维度分析气候变化发现其所引发的正义问题。气候变化带来的影响往往具有"时滞性"，当今世代的大量碳排放行为的不良后果，不像贫困问题那样会给人们带来即时的、直观的感受，往往要到很多年后才会出现和被感受到，当今世代所历经的气候变化带来的恶劣影响，往往是过去世代的温室气体排放行为带来的。同时，当今世代在采取应对气候变化的政策时需要承受一些负担，但是未来世代是主要的受益者。这些都使得与气候变化引发的全球正义问题相较而言，源于气候变化的代际正义问题显得更加扑朔迷离。

第一，在气候变化的过程中，存在着许多时间延迟。每个世代排放的

① Edward A.Page, *Climate Change, Justice and Future Generations*, Edward Elgar Publishing Limited, 2006, pp. 35-36.

温室气体可以在大气中存留很长一段时间，最近几十年的平均气温的上升极有可能是过去几百年人类的温室气体排放行为造成的。同样，当今世代的温室气体排放行为可能要在几十年后或者更长时间之后才会产生影响，到那个时候，排放温室气体的人基本上已经不复存在了。由目前的温室气体排放行为引起的气候变化通常不会影响目前活着的人，在一个人的有生之年，由自身行为引发的气候变化的后果基本不会被感受到，这也使得有些人对应对气候变化的政策和代际义务持一种怀疑态度。同时，应对气候变化的政策的效果也存在着时间延迟，尼古拉斯·斯特恩（Nichola Stern）曾经强调，“全方位考察关于气候变化的政策，尤其是政策的时间安排，我们还必须懂得，存在一种具有至关重要意义的‘棘轮效应’（ratchet effect）。源源不断的温室气体排放累积起来，形成空气中的温室气体积累或者聚集，这种积累或者聚集是很难清除的。因此，任何拖延都意味着更多的积累，意味着行动的起点更加困难和危险。这种棘轮效应再加上投资的漫长生命周期，意味着我们在下一月和下一年作出的决定、计划和建立的激励结构，对地球的未来具有意义深远的影响”[①]。气候变化的发生及其治理都是一个非常漫长的过程，发展中国家、贫困国家和未来世代可能是最主要的受害者，这需要当今世代立刻采取行动。

第二，当今世代所要应对的源自气候变化的恶劣后果，往往是过去世代的温室气体排放行为造成的，并不是当今世代的温室气体排放行为造成的。用经济学的术语来说，温室气体的排放是一个具有“外部性”的问题，“温室气体排放之所以成为经济问题，正是由于其产生了外部性。因此这涉及一种市场失灵。当一个经济主体的行为导致了其他经济主体产生成本和收益，但这种成本和收益不会由本应负责的行为主体承担时，就产生了外部性问题。温室气体排放正体现了一种‘负的’外部性”[②]。当人口增长以后，越来越多的食物和土地就成为必需品，温室气体的排放也将增加，这样就会促使全球平均温度的上升。然而，当全球平均气温升高以及负面效果逐渐显现时，温室气体的排放者已经逝去，不能承担其中的成本，也不需要承担其中的成本，那么，谁承担源于过去世代的温室气体排放行为的负面影响的成本呢？当今世代会承担其中的成本。当然，当今世代的温室气体排放行为所带来的负面影响，是由未来世代承担的，以此类推，这就

① 〔英〕尼古拉斯·斯特恩：《地球安全愿景》，武锡申译，社会科学文献出版社，2011年版，第15页。

② 亚历克斯·鲍恩、詹姆斯·赖吉：“气候变化的经济学”，载〔英〕戴维·赫尔德等主编：《气候变化的治理》，社会科学文献出版社，2012年版，第80页。

是气候变化问题的外部性的体现，如何解决其中的外部性问题，不仅涉及分配正义，而且也涉及矫正正义。

第三，当今世代在应对气候变化时需要承受一些负担，但是未来世代可能成为主要的受益者，这也是某些国家拒绝签署《京都议定书》等气候条约的重要原因之一。当今世代可以采取一些应对气候变化的政策，比如尽量少消耗化石燃料或者改变目前的生活方式(如减少一些奢侈性的消费)从而减少温室气体的排放、采取加固海堤等行为。在实施这些行为的过程中，当今世代肯定要为此付出不少代价，然而，当今世代不会从中明显受益，这些应对气候变化的政策显然有益于未来世代，当今世代少排放的每一吨二氧化碳，都将有利于未来世代的生存。也就是说，在那些为应对气候变化付出的成本和那些由应对气候变化之策带来的收益之间存在着代际差距。从短时段来看，未来世代是应对气候变化之策的主要受益者，而当今世代要承担主要的成本。虽然如此，从长时段看，应对气候变化的负担最终会落在未来世代身上，“气候变化的要害首先在于持续危害将来的世代，后代人虽会因如今气候保护措施而受益，但总体来看，却要担起更大的负担。快速的气候变化首先会在极不确定的程度上引起社会和政治上的长期后果，对此，现在就必须采取预防措施”[①]。可见，气候变化问题会涉及过去的世代、当今世代和未来世代之间的关系问题，会引发难以忽视的代际正义问题，这也是为什么我们在分析代际义务的过程中以气候变化的应对为例进行分析的重要原因之一。

第二节　为一种基于利益和共同体主义的代际义务进行道德辩护

当今社会，人类已经采取了很多关乎未来世代生存的措施，这体现出人们已经基本上接受了代际义务。人们通常认为当今世代应该对未来世代负有某种义务，然而，其中的原因是什么？这种义务的道德基础是什么？与有关代际正义的其他问题相较而言，人们对该问题倾注的精力相对较少，史蒂夫•范德海登（Steve Vanderheiden）对此曾言：“尽管声称我们对未来

① 卢德格尔•海德布林克：《文化变迁——气候变化的文化应对》，载〔德〕哈拉尔德•韦尔策尔等主编：《气候风暴：气候变化的社会现实与终极关怀》，金海民等译，中央编译出版社，2013 年版，第51页。

的人**没有**义务这一说法在直觉上缺乏可信性，但是承认我们应该关注的行为对未来生活在我们这个世界上的人的影响，在回答我们亏欠未来的人**多少**这一问题上并没有太大作用，也没有提供任何理由说明**为什么**我们可能有义务为那些我们永远不会遇到的、我们可能知道很少的人的利益承担潜在的高昂成本。”①实际上，在一个跨代共同体中，当今世代对未来世代负有义务的重要原因之一是未来世代拥有利益和权利，当今世代的某些行为恰恰侵犯了未来世代的利益和权利，例如，气候变化就侵犯了未来世代的利益和权利。本节试图为一种基于利益和共同体主义的代际义务进行道德辩护。

一、以利益为出发点

“利益”是述说当今世代为何对未来世代负有义务的一个非常有益的起点。利益可以将代际义务以及未来世代享有的权利联系在一起，无论是未来世代享有的权利，还是当今世代对未来世代负有的义务，都会受到跨代共同体中的代际关切的内在驱动。未来世代拥有利益吗？范伯格曾为未来世代拥有利益这一立场进行了不懈的辩护。在范伯格那里，未来世代拥有潜在的利益，这一观点面临的困难不是我们怀疑我们的后代是否是真实的以及他们是否存在于遥远的未来，而是我们不知道他们是谁以及他们的不确定性，然而，“他们中的任何一个人都会在生活空间、肥沃的土壤、新鲜的空气等方面拥有利益，但是那个被任意选择的人没有我们目前能够非常清晰地想象到的其他品质。我们甚至不知道他的父母亲、祖父母或曾祖父母是谁，甚至不知道他是否与我们有亲属关系。尽管如此，不管这些人最终会变成什么样，不管他们有什么样的合理预期，他们都会有我们现在可以影响到的利益，无论是好还是坏。我们能知道的就是这么多。这些利益的所有者的身份现在必然是模糊的，但是他们拥有利益的事实是非常清晰的”②。虽然未来世代在当下尚不存在，但是未来世代拥有可以被当今世代识别的以及能够代表的利益，无论未来世代拥有什么身份，他们都将拥有与我们相似的、诸如对食物和空气等物品的基本需求，都将拥有与我们相似的利益。未来世代拥有的利益在某种程度上与当今世代拥有的利益是相通的，我们通常不会纯粹从生物学的角度界定一个人的生命，一个人的

---

① Steve Vanderheiden, *Atmospheric Justice: A political Theory of Climate Change*, Oxford: Oxford University Press, 2008, p. 112.

② Joel Feinberg, *Rights, Justice, and the Bounds of Liberty*, Princeton, New Jersey: Princeton University Press, 1980, p.181.

生命通常是由这个人的生命所处的时间上前后延伸的关系构成的，我们也不能仅仅从时间的角度来理解当今世代的利益。当今世代的利益不限于当前的利益，当今世代肯定与未来世代在某方面共享着同样的善观念，想将自己重视的善观念传递下去，也希望自己的理想在未来世代能够实现并延续下去，“各代的人通过潜意识的联系相互交叠在一起，并且在历史历时的过程中注明自己是对前一代人的修正。这里存在着无意识的传递和委任：一代人没有完成的计划通常由之后的一代人接手”[①]。这些利益的存在也将激励当今世代关心未来世代的处境。

当今社会，未来世代的利益没有得到充分的考虑，但我们目前的政策和行为将影响未来世代的利益和生存环境。例如，当今世代大肆砍伐森林的行为，将导致水土流失和泥石流的频发，这会威胁未来世代的生存。当今世代应该尊重未来世代的利益，例如，当今世代在应对气候变化时应该更有远见，应该尊重未来世代在气候等方面的利益。伯恩斯 • 韦斯顿（Burns H. Weston）和特雷西 • 巴赫（Tracy Bach）曾给出了其中的三点理由：“（1）鉴于二氧化碳浓度的累积效应，未来世代将比当今世代受到更严重的气候变化带来的损害。（2）鉴于气候变化的累积影响，减缓和适应气候变化的计划必然侧重于未来世代的福祉；以及（3）我们在核废料处理和臭氧消耗方面的经验表明，无视未来世代的利益和代际正义只会加剧问题。因此，我们有充分的理由尊重和关注未来世代的利益和需求，即使这样做对当代人来说代价高昂。”[②]虽然未来世代的某些具体利益是什么，当今世代可能不得而知，但是未来世代的利益会受到当今世代的影响，这就足以使得当今世代意识到，当今世代有尽量不给未来世代带来伤害的义务。当今世代必须尊重未来世代的利益，不给未来世代带来不必要的痛苦。未来世代拥有的利益受到当今世代伤害的可能性，意味着未来世代可以对当今世代的某些行为和政策提出相应的要求。

我们可以从未来世代拥有利益这一立场出发，将未来世代视为权利的主体，“什么是权利？在最近的政治理论中广泛采用的一个定义如下：说某人有权利就是说他有一种利益，这就产生了其他人尊重权利的义务。一个旨在证明权利的正当性，或者解释人们为什么认真对待权利的理论，需要阐明某些利益对拥有这些权利的人的重要性，这样做的义务的观念就会变

---

① 〔德〕阿莱达 • 阿斯曼：《记忆中的历史：从个人经历到公共演示》，南京大学出版社，2017 年版，第 50 页。

② Burns H. Weston and Tracy Bach, “Recalibrating the Law of Humans with the Laws of Nature: Climate Change, Human Rights, and Intergenerational Justice”, *The University of Lowa, Vermont Law School*, 2009, p.21.

得令人信服”[1]。我们在第六章为未来世代权利论进行辩护的过程中曾提及埃利奥特（以及范伯格、贾丁斯）等人依照未来世代拥有利益从而推导出未来世代拥有权利。埃利奥特曾言：“我们大概希望避免的是我们的行动和政策所带来的侵权行为。很明显，现在的行动和政策会影响未来存在之人的利益。人们将来拥有的权利取决于他们当时拥有的利益。因此，如果我们能对他们的利益产生负面影响，那么我们就能侵犯他们的权利。这种侵权行为的表现形式可能不会发生在当下，但是那些导致侵权行为的行动或政策确实出现了。”[2]当然，我们不是假设所有可能的人都拥有权利，因为假设所有可能的人都有权利是荒谬的。例如，世界上存在很多精子和卵子，从理论上而言，当这些精子和卵子都能够结合在一起时，很多人将会来到世间。然而，实际情况是，仅有一小部分精子和卵子结合在一起并孕育出生命。这些生命肯定拥有权利，但是我们不会假定这些由所有精子和卵子结合在一起可能孕育出来的生命（事实上这些生命永远不会存在）拥有权利。这也使得杀死一个已经存在的人和阻止可能的人的存在是两种完全不同的行为。

我们还可以作出进一步的道德假设，即未来世代的基本利益与当今世代的基本利益处于同等重要的地位。巴里对此曾言，就人们的至关重要的利益而言，一个人所处的空间和时间的位置本身不会影响合法的权利主张，这一基本观点也意味着未来人们的至关重要的利益与现在人们的至关重要的利益具有同等的优先地位。[3]也就是说，我们不能因为未来世代生活在未来以及当今世代生活在当下，就认为未来世代的根本利益不如当今世代的根本利益重要，未来世代所处的时间位置本身不是一个其利益可以被当今世代随意“折扣”和任意忽视的恰当理由。实际上，当今世代的利益和未来世代的利益不一定完全处于冲突的状态。

如果未来世代拥有权利这一立场可以被接受，未来世代可以成为权利的主体，那么当今世代就应该对未来世代承担义务，从未来世代拥有的权利中可以衍生出一些代际义务，这是我们为代际义务进行的第一种道德辩护。另外，即使我们在第六章为未来世代权利论进行的辩护是不成立的，也就是说，未来世代不能成为权利的主体，我们也可以从未来世代拥有的

---

① Richard Vernon, “Intergenerational Rights”, *Intergenerational Justice Review*, Vol.9, No.1, 2009, p. 9.

② Robert Elliot, “The Rights of Future People”, *Journal of Applied Philosophy*, Vol.6, No.2, 1989, p. 162.

③ 参见 Brian Barry, “Sustainability and Intergenerational Justice”, in Andrew Dobson (ed.), *Fairness and Futurity: Essays on Environmental Sustainability and Social Justice*, New York: Oxford University Press, 1999, p.99.

利益出发为代际义务进行道德辩护，未来世代拥有的某些基本利益可以产生当今世代必须履行的一些道德义务。例如，未来世代会拥有生存和健康等基本利益，这些利益足以使他人承担相应的不伤害其生存的道德义务。这也凸显出某些绝对的道德义务可以独立于权利而存在。

代际义务除了基于未来世代拥有的利益和权利以外，还可以基于跨代共同体以及在跨代共同体中每个人都应该获得平等的尊重。这是我们为代际义务进行的第二种道德辩护。我们在第四章为共同体主义的代际正义理论进行辩护时，曾提及拜尔和德夏里特将当今世代对未来世代的义务置于“跨代共同体”之中。在拜尔那里，当今世代对未来世代负有义务的原因是多方面的，其中重要的原因有两点：一是当今世代、过去的世代和未来世代共处于同一个跨代共同体中，在该跨代共同体中，当今世代意识到自身从过去世代的投资中获益，并可以决定未来世代的命运，也就是说，各个世代之间有一种相互依赖的关系，“这种形成道德共同体的关系一旦得到承认，就会产生义务，所有这些关系都涉及依赖和相互依赖。……一些在道德上有重要意义和相互关联的角色是我们每个人都依次扮演的角色——受抚养的孩子长大成人，由他照顾孩子，那些照顾他人的人自己也变老了，需要照顾。与这些角色相似的是，它们指的是更早的人和更晚的人，与它们不同的是，我们不是在时间上继承它们，而是过去的世代的继承人、未来世代遗产的执行者和决定者的角色。在扮演这些角色的过程中，一个人既接受物品，又转让物品”①。二是在跨代共同体中，当今世代拥有巨大的影响力，过去的世代因技术等原因的限制，他们很少能够预见其行动的长期影响，当今世代不能指责过去的世代，然而，当今世代在知识和能力方面与过去的世代的知识和能力有着天壤之别，不论当今世代对其政策的长期影响的了解方面，还是影响未来世代的能力方面，都大大超越了过去的世代，“与以前的世代不同，我们能够控制人口增长，并试图使其适应基本资源的预期供应。如果我们不能负责任地使用这种能力，那么我们就有义务在未来拥挤不堪的世界中赔偿我们因此给受害者造成的伤害。在我们忽视不过度繁殖的义务的同时，为增加而不仅仅是保存所需的粮食和水资源而作出的特别努力是应当的。相对于以前的世代，我们在拥有知识和力量的过程中所处的特殊地位使我们能够终结人类世代的顺序，并在我们的生育或繁殖活动中保持自觉和深思熟虑”②。当今世代拥有的这种巨大影响力

① Annette Baier, *Reflections On How We Live*, Oxford University Press, 2009, pp. 11-12.

② Annette Baier, *Reflections On How We Live*, Oxford University Press, 2009, pp. 9-10.

可能会被认为产生针对未来世代的道德关系和道德义务，要求当今世代在作出各种决策时必须审慎行事，从而能够考虑到未来世代的基本利益。否则，未来世代可以谴责当今世代的不负责任的行为。

德夏里特同样将当今世代对未来世代的义务置于跨代共同体之中。德夏里特继承了亚里士多德对共同体的看法，强调共同体对人的生活的重要性，强调一个人被认为受社会关系或人际关系的约束，除其他外，他的个性实际上是由其承担的义务来界定的。德夏里特倡导一种跨代共同体的概念，并把这个概念扩展到尚未出生的世代，认为“如果在一个世代内，一个人接受共同体的理念，这意味着对其他成员负有某些义务的原则，那么他就应该接受延伸至未来的跨代共同体概念,从而认可对未来世代的义务。我在此声称，构成性的共同体跨越几个世纪，延伸至未来。正如许多人认为过去是他们‘自我’的一部分一样，他们也会认为未来是他们‘自我’的一部分。这些关系构成了跨代共同体。这是我们对未来世代承担义务的根源”[①]。显而易见，德夏里特的观点对那些否认共同体的重要性的人来说没有任何吸引力，如果一个人承认共同体的存在并且认为该共同体构成了个人的身份，那么这个人又否认他对共同体及其成员的任何义务会是非常荒谬的，同时，如果一个人承认共同体的重要性，那么这个人就会希望该共同体能够存续下去并蓬勃发展。

每个世代都与过去的世代和未来世代有一定的关系，这些世代在一起构成了整个人类共同体。在跨代共同体中，当今世代对过去的世代和未来世代都负有义务，例如，当今世代有义务将过去世代的遗产传承下去，有义务为未来世代提供一个良好的生活环境。在跨代共同体中，无论每个世代在时间上处于何种位置，都拥有一种平等的地位，都应该获得平等的尊重，每个世代都共享着人类的本性，都拥有平等的内在价值、道德尊严与道德地位，没有一个世代在本质上优越于其他世代。同时，每个世代都拥有一些不可褫夺的基本权利，任何世代都无权侵犯这些权利。一个随之而来的问题是，我们如何证明在跨代共同体中，各个世代都处于一种平等的地位，都应该获得平等的尊重呢？笔者无力进行证明，只能像巴里一样，将人类的基本平等视为一种公理，“普遍主义的核心思想——地点和时间并不提供道德上相关的基础，以区别对待不同人民的利益——具有巨大的理性吸引力。它的推论——例如奴隶制的不合理性以及不允许给予妇女较低的法律地位——在过去的两个世纪中，在世界上的很多地方得到了实施，

① Avner de-Shalit, *Why Posterity Matters*, London and New York: Routledge, 1995, pp. 15-16.

尽管那些反对它们的利益和信仰根深蒂固。在过去的 50 年中，人们对遥远的地方和时间的关注以前所未有的方式增长。未来最大的问题是，这种担忧是否会发展到足以引发正义要求的那种行动。然而，我看不出有任何理由认为这些要求应该减少”①。在跨代共同体中，各个世代都拥有一种平等的地位这一观念，在很大程度上依赖于人们的道德直觉和道德信念，甚至依赖于人们的宗教信仰以及所处的社会环境。在跨代共同体中，各个世代都应该获得平等的尊重这一观点有着非常重要的意义。例如，各个世代都应该获得平等的尊重这一观点可以成为各个世代之间团结的纽带，各个世代是共存的，共处于同一个星球之上，每个世代能否过上一种体面的生活，除了取决于自身的努力，还取决于其他世代的行动。

二、气候变化侵害了未来世代的利益和权利

即使如上一部分所述，我们对代际义务进行的两种道德辩护是可行的，当今世代对未来世代负有某些义务，有些人可能仍然对我们必须采取应对气候变化的措施这一立场持怀疑态度，原因在于这些人可能认为我们不知道气候变化如何影响未来世代的利益和权利。下面我们就看看气候变化是如何侵犯未来世代的利益和权利的。

由气候变化带来的负面影响的显现通常是一个长期的过程，未来世代是主要的受害者。源自人类的温室气体排放行为的二氧化碳在大气中会存留很长时间，“一方面，大气中的二氧化碳的寿命为 5 至 200 年。最近的研究表明，在大量排放二氧化碳的情况下，二氧化碳的有效寿命要长得多。另一方面，由于海洋的热惯性，温室气体的排放和温度的上升之间有一个时间滞后，海洋需要时间来升温（或降温）以应对这种作用力。这个响应取决于海洋环流将温度的变化传递到深海的速度。詹姆斯·汉森（James Hansen）估计气候响应时间是 50 至 100 年”②。也就是说，从温室气体浓度的增加到气温上升再到气候变化，这一过程的完成可能需要几十年或上百年的时间。气候变化带来的负面影响（如干旱和海平面上升）可能需要上百年的时间才能显现出来。我们今天的温室气体排放行为不会立刻产生不良影响，几乎不会导致在我们有生之年气候变化的出现。这种时间延迟的存在使得未来世代成为气候变化的主要受害者，而当今世代也很少有动

---

① Brian Barry, “Sustainability and Intergenerational Justice”, in Andrew Dobson (ed.), *Fairness and Futurity: Essays on Environmental Sustainability and Social Justice*, New York: Oxford University Press, 1999, p.100.

② Marc D. Davidson, *Arguing about Climate Change*, Amsterdam University Press, 2008, pp.6-7.

力采取应对气候变化的政策或者至少在应对气候变化方面很难达成共识。

气候变化会给未来世代带来很大的威胁，会威胁到未来世代的生存权和健康权等基本利益，这些基本利益足以将义务强加于他人。气候变化给未来世代的基本利益带来的不良影响是多方面的，至少有以下三个方面：第一，气候变化会威胁到未来世代的生存。近一百多年来，气温上升是全球气候变化的最主要的特征之一，“自19世纪后期以来，全球地表平均温度（GMST）持续上升，过去三个连续十年（2000——2010年、1990——2000年、1980——1990年）的地表已连续高于地球有器测记录以来的任何一个十年，2000——2010年是最暖的十年。2016年GMST比1961——1990年平均值高出0.83℃以上，比工业化前水平高出约1.1℃，连续刷新2014年、2015年相继创下的最暖记录，成为有气象记录以来最暖的一年”[①]。全球平均气温上升以后，诸如龙卷风、飓风、暴雨、冰雹、沙尘暴、暴风雪、热浪和干旱等气候极端事件将会频发，而且持续的时间也会较长。全球平均气温的上升还会引起冻土解冻的速度加快，导致海平面上升。海平面上升会带来诸多问题，例如沿海地区及岛屿的洪水泛滥、海岸线遭到破坏、内河遭到海水的倒灌、地下水盐碱化、水源遭到污染、一些地势较低的沿海地区可能遭到淹没等。由气候变化引发的旱灾、洪涝灾害和海平面上升等一系列现象的出现，最终将影响人类的粮食安全，导致普遍的营养不良、大量饥饿人口的出现，不仅部分危及当今世代的利益，也会主要危及未来世代的生存。第二，气候变化将损害未来世代的健康等基本利益。随着人类生产和生活导致的碳排放的增加，空气质量也日渐恶化，全球变暖会使得雾霾加剧，雾霾已经逐渐成为一种挥之不去的顽疾，“在全球变暖的大环境背景下，由于异常天气出现，如夏季高温、冬天变暖、干旱等，会造成局地空气质量下降。特别是在人口密集的大城市，由于存在城市热岛环流，大气污染物不易扩散，易造成严重污染。各类污染物进入人体，会引起人体感官和生理机能的不适反应，产生亚临床和病理改变，发生各种急、慢性疾病甚至导致死亡”[②]。气候变化将导致多种疾病发生的概率大增，如登革热、疟疾、霍乱等传染性疾病，支气管哮喘、慢性气管炎、流行性感冒等呼吸道疾病。这些疾病都会威胁未来世代的健康，损害其基本利益。第三，气候变化将导致未来世代不能自由选择自己的生活，相反，未来世代不得不花费大量的成本去应对气候变化的负面影响。随着气候变

① 秦大河主编：《气候变化科学概论》，科学出版社，2018年版，第9页。

② 林而达主编：《气候变化与人类——事实、影响和适应》，学苑出版社，2010年版，第46～47页。

化及其带来的恶劣后果的加剧，一个很自然的现象也会出现，即未来世代将承受其中的主要负面影响。为了生存下去，未来世代不得不花费大量的人力、物力和财力，从而解决其中的一些负面影响以及适应气候变化。未来世代消除由气候变化带来的负面影响的成本，肯定大于当今世代减缓气候变化的成本。

可见，气候变化会威胁到未来世代的基本利益，克拉克·沃尔夫（Clark Wolf）认为："我们未能实施适当的气候政策，将未来世代的基本利益置于严重的危险之中。全球气候变化和随之而来的世界生态系统的变化危及了人们的生活和福祉所依靠的环境系统……由于气候和全球环境变化牵涉到未来世代的需求，以及他们可能在正义的制度下生活在合理有利的环境中的前景，气候政策应该成为应用代际正义理论的典型背景。"①在气候变化方面，当今世代给未来世代带来的许多伤害，使得当今世代对那些面临风险的未来世代承担义务。在卡尼看来，未来世代的基本利益确实足以将义务强加于他人，卡尼为了使这一观点更具说服力，又提出了两点考量：一是未来世代受到气候变化威胁的利益不是琐碎的利益，而是一些根本利益，与当今世代享有的言论自由和信仰自由等权利一样重要；二是现有的证据表明，避免危险的气候变化只需要以每年全球国内生产总值很小的比例，如《斯特恩报告》显示将大气中的二氧化碳浓度稳定在 550ppm，只需要花费全球 GDP 的 1%到 3.5%。"利益是至关重要的，这不足以使得我们对其享有权利，除非我们知道让其他人对其负有责任是否合适。然而，刚才引用的证据表明成本是合理的。根据我们迄今看到的情况，我们可以说，人们在健康、生存和养活自己方面具有根本的利益，保护这些利益免受危险的气候变化的侵害的责任，对恰当的义务承担者来说不是不合理的要求。"②未来世代的生存和健康等基本利益受到气候变化的威胁，这足以使当今世代要承担相应的义务。

以当今世代现有的科技水平而言，当今世代深谙由人为因素造成的气候变化将带来的恶劣后果，这将严重影响未来世代的利益。自 19 世纪以来，随着科学技术的发展，人类已经逐渐明白了气候变化的发生、内在的原理及其可能带来的负面影响等相关信息。我们可以在此简要回顾人类对气候变化的了解历程，"19 世纪 20 年代，法国数学家、物理学家约瑟夫·傅

① Clark Wolf, "Intergenerational Justice, Human Needs, and Climate Policy," in Axel Gosseries and Lukas H. Meyer (ed.), *Intergenerational Justice*, Oxford University Press, 2009, pp.370-371.

② Simon Caney, "Human Rights, Climate Change, and Discounting", *Environment Politics*, Vol. 17, No.4, 2008, p. 539.

立叶（Joseph Fourier）从进来的太阳辐射和出去的红外线辐射的角度，考察了地球的热量平衡。他的推论是，由于地球气温比他的预计高出大约30℃，应该有某种东西阻滞了红外线辐射。30 年之后，爱尔兰物理学家约翰・廷德尔（John Tyndall）确定了阻滞辐射的分子[包括二氧化碳（CO_2）和水蒸气]。这些分子作为温室气体逐渐为人所知"[①]。自此之后，人们对气候变化的相关原理有了更多的认识。科学研究发现，虽然气候变化是自然因素和人类活动共同造成的，但是最近一百年来的气候变化主要是人为因素导致的，同时，气候变化的危害也逐渐为人们知晓。国际社会也签署了很多气候变化公约以应对气候变化，例如，《联合国气候变化框架公约》（1992 年）、《京都议定书》（1997 年）、《巴厘行动计划》（2007 年）、《哥本哈根协议》（2009 年）和《巴黎协定》（2015 年）等。气候变化带来的危害是不可逆的，气候变化会极大地增加未来世代无法满足其最基本的利益和需求的风险，倘若当今世代在明确知晓气候变化会给未来世代带来严重伤害的情况下仍然明知不可为而为之，那么这是非正义的。所有世代都是前人决定的产物，每个世代的决策都会产生长期的影响，在是否应对以及如何应对气候变化问题上，代际关系的非平等性体现得淋漓尽致，当今世代所拥有的特殊力量，使得当今世代应该担负一些针对未来世代的义务。

以上我们主要是从气候变化对未来世代的基本利益的威胁的角度，探讨为什么在气候变化问题上当今世代应该承担代际义务。同时，我们还可以从权利的角度探讨当今世代在应对气候变化问题上的代际义务，正如范德海登所言，"如果《联合国气候变化框架公约》的防止危险的人为干扰地球气候系统的任务是正义的任务，那么我们必须欠未来的人一些东西；我们必须至少认为他们能够对我们目前的决定提出要求，从而禁止我们从事伤害他们的行为或者采取伤害他们的政策。这种观点可能主张权利，而这些权利可能会受到没有充分防止环境退化的政策的侵犯，或者他们可能会提出利益，这些利益可能受到影响，因此值得目前的政策过程加以考虑"[②]。气候变化侵犯了未来世代的权利吗？卡尼对此问题持肯定的回答，并为所有人都有权不遭受气候变化的威胁这一观点进行了富有影响力的辩护，强调气候变化威胁到了人们的生命权、健康权和生存权。我们刚才曾提到，在卡尼那里，未来世代在健康、生存等方面的根本利益足以使得当今世代应承担某些义务，同时这些利益也使得未来世代拥有权利。卡尼的观点可

① 〔英〕尼古拉斯・斯特恩：《地球安全愿景》，社会科学文献出版社，2011 年版，第 20～21 页。

② Steve Vanderheiden, *Atmospheric Justice: A political Theory of Climate Change*, Oxford: Oxford University Press, 2008, p. 121.

能招致一些反对意见，例如，有人可能认为未来世代的权利可以被折扣，未来世代生活在遥远的未来，这使得未来世代的权利应该被赋予更少的价值，应该比当今世代的权利获得更少的保护。卡尼不认可这一反对意见，而是捍卫了“对所谓的权利保护的零折扣率。就我而言，21 世纪的人的权利和 23 世纪的人的权利具有同样的道德地位。这是一个重要的结论，因为如果我们认为未来人的权利不如当代人的权利重要，那么未来人不遭受气候变化不良影响的权利可能更容易被目前活着的人在向大气释放大量温室气体的活动中的利益所压倒。事实上，一些人正是基于这些理由反对大规模的减排政策。因此，我们采用正折扣率还是零折扣率具有很大的实际意义”①。本节认为，由当今世代的温室气体排放行为造成的气候变化侵犯了未来世代的权利，至少未来世代的生存权和健康权等权利将受到威胁。

未来世代的权利受到了气候变化的威胁，米歇尔·布尔班（Michel Bourban）在为这一观点辩护之前首先强调了人的权利的四个特征，即人权基于我们共同的人性，因此，它与人们出生的国家、生活的地方等因素无关；人权代表着一个道德门槛，任何人都不应低于这个门槛；人权使所有人都有义务尊重这些基本的最低标准；人权通常优先于其他道德价值，如促进幸福。布尔班紧接着强调，气候变化侵犯了未来世代的生存权和健康权，“从生存权开始，它在最低限度上可以被界定为不被他人的行为剥夺生存手段的权利。全球变暖对农业造成严重影响的两个后果是海平面上升和极端气象事件。由于这种（和许多其他）影响，联合国政府间气候变化专门委员会估计，到 2020 年，一些非洲国家的农业生产可能减产 50%，从而加剧世界上最贫困地区的贫困……受到气候变化威胁的第二项国际公认的人权是健康权。它可以被定义为不被他人的行为严重侵犯或威胁的健康的权利。气候变化有可能在不久的将来影响数百万人的健康状况”②。当然，那些侵犯未来世代的生存权和健康权的因素不是孤立存在而是相互叠加的，例如，气温上升和干旱就联系在一起。如果由当今世代的温室气体排放行为引发或加剧的气候变化带来飓风、洪涝灾害等极端天气事件，使许多人流离失所，伤害或杀死许多未来的人，那么未来世代的生存权和健康权等权利就受到了侵犯。未来世代的生存权和健康权受到当今世代的行为的侵犯，这反过来强加给当今世代要担负相应的代际义务。

① Simon Caney, “Human Rights, Climate Change, and Discounting”, *Environment Politics*, Vol. 17, No.4, 2008, p. 540.

② Michel Bourban, “Climate Change, Human Rights and the Problem of Motivation”, *De Ethica*, Vol.1, No. 1, 2014, p. 40.

如果本节的上述论述是合理的，我们在某种程度上可以回应卡尔宁的下述疑惑："就气候变化而言，未来世代可能是我们今天活着的人所应负责任的行为和疏忽的最大受害者，尽管形势对他们来说很严峻，但是我们并没有特别的动力代表他们采取行动。就未来世代而言，我们特别容易受到斯蒂芬·加德纳（Stephen Gardiner）所说的道德腐败的影响。原因有很多，其中最主要的原因是，未来世代不会向我们发出挑战。但是另一个重要的原因，或者我是这么说的，是我们缺乏一个强大的代际正义的义务论。"① 总之，我们为代际义务进行了两种道德辩护，代际义务既可以基于未来世代的利益和权利，又可以基于跨代共同体以及在跨代共同体中每个人都应该获得平等的尊重。

第三节 何种代际义务？

在解决了当今世代为何对未来世代负有义务这一问题后，一个尚需解决的问题是，当今世代对未来世代负有何种义务？总体来说，当今世代对未来世代的义务主要包括"追溯性的代际义务"和"前瞻性的代际义务"，这两种代际义务要求当今世代在气候变化问题上采取"适应"气候变化和"减缓"气候变化的措施。

一、"追溯性的"代际义务与"前瞻性的"代际义务

当今世代对未来世代负有何种义务？该问题与当今世代为何对未来世代负有义务一样难以回答。虽然人们对代际义务的具体内容是什么，肯定持有不同的观点，但是当今世代对未来世代的最低限度的代际义务是"当今世代让未来世代能够生存下去"这一观点面临的异议应该少一些，应该更容易获得人们的认同。然而，"当今世代让未来世代能够生存下去"这一观点还是较为抽象和模糊，我们大体上可以将这种代际义务分为"追溯性的代际义务"和"前瞻性的代际义务"，前者主要涉及"矫正正义"的义务，后者主要关涉"分配正义"的义务。

亚里士多德曾将正义分为"矫正正义"和"分配正义"，认为"具体的正义及其相应的行为有两类。一类是表现于荣誉、钱物或其他可析分的共

① Anja Karnein, "Climate Change and Justice Between Nonoverlapping Generations", *Global Justice: Theory Practice Rhetoric*, Vol. 8, No.2, 2015, pp. 43-44.

同财富的分配上（这些东西一个人可能分到同等的或不同等的一份）的正义。另一类则是在私人交易中起矫正作用的正义。矫正的正义又有两类，相应于两类私人交易：出于意愿的和违反意愿的"[①]。在亚里士多德提出矫正正义和分配正义的概念后2000多年的时间中，矫正正义和分配正义的概念被不断完善。当然，人们目前所谈论的矫正正义和分配正义的范围已经超出了亚里士多德意义上的矫正正义和分配正义。欧内斯特·魏恩里布（Ernest J. Weinrib）认为："由矫正正义代表的推理结构的关键是相互关系，在这种思想下，责任的理由将当事方的关系视为一个两级的单位，其中每一方的规范立场只能根据另一方的立场来理解。……这种推理处理的是关系本身，而不是独立处理的两级，因此，它同时解释了原告获胜的原因和被告败诉的原因。"[②]矫正正义引导我们思考一些规范问题，这些规范问题与当事人本身没有关系，而与当事人之间的关系有关。也就是说，矫正正义关注的是当事人之间的规范性关系，反映了当事人之间关系的某种特定的特征。矫正正义致力于纠正人们的合法利益受到的非法侵犯，确保所犯的错误得到纠正，这样的话，某些从事非法侵犯他人利益的人就应该承担相应的责任。对矫正正义来说，责任是至关重要的，强调人们应当以各种方式承担责任，当然，这对分配正义来说也同样如此。分配正义主要侧重于"谁应当得到什么"这一问题，涉及社会中的财富、荣誉、权利和地位等物品如何分配和调节。在分配和调节这些物品的过程中，如果对不同的人给予不同的对待，对相同的人给予相同的对待，那么分配正义就实现了。

追溯性的代际义务主要采取一种历史主义的分析思路，涉及当今世代与过去的世代之间的正义关系，这也是我们以上在探讨代际正义理论的过程中较少涉猎的问题。我们在此论及的矫正正义并不仅限于亚里士多德所说的在私人交易中起作用的矫正正义，也强调某些国家必须对过去的世代犯下的巨大错误带来的恶劣影响做出补偿，并进行矫正。追溯性的代际义务包含的内容较多，其中最主要的应该是如下两种。第一，保存过去的世代的重要遗产并将其传承下去。人类在长期的发展过程中已经创造了大量的物品，其中包含一些重要的遗产，如人文景观、器物、技艺以及传统等，这些遗产应该被传承下去，而不能毁在某一代人手中。每个世代都从过去的世代那里得到了一些遗产，当今世代和过去的世代之间存在的这种"信托关系"也赋予了当今世代以义务。当然，人类社会也改造或创造了一些

---

① 〔古希腊〕亚里士多德：《尼各马可伦理学》，商务印书馆，2003年版，第134页。译文有改动。

② Ernest J. Weinrib, *Corrective Justice*, Oxford: Oxford University Press, 2012, pp.2-3.

重要的自然遗产，如一些作物的种子，每个世代都有义务保护种子作物，这是对过去的世代（以及未来世代）应尽的义务。对于过去的世代的遗产，当今世代不能完全独享，至少在享用该遗产的同时有将其传承下去的义务；第二，矫正过去的世代所从事的一些非正义行为带来的不良影响。在历史上，某些国家曾经对其他国家犯下了很多严重的错误，历史上以殖民主义、种族灭绝和奴隶制等为代表的一些非正义行为随处可见，这也恰恰是目前某些国家贫困的重要根源，同时，“当前的贫困状况在很大程度上激发了人们对过去的非正义的担忧。对过去的事情缺乏关注可能表现出缺乏想象力：对现在的贫困缺乏关注表现出道德冷漠。例如，不关心古代斯巴达的奴隶阶级当然是可以原谅的，因为我们的思想中有更多的实际迫切诉求，而对非洲奴隶制及其当前后果缺乏关注则是缺乏一种有效的道德能力。因此，‘历史上的非正义’不可否认地对当前的非正义做出了重要贡献”①。而目前一些富裕国家也正是这些历史上的非正义行为的受益者，因此，这些富裕国家必须对因其历史上的非正义行为而贫困的国家进行赔偿。譬如，在第二次世界大战中，德国、意大利和日本等践行法西斯主义理念的国家必须对受其伤害的国家及其人民（如犹太人、波兰人、中国人和韩国人等）做出赔偿，并采取某种方式来纠正国家在历史上的一些非正义行为。历史上的非正义现象通常被认为与赔偿的要求密切相关，赔偿的方式多种多样，既有战争赔款等经济形式的赔偿，又有公开道歉、真诚忏悔、恢复名誉和反省战争责任等非经济形式的赔偿。

艾维森曾经较为详细地探讨了如何通过“赔偿”的方式矫正历史上的非正义现象。艾维森认为，赔偿通常被认为是根据过去的错误行为向索赔人支付赔偿金，然而随着时间的推移，确定的不法行为者和受害者之间的转移变得较为复杂，而且无法获得普通的法律救济，这使得赔偿的难度不断增加。赔偿方式至少包括“归还”（restitution）、“补偿”（compensation）以及“承认”（recognition）或“认可”（acknowledgment），所有这些都可以通过各种实际形式实现，如现金、道歉、平权行动方案（affirmative action programs）、新的法律规定、真相与和解委员会等。尽管这些模式往往混合在一起，但是人们需要注意这些赔偿方式之间的差异。归还指的是恢复或归还最初被拿走的东西。倘若一个人的钱被偷了，这个人就可以拿回来；倘若一个人的土地被强占了，这个人就把它夺回来。补偿是指试图弥补或

① Richard Vernon, “Intergenerational Rights”, *Intergenerational Justice Review*, Vol.9, No.1, 2009, pp. 8-9.

抵消伤害带来的后果，从字面上看恢复所采取的行动是不可能的。当错误的后果导致无法归还时，人们倾向于谈论补偿。任何金钱都不可能补偿孩子的失去、遭受的酷刑或殖民主义带来的恶劣后果。那些对赔偿要求持怀疑态度的人常常质疑这一事实，但是某些形式的补偿（包括金钱）可以在某种程度上弥补损害。它可以帮助某些人重新开始生活或者处理一些伤害的后果，而不需要再假装让那个人（或群体）变得完整。承认或认可指的是迫使受害者承认在对他人造成伤害时被否认的基本人性或主体性。当然，承认是建立在恢复或补偿某人所受伤害的行动之中。然而，对责任的承认也有其他的含义，特别是体现于公开道歉和集体纪念的形式上。事实上，对过去的非正义的公开承认是一种独特的政治行为，对这些问题的过分法律化的分析往往忽视了这一点。法律可以恢复受害者的某些法定权力或权利，在某些情况下，赔偿的目的在于帮助改造或重新建立一个因内战而变得支离破碎的政治共同体，或者因历史上的非正义而伤痕累累的政治共同体。也就是说，赔偿被视为有助于实现政治包容的理想，有助于平等对待彼此，从而有助于维持民主的生活方式。[①]除此之外，赔偿也是一个政治共同体为其过去的非正义行为承担责任的最主要的体现之一，这种赔偿既是对受害者所遭受的伤痛的历史记忆的一种尊重，又可以弥合历史伤痛，为最终的和解奠定基础。

前瞻性的代际义务主要涉及当今世代与未来世代之间的正义问题，这也是我们在本书中着重探讨的代际正义理论关涉的问题。前瞻性的代际义务包含的内容多种多样，至少有以下两种：

第一，当今世代对未来世代负有“可持续性”的义务，应该尊重未来世代的利益和权利。提到可持续性，人们会自然而然地想到“可持续发展”。联合国“世界环境与发展委员会”在1987年发表的《我们共同的未来》报告中强调，人类今天肆意地开发资源，“对我们这一代也许是有益的，但会让我们的子孙承受损失。我们从我们的后代那里借用环境资本，没打算也没有可能偿还；后代人可能会责怪我们挥霍浪费，但他们却无法向我们讨债。……人类有能力使发展持续下去，也能保证使之满足当前的需要，而不危及下一代满足其需要的能力”[②]。虽然代际权力是极度不平等的，但是这并不意味着我们在利用和改造自然时可以不顾及未来世代的处境，我们

---

① 参见 Duncan Ivison, “Historical Injustice”, in John S. Dryzek, Bonnie Honig and Anne Phillips (ed.,) *The Oxford Handbook of Political Theory*, Oxford: Oxford University Press, 2006, pp. 509-510.

② 世界环境与发展委员会：《我们共同的未来》，王之佳等译，吉林人民出版社，1997年版，第10页。

要遵循可持续发展的理念，“既满足当代人的需要，又不对后代人满足其需要的能力构成危害的发展”是可持续发展的基本内涵。虽然可持续发展已经成为一个泛化的概念，但是它的基本关注点仍是如何处理当今世代和未来世代之间的关系问题。我们在此强调的“可持续性”并不完全等同于“可持续发展”，它的外延应该大于可持续发展的外延，将可持续性发展涵盖在内。可持续性强调当今世代应该为未来世代留下一些机会，至少未来世代拥有的机会不应该少于当今世代拥有的机会，同时，当今世代应该在其力所能及的范围内使一些“善”不断向前延续下去。当然，可持续性着力强调的“善”到底是什么，我们在此无法给予清晰的界定，它大体上指对未来世代的生活有益的东西（如一些基本的利益），这种善可以在某种程度上确保未来世代拥有一个宜居的地球。

“可持续性”还强调地球是所有人共享的，是人类的共同财富，所有人对地球都拥有一种共同的所有权，地球同等地属于每个世代，不是哪个世代的私有物。例如，气候就是一种公共资源，为所有人共有。我们可以在洛克的“上帝既将世界给予人类共有，亦给予他们以理性，让他们为了生活和便利的最大好处而加以利用”[①]这一著名观点中找到上述言辞的源头。洛克的这一观点可以被适当地延伸，每个人在共有世界的过程中，都有资格获得地球上的资源和空间。这意味着当今世代有义务不利用其所处时间的优势从而剥夺未来世代的相应机会，也意味着当今世代和未来世代都有资格公平地分享地球上的资源和空间。洛克在为其财产权理论进行辩护的过程中曾强调，“既然劳动是劳动者的无可争议的所有物，那么对于这一有所增益的东西，除他以外就没有人能够享有权利，至少在还留有足够的同样好的东西给其他人所共有的情况下，事情就是如此”[②]。“足够的同样好的”这一洛克式的限制条件在有关代际正义理论的讨论中经常被引申和拓展，正如有论者所言，“每个世代对其后代的一项义务是，要尽可能多地留下过去世代留给他们的‘足够的和同样好的’公共善。这一义务既源于过去的人的善意得到尊重的权利，又源于未来人的任何权利，但是我认为，如果没有恶意或不负责任，那么这些公共善会被传递下去。如果我被剥夺了受教育的权利（因为上一代人为了自己更大的奢侈而摧毁了一所已经建立的大学），那么我会觉得我的权利和大学创始人的权利已经被践踏了。值得注意的是，过去的捐赠者及其未来的受益者的权利产生了同样的义

①〔英〕洛克：《政府论》（下篇），商务印书馆，1964年版，第18页。

②〔英〕洛克：《政府论》（下篇），商务印书馆，1964年版，第19页。

务”[①]。我们应该怎样确保每个世代获得公平的份额呢？我们可以从魏伊丝关于代际公平的三个著名论断那里获得有益的启示：其一，应当要求每个世代保护自然资源和文化资源的多样性，以便不过度限制未来世代解决问题和满足自身价值观的选择，并应当有权享有与过去的世代同等的多样性，魏伊丝称之为“保护选择”（conservations of options）原则；其二，应当要求每个世代保护地球的质量，使其在不差于其接受时的状况下传承下去，并且应该有权享有与过去的世代享有的地球质量相当的质量，该原则被称为“保护质量”（conservations of quality）原则；其三，每个世代都应该继承过去世代的遗产，并为未来世代保留这种权利，魏伊丝称之为“保护获取”（conservations of access）原则。[②]在魏伊丝那里，上述代际公平原则构成了每个世代拥有的一系列代际权利和代际义务或地球权利和地球义务的基础，每个世代都负有双重的角色，即既是地球遗产的受益人，又是地球遗产的受托人。也就是说，每个世代都会从过去的世代那里继承某些遗产（如自然资源和文化资源），又要将这些遗产传承下去，这种双重角色既赋予人们以权利，又使得人们承担某些义务。

第二，当今世代不能侵犯未来世代的利益和权利，应该负有不恶化未来世代的处境的义务。当今世代不能无缘无故地给未来世代带来痛苦，倘若当今世代花费很小的代价就可以避免未来世代遭受一些痛苦和伤害，当今世代就应该这样做。然而，当当今世代需要花费很大的代价才能避免未来世代遭受的一些痛苦和伤害时，当今世代是否应该这样做，这是一个富有争议性的问题。实际上，无论如何，当今世代都不应该恶化未来世代的处境。尼尔·布坎南（Neil H. Buchanan）认为人们通常认为当今世代应该为未来世代做些什么，但是在应该做多少这一问题上，人们很难达成共识。人们通常认为自己应该确保其孩子比自己过得更好，这一观点意味着“每个世代都应该确保其留给未来世代的不会比当今世代更糟糕。尽管‘没有恶化’的标准可能很粗糙……但是该标准将有助于指导环境政策”[③]。我们可以对布坎南的“没有恶化”的原则进行进一步的拓展，“没有恶化”原则大体上应该包含两层含义：一是按照代际传承的基本要求，每个世代都有义务确保其留给未来世代的资源的质量不应该比其接收这些资源的质量

① Annette Baier, *Reflections On How We Live*, Oxford: Oxford University Press, 2009, p. 8.

② 参见 Edith Brown Weiss, “Our Rights and Obligations to Future Generations for the Environment”, *The American Journal of International Law*, Vol. 84, No. 1, 1990, p. 202.

③ Neil H. Buchanan, “What Kind of Environment Do We Owe Future Generations?” *Lewis & Clark Law Review*, Vol. 15, No.2, 2011, p. 350. 我们在第二章曾经提到莫尔根也有类似的立场。

低，每个世代留给未来世代的机会至少应该与他们自己的机会相当；二是当今世代不应该让未来世代变得更糟，不应该主动做一些恶化未来世代的处境的行为，这种要求比“没有恶化”的原则的第一层含义要稍低一些，也是当今世代对未来世代负有的最低限度的义务之一。

当然，我们以上无论对追溯性的代际义务的内容的列举，还是对前瞻性的代际义务的内容的列举，都是一种不完全的列举，在必要的情况下人们可以进行适当的扩展。我们下面需要解决的一个难题是：追溯性的代际义务和前瞻性的代际义务是一种集体义务，还是一种个人义务？该问题涉及关于代际义务的方法论上的个人主义和集体主义之间的争论。当我们讨论义务时，最常见的做法是用方法论上的个人主义理解义务，这也是很多理论（如自由主义）最基本的预设之一。按照这种思路，我们在探讨代际义务时会很自然地认为代际义务是一种个人义务。然而，本章认为在确定代际义务是一种个人义务抑或集体义务的过程中，最具可行性的方法是方法论上的集体主义，也就是说，代际义务是一种集体义务。具体而言，在国家是一个主要政治共同体的时代，国家是代际义务的最主要承担者，国家应当作为一个集体单位来承担集体义务。这种想法肯定面临很多质疑，因为集体义务貌似意味着让一个国家的所有人为部分国民的非正义行为承担义务。例如，这意味着让所有美国人为印第安人遭受的大肆屠杀承担义务，让美国白人为美国历史上对黑人的无情奴役承担义务，让当代德国人为“二战”期间纳粹政权对犹太人犯下的滔天罪行承担义务，等等。在集体义务的质疑者看来，只是部分美国人、部分美国白人和部分德国人从事了非正义的行为。对上述反对意见的回应是，在当下，绕过国家而让个人承担义务是根本不可能的，虽然集体义务最终要化约为个人义务，落在个人的头上，但是当国家承担集体义务以后，国家可以通过某种方式在国家内部按照公民从事的行为的具体情况让公民承担相应的义务。当然，要让公民个人为其所在的国家的非正义行为承担义务，有一个基本的前提，即公民所处的国家是一个民主的国家，正如米勒所言：“一个政治共同体越开放、越民主，我们要求这个共同体的成员为他们所作出的决定和所遵循的政策承担责任就越合理。”[①]在国家内部，公民应该怎样分担集体义务？这属于代内正义理论需要解决的问题，已经超过了代际正义理论关注的范畴。

①〔英〕戴维·米勒：《民族责任与全球正义》，杨通进、李广博译，重庆出版社，2014年版，第125页。

二、“适应”气候变化和“减缓”气候变化

现在我们回到气候变化问题上来。在气候变化问题上，存在何种代际义务呢？依照联合国政府间气候变化专门委员会的观点，当今世代可以采取两种应对策略，一是“适应”气候变化，二是“减缓”气候变化。按照本节上一部分的分析，在应对气候变化问题上，当今世代负有追溯性的代际义务（侧重于矫正正义）和前瞻性的代际义务（侧重于分配正义）。在气候变化问题上，无论是追溯性的代际义务还是前瞻性的代际义务，都会同时涉及适应气候变化和减缓气候变化，只不过追溯性的代际义务主要要求适应气候变化，强调因果责任，而前瞻性的代际义务主要要求减缓气候变化，强调道德责任。当然，在应对气候变化问题上，适应气候变化和减缓气候变化这两种义务不是互斥的，而是可以相互支持。

何谓适应气候变化？按照联合国政府间气候变化专门委员会的界定，气候适应是指“对实际或预期气候及其影响效果的调整过程”，“它寻求减轻危害或者开发利用有益的机会”[①]。科学家的预测表明，气候变化将带来很多负面的影响，在气候变化不断加剧的情况下，未来世代的命运是捉摸不定的，当今世代需要采取一些行动从而使人类社会受到的损害减少。适应气候变化是采取措施减少已经出现的或者正在出现的气候变化对人们（包括未来世代）生活的有害影响，从而应对气候变化问题。适应气候变化通常限于被动地应付气候变化问题，侧重于提高应对气候变化的能力，减少气候风险，减少人类在应对气候变化的承受能力方面的脆弱性，并不一定主张从源头上尽量减少气候变化。世界上最脆弱的成员适应气候变化的能力是最弱的，穷国、穷人以及未来世代就属于其中的一员。倘若不采取措施适应气候变化，无论是全世界的经济发展，还是全世界一直在努力从事的减贫工作，都会受到严重影响。同时，作为最脆弱的成员之一，未来世代受到的影响会更加严重，虽然未来世代在科技发展水平等方面要优于当今世代，但是未来世代将不得不花费更大的代价应对气候变化的负面效应。

如何适应气候变化？适应气候变化的措施多种多样，潘家华总结道，适应气候变化的措施主要包括三个方面：第一，工程性适应是指采用工程建设措施，增加社会经济系统在物质资本方面的适应能力，包括修建水利

① 琼 • 卡明等，“适应气候变化”，载〔美〕赖利 • E.邓拉普、罗伯特 • J.布鲁尔主编：《穹顶之下的战役：气候变化与社会》，中国人民大学出版社，2019 年版，第 157 页。

设施、环境基础设施、跨流域调水工程、疫病监测网点和气象监测站等；第二，技术性适应是指通过科学研究和技术创新等手段，增强适应能力，例如开展气候风险评估研究、研发农作物新品种、开发生态系统适应技术和疾病防控技术等；第三，制度性适应是指通过政策、立法、行政、财政税收和监督管理等制度化建设，促进相关领域增强适应气候变化的能力，例如，借助在碳税、流域生态补偿、气候保险和教育培训等领域的政策激励措施，为增强适应能力提供制度保障。[①]上述适应措施还可以被进一步细化，例如，工程性适应措施具体包括修建更加坚固的海堤和海岸防护设施，建立湿地以应对海平面上升和洪水的缓冲，维护湿地与城市绿地，修建发达的灌溉系统，实施严格的垃圾分类政策，建造气象灾难避难所，等等。可见，适应气候变化涉及的方面较多，是一项复杂的系统工程。适应气候变化并不纯粹涉及代际正义，而且会涉及本章第一节提到的全球正义。譬如，发达国家适应气候变化的能力较强，而发展中国家和贫困国家适应气候变化的能力较弱，这就要求前者援助后者，援助那些由气候变化而带来负面影响的受害者，尤其是贫困国家中的受害者。

如果适应气候变化的措施能够得到完全实施，那么人类应对气候变化负面影响的能力将会大增。然而，对气候变化的“适应”只能减少气候变化的一部分不良后果，为了更为有效地减少气候变化给未来世代带来的负面影响，人类还需要采取措施减缓气候变化。倘若认为适应气候变化能够代替减缓气候变化，那就未免过于乐观和草率了。减缓气候变化是指当今世代要采取一些措施，从而减少、减慢气候变化的速率和幅度，如可以通过减少温室气体排放来应对可能加剧的气候变化前景，目前的目标是将全球大气变暖限制在相对于工业化前水平的2℃以下，该目标已经被写入《哥本哈根协议》之中。目前减缓气候变化的总策略是围绕该目标，对世界各国每年的温室气体排放总量设定一个最高的排放限额，然后根据某种原则在世界各国之间分配温室气体的排放额度。

如何减缓气候变化？减缓措施包括两大类：“增加温室汇的数量或效率的措施，以及减少温室源数量或效率的措施。温室气体源是将温室气体或其前身引入大气的过程或活动，如化石燃料的燃烧。诸如植物或海洋机制之类的温室气体汇，吸收了某些温室气体，因此，它们不再进一步起到变暖的作用。”[②]倘若大气中温室气体的浓度减少了，气候变化就会得到有

---

① 参见潘家华：《气候变化经济学》（下卷），中国社会科学出版社，2018年版，第992～993页。

② Edward A.Page, *Climate Change, Justice and Future Generations*, Edward Elgar Publishing Limited, 2006, p. 27.

效减缓。如何减少大气中温室气体的浓度呢？一方面，人们可以尽量减少排放到大气中温室气体的总量，这需要人们尽量减少对化石燃料的消费（如发展低碳经济甚至发展零碳经济），发展低碳技术，采用可再生能源（如发展风能和太阳能），改变生活方式（如乘坐公共交通工具而不是开私家车）等；另一方面，人们可以采取措施尽量吸收大气中已经存在的温室气体，这要求人们大量植树造林，减少大量砍伐森林的行为，加强对农业和耕地的有效管理等。减缓措施会给整个社会的制度、经济和技术等方面带来不少挑战，例如，一段时期内的经济发展速度会受到影响，为了发展低碳经济或零碳经济，需要对基础设施进行升级和对技术进行革新，等等。然而，倘若推迟采取减缓气候变化的措施，这种挑战仍会存在，只是推迟到未来而已。

我们不能将适应气候变化和减缓气候变化混淆在一起。一方面，适应气候变化和减缓气候变化不能相互替代。适应气候变化只能使得人类尽量不遭受已经出现的气候变化带来的负面影响，从长远来看，减缓气候变化是更为必要和根本的。与适应气候变化相较而言，减缓气候变化是一种更加“主动”的措施，主张从源头上解决气候变化问题，通常来说，主张减缓气候变化的人也会赞同适应气候变化，反之则不然。同时，倘若减缓气候变化的措施不够有力，未来世代适应气候变化的成本则会上升，倘若减缓气候变化的措施得当，未来世代适应气候变化的成本则会下降，如果减缓气候变化的措施实施得足够好，较高的减排目标已经完成，那么适应气候变化将有可能变得多余。另一方面，适应气候变化主要体现了“追溯性的代际义务”，是为了应对过去的世代的温室气体排放行为造成的气候变化的不利影响。适应气候变化主要是面向过去，关涉如何处理当今世代与过去的世代之间的关系，与其相关的矫正正义主要关注如何分配与适应相关的各种成本。减缓气候变化主要体现了“前瞻性的代际义务”，主要是面向未来，受益对象主要是未来世代，关涉当今世代与未来世代之间的关系，与其相关的分配正义主要适合与减缓相关的成本的分配。按照气候变化生发的规律，当今世代的温室气体排放行为给当今世代带来的不利影响肯定少于给未来世代带来的不利影响，为什么当今世代还要积极实施减缓气候变化的措施呢？国际社会一直在进行这方面的努力，这体现了减缓气候变化主要是一种前瞻性的行为。依照人类目前的技术和资源，人类有能力减缓气候变化，这既可以使当今世代不遭受大量温室气体排放行为带来的影响（如关闭某些污染较重的工厂在当下有利于减少雾霾天气的出现），又可以给未来世代留下更好的环境和更高的生活水准，从而达到一种双赢的结果。我们需要注意的是，适应气候变化和减缓气候变化不能被割裂开来，它们必须以某种方式被结合在一起，倘若有的国家不积极履行减缓气候变化的义务，没有达到减排目标，该国将不得不承担更多的适应气候变化的义务，不得不纠正其以前犯下的错误。这也激发人们建立一个可以将矫正正义和分配正义涵盖在内的代际气候正义理论。

应对气候变化主要是一种集体义务，目前，国家应该是该集体义务的主要承担者。这种做法也会面临我们在本节上一部分探讨国家应该担负代际义务的集体义务时面临的同样的批评意见，即在一个国家内部，公民有着不同的生活方式，他们各自的温室气体排放总量肯定是不一样的。这种从方法论上的个人主义出发对集体义务的质疑，并不会破坏我们将国家视为应对气候变化的义务的主要承担者这一做法，其中的部分原因是“气候变化可能是由个人行动造成的，但是这些行动的重要促进因素是国家政策和更大社会的规范，在当代美国，无论是规范还是政策都没有禁止个人温室气体排放量远远高于全球可持续水平”①。即使每个孤立的行为者的温室气体排放行为所带来的危害几乎可以达到忽略不计的程度，但是它们结合在一起是导致气候变化的因果链的一部分。集体义务的落实是极为艰难的，我们可以以美国对《京都议定书》的态度为例来分析。《京都议定书》是人类历史上首次以法规的形式限制温室气体排放总量的国际公约，世界上绝大多数国家都签署了该议定书，承诺到某一时间段要减少本国的碳排放总量。然而，美国先是签署了《京都议定书》，后又退出了该协定。美国之所以退出《京都议定书》，其中的原因之一在于承担《京都议定书》所规定的义务会使美国在经济上损失4000亿美元左右，并减少大量的就业岗位。美国的这种做法只会加剧其公民的温室气体排放行为。因此，国家应该首先承担应对气候变化的集体义务，然而，这不意味着个人不需要承担应对气候变化的义务。就美国政府积极反对全球减排努力的行为而言，美国公民可以通过定期选举和压力集团等方式影响美国的政策，美国公民必须为其政府未能制定有效应对气候变化的政策承担一部分责任。同样，当国家承担了应对气候变化的集体义务后，国家可以在公民之间进行个人义务的划定，政府可以通过税收等方式进行实施。

① Steve Vanderheiden, *Atmospheric Justice: A political Theory of Climate Change*, Oxford: Oxford University Press, 2008, p. 176.

第四节　代际义务的践行

如何践行代际义务？也就是说，人们应该怎样将代际义务落到实处，应该按照何种原则分配代际义务？总体而言，代际义务的践行离不开正义制度和民主机制，在此过程中未来世代的利益和权利应该得到尊重。针对适应气候变化和减缓气候变化的成本的公平分配方式是什么这一问题，本节打算提出一种将“温和的污染者付费原则”和“支付能力原则”结合在一起的、应对气候变化的义务的复合解决方案。

一、正义制度和民主机制

虽然我们已经确定代际义务是一种集体义务，国家是集体义务的最主要的承担者，但是国家与国家之间的情况是不同的，我们还必须考虑国家在政治机构和政治制度等方面的情况差异。为了有效履行代际义务，我们应该首先通过正义的制度来满足未来世代的基本需要和权利。在处理代际义务问题时，一个基本的问题是正义的制度要求当今世代给未来世代留下一个什么样的世界？对此问题通常有三种回答：第一，当今世代应该给未来世代留下一个比当今世代所处的世界更好的世界；第二，当今世代应该留给未来世代一个与当今世代一样好的世界；第三，当今世代应该给未来世代留下一个足够好的世界。这三种回答的内在思路分别是功利主义、平等主义和充分性（sufficiency）学说。

在上述思路中，功利主义最为关注社会的总体幸福的最大化，有可能要求当今世代尽可能作出牺牲从而实现未来世代的幸福的最大化。我们在第二章已经分析了将总体功利主义和平均功利主义应用于代际正义理论时可能存在的缺陷，在此不再赘述。平等主义看起来很有吸引力，强调当今世代应该留给未来世代一个与当今世代所处的世界一样好的世界，然而，这种观点面临的一个重要的反对意见是“向下拉平反驳”（levelling down objection）。向下拉平反驳强调，“如果不平等是坏的，它的消失必定是向更好变化的一种方式，无论这种变化如何发生。假定，在某种自然灾难中，那些更好者损失了他们所有的额外的资源，变得与其他所有人一样的差。由于这个变化将消除不平等，基于目的论观点，它必定以某种方式是可喜的。尽管这个灾难使某些人变差，不使任何人变好，但它必须以某种方式变成了更好的。类似地，如果我们仅仅是使得有视力者看不见来破坏有视力者的眼睛而不利于盲人，这在一种方式上会是一种改善。这些含义可以更可行地被认为是怪异的或者愚蠢的”[①]。举例来说，假如一个社会中的群体 A 是一群视力正常的人，群体 B 是一群视力无法恢复正常的盲人。在 A 和 B 之间实现平等的方式有两种：一是使得 B 拥有视力，在该例子中，这种可能性不存在；另一种方式使 A 中的所有人都变成盲人，这样的话，A 和 B 就是平等的。除了少数极端的平等主义者，绝大多数平等主义者会认为通过使 A 中的所有人失去视力从而在 A 和 B 之间实现平等这种做法没有任何意义，因为这种做法既没有使 B 获益，又使 A 中的所有人丧失了视力，属于一种典型的“损人不利己”的行为。在向下拉平反驳的提出者看来，那种通过将处境更好者的处境拉平到与处境更差者的处境一样的处境的做法来实现的平等，是没有任何意义的。既然平等主义者认为平等具有内在的价值，如何回应向下拉平反驳呢？为何通过拉平的方式实现的平等是不可接受的呢？向下拉平反驳给平等主义带来了一些难以回答的问题。回到代际义务上来，向下拉平反驳带来的难题也同样难以回答。假设当今世代发明了一种新技术，这种技术可以改善当今世代的处境，但是将使得未来世代的处境获得更大程度的改善，依照平等主义的理由，当今世代不应该实施这项新技术。这种通过所谓代际平等名义实现的平等既没有任何意义，又违背道德直觉。同时，在未来世界中，会有很大的不确定性，倘若要求当今世代留给未来世代一个与当今世代所处的世界一样好的世界，这可能会给当今世代提出一种过高的、不切实际的要求。

在解决当今世代应该给未来世代留下一个什么样的世界这一问题时，充分性学说相对而言有着更大的可行性。充分性学说强调，“一般而论，经济平等并不具有特别的道德重要性。从道德的观点看，就经济财货的分配而言，重要的不是每个人都应该具有**相同的**，而是应该具有**足够的**。如果每个人都有了足够的，一些人是否比其他人得的更多，这没有任何重要的道德后果”[②]。就代际义务而言，充分性学说既没有强调当今世代给未来世代留下一个比当今世代所处的世界更好的世界，又没有强调当今世代应该留给未来世代一个与当今世代所处的世界一样好的世界，而是强调当今世代要给未来世代留下一个足够好的世界，这一要求明显低于功利主义和平等主义在代际义务问题上的相关要求。

---

① 〔英〕德里克·帕菲特：《平等与优先主义》，载葛四友编：《运气均等主义》，江苏人民出版社，2006 年版，第 203 页。

② 哈里·法兰克福特：《作为一种道德理想的平等》，载葛四友编：《运气均等主义》，江苏人民出版社，2006 年版，第 177 页。

当我们将充分性学说用于解决当今世代应该给未来世代留下一个什么样的世界这一问题时，我们发现充分性学说主要侧重于两个方面。一方面，强调未来世代的基本需要应当获得满足，同时，未来世代的基本需要不能被“折扣”。何谓基本需要？米勒认为，需要是一个主观的术语，人们经常从三个方面确定自身的需要，一是侧重于人的生物学意义上的需要，二是人的生活计划，三是人的社会规范意义上的需要，他较为认同第一种和第三种界定方式，反对第二种界定方式。就人的生物学意义上的需要而言，存在着关于人类的一般性的生物学或准生物学的事实，人的某些条件的缺乏将导致人的新陈代谢的紊乱，比如缺少一定数量的水或一定数量的食物，人就难以生存下去，这些基本的需要就是生物学意义上的最低需要。米勒接下来考虑了能否以人的生活计划来确定人的需要。在他看来，这是不合适的，因为一旦人的需要依赖其生活计划，生活计划又相应地依赖人自身的选择，需要原则将会根据人们自身已经做出的不同选择将资源给予他们，这将会产生如下结果：那些作出将花费更多资源的选择的人将会被给予更多的资源，相反，那些作出花费更少资源的选择的人将被给予更少的资源。比如一个以创作不朽的青铜雕像为生活计划的雕塑家将被给予更多的资源，另一个以创作普通的水彩画为生活计划的画家将被给予更少的资源，显然这是不合理的。这种困境迫使人们放弃根据人的生活计划来界定人的需要，米勒认为人们应当采取第三种进路，即根据共享的社会规范来确定人的需要，因为每个社会都有一种关于过一种正常生活所需资源的共识。这种需要就是使得人们能够过上一种最低限度的体面生活的那些条件。仅仅满足人们的生物学需要是不够的，人们还要过上一种体面的生活。在一个正义的社会中，社会制度必须确保能够满足人们的基本需要，以使人们过上一种较为体面的生活。[①]与米勒一样，笔者也认为当我们在代际义务问题上思考未来世代的基本需要时，应该追求米勒所说的第一种和第三种意义上的需要，侧重于生存和健康等需要。当今世代应该确保未来世代的基本需要能够获得满足，能够过上一种体面的生活。与当今世代的基本需要相较而言，未来世代的基本需要处于何种位置呢？能够被以各种理由折扣吗？沃尔夫对此倡导一种“世代中立”的原则，“如果未来的需要比现在的需要更不可预测或更不确定，那么这将使我们有理由折扣未来人的需要（当我们可能会为现在人们更确定和可预测的需要服务时）。然而，在其他条件相同的情况下，需要原则不应该仅仅以为它们是未来人的需要就折

① 参见〔英〕戴维·米勒：《社会正义原则》，江苏人民出版社，2001 年版，第 231～235 页。

扣未来人的需要”[①]。满足未来世代的基本需求，也是正义制度的重要任务。另一方面，当今世代要尊重未来世代的权利，我们需要落实有关未来世代的权利和义务的各种国际协议，下面将论及该问题。

正义的制度要求当今世代给未来世代留下一个足够好的世界，当然，如何构建正义制度从而满足未来世代的基本需要，这是一个非常宏大的问题，并不在我们的关注范围之内。除了依靠正义的制度，我们还可以在国内层面和国际层面上思考如何践行代际义务。在国内层面上，为了更好地践行代际义务这一集体义务，国家应该将对未来世代权利的保护以及对未来世代的义务纳入国家的宪法之中，应该在其内部构建一种民主制度。一方面，在国家这一政治共同体内，将未来世代的权利和代际义务纳入国家的法律之中，体现在具体的政策中，并在政治共同体的内部找到关心未来世代的动力。奥特弗利德·赫费（Otfried Höffe）曾指出，遗弃孩子和下一代同样是不正义的，“人们可以把代际正义提到宪法的地位，从而在一般立法时成为有约束力的预先规定”[②]。如我们在第五章中所言，虽然不少国家的宪法序言以及关于环境和文化的条款会偶尔提及未来世代的权利和对未来世代的义务，但是这对于有效保护未来世代的权利以及践行代际义务来说还远远不够。因此，各国应当在国家的宪法和法律中明确强调未来世代的权利以及代际义务，通过立法机关、行政机关和司法机关中的专门机构来保护未来世代的权利和履行代际义务，并采取保护未来世代的清洁空气、水和土壤等权利的具体措施。如果在每个政治共同体内部，未来世代的权利和代际义务都能够得到承认，那么代际义务的践行就是很有希望的。另一方面，虽然代际义务是一种集体义务，目前国家是代际义务的主要承担者，但是集体义务最终要转化为个人义务，倘若公民要对其所在国家的行为承担部分义务，在国家内部应该存在一种能够确保公民可以从事政治参与的民主制度。例如，就气候变化而言，“民主国家的成员可以集体为其排放负责，因为他们都享有参与决定构成政策的法律和政治框架的公平机会：由于他们坚持奉行不利于气候的政策，民主国家的成员要集体为其排放和相应的危害负责。相比之下，在专制政权中，公民在政府中没有发言权，

---

① Clark Wolf, “Intergenerational Justice, Human Needs, and Climate Policy,” in Axel Gosseries and Lukas H. Meyer (ed.), *Intergenerational Justice*, Oxford University Press, 2009, p.356.

②〔德〕奥特弗利德·赫费：《全球化时代的民主》，庞学铨等译，上海世纪出版集团，2007 年版，第 380 页。

没有公平的机会投票和选举代表：他们不能负集体责任”[①]。在一个国家内部，民主机制对成功地落实未来世代的权利以及代际义务具有促进作用。

除了在国内层面上建立民主制度，我们还需要在国际层面上实现全球正义，落实关于未来世代权利和代际义务的相关国际协议。一方面，代际正义与全球正义是密切相关的，全球正义的有效落实对于实现代际正义以及在国际层面上践行代际义务是必不可少的。那么，怎样实现全球正义呢？大体而言，公平的全球治理有助于全球正义的实现。公平的全球治理必须以一些核心价值为依托，全球治理应当以哪些核心价值为根基呢？全球治理委员会的《天涯成比邻》一书对全球治理的价值曾经有一种经典的表述，它认为：“我们深信，一切人都能信守尊重生活、自由、正义和平等、互相尊重、关心别人和正直等核心价值。这就会提供一个基础，把建立在经济交流和信息进步之上的全球友邻关系，改造成为一个一统的道义社会。在这个社会里，人们将超越亲情、利益或个性而团结在一起。”[②]倘若联系《联合国宪章》的基本内容，我们可以发现全球治理委员会对全球治理之价值的表述与《联合国宪章》的基本精神是高度一致的。在现代社会，全球治理的价值共识已经逐渐凸显出来，大体上而言，全球治理只能奠基于平等、人权、民主和正义等一些核心价值之上，这些核心价值是全球治理不能背离的底线价值或者底线伦理，否则，全球治理将不是一种公平的全球治理。倘若全球治理能够真正奠基于平等、人权、民主和正义等现代价值的基石之上，全球治理就是一种公平的全球治理。公平的全球治理将有利于全球正义的实现，譬如，公平的全球治理能够使得国家与国家之间建立一种真正平等的关系，能够在全球层面上落实《世界人权宣言》等国际人权公约所宣扬的各种人权，能够消除目前国际层面上存在的“民主赤字”，能够使得某些国家承担其应当承担的责任，等等。依照公平的全球治理，全球治理体制的公正性也将获得保障，全球正义也能够逐步得以实现。

另一方面，关于未来世代权利和代际义务的相关国际协议应当得到有效的落实。“二战”以后，国际社会在保护生物多样性和应对全球变暖等过程中，逐渐认识到保护未来世代的权利和践行代际义务的重要性，已经出台了很多相关的国际文件。例如，1945 年通过的《联合国宪章》的序言明确强调“我联合国人民，同兹决心，欲免后世再遭今代人类两度身历惨不

---

① Michel Bourban, “Climate Change, Human Rights and the Problem of Motivation”, *De Ethica*, Vol.1, No. 1, 2014, p. 42.

② 英瓦尔·卡尔松、什里达特·兰法尔主编：《天涯成比邻——全球治理委员会的报告》，赵仲强、李正凌译，中国对外翻译出版公司，1995 年版，第 47 页。

堪言之战祸，重申基本人权，人格尊严与价值，以及男女与大小各国平等权利之信念……”，这明确体现了对未来世代的福祉的普遍关心。1972 年，在斯德哥尔摩召开的第一次联合国环境保护会议通过的《斯德哥尔摩宣言》，明确强调“人类享有自由、平等和适当生活条件的基本权利，生活在一个有尊严和幸福生活的环境中，负有为当今世代和未来世代保护以及改善环境的庄严责任”[①]，这是第一次用人权的语言宣誓保护环境的国际义务。1997 年联合国教科文卫组织通过的《当代人对后代人的责任宣言》明确指出，“当代人有责任留给后代人一个不会有一天因为人类的活动而遭到不可挽回的破坏的地球。短暂继承地球这份遗产的每一代人要注意合理地使用自然资源，确保地球上的生命不受生态系统的不利变化的损害，不让不利的科技发展危害地球上的生命”[②]。该文件重点强调了当今世代对未来世代的义务。虽然上述文件的愿景很美好，但是上述文件并没有得到有效执行。为了有效践行针对未来世代的义务，上述文件应该被认真执行。

二、应对气候变化的义务的一种复合解决方案

我们以上论述了关于践行代际义务的一般观点。人们应该如何分配气候变化的成本，应该如何履行针对气候变化的代际义务？以人类现有的技术和能力，气候变化基本上是可以被应对的，但前提是有足够的政治意愿用于应对气候变化，这需要世界各国采取集体行动。1992 年通过的《联合国气候变化框架公约》明确强调，“各缔约方应当在公平的基础上，并根据它们共同但有区别的责任和各自的能力，为人类当代和后代的利益保护气候系统。因此，发达国家缔约方应当率先对付气候变化及其不利影响”。这是一份应对气候变化的典范性的国际文件，其中强调的“共同但有区别的责任和各自的能力”影响深远，人们对于如何理解这一观点有着不同的看法。这一原则强调应对气候变化的责任要在各国之间进行分摊，但不是平等的分摊。如何解释这一原则？通常来说，有“污染者付费原则”“受益者付费原则”和“支付能力原则”三种方式。在这些原则中，污染者付费原则和受益者付费原则主要体现了追溯性的代际义务，而支付能力原则主要体现了前瞻性的代际义务。虽然这些原则在应对气候变化方面有一定的合理性，但是它们的不足也是显而易见的。

适应和减缓气候变化的成本的公平分配方式是什么？污染者付费原

① https://wenku.baidu.com/view/f619cd3f69eae009581bec8b.html（访问时间：2020 年 12 月 21 日）

② https://onlinelibrary.wiley.com/doi/abs/10.1111/j.1468-2303.2004.00302.x（访问时间：2020 年 12 月 21 日）

则是一种最符合直觉的方式，该原则强调那些造成气候变化的人应该承担应对气候变化所需的成本，强调“谁污染，谁付费”，这也符合“共同但有区别的责任和各自的能力”所强调的“有区别的责任”。这种原则的基础是一种获得人们广泛认可的观点，即那些对他人造成伤害的人应该对受害者承担相应的责任。这是一种历史主义导向的分配原则，强调适应和缓解气候变化的成本的分配取决于在以往的历史中哪些国家排放了温室气体。污染者付费原则强调的责任是一种因果责任，即按照问题出现的因果关系来确定责任的归属。那些大量排放温室气体的人所产生的二氧化碳没有停留在其源头，而是扩散到了大气之中，所有人和国家都会受到影响。现在大气中的温室气体排放物可以追溯到早期工业化国家的排放行为，而其危害却由其他国家不成比例地承担了。依照污染者付费原则，早期的工业化国家（如英国、德国和美国）应该承担适应和减缓气候变化的主要成本。然而，纯粹的污染者付费原则会面临不少挑战。例如，工业化时期排放温室气体的人已经逝去了，倘若要让当代英国人、德国人和美国人为其祖先的温室气体排放行为负责，这就意味着人们要为其已经逝去的同胞的不良行为负责。污染者付费原则面临的另一种反对意见是，“当人们直接或间接产生排放时，他们不知道自己正在造成伤害。在澳大利亚这样的国家，很少有人会声称他们现在不知道使用煤炭发电会造成有害影响。但是考虑到导致今天气候变化的大部分排放物是在人们可以合理地预期知道他们所做的事情的影响之前排放的，至少有理由认为责任可能会减少甚至取消。如果你没有预料到伤害，那么责任就会减轻。如果我们将这一责任应用于气候变化，那么在某一日期之前产生的排放可能是无害的，不需要赔偿”①。这是污染者付费原则面临的一种很常见的反对意见，即大多数过去的温室气体排放者没有意识到其行为会带来不利的影响。这种反对意见可以被简称为“无知”反对意见。

适应和减缓气候变化的成本的另一种公平分配方式是受益者付费原则，该原则强调“有害的气候变化问题的出现在很大程度上是因为工业化必需的碳排放。这一过程（最终）给一些社会带来了巨大的好处，但没有给其他社会带来好处。这些好处过去是重要的，现在依然是重要的。从工业化中受益的社会——以及生活在其中的个人——享有更高的生活水平、更好的健康、更长的预期寿命和许多其他物质利益。总的来说，他们继承

① Jeremy Moss, “Climate Justice”, in Jeremy Moss (ed.), *Climate Change and Social Justice*, Melbourne University Press, 2009, p. 54.

了减轻和适应有害气候变化相关负担的更大能力”[1]。简言之，受益者付费原则强调“谁受益，谁付费”。这种原则强调那些从工业化的温室气体排放行为中受益的人是那些应该承担适应和减缓气候变化的成本的人，不管那些从工业化时期的温室气体排放行为中受益的人是否排放了温室气体。这种原则强调即使一个人没有排放温室气体，只要这个人从中受益了，他就应该承担相关的责任。具体来说，目前生活在发达国家中的人们得益于过去的工业化活动以及由此引发的经济发展，这样的话，生活在发达国家中的人们就应该为适应和减缓气候变化付出代价。受益者付费原则可以在某种程度上回应上述“无知”反对意见，因为按照受益者付费原则的基本理念，即使工业化国家中的人们不知道以往的温室气体排放行为会给气候带来不利的影响，只要他们从中受益了，他们就应当承担应对温室气体排放行为带来的不利影响所需的成本。受益者付费原则面临的一个严峻的挑战，是我们在上一章着重探讨的、由“非同一性问题”带来的挑战。该挑战认为倘若工业化时期的温室气体排放行为从未发生，那些从早期工业化进程的温室气体排放行为中受益的人就永远不会存在。这种挑战意味着我们很难让当今那些从早期工业化进程中的温室气体排放行为受益的人承担相应的适应和减缓气候变化的责任。当然，依照我们上一章的相关论述，这种挑战是可以被有效应对的，在此不再赘述。受益者付费原则面临的另一种挑战是，“根据这一原则，较发达国家的人们从他们前辈的排放中获益匪浅，这足以要求他们做出更高的减排（或者为全球排放作出更大贡献，倘若化石燃料产生的过去的发展被相对低碳的发展所取代）。这种方法需要一种可靠的方法来识别和衡量过去排放产生的当前效益。从因果关系的角度来看（将当前利益与过去排放联系起来的清晰因果链能在多大程度上与其他因果链相分离？），以及从规范的角度看（根据什么样的价值理论，一个人或一个群体的状况的改变才算是受益？），这都是一个挑战”[2]。受益者付费原则强调适应和减缓气候变化的负担的费用，应该按照各个受益者所获利益的比例在受益者之间进行分配，这无疑是困难重重的。鉴于此，受益者付费原则在实践中基本不具有可操作性。

支付能力原则也是适应和减缓气候变化的代价的另一种备选的公平分配方式。支付能力原则强调那些有支付能力的国家应该按照其能力承担适应和缓解气候变化所需的代价，强调“谁有能力，谁付费”。由于发达国

---

① Ramon Das, “Has Industrialization Benefit No One? Climate Change and the Non-Identity Problem”, *Ethical Theory and Moral Practice*, Vol. 17, No.4, 2014, p. 748.

② Catriona McKinnon, “Climate Justice in a Carbon Budget”, *Climatic Change*, Vol. 133, 2015, p. 379.

家有更强的支付能力，支付能力原则要求发达国家既要担负更多的适应气候变化所需的成本，又要承担更多的减排义务。支付能力原则是一种面向未来的原则，可以避免污染者付费原则和受益者付费原则等历史主义导向原则的某些缺陷，不需要调查温室气体排放带来的负担和利益在不同国家、不同世代之间的复杂分配状况。支付能力原则可能存在的一种缺陷是它可能未能公平分配道德责任，支付能力较强的国家与大量排放温室气体的国家并不必然存在一一对应的关系，"最终不清楚该原则是真正表达了正义的义务，还仅仅是一种超越自我的要求。支付能力原则没有考虑造成问题的责任，因而不能区分富裕国家或贫困国家的气候保护者和气候违法者"[①]。也就是说，有些支付能力较强但没有大量排放温室气体的国家（该国家的发展可能得益于其优越的地理位置或者掌握了低碳经济发展技术），也要为不是其造成的气候变化承担代价，这其中存在的公平性就值得考量。当然，目前英国、美国和德国等支付能力较强的国家，也确实是（或曾经是）大量排放温室气体的国家。与受益者付费原则相较而言，支付能力原则更令人信服一些。

鉴于上述三种方案都存在程度不同的问题，我们需要制定一种应对气候变化的义务的复合解决方案。污染者付费原则和受益者付费原则都是一种向后看的原则，凸显了追溯性的代际义务，而支付能力原则是一种向前看的原则，体现的是一种前瞻性的代际义务。我们可以对支付能力原则和污染者付费原则进行适当的修正，从而得出一种将"支付能力原则"和"温和的污染者付费原则"结合在一起的应对气候变化之义务的复合解决方案。针对污染者付费原则的"无知"反对意见，我们可以采取的回应是，在 1992 年以前，人们还可能以不知道自己的生产活动和生活方式会排放温室气体或者不知道温室气体的排放行为会引发气候变化作借口，从而为自己的行为辩解。而当 1992 年的《联合国气候变化框架公约》被绝大多数国家签署后、温室气体排放行为带来的负面影响人尽皆知时，这种辩护理由就显然不成立了。然而，这一批评意见也提醒我们，在应用污染者付费原则时，必须区分历史上的温室气体排放行为产生的危害和当下以及未来的温室气体排放行为产生的危害。也就是说，我们至少可以将污染者付费原则用于应对由 1992 年至今以及未来的温室气体排放行为带来的气候变化所需的成本的分配。根据上述分析，污染者付费原则可以被分为两类，

① Dominic Roser and Christian Seidel, *Climate Justice: An Introduction*, Lodon and New York: Routledge, 2017, pp.148-149.

一类是“激进的污染者付费原则”，另一类是“温和的污染者付费原则”。前者意味着即使历史上的温室气体排放者不知道其行为会带来不利的影响，其继任者也要为其排放行为负责，后者强调历史上的温室气体排放者的继任者只需要对 1992 年以后的温室气体排放行为负责。虽然温和的污染者付费原则也是一种向后看的原则，但是我们只将其追溯到 1992 年，并不会向前追溯至工业革命时期。

由 1992 年以前的温室气体排放行为引发的气候变化应该怎样被应对呢？本章认为应该用支付能力原则应对。支付能力原则强调由于发达国家的能力较强，发达国家应当支付适应气候变化所需的成本，这也符合“共同但有区别的责任和各自的能力”中对“各自的能力”的强调。之所以通过支付能力原则来解决由历史排放造成的气候变化问题，要求发达国家处理严重的排放问题，一是因为发达国家有雄厚的财力和技术来承担适应气候变化所需的成本，一些发展中国家和贫困国家就缺乏这样的财力和技术，支付能力原则也不会给本身缺乏财力和技术的国家带来更大的负担；二是因为发达国家本身的生产和消费行为给全球环境带来更大的压力，如占全球总人口 4%左右的美国排放的二氧化碳总量却占世界排放总量的 25%以上。上述复合解决方案较好地阐释了“共同但有区别的责任和各自的能力”，比纯粹的污染者付费原则、支付能力原则和受益者付费原则更加有效和务实，它有助于发达国家和发展中国家能够就如何解决气候变化问题达成一致意见，该方案在综合考虑各方利益的基础上尽可能地公平分配责任。

总之，在一个公平的全球治理框架内，世界各国在一道应对气候变化的过程中也要帮助贫困国家的民众满足自己的基本需要（如向发展中国家和贫困国家提供技术和财力支持），从而过上一种体面的生活。也就是说，这种应对气候变化的义务的复合解决方案的实施，还需要与全球正义同向而行。倘若应对气候变化的代际义务以及其他代际义务能够得到有效的实施，未来世代获得公平的对待就是一个可期的目标。

参考文献

一、中文文献

〔古希腊〕亚里士多德：《尼各马可伦理学》，廖申白译注，商务印书馆，2003 年版。

〔英〕布伦达·阿尔蒙德：《探索伦理学：通向善恶王国的旅行》，刘余莉、杨宗元译，中国社会科学出版社，2002 年版。

〔英〕罗宾·阿特菲尔德：《环境关怀的伦理学》，李小重、雷毅译，科学出版社，2018 年版。

〔德〕阿莱达·阿斯曼：《记忆中的历史：从个人经历到公共演示》，袁斯乔译，南京大学出版社，2017 年版。

〔德〕乌尔里希·贝克：《风险社会：新的现代性之路》，张文杰、何博闻译，译林出版社，2018 年版。

〔英〕边沁：《政府片论》，沈叔平等译，商务印书馆，1995 年版。

〔英〕柏克：《法国革命论》，何兆武等译，商务印书馆，1998 年版。

〔加拿大〕丹尼尔·贝尔：《社群主义及其批评者》，李琨译，生活·读书·新知三联书店，2002 年版。

〔美〕E. 博登海默：《法理学：法律哲学与法律方法》，邓正来译，中国政法大学出版社，2004 年版。

〔英〕尼古拉斯·布宁、余纪元编著：《西方哲学英汉对照词典》，王柯平等译，人民出版社，2001 年版。

包利民编：《当代社会契约论》，江苏人民出版社，2007 年版。

〔美〕塞缪尔·弗莱施哈克尔：《分配正义简史》，吴万伟译，译林出版社，2010 年版。

〔美〕赖利·E.邓拉普、罗伯特·J.布鲁尔主编：《穹顶之下的战役：气候变化与社会》，洪大用、马国栋等译，中国人民大学出版社，2019 年版。

〔美〕茱莉亚·德莱夫：《后果主义》，余露译，华夏出版社，2016 年版。

〔美〕弗朗西斯·福山：《我们的后人类未来：生物技术革命的后果》，

黄立志译，广西师范大学出版社，2017年版。

葛四友编：《运气均等主义》，江苏人民出版社，2006年版。

〔德〕威尔福莱德·亨氏：《被证明的不平等：社会正义的原则》，倪道钧译，中国社会科学出版社，2008年版。

〔英〕戴维·赫尔德等主编：《气候变化的治理》，谢来辉等译，社会科学文献出版社，2012年版。

〔德〕黑格尔：《法哲学原理》，范扬、张企泰译，商务印书馆，1961年版。

〔英〕霍布斯：《利维坦》，黎思复、黎廷弼译，商务印书馆，1985年版。

〔英〕休谟：《人性论》，关文运译，商务印书馆，1980年版。

〔英〕休谟：《道德原则研究》，曾晓平译，商务印书馆，2001年版。

〔英〕休谟：《休谟政治论文选》，张若衡译，商务印书馆，2010年版。

〔澳〕大卫·希尔曼、约瑟夫·韦恩·史密斯：《气候变化的挑战与民主的失灵》，武锡申、李楠译，社会科学文献出版社，2009年版。

〔美〕戴斯·贾丁斯：《环境伦理学》，林官明、杨爱民译，北京大学出版社，2002年版。

〔澳〕罗伯特·E. 古丁：《保护弱势：社会责任的再分析》，李茂森译，中国人民大学出版社，2008年版。

国家气候变化对策协调小组办公室/中国21世纪议程管理中心：《全球气候变化——人类面临的挑战》，商务印书馆，2004年版。

〔德〕康德：《道德形而上学原理》，苗力田译，上海世纪出版集团，2005年版。

〔德〕康德：《法的形而上学原理》，沈叔平译，商务印书馆，1991年版。

〔加拿大〕威尔·金里卡：《当代政治哲学》，刘莘译，生活·读书·新知三联书店，2004年版。

孔汉思：《世界伦理手册》，邓建华等译，生活·读书·新知三联书店，2012年版。

〔瑞典〕英瓦尔·卡尔松、〔圭〕什里达特·兰法尔主编：《天涯成比邻——全球治理委员会的报告》，赵仲强、李正凌译，中国对外翻译出版公司，1995年版。

〔英〕迈克尔·莱斯诺夫等：《社会契约论》，刘训练等译，江苏人民出版社，2005年版。

〔英〕洛克：《政府论》（下篇），叶启芳、瞿菊农译，商务印书馆，1964年版。

〔美〕休·拉福莱特主编：《伦理学理论》，龚群等译，中国人民大学出版社，2008 年版。

李义天主编：《共同体与政治团结》，社会科学文献出版社，2011 年版。

廖小平：《伦理的代际之维：代际伦理研究》，人民出版社，2004 年版。

刘卫先：《后代人权利论批判》，法律出版社，2012 年版。

刘雪斌：《代际正义研究》，科学出版社，2010 年版。

〔美〕阿拉斯戴尔 · 麦金太尔：《谁之正义？何种合理性？》，万俊人译，当代中国出版社，1996 年版。

〔美〕阿拉斯戴尔 · 麦金太尔：《伦理学简史》，龚群译，商务印书馆，2003 年版。

〔英〕戴维 · 米勒：《社会正义原则》，应奇译，江苏人民出版社，2001 年版。

〔英〕戴维 · 米勒主编：《布莱克维尔政治思想百科全书》（新修订版），邓正来等译，中国政法大学出版社，2011 年版。

〔英〕戴维 · 米勒：《民族责任与全球正义》，杨通进、李广博译，重庆出版社，2014 年版。

〔美〕玛格丽特 · 米德：《代沟》，曾胡译，光明日报出版社，1988 年版。

〔英〕约翰 · 穆勒：《功利主义》，徐大建译，商务印书馆，2014 年版。

〔英〕乔治 · 摩尔：《伦理学原理》，长河译，上海世纪出版集团，2005 年版。

〔英〕A. J. M. 米尔恩：《人的权利与人的多样性——人权哲学》，夏勇、张志铭译，中国大百科全书出版社，1995 年版。

〔英〕蒂姆 · 莫尔根：《理解功利主义》，谭志福译，山东人民出版社，2012 年版。

〔美〕玛莎 · C. 纳斯鲍姆：《正义的前沿》，朱慧玲、谢慧媛、陈文娟译，中国人民大学出版社，2016 年版。

〔美〕纳什：《大自然的权利》，杨通进译，青岛出版社，1999 年版。

〔美〕罗伯特 · 诺奇克：《无政府、国家和乌托邦》，姚大志译，中国社会科学出版社，2008 年版。

〔美〕苏珊 · 奥金：《正义、社会性别与家庭》，王新宇译，中国政法大学出版社，2017 年版。

〔德〕奥特弗利德 · 赫费：《全球化时代的民主》，庞学铨等译，上海世纪出版集团，2007 年版。

〔英〕德里克 · 帕菲特：《理与人》，王新生译，上海译文出版社，2005 年版。

潘家华：《气候变化经济学》（下卷），中国社会科学出版社，2018年版。

〔古希腊〕柏拉图：《理想国》，郭斌和、张竹明译，商务印书馆，1986年版。

〔美〕涛慕思·博格：《康德、罗尔斯与全球正义》，刘莘、徐向东等译，上海译文出版社，2010年版。

〔美〕埃里克·波斯纳、〔美〕戴维·韦斯巴赫：《气候变化的正义》，李智、张键译，社会科学文献出版社，2011年版。

秦大河主编：《气候变化科学概论》，科学出版社，2018年版。

〔美〕约翰·罗尔斯：《正义论》，何怀宏、何包钢、廖申白译，中国社会科学出版社，1988年版。

〔美〕约翰·罗尔斯：《作为公平的正义：正义新论》，姚大志译，生活·读书·新知三联书店，2002年版。

〔美〕约翰·罗尔斯：《政治自由主义》（增订版），万俊人译，译林出版社，2011年版。

〔美〕约翰·罗尔斯：《万民法》，陈肖生译，吉林出版集团，2013年版。

〔美〕霍尔姆斯·罗尔斯顿：《哲学走向荒野》，刘耳、叶平译，吉林人民出版社，2000年版。

〔美〕霍尔姆斯·罗尔斯顿：《环境伦理学》，杨通进译，中国社会科学出版社，2000年版。

〔美〕约翰·罗默：《分配正义论》，张晋华、吴萍译，社会科学文献出版社，2017年版。

〔法〕卢梭：《社会契约论》，何兆武译，商务印书馆，1980年第2版。

〔英〕弗雷德里克·罗森：《古典功利主义》，曹海军译，译林出版社，2018年版。

世界环境与发展委员会：《我们共同的未来》，王之佳等译，吉林人民出版社，1997年版。

〔英〕亨利·西季威克：《伦理学方法》，廖申白译，中国社会科学出版社，1993年版。

〔美〕托马斯·斯坎伦：《我们彼此负有什么义务》，陈代东等译，人民出版社，2008年版。

〔加拿大〕戴维·施密茨：《正义的要素》，赵英男、胡恩海、李钧鹏译，中国社会科学出版社，2018年版。

〔美〕迈克尔·桑德尔：《自由主义与正义的局限》，万俊人等译，译林出版社，2001 年版。

〔印度〕阿玛蒂亚 · 森：《正义的理念》，王磊、李航译，中国人民大学出版社，2012 年版。

〔英〕尼古拉斯 · 斯特恩：《地球安全愿景》，武锡申译，社会科学文献出版社，2011 年版。

〔澳〕彼得 · 辛格：《实践伦理学》，刘莘译，东方出版社，2005 年版。

〔澳〕彼得 · 辛格：《一个世界——全球化伦理》，应奇、杨立峰译，东方出版社，2005 年版。

〔澳〕彼得 · 辛格：《动物解放》，祖述宪译，中信出版集团，2018 年版。

〔澳〕J.J.C.斯马特、〔英〕B.威廉斯：《功利主义：赞成与反对》，牟斌译，中国社会科学出版社，1992 年版。

〔加拿大〕L.W.萨姆纳：《权利的道德基础》，李茂森译，中国人民大学出版社，2011 年版。

孙谦、韩大元主编：《公民权利与义务：世界各国宪法的规定》，中国检察出版社，2013 年版。

〔加拿大〕查尔斯 · 泰勒：《自我的根源：现代认同的形成》，韩震等译，译林出版社，2012 年版。

〔德〕斐迪南 · 滕尼斯：《共同体与社会》，张巍卓译，商务印书馆，2019 年版。

谢伏瞻、刘雅鸣主编：《应对气候变化报告（2018）：聚首卡托维兹》，社会科学文献出版社，2018 年版。

徐向东主编：《后果主义与义务论》，浙江大学出版社，2011 年版。

杨士奇："论代间正义：一个罗尔斯式的观点"，台湾政治大学博士学位论文，2008 年。

杨通进："罗尔斯代际正义理论与其一般正义论的矛盾与冲突"，《哲学动态》，2006 年第 8 期。

姚大志：《正义与社群——社群主义研究》，人民出版社，2014 年版。

〔日〕岩佐茂：《环境的思想》，韩立新等译，中央编译出版社，1997 年版。

〔美〕爱蒂丝 · 布朗 · 魏伊丝：《公平地对待未来人类：国际法、共同遗产与世代间衡平》，汪劲等译，法律出版社，2000 年版。

〔美〕彼得 · S.温茨：《环境正义论》，朱丹琼、宋玉波译，上海人民出版社，2007 年版。

〔美〕迈克尔 · 沃尔泽：《正义诸领域：为多元主义与平等一辩》，褚松燕译，译林出版社，2002 年版。

〔美〕维西林、冈恩：《工程、伦理与环境》，吴晓东、翁端译，清华大学出版社，2003 年版。

〔德〕哈拉尔德·韦尔策尔等主编：《气候风暴：气候变化的社会现实与终极关怀》，金海民等译，中央编译出版社，2013 年版。

〔美〕卡尔·威尔曼：《真正的权利》，刘振宇等译，商务印书馆，2015 年版。

周光辉、赵闯：“跨越时间之维的正义追求：代际正义的可能性研究”，《政治学研究》，2009 年第 3 期。

张永杰、程远忠：《第四代人》，东方出版社，1988 年版。

《第三次气候变化国家评估报告》编写委员会编著：《第三次气候变化国家评估报告》，科学出版社，2015 年版。

二、英文文献

Robert M. Adams, “Existence, Self-Interest, and the Problem of Evil.” *Noûs*, Vol. 13, 1979.

Ben Almassi, “Climate Change and the Need for Intergenerational Reparative Justice”, *Journal of Agricultural and Environmental Ethics*, Vol. 30, 2017.

Richard J. Arneson, “Equality and Equal Opportunity for Welfare,” *Philosophical Studies*, Vol. 56, 1989.

Robin Attfield, “Global Warming, Justice and Future Generations”, *Philosophy of Management*, Vol. 3, No. 1, 2003.

Annette Baier, “The Rights of Past and Future Persons”, in E.Partridge (ed.) *Responsibilities to Future Generations,* Buffalo: Prometheus Books, 1981.

Annette Baier, *Reflections On How We Live*, Oxford：Oxford University Press, 2009.

Terence Ball, “New Ethics for Old? Or, How (not) to Think About Future Generations”, *Environmental Politics*, Vol. 10, No. 1, 2010.

Bertram Bandman, “Do Future Generations Have the Right to Breathe Clean Air? A Note”, *Political Theory*, Vol. 10, No.1, 1982.

Jonathan Barnes (ed.), *The Complete Works of Aristotle* (Vol. 2), Princeton: Princeton University Press, 1984.

Brian Barry, “Justice between Generations”, in *Law, Morality and Society. Essays in Honor of H. L. A. Hart*, P.M.S. Hacker and Joseph Raz (eds.), Oxford: Clarendon Press, 1977.

—— *Theories of Justice*, Berkeley: University of California Press, 1989.

——*Justice As Impartiality*, Oxford: Clarendon Press, 1995.

—— "Sustainability and Intergenerational Justice", in *Fairness and Futurity. Essays on Environmental Sustainability*, Andrew Dobson (ed.), Oxford: Oxford University Press, 1999.

Wilfred Beckerman and Joanna Pasek, *Justice, Posterity, and the Environment*, Oxford University Press, 2001.

Charles R. Beitz, "Justice and International Relations," *Philosophy and Public Affairs,* Vol. 4, No.4, 1975.

Tony Blackshaw, *Key Concepts in Community Studies*, London: Sage Publications Ltd, 2010.

David Boonin, *The Non-Identity Problem and the Ethics of Future People*, Oxford: Oxford University Press, 2014.

Michel Bourban, "Climate Change, Human Rights and the Problem of Motivation", *De Ethica*, Vol.1, No. 1, 2014.

Neil H. Buchanan, "What Kind of Environment Do We Owe Future Generations?" *Lewis & Clark Law Review*, Vol. 15, No.2, 2011.

Stephen Buckle and Dario Castiglione, "Hume's Critique of The Contract Theory", *History of Political Thought*, Vol. 12, No. 3, 1991.

Simon Caney, "Human Rights, Climate Change", and Discounting, *Environment Politics*, Vol. 17, No.4, 2008.

——"Climate Change and the Duties of the Advantaged", *Critical Review of International Social and Political Philosophy*, Vol. 13, No.1, 2010.

——"Two Kinds of Climate Justice: Avoiding Harm and Sharing Burdens", *The Journal of Political Philosophy*, Vol. 22, No.2, 2014.

——"Climate Change", in Serena Olsaretti (ed.), *The Oxford Handbook of Distributive Justice*, Oxford: Oxford University Press, 2018.

Norman Care, "Future Generations, Public Policy and the Motivation Problem", *Environmental Ethics*, Vol. 4, 1982.

Ramon Das, "Has Industrialization Benefit No One? Climate Change and the Non-Identity Problem", *Ethical Theory and Moral Practice*, Vol. 17, No.4, 2014.

Marc D. Davidson, *Arguing about Climate Change*, Amsterdam University Press, 2008.

Andrew Dobson, *Justice and the Environment*, Oxford: Oxford University Press, 1998.

Ronald Dworkin, "Is There a Right to Pornography?" *Oxford Journal of Legal Studies*, Vol.1, No.2, 1981.

—— *Sovereign Virtue: The Theory and Practice of Equality*, Harvard University Press, 2000.

Ottmar Edenhofer(ed.), *Climate Change, Justice and Sustainability*, Springer, 2012.

Robert Elliot, "The Rights of Future People", *Journal of Applied Philosophy*, Vol.6, No.2, 1989.

Jane English, "Justice Between Generations", in Chandran Kukathas (ed.), *John Rawls: Critical assessments of leading political philosophers* (Volume II), Routledge, 2003.

Amitai Etzioni, *The Spirit of Community: Rights, Responsibilities, and the Communitarian Agenda*, New York: Crown Publishers, Inc., 1993.

——"Are Particularistic Obligations Justified? A Communitarian Examination", *The Review of Politics*, Vol. 64, No. 4, 2002.

Joel Feinberg, *Rights, Justice, and the Bounds of Liberty*, Princeton, New Jersey: Princeton University Press, 1980.

——"Wrongful Life and the Counterfactual Element in Harming", *Social Philosophy and Policy*, Vol. 4, No.1, 1986.

Elizabeth Finneron-Burns, "Contractualism and the Non-Identity Problem", *Ethical Theory and Moral Practice*, Vol. 19, No.5, 2016.

Nick Fotion and Jan C.Heller (ed.), *Contingent Future Persons*, Springer Netherlands, 1997.

David Gauthier, "The Social Contract as Ideology", *Philosophy and Public Affairs*, Vol. 6, No. 2, 1977.

Richard De George, "The Environment, Rights and Future Generations", in Kenneth Goodpaster and K. M. Sayre (ed.), *Ethics and Problem of the 21st Century*, Notre Dame: Notre Dame University Press ,1979.

David Gauthier, *Morals By Agreement*, Oxford University Press, 1986.

Elizabeth D. Gibbons, "Climate Change, Children's Rights, and the Pursuit of Intergenerational Climate Justice", *Health and Human Rights*, Vol. 16, No. 1, 2014.

M.P.Golding, “Obligations to Future Generations”, *The Monist*, Vol. 56, No, 1, 1972.

Robert E. Goodin, *Protecting the Vulnerable: A Reanalysis of Our Social Responsibilities*, Chicago: The University of Chicago Press, 1985.

Axel Gosseries, “Constitutionalizing Future Rights?” *Intergenerational Justice Review*, No. 2, 2004.

—— “On Future Generations’ Future Rights”, *The Journal of Political Philosophy*, Vol. 16, No.4, 2008.

Axel Gosseries and Lukas H. Meyer (ed.), *Intergenerational Justice*, Oxford University Press, 2009.

Russell Hardin, “From Power to Order, From Hobbes to Hume”, *The Journal of Political Philosophy*, Vol.1, No.1, 1993.

Henry Shue, *Climate Justice: Vulnerability and Protection*, Oxford：Oxford University Press, 2014.

David Heyd, “Parfit on the Non-Identity Problem, Again”, *Law & Ethics of Human Rights*, Vol. 8, No.1, 2014.

Richard Hiskes, *The Human Right to a Green Future*, Cambridge: Cambridge University Press, 2009.

Clayton Hubin, “Justice and Future Generations”, *Philosophy and Public Affairs*, Vol. 6, No.1, 1976.

Duncan Ivison, “Historical Injustice”, in John S. Dryzek, Bonnie Honig and Anne Phillips (ed.,) *The Oxford Handbook of Political Theory*, Oxford: Oxford University Press, 2006.

Michael Jacobs, “*Our Obligations to Future Generations*”, The Ethics Center, Sydney, 2016.

Ravi Kanbur and Henry Shue, (ed.), *Climate Justice: Integrating Economics and Philosophy*, Oxford: Oxford University Press, 2019.

Lukas Meyer, “Intergenerational Justice”, *The Stanford Encyclopedia of Philosophy* (Summer 2016 Edition), Edward N. Zalta (ed.), URL = <https://plato.stanford.edu/archives/sum2016/entries/justice-intergenerational/>.

Anja Karnein, “Climate Change and Justice Between Nonoverlapping Generations”, *Global Justice: Theory Practice Rhetoric*, Vol. 8, No.2, 2015.

Gregory Kavka, “The Paradox of Future Individuals,” *Philosophy and Public Affairs*, Vol. 11, No.2, 1982.

Rahul Kumar, "Risking Future Generations", *Ethical Theory and Moral Practice*, Vol. 21, 2018.

Will Kymlicka, "Rawls on Teleology and Deontology,"*Philosophy and Public Affairs*, Vol. 17, No.3, 1988.

—— "The Social Contract Tradition", in Perter Singer, (ed.), *A Companion to Ethics*, Blackwell Publishers Ltd, 1993.

Neil Levy, "The Apology Paradox and the Non-Identity Problem", *The Philosophical Quarterly*, Vol. 52, No. 208, 2002.

Alasdair MacIntyre, *Dependent Rational Animals: Why Human Beings Need the Virtues*, Chicago and La Salle, Illinois: Open Court, 1999.

Peter Marshall, "Thinking for Tomorrow: Reflections on Avner de-Shalit", *Journal of Applied Philosophy*, Vol.10, No.1, 1993.

Kirsten Meyer, "The Claims of Future Persons", *Erkenntnis*, Vol. 83, No.1, 2018.

Kola O. Odeku, "Climate Change and Intergenerational Justice: Perspective from South Africa", *Journal of Human Ecology*, Vol. 39, No. 3, 2012.

Justin Patrick Mcbrayer, "Rights, Indirect Harms and the Non-Identity Problem", *Bioethics*, Vol. 22, No. 6, 2008.

Catriona McKinnon, *Climate Change and Future Justice*, London and New York: Routledge, 2012.

——"Climate Justice in a Carbon Budget", *Climatic Change*, Vol. 133, 2015.

Jefferson McMahan, "Problems of Population Theory", *Ethics*, Vol. 92, No.1, 1981.

Lukas H. Meyer and Dominic Roser, "Distributive Justice and Climate Change", *Analyse & Kritik*, Vol. 28, 2006.

Jeremy Moss, "Climate Justice", in Jeremy Moss (ed.), *Climate Change and Social Justice*, Melbourne University Press, 2009.

Tim Mulgan, "Neutrality, Rebirth and Intergenerational justice", *Journal of Applied Philosophy*, Vol. 19, No. 1, 2002.

——*Future People: A Moderate Consequentialist Account of Our Obligations to Future Generations*, Oxford: Oxford University Press, 2006.

Jan Narveson, "Utilitarianism and New Generations", *Mind*, Vol. 76, No. 301, 1967.

Robert Nozick, *Anarchy, State, and Utopia*, New York: Basic Books, Inc. 1974.

Edward A.Page, *Climate Change, Justice and Future Generations*, Edward Elgar Publishing Limited, 2006.

Derek Parfit, "On Doing the Best for Our Children." In Michael Bayles, (ed.), *Ethics and Population*, Cambridge, MA: Schenkman, 1976.

—— "Rights, Interests and Possible People." In Samuel Gorovitz, (eds.), *Moral Problems in Medicine*. Englewood Cliffs, NJ: Prentice-Hall, Inc., 1976.

—— *Reasons and Persons*, Oxford: Oxford University Press, 1984.

—— "Comments", *Ethics*, Vol. 96, No. 4, 1986.

——*On What Matters*, Oxford: Oxford University Press, 2011.

Ernest Partridge, "Should We Seek a Better Future?" *Ethics and the Environment*, Vol. 3, No.1, 1998.

John Passmore, *Man's Responsibility for Nature*, London: Duckworth, 1974.

Thomas W. Pogge, "An Egalitarian Law of Peoples," *Philosophy and Public Affairs,* Vol. 23, No. 3, 1994.

—— *John Rawls: His life and Theory of Justice*, Oxford University Press, 2007.

Peter Railton, *Facts, Values, and Norms: Essays Toward A Morality of Consequences*, Cambridge: Cambridge University Press, 2003.

Joseph Raz, *The Morality of Freedom*, Oxford: Clarendon Press, 1986.

John Rawls, *A Theory of Justice*, The Belknap Press of Harvard University Press, 1971.

Jeffrey Reiman, "Being Fair to Future People: The Non-Identity Problem in the Original Position", *Philosophy and Public Affairs*, Vol. 35, No.1, 2007.

Jean-Francois Rischard, *High Noon: 20 Glonal Problems, 20 Years To Solve Them*. New York: Basic Books, 2002.

Melinda A. Roberts and David T. Wasserman (ed.), *Harming Future Persons: Ethics, Genetics and the Nonidentity Problem*, Springer, 2009.

Dominic Roser and Christian Seidel, *Climate Justice: An Introduction*, Lodon and New York: Routledge, 2017.

Amartya Sen, "Well-Being, Agency and Freedom: The Dewey Lectures 1984," *The Journal of Philosophy*, Vol. 82, No. 4, 1985.

Eugenia Scabini and Elena Marta, "Changing Intergenerational Relationship", *European Review*, Vol. 14, No.1, 2006.

Avner de-Shalit, "Community and the Rights of Future Generations: A Reply to Robert Elliot", *Journal of Applied Philosophy*, Vol.9, No.1, 1992.

——*Why Posterity Matters: Environmental Policies and Future Generations*, London and New York: Routledge, 1995.

Kristin Shrader-Frechette, *Environmental Justice: Creating Equality, Reclaiming Democracy*, Oxford: Oxford University Press, 2002.

Henry Shue, "Legacy of Danger: The *Kyoto Protocol* and Future Generations", in K.Horton and H. Patapan (eds), *Globalisation and Equality*. London: Routledge, 2004.

R.I. Sikora and Brian Barry (ed.), *Obligations to Future Generations*, Philadelphia: Temple University Press, 1978.

Peter Singer, "Famine, Affluence, and Morality", *Philosophy and Public Affairs*, Vol. 1, No.3, 1972.

——*The Life You Can Save*, New York: Random House Trade Paperbacks, 2010.

J. J. C. Smart, "Act-Utilitarianism and Rule-Utilitarianism", in Jonathan Glover (ed.), *Utilitarianism and Its Critics*, New York: Macmillan Publishing Company, 1990.

Fabian Schuppert, "Climate Change Mitigation and Intergenerational Justice", *Environmental Politics*, Vol. 20, No.3, 2011.

Doran Smolkin, "The Non-Identity Problem and the Appeal to Future People's Rights", *The Southern Journal of Philosophy*, Vol.17, 1994.

J. B. Stearns, "Ecology and the Indefinite Unborn", *The Monist*, Vol. 56, No.4, 1972.

Hillel Steiner, *An Essay on Rights*, Oxford: Blackwell, 1994.

Christopher D. Stone, *Should Tress Have Standing?* Oxford: Oxford University Press, 2010.

Jere Paul Surber, "Obligations to Future Generations: Explorations and Problemata", *The Journal of Value Inquiry*, Vol. 11, No. 2, 1977.

Janna Thompson, *Intergenerational Justice: Rights and Responsibilities in an Intergenerational Polity*, Routledge, 2009.

Joerg Chet Tremmel, "Is a Theory of Intergenerational Justice Possible? A

Response to Beckerman", *Intergenerational Justice Review*, No. 2, 2004.

Joerg Chet Tremmel (ed.), *Handbook of Intergenerational Justice*, Edward Elgar, 2006.

Joerg Chet Tremmel, *A Theory of Intergenerational Justice*, Earthscan, 2009.

Steve Vanderheiden, *Atmospheric Justice: A political Theory of Climate Change*, Oxford: Oxford University Press, 2008.

Richard Vernon, "Intergenerational Rights", *Intergenerational Justice Review*, Vol.9, No.1, 2009.

Steven Wall, "Just Savings and the Difference Principle", *Philosophical Studies*, Vol. 116, No.1, 2003.

Ernest J. Weinrib, *Corrective Justice*, Oxford: Oxford University Press, 2012.

Edith Brown Weiss, "Our Rights and Obligations to Future Generations for the Environment", *The American Journal of International Law*, Vol. 84, No. 1, 1990.

Burns H.Weston, "Climate Change and Intergenerational Justice: Foundational Reflections", *the Vermont Journal of Environmental Law*, Vol. 9, No.3, 2008.

Laura Westra, *Environmental Justice and the Rights of Unborn and Future Generations*, Earthscan, 2006.

James Woodward, "the Non-Identity Problem", *Ethics*, Vol. 96, No. 4, 1986.

后　记

近十多年来，我一直在研究平等和正义理论，代际正义属于我对正义理论的系列研究之一。当我研究正义理论时，我发现正义理论有两个非常重要的维度，即空间维度和时间维度。从空间维度来看，正义可以被分为“国内正义”和“全球正义”，前者关注一个民族国家范围之内的正义问题，后者关注超越民族国家范围的正义问题。从时间维度而言，正义包括“代内正义”和“代际正义”，前者主要是从共时性维度出发，关注同一世代之内人们之间的正义问题，后者主要是从历时性维度出发，涉及不同世代之间的正义问题。当我注意到正义的空间和时间之维后，我制定了一个研究计划，准备用十年左右的时间研究正义的这两个维度。2012 年初，我开始研究全球正义理论。在研读了罗尔斯的《万民法》以及一些相关文献后，我首先以全球正义理论为主题,成功申请了 2014 年度国家社科基金青年项目，这个项目在 2017 年结项后，我着手研究代际正义理论。我在查阅资料时发现这个选题有点冷门，并不属于所谓的热门话题，但是我又觉得这个选题很值得研究。当时就想无论以后申请相关的项目和发表论文是否顺利，我都先把这个选题做起来。因此，我从 2017 年开始研究代际正义理论，大概用了三年多的时间完成了初稿。在完成初稿后，我申请了 2020 年度国家社科基金后期资助重点项目，有幸获得了批准。在此需要说明的是，代际正义理论是一种非常复杂的理论，本书主要关注当今世代与未来世代之间的正义问题。对于如何处理当今世代与过去的世代之间的正义问题，尤其对于如何处理历史上的非正义现象，并不在本书的研究范围之内，这应该属于“矫正正义”的范畴，如果以后有机会，我可能会回到这个问题上来。

本书的顺利完成，与很多人的帮助是密不可分的。感谢项目立项和结项时的匿名评审专家！感谢清华大学政治学系任剑涛教授、中山大学政治与公共事务管理学院肖滨教授、南京大学政府管理学院张凤阳教授、吉林大学行政学院张贤明教授、清华大学政治学系杨雪冬教授以及《新华文摘》

杂志社胡元梓编审在书稿评议阶段给予的建议！书稿的部分内容曾经在《哲学研究》《哲学动态》《国外社会科学》《当代世界与社会主义》《学海》《中州学刊》《教学与研究》《社会科学研究》等期刊上发表过，我也曾在一些学术会议上宣读过书稿的部分内容，对各位编辑、匿名审稿专家和同仁的意见表示感谢！感谢南开大学出版社王霆编辑付出的辛劳！感谢天津师范大学政治与行政学院高建教授、马德普教授、佟德志教授、刘训练教授、高春芽教授等师友给予的支持！感谢我的家人的关心与支持！

高景柱

2022 年 10 月 19 日于天津师范大学